지역경제론

지역경제론

Regional Economic Theory

박추환 지음

율곡출판사

머리말

지역경제학은 지역과 경제학이란 개념이 조화롭게 섞여 있는 학문을 지칭한다. 여기서 지역이란, 같은 행정구역이나 하나 또는 두 개 이상의 동질성을 가지고 영향력을 미치는 공간을 의미하며, 경제학은 잘 알고 있듯이 가시적 또는 비가시적으로 경제활동에 영향을 미치는 현상 및 재화, 서비스 등에 대하여 분석하고, 무엇보다도 경제활동에 참여하는 사람들이 풍요롭게 살아가기 위해 원활한 경제활동이 이루어지도록 하게 하는 학문을 의미한다. 따라서 지역경제학은 특정 지역 또는 재화나 서비스가 물리적 공간에 미치는 경제적 파급효과, 경제활동의 긍정적 효과, 부정적 효과 등을 분석하여 지역발전에 기여하기 위한 목적으로 연구되는 학문을 의미한다.

이러한 지역경제학은 1960년대에 비로소 학문적 조류를 형성하면서 관심을 받기 시작했고, 특히 거시경제학적 관점에서 불균형 성장으로 인한 부작용에 대해 지역적 관점에서 관심을 가지면서 특정 지역에 대한 경제활동과 그로 인한 결과에 대응하기 시작하였다. 학문적인 기조로는 특별히 한 부류에서 시작되었다고 하기보다는 여러 학문적 가지에서 나와서 융합과 조화를 이루면서 현대 경제학의 한 조류를 담당하고 있는 학문이다.

특히 우리나라에서는 지역에 대한 관심이 경제정책에서 중요한 위치를 점하고 있고 지역 간 소득 격차가 불균형 성장의 원인이 되는바 국가균형발전차원에서 지역경제에 대한 관심이 커지고 있다. 최근의 경제 환경은 경제 분석에서 '공간'을 명시적으로 고려해야 할 필요성을 강하게 제기한다. 이 책에서는 일반경제학의 틀 속에 공간의 개념을 성공적으로 도입함으로써 지역경제의 분석에 관한 체계적인 공간경제학적 토대를 제공한다. 특히 지역경제학 분야를 통합적인 시각에서 다룸으로써 '경제와 지리 간의 관계'에 대한 광범위한 이해를 돕고자 한다. 또한 다양한 스펙트럼을 지닌 수많은 공간적 경제문제들을 각각 독립적인 시각에서 분석하는 동시에 개별적 문제 간의 상호 연관성을 모색함으로써 한 편의 체계적인 교재로서의 모습을 갖추고 있다.

본 교재는 지역경제학 분야에 있어서 일관적이면서 통합적인 이론적 틀을 제공하고자 노력하였고, 특히 경제활동의 지리적 및 공간적 요소의 중요성을 강조하였다. 즉, 논의되고 있는 다양한 주제들을 경제모형에 기초한 기본 원리와 광범위한 그래프를 이용하여 설명함으로써 지역경제학을 이해하는 데 도움이 되도록 하였다. 또한 다양한 공간경제학적 주제들을 전통적인 접근방법은 물론 최근의 이론에 입각하여 설명함으로써 학생들로 하여금 지역 분야에 관한 기본적인 분석방법을 익힐 수 있게 하고 객관적 사고를 유도하도록 하였다.

무엇보다도 지역 이슈 중 부동산 경제 및 정책에 대한 부문을 이론적 및 정책적인 측면에서 구체적으로 살펴봄으로써 공간 및 지역에 대한 이해의 폭을 넓히고자 하였다.

본 교재를 작성하면서 많은 사람들의 도움을 받았다. 무엇보다도 헌신적인 사랑으로 더욱더 열심히 살아야겠다는 희망과 용기를 준 가족에게 감사하고, 함께 일하면서 많은 학문적 도움을 주신 영남대학교 경제금융학부 동료교수님들께도 감사를 드리며, 관련 분야에서 조언과 귀중한 코멘트를 주신 여러 교수님들께도 감사를 드리고 싶다. 마지막으로 이 책이 출판되기까지 물심양면으로 도와주신 율곡출판사 박정헌 상무님을 비롯하여 교재담당 임직원들의 적극적인 도움에 감사를 표하면서, 아무쪼록 이 책이 지역과 경제학을 이해하고 이를 기반으로 보다 심층적인 지역문제를 공부할 학생들에게 많은 도움이 되기를 기대한다.

영남대 연구실에서

2018년 8월

저자 박추환

Contents

차례

제 1 장

지역 및 지역경제학 개요

제1절 지역이란?

1. 지역(Regional)의 개념

지역에 대한 정의는 많은 논의가 있었던 것처럼 한마디로 정의하기란 쉽지 않은 개념이다. 지역은 공간과 토지를 기반으로 하는 지리적 개념을 갖고 있기 때문에 독립적인 의미보다는 상대적인 측면에서 정의되는 경우가 많다. 아무튼 지역의 개념은 지역의 소득규모나 인구규모 등 양적 수단뿐만 아니라 질적인 측면에서 정의될 필요성이 있다. 이렇게 지역의 개념이 다양하고 복잡한 이유는 공간과 토지에 기반을 둔 지역의 문제가 다양하며 이런 현상들이 상호 복합적으로 작용하고 있기 때문이다. 일반적으로 지역(Regional)이라는 말은 특별행정구역을 나타내는 경우와 같이 구역이라는 의미로 사용되고, 지방(Local) 또는 지역(Regional)이라는 개념은 소규모 지역개념으로 사용되기도 한다. 사회학적 측면에서는 지역이 공동체(Community)와 같은 지역사회공동체, 공동사회 등을 의미하는 보다 종합화된 개념을 의미하기도 한다.

공간경제상에서 지역의 범위를 개념적으로 분류하면 가장 작은 지역의 개념을 Local이라고 하고, Regional이 다음으로 큰 지역의 개념을 표시하며, National은 국가차원에서의 지역을 의미하고, International은 가장 큰 개념의 지역을 나타내고 있다고 할 수 있다.

지역경제학(Regional Economics)에서의 지역(Regional) 개념은 주관적, 객관적 측면에서 논의될 수 있다. 객관적 측면의 지역은 자연적인 실체로 지형, 기후, 인구밀도, 생물분포 등의 객관적 특성에 따라 정의되는 개념이며,

주관적 측면의 지역이란 특정 목적을 위해서 정의되는 개념으로 사회경제적인 유형, 구조, 형태 그리고 흐름 등 주관적 특성에 따라 정의된다.

이러한 지역 개념에 대한 정의는 오랜 역사를 통해서 다양하게 설명되어 왔으며, 여러 학자들은 주체, 객체, 그리고 그 목적에 따라 지역에 대해 다양하게 설명하고 있다.

[그림 1-1] 지역의 공간경제 계층

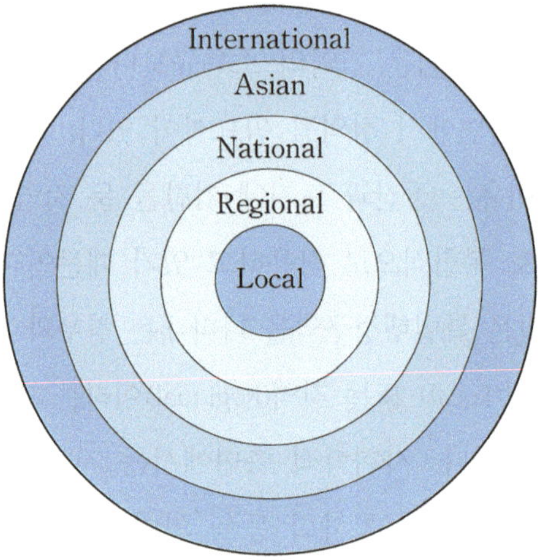

Whittlesey는 지역은 일정 규모의 면적이 있고, 특정한 지표에 의거해서 동질적이며, 주변의 지리적 공간과 경계를 가지면서 현상들 간에 결합된 응집력을 지닌 공간이라고 하였다.

Boudeville, Hoover 등은 지역은 동일한 지역문제를 지니고 있어야 하며 그 문제해결을 위한 계획지역으로 분류하고 정의해야 한다고 주장하고 있다. Mckee 및 Dean 등은 지역은 그 지역이 가지고 있는 일정한 인구, 공간특성, 그리고 지역구성요소로서의 독특한 지역체계를 가지고 있어야 한다고 하였다. Czamanski는 지역이란 시간과 공간적 측면에서 해석되어야 하며, 기능적으로나 구조적으로 종합성을 갖추어야 한다고 강조하고 또한 지역이란 환경적 · 입지적으로 독립하고 있으면서 동시에 인근지역과 경제적으로 강한 연계성을 지니고 있어야 한다고 하였다. Freedman은 지역이란 수평 · 수직적으로 복합적인 긴밀한 관계를 가지고 있어야 하며, 수평적 관계란 기본적으로 유사한 공간 간에 시장권을 형성하여 공간적으로 경쟁관계에 있는 지역들을 수평적 관계에 있다고 정의하고 있다.

2. 법 · 제도에 의한 지역구분[1)]

법 · 제도에 의하여 구분된 행정구역을 공식지역(Formal region)이라고 한다. 거의 대부분의 나라에서 지역을 구분하는 가장 보편적인 방식으로 공식지역을 이용하고 있다. 행정구역에 의한 지역구분은 지역의 특성이나 기능에 의한 분류라기보다는 오랜 역사와 지리적 · 문화적 전통에 의해 법률적으로 고정된 지역분류 방식이다. 더욱이 정치 또한 이 행정행위를 근거로 구분하고 있어 일상생활에서 가장 익숙한 지역분류 방식이라 할 수 있다. 어느 나라든 지역계획이나 지역경제정책 공간적 단위를 행정구역으로 구분하는 경우를 흔히 볼 수 있다.

우리나라에서 행정구역에 의한 지역분류는 기초자치단체 지역과 광역자치단체 지역으로 구분된다. 전국은 17개의 기초자치단체 지역과 광역자치단체 지역으로 구분되는데 1 특별시(서울시), 6광역시(부산, 인천, 대구, 광주, 대전, 울산), 1 특별자치시(세종시), 1 특별자치도(제주도)로 구성된다. 반면 기초단체 지역은 전국에 226개가 있는데 여기에는 75개 시, 82개 군, 그리

1) 허재완 · 고영구(2015) 참조

고 서울특별시, 광역시 및 각 도의 자치권이 있는 69개 구가 포함된다.

이러한 관점을 종합해보면, 지역경제학에서의 지역이란 분석목적과 여러 측면에서 구분·정의될 수 있으나 기능적으로 동질적·상호의존적이며 응집력을 지닌 일정한 지리적 공간으로 경제행위의 지리적 공간범위라고 정의할 수 있다.

제2절 지역경제학이란?

1. 지역경제학의 정의 및 개념

지역경제학은 국민경제를 구성하고 있는 지리적 단위의 공간경제를 연구하는 학문분야로 단위 공간 내의 생산, 소비, 교환, 분배 등의 경제활동을 파악 및 분석하는 학문이다. 즉, 기본적인 경제문제인 무엇을, 어떻게, 그리고 누구를 위해라는 것에 어디서 생산하느냐 하는 문제를 포함하는 학문이라고 할 수 있다. 이런 단위 공간 내의 생산, 소비, 교환, 분배 등은 그 단위 공간이 자생적으로 보유하고 있는 부존자원에 의해 형성되기도 하지만 수출이나 수입을 통해 그 경제의 규모가 달라지기도 한다. 이런 순환과정은 우리가 경제학에서 배운 경제순환을 지역적 단위로 내려(Top-Down) 보았을 때, 단위 공간 간의 경제교역활동에 대한 연구라고 말할 수도 있다. 게다가 지역 간 공간경제의 상호작용뿐만이 아니라 지역 내의 문제인 교통, 주택, 환경, 토지 등을 종합적으로 분석 및 해석하는 종합사회과학 또는 독립사회과학으로 여겨지고 있다. 이런 독립사회과학으로서 지역경제학은 공간적 차원에서 자원의 합리적 배분문제를 연구하는 학문 분야이기도 하다.

즉, 일반적으로 지역경제란 국민경제 내부의 지역적 구성 부분을 가리키는 말이다. 경제활동은 공간적 제약과 환경조건의 차이에 따라 지역적 분업과 어느 정도의 지역적 순환(생산과 소비와 관련)을 낳게 되고, 지역 간 차별성을 생성한다.

지역경제학을 정의하는 방법에는 여러 가지 접근방법이 있지만, 일반적으로 네 가지 접근방법으로 구분할 수 있다(Dubey, 1964 : 25~29). 지역경제학을 정의하는 첫 번째 접근방법은 독립과목으로 분리되는 가능성을 부정하고, 지역과학(Regional Science)의 한 분야로 접근하는 것이다. Perloff 등 몇몇 학자들은 지역경제학이 여러 분야에 걸쳐 연결되는 점을 크게 강조하고, 지역연구는 분리할 수 없는 전체로 구성되어 있다고 생각했다. Perloff에 따르면 지역연구라는 것은 정치학, 경제지리학, 사회학, 인구통계학, 도시공학, 도시행정학, 환경생태학 등이 포함되어 이루어진 종합적 학문으로 그중 어느 하나도 분리해서 다룰 수 없는 불가분성을 가지는 것으로 정의하였다. 이들 학문은 지역분석의 목적을 위해서 상호보완적이라는 점에서 통합된 지역과학이 존재한다는 것이다.

지역경제학을 정의하는 두 번째 접근방법은 위의 견해와 반대되는 견해로 지역경제학의 주제를 구성하는 일단의 문제들이 구별될 수 있고, 이들 문제들이 지역경제학의 독립된 과학으로 정의될 수 있다는 것이다. 로빈슨(Robinson)은 오래전에 경제학은 주제에 의해서 구별되는 것이 아니라 그것의 관점에 의해서 구별된다고 했다. 즉, 연구분야에 관한 여러 가지 학문들 사이에는 많은 중복되는 문제들이 있지만, 적용되는 관점 및 연구방법에 따라서는 명확히 구분할 수 있다는 것이다. 경제학은 특수그룹의 활동을 연구하는 것이 아니라 모든 인간활동의 측면을 연구한다는 로빈슨의 입장을 수용하면, 지역경제학은 지역과학의 범주 속에서 독립된 학문으로 구분할 수 있다는 것이다. 이것은 경제학적 관점에서 연구하는 지역연구는 지역경제학의 연구로 고려될 수 있다는 것이다.

지역경제학을 정의하는 세 번째 접근방법은 공간분리의 경제학으로 정의하는 것이다. Leferber는 공간적 일반균형이론(Spatial general equilibrium theory)의 필요성을 강조하고, 지역경제학은 '자원의 공간적 균형을 다루는 연구분야' 라고 정의하였다. 그는 적정 입지선택문제, 어떤 지역에서의 기업 집적문제, 노동력의 대규모 이동, 인간정착의 유형, 지역 내 및 지역 간 자원이동문제, 수송체계개발, 공간적으로 차별화된 사회경제적 조정의 문제 등을 연구하기 위해서 이 이론을 개발하는 데 노력했다. 또한 Nourse는 지역경제학은 '간과하고 있는 경제의 공간적 질서를 연구하는 것이며, 또한 희소한 자원의 지리적 분배에 관한 연구이기도 하다' 라고 정의하였다. 이 접근방법은 두 가지의 취약점을 가질 수 있다. 첫 번째로 지역경제학에서 다루고 있는 전반적인 문제들을 모두 설명할 수 없고, 두 번째로 논리적으로 불충분한 부분이 있다는 것이다. 즉, 공간적 분리의 존재는 필요하지만 지역경제학에서 연구되는 문제들에 대한 충분조건은 아니라는 것이다.

지역경제학을 정의하는 네 번째 접근방법은 불가동성(불이동성) 자원에 관한 경제학이라고 보는 입장이다. 이러한 견해는 Borts(1960)와 Stein(1961) 그리고 Meyer(1963) 등에 의해서 제시되었다. 이 접근방법도 지역경제학의 전체적인 범위를 충분히 설명해 주지 못하고 있다.

이러한 접근방법들은 모두 어느 정도 한계를 갖기 때문에 종합적인 정의가 필요하다. 지역경제의 문제는 부존자원의 효율적인 배분뿐만 아니라 이동 가능한 모든 사회경제적인 자원의 효율적인 배분까지 포함하는 것이기 때문에 지역경제학을 보다 넓은 의미로 해석하여 하나의 독립된 사회과학으로 보는 것이 오늘날의 지배적인 견해이다. 지역경제학은 각 지역들의 특성이 공간적으로 분리됨으로 인하여 야기되는 각종 문제들을 연구대상으로 한다. 그러므로 재화와 서비스, 주거문제, 에너지 문제 및 정보 등을 취급하여 이러한 경제활동들을 공간적으로 연결시키는 운송, 교통, 환경문제까지도 포함한다. 따라서 도시지역도 지역의 일부로 도시지역의 많은 문제들을 지역경제학에서 취급하므로 도시경제학까지도 지역경제학의 일부로 포함시킬 수 있다.

즉, 지역경제학은 지리적 공간상에서 희소한 자원을 효율적으로 생산, 분배, 소비 및 교환하는 경제활동과 이들과 관련해서 발생하는 여러 가지 지역경제문제를 연구하는 학문이라고 정의할 수 있다. 경제학이 적정선택에 관한 학문이라고 간단히 정의할 때, 지역경제학은 지리적 공간상에서 재화나 용역을 생산하는 데 어떻게 하면 효율적으로 생산하고, 분배하며, 교환, 소비하는가를 연구하는 학문이라고 하겠다. 지역경제학은 일반경제학에 공간개념을 도입한 응용경제학이며, 사회 · 정치 · 문화 · 지리 · 교통 · 환경 · 건축 등을 복합적으로 연구하는 종합 사회과학이다.

2. 지역경제학의 목적

지역경제학이 추구하고자 하는 목적은 먼저 지역 내의 경제현상을 분석하여 문제점을 도출하고 그 발전방향을 모색하는 것이다. 그리고 지역 내의 경제활동을 토대로 지역 간 경제 환경의 상호관계를 규명하여 그 보완성과 균형성에 기반을 둔 지역의 발전기반 조성을 추구하거나, 지역경제 활성화를 위한 정책수단을 도출하여 지역경제행위를 파악하는 능력을 배양시켜 주는 것이다. 즉, 경제와 지역 간의 광범위한 관계를 이해할 수 있도록 지역경제학에 대한 통합된 접근을 통해 지역경제의 제반 문제를 주요 사항별로 분류하여 성격규명과 함께 정의를 내리고 분석할 수 있는 능력을 배양하는 것에 목적을 두고 있다.

경제와 지리 또는 지역 간의 관계에 대한 이해를 통해 지역의 문제를 다루고자 할 때 이를 어느 한 지역에 국한하지 않고 다른 많은 지역과 연계하여 문제를 확대 및 연계하여 다루게 된다. 예컨대 어느 한 지역의 산업이 그 지역에 이익을 가져오고 개인이나 기업이 효율적으로 그 산업을 운영하여 보다 큰 이익을 가져올 수 있다면, 이러한 산업이 어떤 것인가 하는 것을 찾아내는 것은 중요한 일이다. 만약 이러한 산업이 선정된다면, 그 지역의 후생을 증진시킬 뿐만 아니라 아울러 그 지역이 다른 산업과 연계하여 개인소득의 증대와 소득분배에 기여할 수 있을 것이다. 이는 또한 다른 지역과의 관계를 통해서 경제활동을 활성화하는 계기가 됨과 동시에 소득과 자원의 합리적 배분이 공간상에서 달성되는 계기를 만든다는 점에서 중요한 의의가 있다. 또한 지역경제에 대한 이해를 통해 미래의 경제정책 담당자들이 경제정책이 지닌 공간적 측면을 명시적으로 고려하도록 유도할 수 있게 되는 것이다. 최근의 신속한 의사소통 기술, 무역장벽의 감소, 국가 간 노동력 이동의 증대, 화폐 통합 등을 고려할 때 경제와 지리는 반드시 동시에 다루어져야 한다는 점에서, 그리고 통합적인 접근을 시도하고 있다는 점에서 지역경제학은 종합사회과학이라 할 수 있다.

3. 지역경제학의 등장 배경

1) 역사적 배경

지역경제 문제는 농업 중심의 1차 산업 시대에서부터 시작하였다. 18세기 중농주의 시대부터 농업생산에 대한 경제적 분석이 시도되었으며, Quesnay와 Turgot 등의 연구를 시작으로 von Thunen에 의하여 농업입지 이론을 정립하였다. von Thunen은 공간상에서 비옥도는 같다고 하더라도 거리에 따르는 수송비의 차이가 지대를 발생시킨다고 주장하였다. 이것을 von Thunen의 입지지대(Location rent)라고 한다. von Thunen은 수송비와 지대 및 농업 토지이용과의 관계를 설명해 주는 최초의 이론인 고립국 모형(the Model of an Isolated State)을 제시하였다. 이 모형은 고립국 내에 농업 지대의 배열에 대해서 설명할 수 있었기에 지역경제 문제를 설명할 수 있는 최초의 이론이 되었다. 그러나 von Thunen의 고립국 모형은 엄격한 가정 하에서만 설명이 가능하고 주어진 가정이 너무 비현실적이라는 한계가 있으며, 정태적이고 규모의 경제에 따라 생산비가 달라지는 점을 고려하지 않았다. 하지만 고립국 모형은 동일한 자연조건 하에서 농업 활동의 공간적 분화가 이루어짐을 과학적 접근방법을 이용해 밝혔다는 점에서 오늘날 농업생산의 공간구조를 이해하고 설명하는 데 큰 공헌을 하였다.

산업혁명에 의해 농경사회가 제조업 사회로 전환됨으로써 전통적인 입지 이론 또한 제조업을 설명할 수 있는 입지 이론으로 발전하게 된다. 2차 산업의 대표적인 입지 이론으로는 웨버(Weber, 1909)의 비용최소화 입지모형이 있다. 웨버는 농업입지이론에서 거리의 개념을 수송비라는 변수로 변화시키고 여기에 시장을 주요한 변수로 추가하여, 제조업 입지를 결정하는 요소는 수송비의 극소화와 수익의 극대화를 도모할 수 있는 조건(지역)이라고 주장하였다. 이러한 제조업의 입지모형은 Hoover and lander 등의 최소비용입지 이론, 호텔링의 공간경쟁모형, Lősch의 최대수요이론과 수입 극대화 입지이론, 중심지 이론을 발전시켰다.

이렇듯 1, 2차 산업을 중심으로 입지이론이 발전해오다가 세계2차 대전이 끝나고 세계 각국은 성장에 초점을 맞추어서 경제정책을 펼쳐나갔다. 이에 따라 콥-더글라스(Cobb-Douglas) 생산함수로 대표되는 Douglas and Cobb(1934)과 Solow을 필두로 한 신고전학파의 지역경제성장이론이 대두된다. 그리고 각국에서 경제성장을 위해 수출주도형 정책을 펼침에 따라 Tiebout와 Hoyt, Weimer 등은 경제기반이론(Economic-base theory)을 제시한다. 경제기반이론은 수출기반이론(Export-base theory)라고도 하며, 신고전학파모형의 단점을 보완한 수요측면의 성장이론이다. 한 지역에서 생산된 재화와 용역은 지역에서 소비하고 남은 잉여물을 다른 지역에 수출(이출)함으로써 해당 지역의 소득을 증대시키고 지역경제를 성장시킨다는 것이다.

경제기반이론은 기본적으로 케인스(Keynes)의 승수이론을 지역경제성장에 적용한 것으로 해당 지역의 기반산업 및 비기반산업의 부가가치나 고용자 수 등의 통계만 있으면 쉽게 총수요를 계산할 수 있는 장점이 있으나, 수출을 제외한 기타 요인들에 대한 설명이 부족하다는 단점이 있다. 이에 미국의 경제학자 Romer와 Lucas(1988) 등은 내생적 성장이론(Endogenous growth theory)을 개발하였다. 내생적 성장이론은 Solow와는 달리 자본의 축적으로 1인당 자본량·소득의 지속적인 증가가 가능하다는 것으로 저축률이 성장률 수준을 결정하는 중요한 요소로 작용한다는 것이다. 따라서 저축률을 증가시키는 정부정책은 지속적인 경제성장을 가져올 수 있다는 것으로 보았다. 또한 외생적 기술변화의 가정을 포기하고 지식이나 기술 등의 인적 자본(Human capital)의 내생적 축적에 의해서 경제성장이 촉진된다고 보았다. 이러한 내생적 성장이론은 1980년대 이전의 인도와 중국과 같이 인구는 많으나 인적자본이 적어 저성장한 이유를 설명할 수 있으며, 또한 80~90년대 초까지 급성장하게 된 아시아의 네 마리 용이라고 일컫는 한국, 싱가포르, 홍콩, 대만 등의 급속한 성장을 잘 설명해 주고 있다. 하지만 내생적 성장이론은 후진국의 경제성장에는 적합하지 않으며 제도적인 효율성을 간과한 측면에서 한계를 보이고 있다.

이러한 성장 측면에서 논의되었던 지역경제 문제는 최근에는 국제적 분쟁 및 협력 차원에서 논의되고 있다. 근래의 세계경제는 EU, NAFTA, ASEAN, OECD 등과 같이 지역별 경제협력기구 안에서 권역별 블록을 이루며 발전하고 있기에 기존의 지역경제 분석 및 비교우위에 의한 무역이론에 대한 수정이 필요했다. 그에 따라 2008년에 노벨 경제학상을 수상한 Krugman(1991)은 기존 비교우위론에서 지역경제적 분석방법을 도입한 신경제지리이론을 제시하였다. 그뿐만 아니라 다양한 측면의 현대적 무역이론은 전통적인 무역이론의 한계점을 지적하고 다양한 요인에 의해서 교역이 이루어진다고 보고 있다. 최근 추세는 Glocal[2]시대를 맞이함에 따라 지역경제학의 중요성은 더 커졌다고 할 수 있다.

2) 학문적 배경

지역문제에 대한 학문적 관심은 1920년대로 거슬러 올라간다. 독일경제학자들을 중심으로[3] 전통적인 고전학파 경제이론에 대한 반론으로서 경제

2) 범세계적으로 나아가는 Global에서 현지 지역도 고려하는 local의 합성어를 의미한다. 이는 지역적 관점에서 세계화의 중요성을 의미하기도 한다.

성장에 따른 공간경제의 분화과정을 규명하는 것에 이론적 배경을 두는 공간경제이론이 전개되었다. 그러나 이 시기의 연구는 지속적이지 못한 데다 지역문제에 대한 직접적인 연구 분석이 되지 못하였다. 이런 지역경제학이 독립된 학문으로서 본격적으로 연구되고 정립되기 시작한 것은 1950년대 말로 공간경제변화와 구조를 이해하면서부터이다. 이후 1960년대 말에 접어들어 집적경제개념이 도입되어 지역경제구조의 변화를 설명하는 연구가 진행되었고, 최근에는 도시화의 진전으로 말미암아 지역문제가 변질되면서 지역경제학은 지역 내외의 문제를 다루면서 주택, 교통, 토지이용, 환경 등의 도시문제를 취급하는 지역 및 도시경제학으로서 학문 간의 구별이 줄어들고 있는 실정이다.

한편, 지난 10년간 공간경제 문제에 대한 관심은 크게 증대되었다. 이는 부분적으로 경제적 문제에 관한 논의에서 공간을 명시적으로 고려할 필요를 제기했던 새로운 제도와 기술의 진보에 기인했기 때문이다. 더불어 Krugman(1991)과 Porter(1990)의 연구는 국제경제학, 비즈니스 및 경영학 분야 등의 학자들에게 공간적 경제이슈의 중요성을 인식시키는 계기를 제공하기도 했다. 이 두 학자의 연구는 공간과 경제 간의 관계를 한층 발전시켰으나 공간경제분석 분야에서 이들의 연구보다 훨씬 앞서서 폭넓은 연구가 진행되어 온 것이 사실이다. 전통적 제조업 입지 이론에서 Weber(1909) 및 Hoover(1948) 등이 제시한 비용최소화 입지모형, 산업입지는 경쟁에서 수요를 극대화하는 곳에서 입지한다고 주장한 Losch(1954)의 최대수요 입지 이론, 비공간부문에서 부분균형이론을 발전시킨 신고전학파의 경제학자 Marshall(1920), 대체행위가 기업의 입지행태에 어떻게 영향을 미치는지를 설명한 Moses(1958)의 입지생산모형, Isard(1956)의 이윤극대화 모형, 하나의

3) Thűnnen and Lősch를 중심으로 함.

제품이 시장에 도입되어 처음 시장에 알려져 판매되기 시작한 후 시간이 경과함에 따라 매출액 및 침투율이 변화되어 최종적으로 쇠퇴되어 사라져 가는 과정을 나타낸 Vernon(1960)의 제품수명주기이론, 서비스 산업의 활동에 따른 공간조직의 원리를 설명한 Christaller(1966)의 중심지이론, 입지와 토지사용을 저술하여 토지이용 경제에 관한 입지분석을 전개한 Alonso(1964) 등의 독창적인 연구에 더하여 수많은 학자들이 복잡한 성격을 지닌 지리와 경제 간의 관계에 대한 중요한 통찰을 제공하였다. 우리는 이러한 통찰과 분석 기법들을 살펴봄으로써 국가경제의 본질과 움직임을 전반적으로 이해할 수 있을 것이다.

제3절 지역경제학의 시각과 학문영역

1. 지역경제학의 시각

지역경제학에 대한 2가지 시각(view-point)은 첫째, 지역적 시각으로서 지역적 관점이다. 이것은 지역 간의 지배종속관계 및 지역적 불균형 인식 측면에 대한 관심을 가지면서 지역 내 경제순환과 재생산기능 특화에 중점을 두는 관점이다. 둘째로 국민경제적 시각으로서 국민경제의 발전논리 속에서 지역경제를 보는 관점이다. 이것은 특히 지역적 분업과 국민경제순환이라는 면에서 관심을 보이고 있다.

Richardson은 지역의 효율적인 자원배분을 위한 정부의 개입은 지역의 고정자원뿐만 아니라 이동 가능한 사회경제적 자원까지도 미친다는 관점에서 보다 넓은 의미로 지역경제학을 해석함으로써 도시경제학까지도 지역경제학의 일부로 포함시키고 있다. 특히 지역경제학은 지역을 하나의 거리경제단위로 취급해온 전통 경제이론과 거리에 따른 공간개념, 입지 이론, 집적경제 등의 경제이론을 접합한 종합사회과학이라 하였다. 따라서 지역경제학이란 지역 내의 경제현상은 물론이고 이러한 제 관계의 공간경제행위까지도 다루는 독립사회과학이다. 즉, 지역경제학 접근방법에 있어서 지리학자들은 지역경제체제와 상호관계 및 지역기능을 보다 명확히 이해하기 위하여 지역경제 이론과 방법을 발전시켰던 반면, 경제학자들은 이러한 지역경제현상의 분석보다는 지역의 공간경제행위의 개념을 보다 현실에 입각하여 평가하고자 하는 경향을 볼 수 있다.

다양한 유형의 지역문제 중에서도 경제적 측면의 문제에 초점을 맞추어 이론 및 정책방향을 제시하는 것은 유럽식 접근이라고 할 수 있다. 즉, 지역소득, 지역 산업구조 및 산업 간 관계, 지역 간 경제력 격차, 지역성장요인, 지역 간 인구 및 재화이동 등의 주된 관심영역이라고 할 수 있고, 본 교재도 이러한 접근에 연계하여 지역경제의 다양한 이슈를 분석하고 정책적 관점에서 접근하고 있다. 반면 지역문제 전체를 골고루 다루고 있는 미국식 접근체계는 지역의 경제적 측면에 관한 이슈뿐만 아니라, 토지 및 주택문제, 환경 및 교통문제, 범죄문제, 지자체의 재정문제 등 전반에 걸친 이슈를 종합적으로 다루고 있다. 본 교재는 지역 간 경제적 이슈를 근간으로 하되, 주택 및 토지경제를 부동산경제로 통합하여 포함하고 이에 대한 다양한 이론 및 정책적 접근을 하고 있다.

2. 지역경제학의 연구대상 및 인접학문

지역경제학의 연구대상은 지역 내의 생산, 소비, 분배, 교환은 물론이고 산업, 토지, 주택, 교통, 환경 등 지역을 둘러싸고 있는 환경적 요소를 모두 포함한다. 이런 지역경제학의 연구분야는 크게 나누어 지역경제활동에 대한 공간경제적 이론과 분석방법, 그리고 지역정책 분야로 구분할 수 있다.

지역경제학의 주요 내용은 국가와 학자에 따라 다르지만 문제의 영역에 있어서 토지, 주택, 환경, 재정 등을 문제의 요인으로 삼아 이론적 배경 하에 분석 및 검증을 하고, 그를 통해 정책적 방향을 제시하는 과정을 가지고 있다. 이론에는 공간경제이론, 지역성장, 입지 이론, 지역교역, 지역노동시장을 중심으로 분석은 지역계정, 투입 · 산출, 전이 · 할당, 지역수지, 자금순환 등으로 이론을 검증한다. 이 과정에서 정책은 지역경제학 연구를 위한 자료를 제공하며, 이로 인한 연구결과는 정책의 수립과 평가에 대한 방향을 제시하는 역할을 하게 된다.

즉, 지역경제학에서는 주로 기업의 입지(立地), 시장지역, 도시형성, 지역경제순환, 지역의 경제성장, 지역격차, 지역경제계획 등이 다루어진다. 오늘날 지역경제학이 학문적으로 연구영역을 구분할 만큼 중요한 학문으로 자리매김 한 이유는 다음과 같다. 첫째, 혼합경제 아래에서 중앙정부 · 지방자치단체의 역할, 특히 사회간접자본 정비의 역할이 커졌기 때문이다. 둘째, 사회자본 정비를 위한 공공투자가 대규모화되었으며, 셋째, 국민경제의 성장에 있어서 불가결한 산업발전에 대한 자연적 조건이 구비된 산업입지가 희소해졌기 때문이다. 마지막으로 지금까지의 국민경제발전이 중화학공업에 의존해오던 것이었기 때문에, 지역 간 분업이 심화되어 그 결과로 지역 간의 경제적 격차가 현저해졌다는 것 등이다. 이는 각각 독립하여 존재하는 것이 아니고 상호 밀접한 관련이 있다. 국민경제 발전과 지역경제의 구조변화의 관계를 학문적 분석의 대상으로서 주목하게 하는 것임과 동시에, 다른 한편으로 국민경제 발전을 위한 전략으로, 또 과거에 생긴 지역간의 경제적 격차를 해소시키는 방안으로서의 지역개발계획 수립의 배경으로서도 중요시되고 있다.

지역경제학에 관계된 인접과학으로는 주로 미시경제학과 거시경제학 및 국제경제학의 경제이론을 비롯하여 지리학의 공간분석, 지리체계분석 및 산업입지론을 포함하고 사회학의 인구론 · 농림사회학 · 도시사회학 · 사회정책론, 그리고 통계학 등의 지식과 이론 및 그 전개방법 등이 응용되고 있다. 이와 같은 인접과학들은 지역이 지니고 있는 문제들을 도출 · 분석하고, 이를 통해 이론발전 및 정책예시 등 복합적으로 이용되고 있다.

3. 지역경제활동 구조 및 경제순환

1) 지역경제활동 구조

특정 지역의 경제는 국민경제와 마찬가지로 재화와 서비스가 생산되고 그 생산과정에서 발생한 소득이 분배되고 처분되는 순환을 끊임없이 반복한다. 즉, 지역기업은 원재료에 생산요소인 노동이나 자본 등을 결합하여 재화와 서비스를 생산하여 판매한다. 이러한 생산물의 판매를 통하여 임금, 이윤, 지대 및 이자 등의 소득이 발생하며, 이 소득은 생산요소를 제공한 지역경제 주체에게 분배되어 일부는 소비재의 구입에 사용되고, 나머지는 저축으로 남아 지역 투자재원으로 활용된다. 이와 같은 반복적으로 이루어지는 지역경제활동을 지역경제 순환이라고 한다. 이런 경제순환과정은 지역소득순환과 지역산업순환의 두 가지로 나누어 볼 수 있다. 기업 측면에서 순환은 비용과 판매 측면으로 나눌 수 있다. 비용 측면은 재화와 서비스를 생산하기 위한 소요되는 비용으로 임금, 지대, 이자, 감가상각비 및 원료비, 그리고 생산과정에서 발생한 이윤으로 구성되어 있다. 이중 지역소득으로 이어지는 임금, 이윤, 지대이자와 더불어 투자된 것에 대한 감가상각비는 지역소득 순환을 통해 소비되어지거나 저축 및 투자되어짐에 따라 기업은 해당 제품을 판매하게 된다. 노동공급자인 소비자가 벌어들인 소득으로 소비하는 제품을 소비재라 할 수 있고, 새로운 투자활동이나 재투자를 위하여 기업에 판매하는 부분을 투자재라고 할 수 있다. 이처럼 소득의 발생과 처분으로 이루어지는 흐름을 지역 소득순환이라고 한다.

[그림 1-2] 지역 경제순환구조

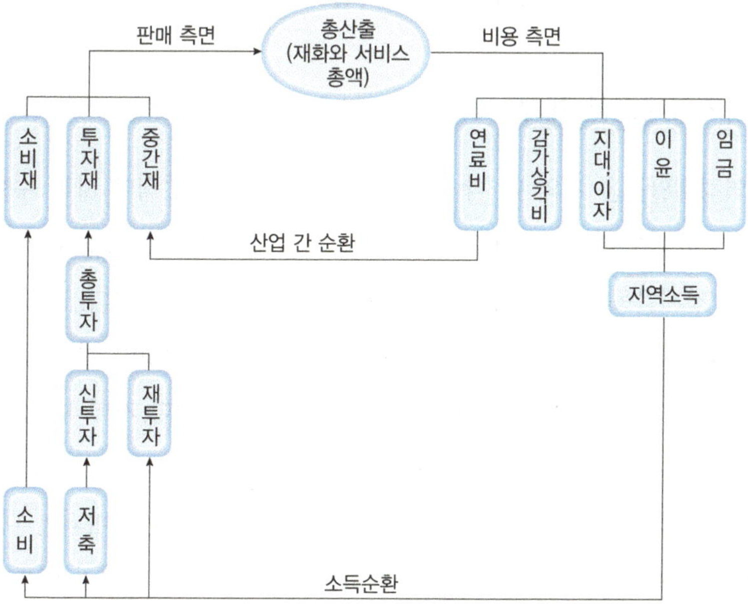

한편 기업의 판매 측면에서 중간재는 다른 기업이 최종생산물을 생산하기 위하여 들어가는 중간 재료의 구입을 희망할 때, 판매되는 재화로 타 기업의 비용 측면에서 원료비로 잡힌다. 이는 직접적으로 투자되거나 소비되는 부분이 아니기 때문에 지역 소득순환이 아닌 산업 간 순환이 된다.

산업 간 순환은 소득을 정의할 때에는 이중 계산을 피하기 위하여 상쇄시키므로 필요 없는 항목이지만, 산업구조나 기술구조를 파악할 때는 매우 중요한 항목이라고 할 수 있다. 지역경제순환구조에서 소득 순환만을 대상으로 지역소득이 어떻게 발생하고 소비재나 투자재 등 구입으로 어떻게 처분되는지를 보여주는 것이 지역소득계정이다. 하지만 산업 간 순환을 주축으로 소득순환까지 포함시킬 경우 지역산업연관표가 된다. 즉, 지역산업연관표는 지역경제를 산업별로 세분해서 지역산업 간 재화와 서비스의 거래로 인한 상호의존관계를 보여주며 소비, 투자, 수출 등 최종지출이 각 지역산업의 생산활동에 미치는 파급효과까지를 나타내준다.

2) 지역경제순환 체계

지역경제활동은 지역 내 각 경제주체들이 경제순환법칙에 따라 수행하는 생산, 소비, 투자활동을 의미하고, 각 지역의 경제활동은 중심지역과 주변지역의 경제활동에 상호 영향을 미친다는 측면에서 중요하다. 지역경제활동은 지역 내 경제활동과 지역 간 경제활동으로 구분되며, 전자는 폐쇄경제체제를 의미하고 후자는 개방경제체제의 기반이 된다. 지역 내 경제활동만 발생하는 폐쇄경제체제(closed economic system) 하에서는, 지역 내에서 재화와 용역의 생산을 위해 지불된 소득은 그 지역에서 소비되어 다시 생산형태로 순환되지만 일부는 저축의 형태로 되어 자본 형성이 이루어지고 다시 생산에 투입된다. 반면에 지역 간 경제활동을 통해 발생하는 개방경제체제(open economic system)에서는 타 지역과의 수출과 수입의 형태로 재화와 용역이 이동하며 자본이 타 지역으로 유출되는 현상을 이 지역의 순투자라고 한다. 따라서 자본형성의 일부는 저축되어 생산에 투입되지만 일부는 순 투자의 형식으로 타 지역으로 이동하게 된다.

지역경제는 생산 · 소비 · 분배 · 자본형성 간의 상호작용에서 이루어지며, 이들 요소 간의 자본과 수취에 따라 또 다른 관계가 성립된다. 더욱이 개방경제체제 하에서는 한 지역은 다른 지역과의 수출 · 입 관계가 이루어져 원활한 지역경제가 수행된다. 이러한 지역경제 순환체계를 그림으로 설명하면 [그림 1-3]과 같다.

[그림 1-3] 지역경제 순환체계

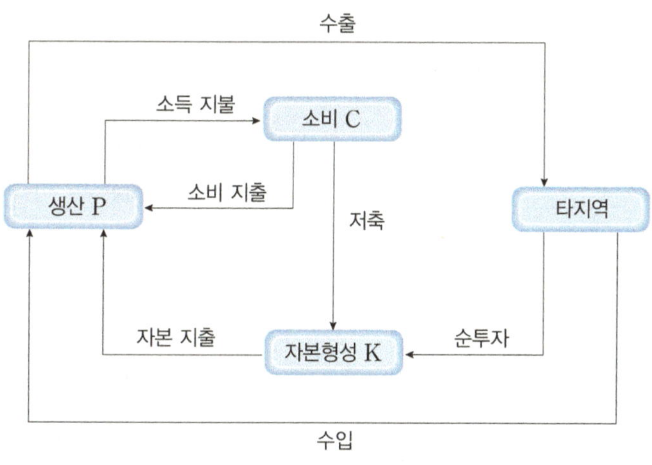

재화와 용역의 생산을 위해 지불된 소득은 그 지역에서 소비된다. 소비된 일부는 저축의 형태로 되어 자본형성이 이루어지고 다시 생산으로 투입된다. 생산의 일부분은 타 지역으로 수출되고 타 지역에서 생산된 부분은 새로운 생산을 위해 수입되고 소득은 현 지역의 자본형성을 위해 투자되기도 한다. 이렇게 자본이 타 지역으로 유출되는 현상을 이 지역의 순 투자라고 한다.

한편 지역경제의 행위 주체적 측면에서 본다면, 또 다른 형태의 지역경제관계가 성립된다. 즉, 지역경제에 있어서 주체를 정부, 기업, 가계 및 타지역으로 나누어 보면 각 주체 간에 [그림 1-4]에서와 같이 상호 의존관계를 갖는다.

가계는 기업으로부터 재화와 서비스를 구입하고 기업은 가계에 임금과 배당금을 지급한다. 가계와 기업은 정부에게 조세를 지급하고 정부는 정부지출을 통해 기업의 재화를 구매하며, 가계에는 임금 및 보조금을 지급한다. 또한, 각 기업은 타 지역에 재화를 수출하고, 생산을 위한 중간재를 수입하며, 가계는 타 지역에 판매 및 구매를 시행한다.

[그림 1-4] 경제주체 간의 상호관계

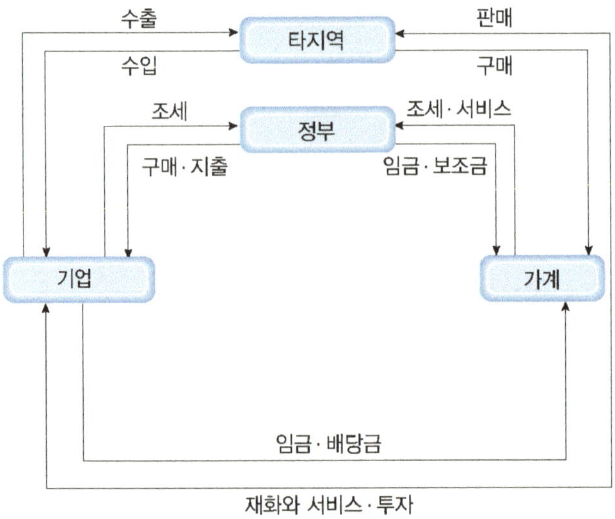

3) 지역경제 주체의 역할과 특징

국민경제와 마찬가지로 지역경제를 구성하는 기본적인 주체를 지역 가계, 지역기업, 지방정부(지방자치단체), 그리고 외국기업(단체)로 구분할 수 있다.

지역가계는 구성원의 효용극대화를 목적으로 최소한의 비용으로 최대의 만족을 추구하는 소비의 주체이며 지역기업에 대한 노동의 공급원이기도 하다. 지역기업은 이윤추구를 목적으로 최소한의 비용으로 최대의 이윤을 창출하는 생산과 투자의 주체이면서 동시에 가계의 소득의 제공하는 노동 수요자의 역할을 담당한다. 또한 지방정부는 생산과 소비의 주체이기도 하며, 지역기업과 가계로부터 징수한 세금을 지출하는 재정활동을 하기 때문에 지방재정의 주체라고 할 수 있다. 지방정부의 목적은 국민경제의 경우처럼, 지역주민의 복지향상을 위한 지출재정의 효율화를 들 수 있다. 마지막으로 외국기업(단체)는 개방경제 환경 하에서 수출과 수입거래를 통한 이윤확대를 목적으로 지역 내 기업 및 기관과 연계된 경제활동을 수행한다.

사/례/연/구

▶ 대한민국과 북한의 행정구역 비교

1. 대한민국의 행정구역

남한		시	군	구역	구	행정시	일반구	읍	면	동
소계		75	82	–	69	2	35	220	1,193	2,089
특별시	서울	–	–	–	25	–	–	–	–	424
광역시	부산	–	1	–	15	–	–	3	2	201
	대구	–	1	–	7	–	–	3	6	130
	인천	–	2	–	8	–	–	1	19	129
	광주	–	–	–	5	–	–	–	–	95
	대전	–	–	–	5	–	–	–	–	79
	울산	–	1	–	4	–	–	4	8	44
세종특별자치시		–	–	–	–	–	–	1	9	3
도	경기	28	3	–	–	–	20	33	108	419
	강원	7	11	–	–	–	–	24	95	74
	충북	3	8	–	–	–	4	15	87	51
	충남	8	7	–	–	–	2	24	137	46
	전북	6	8	–	–	–	2	15	144	82
	전남	5	17	–	–	–	–	33	196	68
	경북	10	13	–	–	–	2	36	202	94
	경남	8	10	–	–	–	5	21	175	119
제주특별자치도		–	–	–	–	2	–	7	5	31

2. 북한의 행정구역

		시	군	구역	구	지구	읍	동	리	노동자구
소계		24	145	37	2	5	145	1,135	3,230	267
직할시	평양	–	2	18	–	–	2	284	75	10
특별시	나선	–	–	–	–	2	–	20	12	–
	남포	–	2	5	–	–	2	73	49	5
도	평남	5	14	–	1	2	14	118	347	26
	평북	3	22	–	–	–	22	88	484	31
	함남	3	15	7	1	1	15	160	465	35
	함북	3	12	7	–	–	12	134	253	44
	황남	1	19	–	–	–	19	26	419	11
	황북	3	18	–	–	–	18	78	375	8
	강원	2	15	–	–	–	15	61	379	7
	자강	3	15	–	–	–	15	68	229	23
	양강	1	11	–	–	–	11	25	143	67

요약

1. 지역경제학에서의 지역이란 분석목적과 여러 측면에서 구분 · 정의될 수 있으나 기능적으로 동질적 · 상호의존적이며, 응집력을 지닌 일정한 지리적 공간으로 경제행위의 지리적 공간범위라고 정의할 수 있다.
2. 지역경제학은 지리적 공간상에서 희소한 자원을 효율적으로 생산, 분배, 소비 및 교환하는 경제활동과 이들과 관련해서 발생하는 여러 가지 지역경제문제를 연구하는 학문이라고 정의할 수 있다.

3. 지역경제학이 추구하고자 하는 목적은 경제와 지역 간의 광범위한 관계를 이해할 수 있도록 지역경제학에 대한 통합된 접근을 통해 지역경제의 제반 문제를 주요 사항별로 분류하여 성격규명과 함께 정의를 내리고 분석할 수 있는 능력을 배양하는 것이다.
4. 지역경제학에 대한 2가지 시각(view-point)은 첫째, 지역적 시각으로서 지역적 관점으로 지역 간의 지배종속관계 및 지역적 불균형 인식 측면에 대한 관심을 가지면서 지역 내 경제순환과 재생산기능 특화에 중점을 두는 관점이다. 둘째로 국민경제적 시각으로서 국민경제의 발전논리 속에서 지역경제를 보는 관점이다.
5. 지역경제학의 연구대상은 지역 내의 생산, 소비, 분배, 교환은 물론이고 산업, 토지, 주택, 교통, 환경 등 지역을 둘러싸고 있는 환경적 요소를 모두 포함하고 있다. 이런 지역경제학의 연구 분야는 크게 나누어 지역경제활동에 대한 공간경제적 이론과 분석방법, 그리고 지역정책분야로 구분할 수 있다.
6. 특정 지역의 경제는 국민경제와 마찬가지로 재화와 서비스가 생산되고 그 생산과정에서 발생한 소득이 분배되고 처분되는 순환을 끊임없이 반복하고 있다.
7. 지역경제활동은 지역 내 각 경제주체들이 경제순환법칙에 따라 수행하는 생산, 소비, 투자활동을 의미하고, 각 지역의 경제활동은 중심지역과 주변지역의 경제활동에 상호 영향을 미친다는 측면에서 중요하다.
8. 국민경제와 마찬가지로 지역경제를 구성하는 기본적인 주체를 지역 가계, 지역 기업, 지방정부(지방자치단체), 그리고 외국기업(단체)로 구분할 수 있다.

연·습·문·제

01 지역경제학의 의의와 학문적 태동의 배경을 설명하시오.

02 지역경제학이 기존 미시 및 거시 경제학과의 차별성이 무엇인지를 설명하시오.

03 지역경제학에 대한 관심배경(필요성)은 무엇인지 설명하시오.

04 지역경제학을 공부하는 목적이 무엇인지 설명하시오.

05 지역경제학에서 다루는 경제시각과 주로 다루고 있는 내용에 대하여 설명하시오.

06 지역 간 경제순환, 지역경제학의 연구영역 및 인접학문, 그리고 국민경제와의 차별성에 대하여 설명하시오.

제 2 장

기업입지론과 상권분석

제1절 입지개요

1. 입지(Location)의 개념

입지(Location)란 경제활동의 공간적 영역을 의미하며, 이는 생산 및 소비 활동으로 구분된다. 공간적 생산활동에는 원료산지와 공장(기업)의 위치가 포함되며, 공간적 소비활동에는 소비자를 중심으로 시장의 위치가 포함된다. 그리고 입지는 경제활동의 조건에 따라 유동적이거나, 토지의 속성에 기인하여 부동적이기도 한다. 따라서 공간경제에 있어서 경제활동은 입지선정과 직접적인 관계를 가지며, 기본적인 경제문제인 "무엇을 생산할 것인가?" , "어떤 방법으로 생산할 것인가?" , "누구에게 판매하기 위해 생산할 것인가?" 와 더불어 공간경제를 포함하여 "어디에서 생산할 것인가? "에 대한 해답을 요구한다. 이러한 입지의 개념은 기업 측면에서 기업의 존재 이유라고 할 수 있는 이윤극대화를 추구하기 위한 기업활동으로 작용하게 된다. 즉, 기업의 궁극적 목표가 이윤극대화를 추구하는 것으로, 기업(공장)의 입지는 가격이나 산출량과 같이 이윤 측면에서 중요한 요소이다. 다시 말하면, 동일 가격과 산출량을 가지는 기업이 2개가 존재할 경우 이 기업이 실제로 시장에 판매하기 위해 시장까지의 거리가 가까운 지 아니면 멀리 떨어져 있는가에 따라 수송비의 차이를 발생시키고, 이에 따라 기업의 이윤이 달라질 수밖에 없기 때문이다. 결국 입지이론은 기업이 어디에 입지하는 것이 가장 높은 수익을 얻을 수 있는가에 대한 이론이라고 볼 수 있다.

이와 같은 입지이론은 공간개념을 경제이론에 도입하여 공간경제학을 발전시킨 초석이론으로 지역경제학의 가장 중요한 분야이기도 하다. 입지이론은 여러 학자(튀넨, 웨버, 로쉬 등)들의 이론을 토대로 발전되어 왔으며, 입지행위는 달성하고자 하는 입지목적에 따라 다르다. 즉, 기업입지는 생산자 관점에서 이윤극대화를 위해서, 주택입지는 소비자의 관점에서 효용극대화를 위해서, 그리고 공공시설의 입지는 공공기관 또는 단체의 입장에서 복지의 최대화를 위하여 입지행위를 결정한다.

전통적인 입지이론은 주로 기업입지가 연구와 논의의 주요 대상이었고, 최근에는 공공기관의 입지, 주택입지, 그리고 상업 및 서비스 산업의 입지 등에 관심을 두고 연구되고 있다.

2. 기업입지이론

한 지역의 산출량과 경제활동 수준은 그 지역에 투입된 생산요소의 총투입량에 의존한다. 그리고 지역의 부(富)는 그러한 요소들의 제공에 대한 보수 총액에 의해 결정된다. 어떤 지역은 인구가 많고 투자수준이 높으며 생산요소가 조밀하게 집중되어 있는 반면, 다른 지역은 인구가 적고 투자수준도 낮을 수 있다. 또 임금수준도 지역에 따라 차이가 나고 토지의 가격(지가) 역시 다양하다. 그러므로 어떤 지역의 경제상황을 이해하기 위해서는 그 지역에서 왜 특정한 생산요소가 사용되었는지, 그러한 생산요소가 받는 보수수준이 어떻게 결정되는지 이해할 필요가 있다.

생산요소는 크게 자본, 노동 그리고 토지 등 세 가지로 구분될 수 있고, 생산과정에서 이러한 요소들이 받는 보수를 각각 이윤, 임금, 지대라고 한다. 우선 임금과 지대의 차이를 배제한다고 가정할 때, 자본투자의 공간적 차이를 결정하는 요인은 무엇일까? 이 물음에 답하기 위해 기업입지 이론을 이용할 것이다.

전통적인 경제학은 제조업의 생산활동에 작용하는 공간적 변수를 거의 고려하지 않았다. 그러나 기업 입장에서 보면 공간적 고려는 필수적이다. 즉, 일정 지점에 위치하고 있는 기업(공장)의 생산활동을 위해 원료가 투입되어야 하고, 기업(공장)이 생산한 제품은 시장으로 반출되어야 한다. 이렇게 지리적 거리가 존재함에 따라 발생되는 수송비를 최소화하는 것이 제조업의 입지에 절대적이라고 할 수 있다. 이러한 제조업의 입지이론은 웨버가 최소비용 입지이론을 최초로 정립함으로써 체계화되었고, 그 후 모제스의 입지-생산모형, 호텔링(Hotelling)의 공간경쟁모형, 그린헛의 이윤극대화 이론, Lősch의 최대수요이론 등이 발전되어 왔다.

1) 역사적 배경

지역경제학에 있어서 기업입지 이론은 가장 오래된 한 부분으로 경제지리학자와 일부 경제학자들에 의해서 논의되어 왔으나, 그 근원은 농업지대이론[1)]에서 찾을 수 있다. 19세기 중엽 독일의 경제학자인 웨버를 중심으로 시작된 입지 이론(location theory)은 지역경제학의 발전에 큰 기여를 하였으며, 그 후 Hoover, Lősch, 그리고 Isard 등에 의하여 신고전학파적 생산이론의 한 분야로 발전되어 왔다.

2) 기업입지 결정요인

기업입지이론은 경제활동의 효율성 제고를 위하여 기업 및 공공기관이 추구하는 목적달성을 위하여 공간구조상의 합리적인 입지를 설정하는 이론으로 주로 산업입지에 대한 연구에서 비롯되었다. 산업입지에서

1) 튀넨은 1826년 농업적 토지이용에 관한 연구로 『고립국(The Isolate State)』을 간행하였음. 여기서 그는 농업적 토지이용 패턴의 공간적 분화현상과 고립국 내에서 시장으로부터 거리가 멀어짐에 따라 변화하는 생산양식(집약도)에 관해 연구하였고, 그가 전개한 고립국 이론의 주안점은 '경제지대' 와 연결됨.

산업은 기업이 직종별로 분류된 것이며 산업 내에는 기업이 존재하고 있기 때문에 기업의 입지를 대변할 수 있다.

이런 기업이 일정한 장소에 입지하기를 원하는 까닭은 생산자가 고려 중인 입지 중에서 입지선호(location preference)를 갖기 때문이며, 이는 생산자의 이윤 때문이다. 단기적으로 단기이윤의 극대화가 입지선호의 결정요인이며, 장기적으로는 기업이나 시설물에 투하된 자본이나 노력에 대한 대가로서의 투자수익률(rate of returns on investment)이 입지선호의 결정요인이 된다.

기존의 정태적 미시 경제분석에서 입지 문제를 다루기에는 공간개념이 없었던 탓에 많은 어려움이 있었다. 따라서 이런 공간개념이 도입됨에 따라 왜 개별 생산자들은 노동력, 시장, 원료 등을 쉽게 얻을 수 있는 곳에 입지하려고 할까? 기업 활동은 생산요소의 투입과 산출물 간의 공간적 경제 행위의 결과이며, 기업의 생산목적이 비용의 극소화를 통한 이윤극대화에 있다고 할 때, 기업입지는 작게는 지역 간, 크게는 전체 국토 내 자원의 효율적 배분을 이룰 수 있는 필수적 요소로 그 중요성이 크다고 하겠다.

기업입지란 생산투입재의 유용성을 높이고 부가가치가 높은 산출물을 생산하며 소비시장에 공급하는 행위로 무엇을 생산할 것인가? 얼마나 많은 양을 생산하며 가격은 얼마로 결정할 것인가? 그리고 마지막으로 어디에서 생산해야 하는가를 결정하는 이론이다.

이런 결정에 있어서 생산규모의 선정은 원료와 에너지, 자본, 노동력 등 생산요소의 접근성과 소비시장과의 접근성에 큰 영향을 미치게 되며, 그로 인해 생산비용도 달라지기 때문에 입지 선정 시 입지요소들도 함께 고려되어야 한다. 특히 입지 이론의 실제로 기업입지에 기초적 조건인 용수, 도로망구축, 도시접근성, 양질의 인력과 입지정책은 입지선택요인으로서 가장 중요하게 작용하겠으나, 이러한 요인들은 생산기반시설로써 모든 지역에 유사하게 흩어져 있다는 가정 하에서 논리가 전개된다.

(1) 최적입지의 조건

소비자가 지리적 입지공간에 균등하게 분포되어 있고, 입지에 따라 투입가격이 불변이라고 한다면 입지문제는 발생되지 않는다. 따라서 수입곡선도 비용곡선도 공장(기업)의 입지점이 변화함에 따라 이동하는 일은 없을 것이다. 하지만 소비자가 지리적 공간에 균등하게 분포되어 있지 않다면 공장(기업)의 입지점은 인구가 조밀한 중심지로부터 멀어짐에 따라 수입곡선은 하방으로 이동할 것이다. 예를 들어 제조업의 경우, 인구가 조밀한 중심지에 위치하게 되면 높은 지대를 지불해야 함과 더불어 제품의 수송에 따르는 비용이 지대보다 낮다고 가정해 보자. 중심지에 위치함으로써 오히려 수입곡선이 더욱 하방이동하기 때문에 외각 지역으로 이동하는 것이 비용을 최소화하는 방법이 된다. 그러나 투입가격이 어디에서도 동일하다면 가장 유리한 공장의 입지점은 인구가 가장 조밀한 시장중심지가 될 것이다. 그 곳에서는 여러 가지 산출률에 따른 수입의 변화폭이 보다 크기 때문이다. 따라서 요소가격, 규모, 수입 등이 모두 생산지점에 따라 변화하는 경우의 입지 결정에 있어서 최소비용규모의 경제 및 최대수요를 함께 고려하는 어려운 문제에 직면할 것이다.

만약 어떤 제품을 생산하기 위해 투입되는 원료가 시장의 위치로부터 멀리 떨어져 있다고 가정하자. 그리고 이 원료를 운반하는 수송비보다 최종생산물을 운반하는 수송비가 더 적게 든다고 가정하였을 경우, 이 기업은 원료산지에 입지하는 것이 최적의 입지가 될 것이다. 그리고 이 경우에 원료산지에서는 시장에서보다도 많은 원료를 사용할 수 있게 되며, 보다 적은 노동을 사용하게 될 것이다. 그 이유는 원료지에서는 시장에서보다도 원료비는 적게, 노동에 대한 지불임금은 많이 들기 때문이다. 이런 가정을 통한 최소비용의 해는 각 입지점에 있어서 각각의 산출률에 따른 최소비용투입조합을 결정하므로 각 지점에서 각각의 산출률의 비용은 최소가 될 것이다. 그러나 실제의 생산지점은 최소비용에 의하기보다는 그 입지점의 편리성에 의해 좌우되는 경우도 발생하게 된다.

이렇듯 기업의 입지에 있어서 기업이 입지점으로부터 멀어질수록 구매자의 밀도가 낮아지는 경우에는 소비자에 대한 수송비가 증가하고, 투입요소가격은 생산입지에 따라 다르며 임금이나 원료가격에 의하기보다는 오히려 지대에 좌우된다.

제2절 웨버의 입지-생산모형[2)]

1. 웨버의 입지-생산모형

웨버(Weber)의 입시-생산모형[3)]은 독일의 수학자 Landhart(1885)에 의해 제안되었으며 Alfred Weber(1909)에 의해 구체화되고 널리 알려진 산업입지 분석방법이다. 여기서 기업은 공간상의 특정지점에 위치한 단일의 시설로 간주되며 기업의 목적은 이윤의 극대화라는 미시경제학의 일반적 가정을 수용한다. 이윤극대화가 기업의 합리적 목표라고 한다면 기업이 어디에 입주하는지는 장소가 아닌 이윤을 극대화할 수 있는 곳이

2) 최병호 외 옮김(2006) 참조 및 인용(그림 포함)
3) 기업입지이론은 이윤극대화를 위해서 생산 활동을 어디에서 할 것인가를 결정하는 공간상의 입지결정원리를 말한다. 이 기업입지이론은 독일의 경제학자인 웨버(A. Weber)를 중심으로 후버, 뢰쉬, 아이사드 등의 학자들에 의해 발전해 왔다.

될 것이다. 이 문제 해결을 위해 우선 2차적 공간에서의 가장 간단한 형태로 삼각형을 이용한다. 이러한 단순한 접근방법은 점차 보다 보편적인 공간 형태로 확장될 수 있다.

[그림 2-1]에서 나타난 모형은 흔히 웨버의 입지-생산 삼각형(Weber location-production triangle)이라 일컬어진다. 여기서 기업은 두 가지 생산요소를 투입하여 한 종류의 제품을 생산한다. 앞으로 그래프에 사용될 기호를 다음 과 같이 정의한다.

m_1, m_2 기업이 생산에 투입한 원료 1과 2의 무게(톤)
m_3 기업이 생산한 제품 3의 무게(톤)
p_1, p_2 원료산지에서 투입 원료 1과 2의 단위 무게(톤)당 가격
p_3 시장에서 생산제품 3의 단위 무게(톤)당 가격
M_1, M_2 투입원료 1과 2의 산지
M_3 제품 3을 판매하는 시장의 위치
t_1, t_2 투입원료 1과 2를 운송하는 데 드는 톤-마일(혹은 km)당 운송비
t_3 제품 3을 운송하는 데 드는 톤-마일(혹은 km)당 운송비
K 기업의 위치

생산제품 3이 판매되는 시장을 M_3라 하고, 원료 1과 2의 산지를 각각 M_1과 M_2라고 한다. 원료산지 M_1과 M_2에서 원료 1과 2의 톤당 가격은 각각 p_1, p_2로, 그리고 시장 M_3에서 제품 3의 톤당 가격은 p_3로 주어지며, 이는 기업이 가격수용자라는 것을 의미한다. 또한 기업은 완전경쟁하에서 주어진 가격 p_3에서 제품 3을 무한히 공급할 수 있다고 가정한다. 운송비는 t_1, t_2과 t_3로 표시되는데, 이는 각각 재화 1, 2, 3을 1톤당 1마일(혹은 km) 운반하는 데 드는 비용을 의미한다. 마지막으로 거리 d_1,

d_2 및 d_3는 각각 재화 1, 2, 3의 운송거리를 나타낸다.

[그림 2-1] 웨버의 입지-생산 삼각형

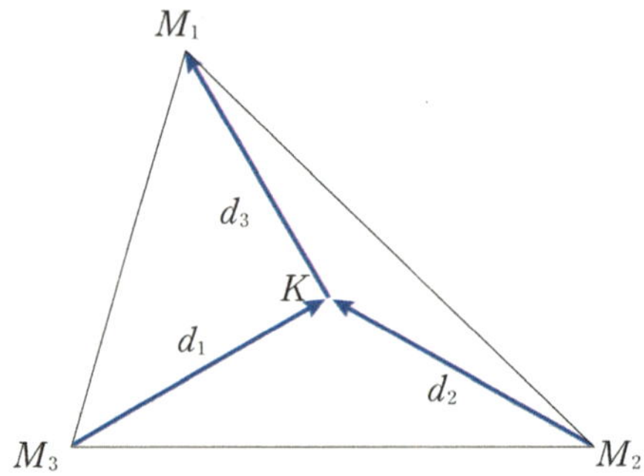

기업은 2가지 생산요소를 투입하여 한 종류의 제품을 생산한다. 생산제품이 판매되는 시장을 M_3라고 하고, 원료 1과 2의 산지를 각각 M_1과 M_2라고 한다.

어떤 기업이 원료 1과 2를 투입하여 제품 3을 생산한다고 할 때, 웨버의 입지-생산모형에서는 생산계수들이 고정되어 있다고 가정하므로 이 제품 한 단위를 생산하기 위해 필요한 각 투입원료의 양자 간에는 일정한 관계가 존재하게 된다. 따라서 생산함수는 다음 〈식 2-1〉과 같이 정의될 수 있다.

$$m_3 = f(k_1 m_1,\ k_2 m_2) \quad \text{〈식 2-1〉}$$

〈식 2-1〉에서 k는 생산계수로 고정되어 있다고 가정하므로 $k_1 = k_2 = 1$로 둘 수 있으며, 이때 가장 간단한 경우의 생산함수는 〈식 2-2〉로 나타낼 수 있다.

$$m_3 = f(m_1,\ m_2) \quad \cdots\cdots \langle 식\ 2\text{-}2 \rangle$$

이때, 만약 생산된 제품 3의 무게가 투입된 원료 1과 2의 무게를 합한 값과 같다면 〈식 2-2〉는 〈식 2-3〉으로 바꾸어 쓸 수 있다.

$$m_3 = m_1 + m_2 \quad \cdots\cdots \langle 식\ 2\text{-}3 \rangle$$

1.5톤의 철강과 0.5톤의 플라스틱으로 2톤의 무게가 나가는 자동차를 생산하는데, 단위당 운송비 t_1과 t_2가 이전의 경우와 동일하다면 철강의 수송에 보다 많은 운송비가 들 것이다. 왜냐하면 플라스틱의 운송비는 킬로미터당 철강의 운송비보다 두 배가 높지만 운송하는 철강의 총량이 플라스틱의 세 배가 되기 때문이다. 그 결과 기업은 d_2에 비해 d_1의 값을 상대적으로 감소시켜 총운송비를 절감하고자 할 것이다. 이 경우 이 기업의 최적입지는 철강의 생산지점인 M_1 방향으로 이동하게 된다.

[그림 2-2] 투입원료의 상대적 운송비와 입지

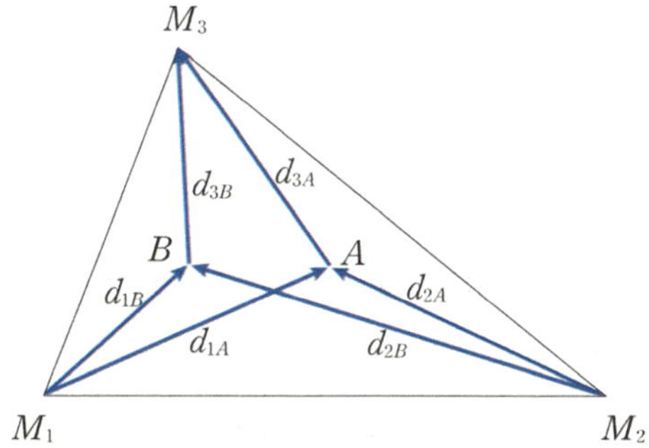

철강(1)과 플라스틱(2)을 투입원료로 자동차(3)를 생산하는 기업의 입지-생산모형이다. 투입원료 1과 2는 각각 M_1과 M_2 지점에서 생산되고 자동차는 시장 M_3에서 판매된다.

이러한 웨버의 분석방법을 이용한다면 기업의 입지에 있어 다양한 생산함수의 영향을 고찰할 수 있다. 위에서 예로 든 두 가지의 경우를 살펴보자. 첫 번째는 생산함수가 상대적으로 플라스틱 집약적인 기업의 경우인데 이를 A기업이라고 한다면 [그림 2-2]에서 보는 것처럼 기업 A는 플라스틱 산지인 M_2에 상대적으로 가깝게 위치하게 된다. 이는 철강 산지와 플라스틱 산지가 기업 A로부터 동일한 거리에 위치할 경우, 즉 $d_{1A}=d_{2A}$라면 플라스틱의 운송비가 철강의 운송비보다 더 많이 들기 때문이다. 따라서 기업 A는 플라스틱 운송비용을 줄이기 위하여 d_{1A}를 증가시킬 것이다. 두 번째로 생산함수가 상대적으로 철강 집약적인 기업의 경우를 B라고 하면, 기업 B는 철강 산지인 M_1에 가깝게 위치하게 될 것이다. 이는 플라스틱 집약적 기업인 A의 경우와 반대로 생각할 수 있을 것이다. 즉, 기업 B가 직면하는 두 원료의 운송거리가 동일할 경우($d_{1B}=d_{2B}$)에는 철강의 운송비가 플라스틱의 운송비보다 더 많을 것이다. 그러므로 d_{1B}을 감소시키는 반면 d_{2B}를 증가시켜 철강 운송비를 절감할 필요가 있다.

1) 생산제품의 운송비가 입지에 미치는 영향

지금까지 기업의 입지결정에 있어 원료조달에 드는 운송비용만을 고려하여 분석해보았다. 그러나 생산제품의 판매시장 또한 기업의 입지에 영향을 미친다. 우선 원료산지 M_1과 M_2에서 석탄과 코크스를 가져와서 전기를 생산하는 발전소의 경우를 생각해 보자. 발전소에서 생산된 제품인 전기의 무게와 부피는 극단적으로 0이라고 간주한다. 전기를 송전하는 데 드는 비용이 0이고 거리와 관련된 비용이 승압중계소와 관련된 아주 적은 비용뿐이라면 발전소의 입지는 전기의 소비지에 영향을 받지 않게 된다. 따라서 발전소의 최적입지는 M_1과 M_2를 연결하는 선상의 어떤 지점이 될 것이며, 최적입지 문제는 1차원 직선상의 입지문제가 된다.

그러나 대부분의 경우 생산제품의 수송에는 무게와 부피로 인해 상당한 운송비가 소요된다. 생산제품의 무게와 부피는 시장 및 원료산지의 위치와 관련하여 기업의 입지에 영향을 미친다. 철강과 플라스틱을 투입원료로 하는 두 자동차 회사 A와 B의 경우를 통해 이를 설명해 보자. 두 기업의 생산함수가 동일하다고 가정한다. 즉, 두 기업은 투입원료의 결합 비율(m_1/m_2)이 동일하다. 만약 두 기업의 원료 운송비가 각각 t_1과 t_2로 동일하다면 각 원료산지의 상대적 입지 견인력은 두 기업에 대해 똑같이 작용할 것이다. 그런데 만약 기업들의 기술적 효율성[4)]이 달라서 기업 A는 생산과정에서 투입원료의 70%를 소모하는 반면 기업 B는 40%만을 소모한다고 가정해 보자. 결과적으로 기업 B의 생산제품의 무게는 기업 A의 생산제품의 무게에 비해 약 2배가 될 것이다. 이처럼 제품의 무게가 보다 무거운 기업 B는 기업 A에 비해 시장에 더 근접하여 입지하며, 원료산지로부터는 더 멀리 떨어져서 입지한다. 그러므로 [그림 2-3]에서 보듯 기업 B는 기업 A에 비해 보다 시장지향적인 입지형태를 가지게 된다.

기업들의 상이한 입지형태를 나타내는 보다 일반적인 상황은 생산과정에서 제품의 밀도가 달라지는 경우이다. 예를 들어 동일한 원료를 이용하여 동일한 생산함수를 통해 동일한 제품을 생산하는 자동차 회사 A와 B의 경우를 고려해 보자. 기업 A는 도시에 맞는 소형차를 주로 생산하는 반면 기업 B는 교외지역에 적합한 대형 4륜구동 자동차를 생산한다. 이미 살펴보았듯이 운송비는 제품의 부피에 영향을 받게 되는데, 기

4) 여기서 투입원료의 소모량이 클 경우 기술효율성이 높아 제품의 무게 및 부피는 상대적으로 작아지게 된다고 가정한다.

업 B는 부피가 큰 제품을 생산하는 반면 기업 A는 상대적으로 밀도가 낮은 제품을 생산하므로 기업 B의 제품 운송비는 기업 A에 비해 높다. 따라서 기업 B는 기업 A에 비해 시장에 보다 가깝게 위치하게 된다. 이를 [그림 2-3]에서 나타내면, 기업 B는 기업 A에 비해 M_3에 위치한 시장지향적 입지형태를 나타낼 수 있다.

[그림 2-3] 상대적 제품 운송비와 입지

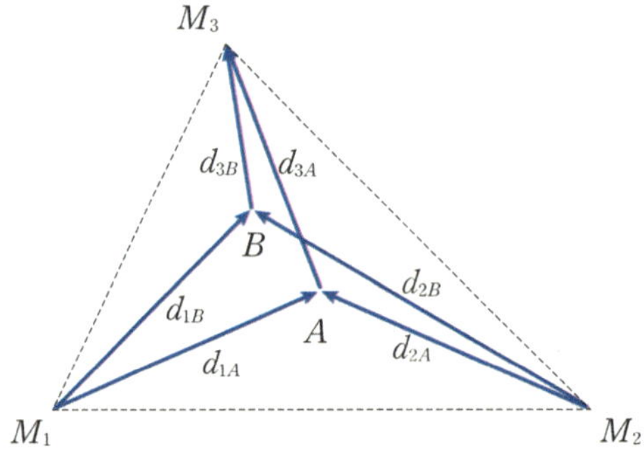

기업들의 기술적 효율성이 다를 경우 이로 인해 무게의 변화가 생긴다고 하면 기업 B의 생산제품이 기업 A의 생산제품보다 무겁게 되어 시장에 더 근접하여 입지하게 된다.

2) 요소가격변화가 입지에 미치는 영향

이제까지는 모든 지역에서 생산요소의 가격이 동일하다는 전제 하에서 기업의 입지문제를 다루었다. 그러나 현실적으로는 지역에 따라 노동과 토지의 가격은 현저하게 차이가 날 수밖에 없다. 예를 들어 시가지 중심에 위치한 기업과 시가지에서 떨어진 외곽지역에 위치한 기업이 지불하는 지대와 임대료는 차이는 극명하게 나타나게 된다. 이제 우리는 웨버의 분석방법을 이용하여 지역 간 생산요소가격의 차이가 기업의 입지 형태에 미치는 영향을 파악할 수 있다. 이를 위해 우선 기업이 대체입지를 찾게 되는 요소가격 조건이 무엇인가를 알아볼 필요가 있을 것이다.

앞서 다루었던 가정을 그대로 적용해보면 어떤 기업이 원료산지 M_1과 M_2에서 생산된 원료를 투입하여 시장 M_3에서 판매한다. 이러한 조건 하에서 최적점 K^*는 기업의 운송비가 최소화되는 지점이 될 것이다. 만약 생산요소가격이 모든 곳에서 동일하다면 기업의 최적입지점은 K^*가 될 것이다. 이때, 요소가격이 공간상 다를 경우 최적입지점 K^*가 어디로 이동할 것인가에 대해 살펴보자.

[그림 2-4]에서는 웨버의 삼각형 위에 등고선 지도가 그려져 있는데, 이 등고선을 등가격선(isodapane)이라 한다. 일반적인 지도에서 등고선은 동일한 고도에 위치한 모든 지점을 연결한다는 것을 적용해 볼 때, 지도에서 등가격선은 최적점 K^*와 비교하여 투입원료와 제품의 총운송비가 동일하게 증가하는 위치들을 연결한 선이 된다. 따라서 등가격선이 K^*로부터 멀어질수록 제품(m_3) 한 단위 생산에 필요한 투입원료와 제품의

[그림 2-4] 등가격선 분석

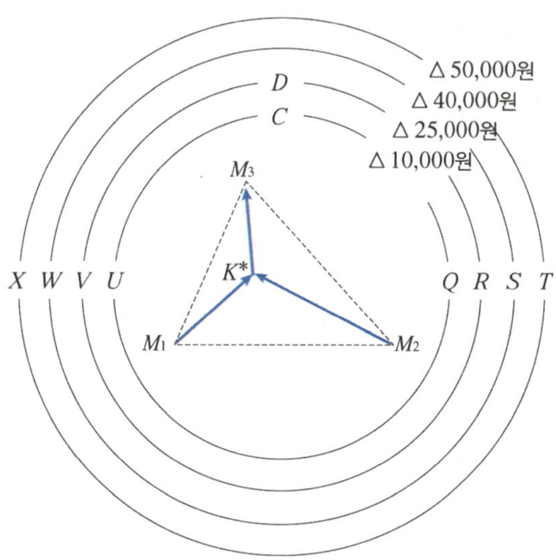

지도에서 등가격선은 최적점 K^*와 비교하여 투입원료와 제품의 총운송비가 동일하게 증가하는 위치들을 연결한 선이 된다. 이 등고선을 등가격선(isodapane)이라 한다.

총운송비는 증가하게 된다. 기업의 입지가 최적점으로부터 멀어질수록 운송비가 증가하게 되므로 효율성과 기업의 이윤은 점차 감소하게 된다. 즉, 다른 조건이 일정하다면 최적입지에서 멀어질수록 기업의 기회비용은 점점 더 높아지게 된다. 만약 생산요소가격이 모든 곳에서 동일하다고 하면 최적입지점보다 밖에 위치하지 않을 것이다. 따라서 기업이 최적입지 K^*를 떠나 다른 입지로 이동하기 위해서는 그 지역의 생산요소가격이 얼마나 낮아야 하는지를 살펴볼 필요가 있다.

우선 최적입지 K^*에 위치한 기업이 R로 이동하기 위해서는 R에서의 생산요소가격은 얼마나 낮아야 할까? 우선 K^*점에서 총수송비용이 20,000원이라고 가정하자. 이때 K^*점에서 R로의 이동은 최종판매지역 M_3에서 멀어짐을 뜻하기 때문에 10,000원이 추가적으로 들어간다고 하자. 보다시피 R지역의 요소가격은 K^*지점에 비해 25,000원만큼 적게 든다고 하면, 이 기업은 K^*에서 R로 입지 이동을 하지 않을 것이다. 왜냐하면 K^*에서 R로 옮김으로써 제품 한 단위당 이윤은 5,000원 줄어들기 때문에 전보다 비용이 더욱 증가하게 된다. 이는 이윤극대화추구가 기업의 목표라고 할 때 충분히 합리적 선택이 아니다. 한편 R점에서 요소가격이 K^*점보다 35,000원 낮은 경우를 생각해 보자. 그렇다면 이 기업은 K^*점에 R로의 이동을 고려해 볼 만하다. 위에서 분석한 바와 같이 총수송비용은 30,000원이 드는 반면 요소가격이 −35,000원으로 생산을 위해 최종적으로 드는 비용은 제품 한 단위당 −5,000원이 되기 때문에, 제품 한 단위당 5,000원씩 이윤이 증가하게 된다. 이러한 분석은 어떤 기업이 현재입지로부터 이전해야 할 것인지, 이전한다면 어느 지역으로 이전할 것인지를 결정하기 위해 Q, R, S, T와 같은 다른 대안적 입지들에도 적용될 수 있음을 시사한다.

기업의 수익성이란 관점에서 볼 때, 이들 입지가 서로 완벽하게 대체될 수 있다는 것은 기업 투자의 공간적 패턴을 이해하는 데 있어서 매우 중요하다는 것을 의미한다. 예를 들어 다국적기업이 사업을 확장하기 위해 새로운 입지를 모색하는 경우 어떤 특정 지역을 선택할 가능성은 그 지역에서 얻을 수 있는 기대이윤에 좌우될 것이다. 웨버의 입지-생산모형에서는 등가격선 분석을 통해 지역 간 수익성 차이를 파악할 수 있는데, 다른 조건이 동일하다면 최적입지가 가장 수익성이 높은 지점이 될 것이다. 따라서 최적입지가 아닌 다른 지역이 투자 적격지가 되기 위해서는 그곳의 요소가격이 최적입지에 비해 낮아야 한다. 어느 특정 입지가 새로운 투자 적격지로 기업의 관심을 끌 수 있을지는 그 곳의 지리적 위치로 인해 발생되는 운송비용 증가를 지역적 요소가격이 얼마나 상쇄할 수 있는가에 따라 결정되는 것이다. 즉, 모든 지역의 요소가격이 지역 간 균형가격에 해당한다면 기업은 입지선택에 있어서 무차별적이게 된다. 이런 상황은 기업으로 하여금 새로운 생산시설을 입지하는 데 있어서 모든 지역에 대한 선호가 무차별적이게 되고, 투자의 가능성은 모든 지역에 걸쳐 균등하게 나타나게 될 것이다. 한편 임금이 지역마다 균등하지 않다면, 어떤 지역은 앞서 본 바와 같이 자동적으로 투자에 있어서 우월지역으로 부각될 것이며, 그 지역은 다른 지역에 비해 불균형적으로 발전하게 될 수 있음을 또한 시사한다.

웨버의 입지-생산이론을 통해 보았을 때, 지역이 지닌 지리적 조건으로 인해 각 지역들은 상이한 비교우위를 가지게 되는데, 이러한 비교우위의 차이는 요소가격의 차이에 의해서만 상쇄될 수 있다고 본다. 위의 예에서는 특정기업을 상대로 지역 간 요소가격 경사도를 산출했기 때문에 지역적 요소가격과 거리 간의 균형관계는 그 기업에 대해서만 적용된다. 지금까지 살펴보았듯이 웨버의 최적입지는 기업마다 다르게 나타난다. 이는 운송비와 생산함수, 원료산지와 시장 등이 서로 다른 기업들은 각기 다른 요소가격 경사도를 가질 수 있음을 의미한다.

3) 새로운 원료산지와 시장이 입지에 미치는 영향

앞에서 운송비 및 생산함수의 차이와 변화가 입지에 미치는 영향, 그리고 기업이 다른 곳으로 이전하게 되는 조건 등에 대해 검토하였다. 여기서는 다수의 원료산지와 시장이 존재하는 상황에서 기업이 대체입지를 찾게 되는 조건을 살펴보고자 한다. 앞에서는 요소가격 변화가 기업의 입지를 이동하게 되는 조건을 살펴보기 위해 등가격선 분석을 이용하였으나, 원료산지나 시장이 다수인 상황에서는 기업의 이전 자체가 원료산지와 제품시장의 변화를 가져올 수 있다.

[그림 2-5] 새로운 원료산지와 시장

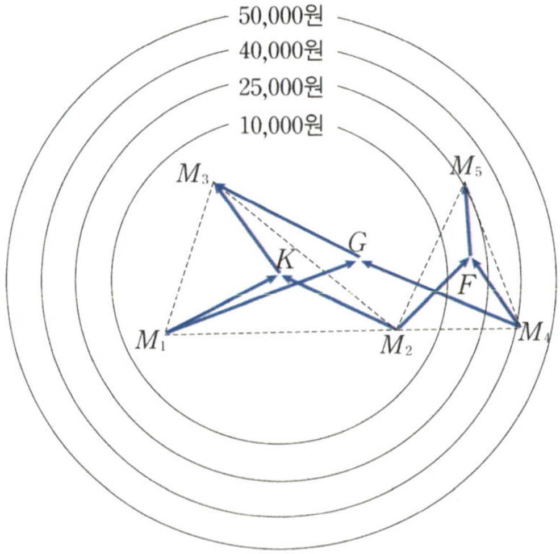

철강 및 플라스틱의 원료산지가 각각 M_1, M_2이고 시장이 M_3인 상황에서, 입지 F가 K에 비해 운송비는 약간 높지만 요소가격이 낮아서 운송비 차이를 충분히 상쇄하고 있는 경우를 나타내고 있다.

[그림 2-5]에서는 철강 및 플라스틱의 원료산지가 각각 M_1, M_2이고 시장이 M_3인 상황에서, 입지 F가 K에 비해 운송비는 약간 높지만 요소가격이 낮아서 운송비 차이를 충분히 상쇄하고 있는 경우를 나타내고 있다. 따라서 기업은 K에서 F로의 이전을 고려할 것이므로 F는 새로운 최적입지점이 된다. 그런데 기업이 K에서 F로 이전할 경우 동일한 원료를 공급받는 다른 공급자가 존재할 가능성이 생긴다. 예를 들어 M_4에 위치한 원료 공급업자는 M_1에 있는 공급자와 같이 철강을 공급하는데, M_4에서 F까지 거리 d_4가 M_1에서 F까지 거리인 d_1보다 짧다고 하자. M_4에서 생산될 철강을 F까지 운반하는 가격이 M_1에서 생산된 철강을 F까지 운반하는 가격보다 저렴하다면, 즉 $(p_1+t_1d_1)>(p_4+t_4d_4)$이라면, 기업은 M_1 대신에 M_4를 원료공급지로 이용할 것이다. 그 결과 M_4, M_2, 그리고 M_3의 공간상의 세 지점에 대해 최적입지를 분석하는 새로운 웨버의 입지-생산 문제가 발생한다. 이러한 원료 공급지의 변화는 최적입지를 변경시키며, 새로운 최적입지에 따라 지역 간 균형 요소가격 역시 새롭게 계산되어야 한다.

M_4, M_2, 그리고 M_3의 세 지점을 고려할 때, 새로운 웨버의 최적입지는 G로 나타나 있는데 이는 M_3에 위치한 시장보다 M_5에 위치한 시장에 제품을 판매하는 것이 더 유리하기 때문이다. 여기서 M_5는 M_3보다 G에 더 가깝게 위치해 있다고 가정할 때, $(p_5-t_5d_5)>(p_3-t_3d_3)$의 조건이 성립하므로 M_5에 위치한 시장에 자동차를 판매함으로써 M_3에 판매할 때보다 더 많은 이윤을 올릴 수 있다. 이때 기업은 시장을 M_3에서 M_5로 완전히 바꾸거나 혹은 M_3와 M_5 두 시장에 모두 자동차를 공급할 수 있게 된다. 만약 두 시장에 모두 자동차를 공급할 경우에는 자동차시장에 대응하여 철강을 충분히 확보하기 위해, 기업은 M_1과 M_4에서 철강을 구매하고 M_2에서 플라스틱을 구매할 수 있다. 이때 웨버의 입지-

생산 문제에서 고려해야 할 지점은 M_1, M_2, M_3, M_4, 그리고 M_5 다섯 개가 된다. 이는 최적입지인 G를 다른 곳으로 이동시킬 것이며, 또한 지역 간 균형임금 경사 역시 변화될 것이다.

이런 분석을 통해 한 개의 기업이 다수의 원료 공급지와 시장을 가지는 상황을 토대로 입지를 선택하는 과정을 보여주었다. 웨버의 입지-생산모형은 특정 지역이 투자대상지로 선택되는 지리적 이점을 이해하는 데 큰 도움을 준다. 이런 분석과정을 통해서 우리는 다음과 같은 시사점들을 파악할 수 있다. 먼저 어떤 지역이 다른 지역보다 투자 대상지로서 더욱 매력적이게 하는 요소가격 조건에 대한 고찰을 할 수 있다는 것이다. 두 번째로, 여기서 모형은 입지를 진화적 과정(evolutionary process)으로 볼 수 있게 하는데, 이는 요소가격 변화가 입지 형태를 변화시키고 입지 형태의 변화가 다시 원료 공급자, 생산기업, 그리고 시장 간의 공급 연계를 변화시킬 수 있기 때문이다. 산업입지 문제는 속성상 진화적인데, 그것은 새로운 시장과 제품에 대응하여 기업은 입지를 변경하고 공급업자 및 구매자를 바꾸기 때문이다.

4) 웨버 입지-생산모형에 대한 비판

웨버의 분석에 의하면, 기업은 원료와 제품의 가격 변화에 대응하는 과정에서 원료 공급자와 시장을 바꾸며, 이러한 변화 때문에 기업의 최적입지가 계속해서 바뀌게 된다고 한다. 그러나 실제로 현실에서는 기업들은 입지의 이동이 그리 자주 일어나지 않는다. 이는 웨버의 모형이 산업 입지 형태를 설명하는 데 과연 유용한 분석도구인가라는 근본적인 의문을 갖게 만든다. 기업이 자주 이전하지 않는 이유는 입지를 재선정하여 이전하는 과정에서 생산설비의 철거, 종업원의 이동, 신규직원 채용, 옮기는 과정에서 발생되는 생산 차질 부분 등 매우 많은 비용이 들기 때문이다.

그리고 입지선정에 있어서 국가의 역할(산업정책)에 의하여 영향을 받고 있는 현실에 비추어 이런 현상을 반영하지 못하며, 입지에 따라 다른 가격을 가질 수 있음을 설명하지만 실제는 거리의 차에 따라 판매가격을 달리하지 않고 동일한 가격으로 판매가 된다는 점이다. 또한 대부분의 산업입지는 원료산지나 소비지의 중간에 위치하지 않고 두 지역을 선택하여 어느 한곳에 입지하는 경향을 보인다는 점을 설명하지 못한다. 마지막으로 집적이익은 소규모 산업체가 크게 보는 반면, 큰 산업체는 집적이익을 많이 보지 못한다.

제3절 모제스의 입지-생산모형[5)]

1. 모제스의 입지-생산 모형

모제스(Moses)는 다른 조건이 일정할 경우 상대적으로 비싼 원료를 저렴한 원료로 대체함으로써 기업의 효율성을 증진시킬 수 있다고 주장하였다. 즉, 웨버의 분석에 기업의 대체 행위를 적용하여 이것이 기업의 입지 형태에 어떤 영향을 주는지 분석하였다.

[그림 2-6]에서 M_1, M_2, M_3로 구성된 삼각형을 살펴보자. 시장 M_3로부터 d_3의 거리만큼 떨어진 원호 IJ를 그리고 이 원호 상의 한 점에 기업의 입지를 가정하면 d_3는 더 이상 고려대상 변수가 아니다. 그러므로 M_1, M_2에서 생산되는 원료의 운송비만이 기업의 선택에 영향을 끼치는 요소가 된다.

5) 최병호 외(Philip McCann, 2006), 참조 및 인용(그림 포함)

[그림 2-6] Weber-Moses의 삼각형

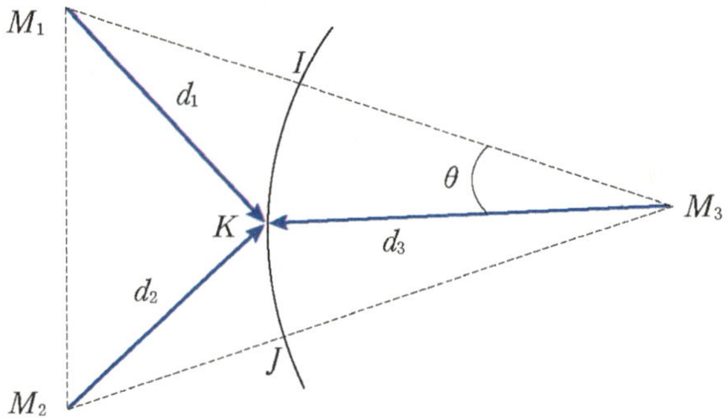

시장 M_3로부터 d_3거리만큼 떨어진 곳에 IJ를 그리고 IJ선상의 입지를 가정하자. 이 경우 M_1, M_2에서 생산되는 원료의 운송비만이 기업의 선택에 영향을 미치게 된다.

[그림 2-7] I와 J에서의 예산제약선

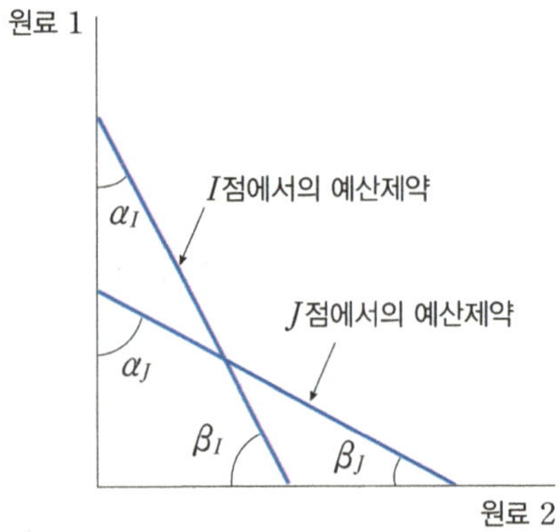

각각의 기울기 비율 α_I/β_I와 α_J/β_J를 통해 I와 J에서도 인도가격비율을 구할 수 있다.

만약 기업이 I에 위치한다면, d_1은 최소가 될 것이고, 원료 1의 인도가격 $(p_1 + t_1 d_1)$도 최소가 될 것이다. 반면, M_2에서 I까지의 거리 $(p_2 + t_2 d_2)$는 최대가 된다. 따라서 인도가격비율 $(p_1 + t_1 d_1)/(p_2 + t_2 d_2)$은 I에서 최소가 된다. 반대로 기업이 J에 위치한다면 같은 이유로 인도가격비율

$(p_1+t_1d_1)/(p_2+t_2d_2)$은 입지 J에서 최대가 될 것이다.

따라서 투입요소의 최적조합은 등량곡선과 예산제약선이 접하는 곳에서 결정되고 예산제약선의 기울기는 투입요소의 상대적 가격에 의해 결정된다. 그리고 예산제약선 상에서는 각 입지에서 투입원료에 대한 총지출이 일정하다. 위의 논의에 따른 I와 J에서의 예산제약선, [그림 2-7]을 보면, 각각의 기울기 비율 α_I/β_I와 α_J/β_J을 통해 I와 J에서의 인도가격의 비율을 구할 수 있다. 만약 개별 입지별로 다른 인도가격 비율이 존재한다면, 이는 원호 IJ상의 각 위치에서 예산제약선의 기울기가 서로 다를 것임을 의미한다. 원호 IJ를 따라 I에서 J로 갈수록 인도가격 비율은 상승하며 원호 IJ상의 각 입지는 각기 다른 인도가격 비율을 나타낸다. 따라서 공간을 고려할 경우 예산제약선의 기울기에 입지효과를 접목시키기 위해서는 원호 IJ상의 각 입지에서 예산제약선의 포락선(envelop)을 그릴 필요가 있다. 원호 IJ상의 모든 입지점에 대해 예산제약선을 그린 후, 이 제약선의 바깥쪽 경계점들을 이으면 예산제약선의 포락선을 도출하게 된다.

[그림 2-8]에서 볼 수 있듯이 예산제약선의 포락선이 등량곡선과 접하는 점에서 효율성 조건이 만족되고 이는 점 E^*를 의미한다. 이 점은 예산제약선의 포락선 상의 어느 한 점에 위치하기 때문에 최적입지 K^*를 나타내고 최적 투입원료의 조합은 m_1^*와 m_2^*이다. 효율 극대화점과 최적입지가 동시에 정해지기 때문에 투입원료의 최적 조합과 기업의 최적입지는 분리될 수 없다. 따라서 투입원료의 대체가 가능할 때 입지문제는 생산의 문제가 되고 동시에 이는 입지의 문제가 된다.

[그림 2-8] 최적입지 – 생산

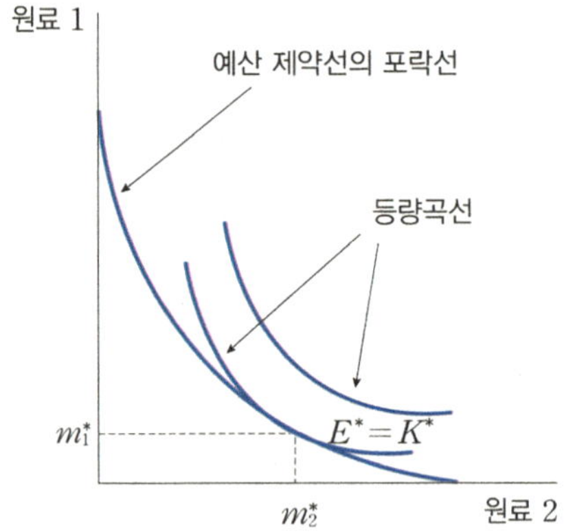

예산제약선의 포락선이 등량곡선과 접하는 점 E^*에서 효율성 조건이 만족된다. E^* 점이 최적입지 K^*를 나타낸다.

2. 모제스의 모형과 웨버의 모형 간의 비교

모제스의 모형은 웨버의 모형과는 다른 결과가 도출된다. 웨버의 단순모형에서는 운송비 t_1이 하락할 경우 기업의 최적입지는 M_1에서 멀어지는데, 그것은 투입원료 2의 운송비가 상대적으로 높아지기 때문이다. 웨버의 모형에서는 생산계수가 고정되어 있어 m_1과 m_2의 상대적 투입량은 일정하게 유지되며, 기업은 총운송비를 줄이기 위해 투입원료 2의 산지를 향해 이동한다. 반면 모제스의 모형에서는 운송비 t_1이 하락할 경우 기업의 최적입지는 M_1으로 가까워지는데, 이는 운송비 t_1이 감소하면서 원료 m_1의 선호도가 높아지고 상대적으로 원료 m_2의 사용을 기피하게 된다. 즉, 원료 m_1에 대한 총운송비가 높아지게 되어 기업은 M_1으로 재입지하게 된다.

이러한 두 입지모형의 결과 차이는 모제스의 가변계수에 있어서는 투입원료 간 상호대체가 가능한 반면, 웨버의 고정계수에서는 투입원료 간 상호대체가 불가능하다는 것에서 유래한다. 모제스의 경우 원료의 대체 행태가 운송비의 상대적 비중을 변경시키고 결국 기업의 최적입지를 변화시키게 된다는 결과가 나타난다. 실제로 가능한 일련의 입지적 결과들이 존재하며, 그것은 기술적 대체 가능성에 좌우된다. 대체탄력성이 0이거나 아주 낮은 상황에서는 웨버의 모형과 유사한 결과가 초래될 것이나, 대체 탄력성이 높은 경우에는 모제스 모형과 비슷한 결과가 나올 것이다.

제4절 그린헛의 이윤극대화 입지이론

이윤극대화 입지 이론은 그린헛(Greenhut)과 Rawstron 등이 주장한 이론이 가장 합리적인 모델로 평가받고 있다. 그린헛은 전통적인 경제이론에 공간적인 요소를 도입하여 처음에는 비용극소화이론과 입지 이론을 통합하여 비용과 수요 요인을 포함하는 입지 이론을 발전시켰다. 그 후 그는 입지에 영향을 미치는 여러 가지 비용과 수요를 분리시켜 전개하였다. 처음에는 산업입지에 영향을 미치는 요인으로 수송비 이외에 제조비용과 수요를 고려하고, 기업가 개인의 심리적 요인도 고려하였다는 데 학문적 의의가 있다.

이 이론의 요지는 산업의 입지에 있어서 기업의 이윤이 극대화되는 지점, 즉 MR(한계수입)= MC(한계비용)인 지점에서 기업이 입지하게 된다는 것이다. 이는 TR(총수입)과 TC(총비용)의 격차가 가장 큰 지점에 입지하게 되는 것과 같은 의미이다.[6)]

6) $T\pi$(총이윤) $= TR - TC$

이윤극대화 조건을 MR과 MC 접근방법으로 설명하면, 기업이 생산량을 1단위 증가시킬 때 추가되는 수입이 $MR(=\Delta TR/\Delta Q)$이고, 추가되는 비용이 $MC(=\Delta TR/\Delta Q)$이다. 만약 $MR > MC$인 경우에는 기업이 생산량을 1단위 증가시킬 때 추가되는 수입이 비용보다 크기 때문에 기업 입장에서는 생산량을 증가시키는 것이 이윤이 늘어나게 된다. 반대로 $MR < MC$인 경우에는 기업이 생산량을 1단위 증가시킬 때 추가되는 비용이 수입보다 크기 때문에 기업 입장에서는 생산량을 감소시키는 것이 손해를 적게 본다. 결국 이윤극대화를 하고자 하는 기업은 $MR = MC$, 즉 한계수입(Marginal Revenue)과 한계비용(Marginal Cost)이 같게 되는 조건에서 생산량을 결정하게 된다. 즉, 이윤극대화 조건은 $MR = MC$이다.

[그림 2-9]에서는 완전경쟁시장을 가정한 상태에서 이윤극대화 생산량과 입지점을 설명하고 있다. 완전경쟁 하에서는 $P = AR = MR$을 가정하기 때문에 이윤극대화 조건인 $MR = MC$를 가정하면, 기업은 $P = AR = MR = MC$가 성립하게 되는 A지점에 입지를 하며, Q_3만큼의 생산량을 결정하게 된다. TR 및 TC 그래프에서는 $TR - TC$가 가장 큰 지점을 의미하며, 이는 각각의 기울기가 일치하는 점을 의미한다. $T\pi$그래프를 보았을 때, 생산량이 Q_3일 때, 이윤이 가장 커지는 것을 확인할 수 있다. 만약 기업이 Q_3보다 생산량을 감소시키면 총이윤이 적어지며, Q_2의 수준에서는 이윤이 0이 된다. 그보다 적은 생산량은 이윤이 (−)가

$TR = P \times Q$, AR(평균수입) $= \dfrac{TR}{Q} = \dfrac{P \times Q}{Q} = P$

$TC = P \times AC$, AC(평균비용)$= \dfrac{TC}{Q} = \dfrac{TVC}{Q} + \dfrac{TFC}{Q} = AVC + AFC$

$MR = \dfrac{\Delta TR}{\Delta Q}$, $MC = \dfrac{\Delta TC}{\Delta Q} = \dfrac{\Delta TVC}{\Delta Q} + \dfrac{\Delta TFC}{\Delta Q} = \dfrac{\Delta TVC}{\Delta Q}$

P는 가격, Q는 생산량, TVC는 총가변비용, TFC는 총고정비용, AVC는 평균가변비용, AFC는 평균고정비용을 의미하며, MC는 TC의 변동분을 생산량의 변동분으로 나누어주는 것을 의미함(미분 적용).

[그림 2-9] 완전경쟁기업의 이윤극대화 생산량과 입지점

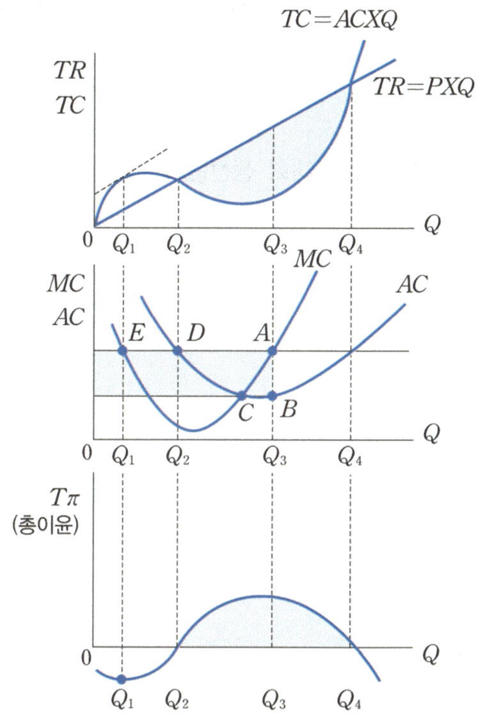

설명) 완전경쟁시장을 가정할 경우 이윤극대화 생산량과 입지점에 대해 설명하고 있다. 이윤극대화 조건은 $MR = MC$이고, 기업은 $P = AR = MR = MC$를 만족하는 지점 A에 입지하여 Q_3 만큼 생산한다.

출처 : 이성근 · 이춘근(2014)

된다. 반대로 Q_3에서 생산량을 증가시키는 것도 총이윤을 감소시키며, Q_4수준을 넘어서면서 이윤은 적자가 된다.

독점기업의 경우 $P = AR > MR$이기 때문에 $P = AR > MR = MC$인 지점에서 이윤극대화 조건이 성립되고 [그림 2-10]에서 점 E가 성립하는 입지에 위치하게 되고, 생산량은 Q_2, 가격은 P_0가 된다. 독점시장에서 AR은 우하향하고 MR의 기울기는 AR의 2배가 된다. 따라서 기업의 한계수입(MR)은 생산량을 늘릴수록 감소하게 되며, 따라서 총수

입(TR) 또한 어느 지점(Q_2)을 넘어서게 되면 감소하게 된다. 완전경쟁 때와 마찬가지로 이윤극대화 지점(Q_2)에서 $TR - TC$의 크기가 최대가 되며, 이때의 TR곡선 및 TC곡선의 기울기는 같다.

[그림 2-10] 독점기업의 이윤극대화 생산량과 입지점

설명) 독점기업의 경우 $P = AR > MR$이기 때문에 $P = AR > MR = MC$인 지점에서 이윤극대화 조건이 달성된다. 기업은 E지점에 입지하고 생산량은 Q_2, 가격은 P_0가 된다.

출처 : 이성근 · 이춘근(2014)

즉, 그린헛의 이론에 따르면 시장의 형태(완전경쟁 및 독점)에 상관없이 이윤극대화조건($MR = MC$)을 갖춘 입지점에서 기업은 입지와 최적 생산량을 결정하며, 그에 따라 가격 또한 결정된다고 할 수 있겠다.

제5절 상권의 측정 및 분석

1. 상권의 측정 및 분석

1) 상권의 측정

(1) 레일리의 소매인력 법칙

레일리(Reilly)[7]의 소매인력 법칙은 상업지의 상권[8]의 범위를 설명하기 위해서 이론적으로 법칙화한 것을 말한다. 가령 도시 A와 도시 B의 중간지점에 C라는 도시가 있는 경우, C에 거주하고 있는 소비자가 어느 정도의 비율로 A, B의 도시에 구매를 위해 출향의도를 가질 것인가에 대해, A와 B 두 도시로 유출되는 지역의 소매판매량의 비율은 A와 B 도시의 인구비율에 비례하고 C로부터 각각 A와 B 도시까지의 거리 제곱에 반비례한다는 것을 경험적으로 분석하여 법칙화하였다.

레일리 법칙의 공식은 다음 〈식 2-4〉와 같다.

$$\left(\frac{B_a}{B_b}\right)=\left(\frac{P_a}{P_b}\right)\times\left(\frac{D_b}{D_a}\right)^2 \quad \cdots\cdots \text{〈식 2-4〉}$$

B_a = A시가 중간의 도시를 C로부터 흡인하는 소매판매액

B_b = B시가 중간의 도시를 C로부터 흡인하는 소매판매액

---

7) W. J. Reilly(1929), "Methods for the Study of Retail Relationships," University of Texas Press, Austin, Tex.

8) 상권이란 점포와 고객을 흡인하는 지리적 영역을 의미함. 모든 소비자의 공간선호 범위를 의미하기도 함. 상권은 판매액의 비율에 따라 1차 상권(70%), 2차 상권(25%), 3차 상권(나머지 15%)으로 구분함.

P_a = A 시의 인구

P_b = B 시의 인구

D_a = A 시와 C 도시까지의 거리

D_b = B 시와 C 도시까지의 거리

쉽게 예를 들어 설명해 보자. A 지역의 상주인구가 420,000명이고 B 지역은 105,000명이라고 하자. 이 중간에 있는 C 도시에는 13,000명이 살고 있으며, C 도시에서 A와 B 도시까지의 거리를 각각 80km와 60km 라고 가정할 때 위 식을 이용하여 정리하면 아래와 같다.

$$\left(\frac{B_a}{B_b}\right) = \frac{420,000}{105,000} \times \left(\frac{60}{80}\right)^2 = \frac{2.25}{1} \simeq 2.25$$

즉, C 도시에서 B 도시로의 매물출향비율은 A 시로의 출향비율의 $\frac{1}{2.25}$ 이 된다. 결국 중간지점에서 볼 때, 양 도시 중 어느 지역의 영향력이 큰가에 따라 상권의 경계는 달라지며, 상권의 경계가 큰 쪽으로 구매를 위한 출향의도를 높이게 하는 원인이 된다.

[그림 2-11] 소매인력의 법칙 응용(1)

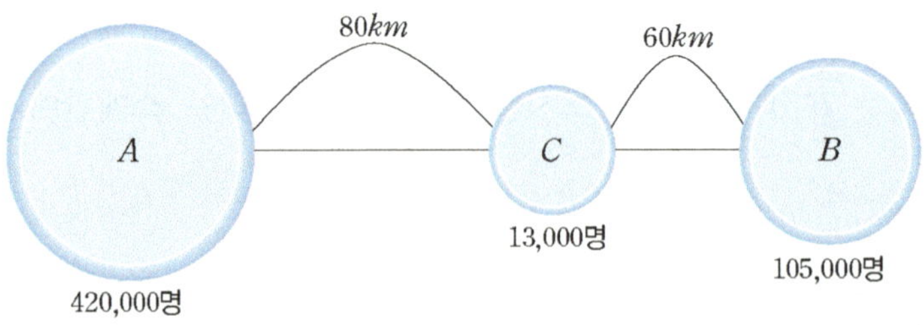

즉, C 도시에서 B 도시로의 매물출향비율은 A 시로의 출향비율 $\frac{1}{2.25}$ 이 된다. 결국 중간지점에서 볼 때, 상권이 경계가 큰 쪽으로 구매를 위한 출향의도를 높이게 하는 원인으로 제공된다고 설명할 수 있다.

한편 소매인력 법칙은 2개의 경합도시 A와 B 중에 어디서 소비자가 구매행위를 하느냐에 대한 무차별적인 경계지점을 공식화하여 보여줄 수도 있다. 즉, 앞서 본 경우 중간도시 C가 A와 B 도시에 어느 정도 소매행위를 위한 출향의도를 보이는가에 주력했지만 한편으로 A와 B 도시 사이의 영향력이 어디에서 결정되는가를 알 수 있다. [그림 2-12]는 A와 B 도시 간의 거리와 인구의 규모가 정해지게 되면, A와 B 도시의 상권 영향력을 나타내는 범위를 보여줄 수 있다는 것을 나타내고 있다. 여기에서 점선으로 나타난 부분이 무차별적인 경계지점이다.

[그림 2-12] 소매인력 법칙의 응용(2)

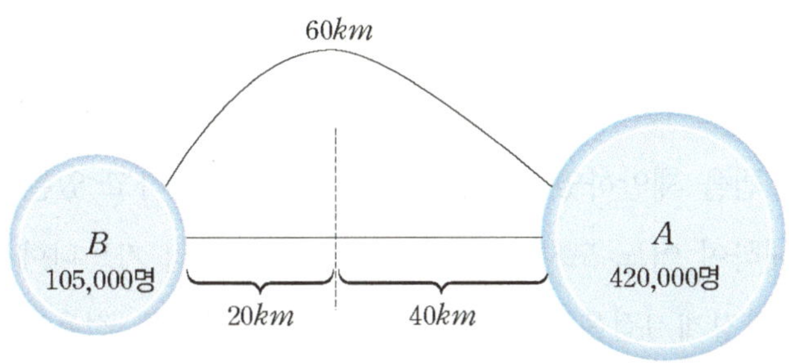

A도시의 상권 영향력은 40km가 되고 B도시는 20km의 지점까지 상권 영향력을 가진다고 할 수 있다. 따라서 상권의 경계지점은 A도시로부터 40km이거나 혹은 B도시로부터 20km가 되는 지점이다.

이런 그림을 다음과 같은 식으로 나타낼 수 있다.

$$D_a = \frac{D_{ab}}{1+\sqrt{\frac{P_b}{P_a}}} \text{ 또는 } D_b = \frac{D_{ab}}{1+\sqrt{\frac{P_a}{P_b}}} \quad \cdots\cdots\cdots\cdots \langle \text{식 } 2\text{-}5 \rangle$$

〈식 2-5〉에서 D_a와 D_b는 각각 A와 B도시로부터 상권 분기점까지의 거리를 나타내며, D_{ab}는 A와 B 도시 간의 거리, P_a와 P_b는 A도시와 B도시에 상주하는 인구를 나타낸다. 보다 쉽게 이해를 높이기 위해 예를 들어보자.

공간상 A와 B라는 두 도시가 존재하고 있다고 가정하자. A도시와 B도시 간의 총거리는 60km이고, 각각 A와 B 도시에 상주하고 있는 인구가 105,000명, 420,000명이라고 한다면 과연 A와 B 도시의 상권 분기점은 어디가 될까? 위 식을 그대로 적용해보면, A도시의 상권 영향력은 40km가 되고 B도시는 20km의 지점까지 상권의 영향력을 가진다고 할 수 있다. 따라서 상권의 경계지점은 A도시로부터 40km이거나 혹은 B도시로부터 20km가 되는 지점이라고 할 수 있다.

(2) 컨버스의 신소매인력 법칙

컨버스(Converse)[9]는 레일리가 제시한 A도시와 B도시를 연결하는 직선상에서 두 도시의 상권을 구분하는 분기점 즉, 중간지점의 정확한 위치를 찾는 법을 제안하였다. 여기서 분기점은 경합하고 있는 두 도시 A와 B에 대하여 어느 도시로 구매자가 쇼핑을 하러 가느냐에 대한 무차별적인 경합경계지점을 뜻하며, 모든 종류의 상점에 적용된다기보다는 전문점에 적용 가능한 것으로 보아야 한다.

$$\frac{B_a}{B_b}=\left(\frac{P_a}{H_b}\right)\left(\frac{4}{d}\right)^2 \text{ 또는 } B_b=\frac{1}{\left(\frac{P_a}{H_b}\right)\left(\frac{4}{d}\right)^2+1} \quad \cdots\cdots\cdots\cdots\cdots \langle \text{식 } 2\text{-}6 \rangle$$

〈식 2-6〉에서 B_a는 외부의 대도시 A로 유출되는 중소도시 B의 유출량을 말하며, B_b는 중소도시 B에 잔류하는 부분, 그리고 P_a는 외부 대도시 A의 인구를 나타낸다. H_b는 중소도시 B의 인구를 나타내고, d는

9) Converse, P.D.(1949), "New Laws of Retail Gravitation," *Journal of Marketing*, Vol. 14, No.3, pp.379~384.

A와 B 도시 간의 거리를 나타낸다. 또한 4는 관성인자로 적용평균치로 4마일로 나타내지는데 우리나라의 단위(km)로 환산하면 6.4km가 된다. 이를 통해 컨버스는 레일리의 법칙을 발전시켜 대도시와 중소도시 간의 매물에 있어서 중소도시에서 소비되는 부분과 대도시로의 유출되는 부문의 관계에 대해 설명하였다.

한편 컨버스는 상권의 경계에 있어서 레일리의 소매인력 법칙을 검토한 후 소매력은 거대도시와 소도시의 경우 두 도시 사이의 거리비의 3승에 반비례하는 것이 더 현실적이라고 하여 레일리의 소매인력 법칙을 다음과 같이 수정하였다.

$$D_a = \frac{D_{ab}}{1+\sqrt[3]{\frac{P_b}{P_a}}} \text{ 또는 } D_b = \frac{D_{ab}}{1+\sqrt[3]{\frac{P_a}{P_b}}} \quad \cdots\cdots \langle\text{식 2-7}\rangle$$

(3) 바움스의 법칙

바움스(Baums)는 레일리 및 컨버스 공식에서의 거리에서 두 도시 사이의 공간거리에 시간적 개념을 적용한다. 시간적 개념의 적용은 자동차의 주행시간으로 거리가 대체됨을 뜻한다. 그리고 인구를 소매점의 매장면적[10]으로 적용하여 계산하였다. 이를 식으로 표현하면 아래와 같다.

$$D_a(X) = \frac{\sqrt{D_{ab}}}{1+\frac{M_b}{M_a}} \text{ 또는 } D_b(Y) = \frac{\sqrt{D_{ab}}}{1+\frac{M_a}{M_a}} \quad \cdots\cdots \langle\text{식 2-8}\rangle$$

〈식 2-8〉에서 $D_a(X)$와 $D_b(Y)$는 각각 A와 B 도시로 갈 때 걸리는

10) 여기에서 매장면적은 매장 내 통로를 포함한 매장부분의 면적을 뜻한다. 미국은 GLA(Gross Leaseable Area), 즉 총임대면적을 기준으로 적용하여 계산한다(매장면적은 ㎡, 시간은 분).

자동차 주행시간을 나타내며, M_a와 M_b는 A와 B 도시의 소매업 매장 면적이며, D_{ab}는 A와 B 도시 간의 자동차 탑승시간을 나타낸다.

(4) 허프의 확률모델

상권의 범위를 정하는 법칙은 일반적으로 레일리를 시작으로 컨버스의 신소매인력 법칙을 거쳐 허프(Huff)[11]의 확률모델로 발전하여 왔다. 허프는 레일리와 컨버스가 상권 범위의 산출에 사용한 인구와 거리를 추가하여 도시 내외에 있는 상업집적의 소매점포 면적규모를 포함시킴으로써 각 상업지 간의 흡인력의 강약 또는 물건을 사러가는 비율을 확률모델이론으로 발전시킨 것이다. 즉, 소비자가 특정 소매점을 이용할 확률은 경쟁소매점의 수, 소매점과의 거리 및 소매점의 면적(크기)에 의해 결정된다고 본 것이다. 이를 수식화하면 다음과 같다.

$$P_{ij} = \frac{S_i / T^{\lambda_{ij}}}{\sum_{i=1}^{n} \frac{S_i}{T^{\lambda_{ij}}}} = \left(\frac{U_{ij}}{\sum_{i=1}^{n} U_{ij}} \right) \quad \cdots\cdots \langle \text{식 } 2\text{-}9 \rangle$$

〈식 2-9〉에서 U_{ij}는 상점가 j가 I지역에 있는 소비자에 대해 갖는 흡인력으로 말할 수 있고, P_{ij}는 소비자매물출향비율을 말하는데 이는 I지점의 소비자가 상점가 j에 물건을 사러가는 확률을 말한다. 그리고 S_i는 상점가 j의 매장면적규모를 나타내며, T_{ij}는 소비자가 주거지역 i로부터 상점가 j에 쇼핑하러 가기 위해 걸리는 시간거리를 말한다. 마지막으로 λ는 소비자가 거주하고 있는 지점 I에서 상점가 j까지 가는 데 있어서 도로의 폭, 하천폭, 횡단도로, 경사가 급한 언덕, 위험지대 등 매물을 하

11) Huff, D.L.(1964), "Defining and Estmating a Trading Area," *Journal of Marketing*, Vol.28, pp.34~39.

기 위함에 있어 장애가 되는 저항요인의 파라미터(Parameter)를 의미하며 대개는 2를 적용한다.

예를 들어 쉽게 설명해 보자. I지역에 인구가 100,000명이라고 하자. 그리고 I지역 근처에 쇼핑센터가 총 3개 위치해 있는데, 각각 면적은 $300m^2$, $400m^2$, $500m^2$이며, 이 세 곳에서 각각 걸리는 시간은 5분, 10분, 15분이 걸린다고 할 때, 쇼핑센터 1을 방문하는 쇼핑고객의 수는 얼마가 될까? 위의 〈식 2-9〉에 그대로 적용하여 대입해보면 아래와 같다.

$$P_1 = \frac{300/5^2}{\frac{300}{5^2}+\frac{400}{10^2}+\frac{500}{15^2}} = 0.66 \quad \text{〈식 2-10〉}$$

〈식 2-10〉을 통해 쇼핑센터 1로 출향확률이 0.66으로 나타나기 때문에 이를 인구에 곱하면 출향 가능한 인구를 구할 수 있다. 따라서 0.66 × 100,000 = 66,000(명)이 된다.

2) 상권의 분석[12)]

상권은 다양한 성격을 나타내는 공간적인 성격을 가지고 있다. 예를 들면 인구밀도의 차이, 소득분포의 차이, 소비자 기호의 다양성에 따른 소비자 수요의 차이 등이다. 그런데 만약 공간적인 차이가 없더라도 지리와 공간이 기업들에게 독점력(monopoly power)을 제공하기에 기업들은 입지행위를 통해 독점력을 얻기 위해 공간적 경쟁(spatial competition)을 하게 된다. 이를 살펴보기 위해 Palander(1935)가 사용한 접근방법을 살펴보자.

[그림 2-13]에는 1차원 시장영역인 OL선상에서 A와 B점에 위치하

12) 최병호 외 옮김(2006) 참조 및 부분 인용(그림 포함)

[그림 2-13] 공간상의 상권분석 : 운송비가 동일한 경우의 1차원 모형

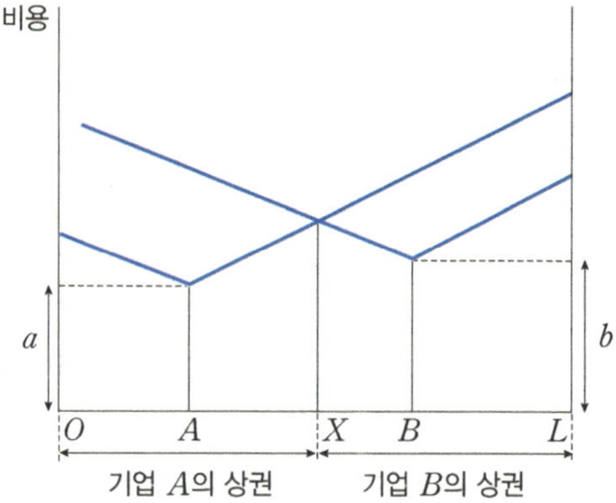

소비자들은 선 OL을 따라 균등하게 분포하고, 인도가격이 가장 저렴한 제품을 구입한다고 가정하면, 전체 상권은 OX와 XL로 나누어진다. 일반적으로 한 기업의 상권은 기업의 생산비용과 그 기업이 부담해야 하는 운송비가 낮을수록 커진다.

여 동일한 제품을 생산하는 두 기업이 존재한다. 기업 A의 생산비용 p_a는 수직 거리 a로 표시하고 기업 B의 생산비용 p_b는 수직 거리 b로 표시한다. 그림 상에서 a가 b보다 적으므로 기업 A가 더 효율적인 기업이다. 운송비 함수의 기울기는 각 기업이 부담할 운송비(t_a, t_b)를 나타내는데 현재 기울기가 같으므로 두 회사의 운송비는 같다. 기업 A에서 거리 d_a만큼 떨어진 곳에서의 상품의 인도가격은 $(p_a+t_ad_a)$이고 기업 B에서 거리 d_b만큼 떨어진 곳에서 상품의 인도가격은 $(p_b+t_bd_b)$가 된다.

소비자들은 선 OL을 따라 균등하게 분포하고 각 소비자가 인도가격이 가장 저렴한 기업의 제품을 구입한다고 가정하면, 전체 상권은 2개의 부분 OX와 XL로 나누어진다. 이는 O와 X 사이에서는 $(p_a+t_ad_a)$이 $(p_b+t_bd_b)$보다 낮고, X와 L 사이에서는 $(p_b+t_bd_b)$가 $(p_a+t_ad_a)$보다 낮기 때문이다. 현재 두 기업이 같은 제품을 생산하고 기업 A가 기업 B보다 효율성이 높지만, 주변 영역에서의 독점력 때문에 기업 A가 전체 시장을 독점하여 차지하지는 못한다. 기업 A가 적은 비용으로 생산할지라

도 기업 B에 가까운 시장으로 상품을 운송하는 데 드는 운송비용으로 인해 기업 A는 기업 B의 시장을 전부 장악하지는 못한다. 즉, 기업 B는 비록 생산성 측면에서 덜 효율적이긴 해도 좋은 위치에 있다는 이유만으로 자신이 입지한 인근 지역을 자신의 상권으로 확보할 수 있다.

[그림 2-14]의 (a), (b)는 기업 간 생산비용과 운송비용이 서로 다른 상황에서 상권이 분할되는 다양한 방법들을 보여준다. 일반적으로 한 기업의 상권은 기업의 생산비용과 그 기업이 부담해야 하는 운송비가 낮을수록 커진다. 운송비가 없는 경우를 제외하고서는 낮은 생산가격만으로도 한 기업이 전체 시장을 장악할 수는 없다. 이는 기업 B와 같이 효율성이 낮은 기업도 운송비 면에 있어서 상대적으로 우위를 지닌 특정 상권에서는 독점력을 지닐 수 있기 때문이다. 일반적으로 기업이 독점력을 가질 수 있는 영역은 기업이 위치한 인근 영역에 국한되기 때문이다. 이로 인해 [그림 2-14]에서 볼 수 있는 것처럼 기업 A가 더욱

[그림 2-14] 공간상의 상권분석 : 운송비와 생산비용이 다른 경우의 1차원적 모형

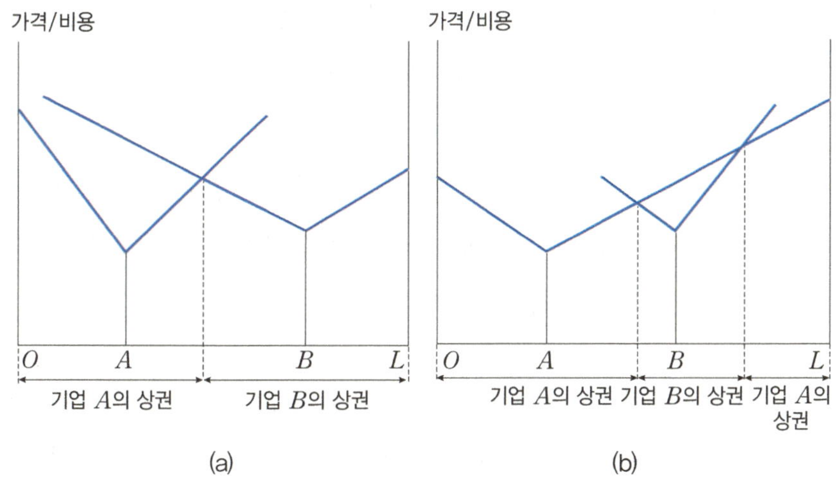

기업 A가 더욱 낮은 생산비와 운송비를 가졌지만 기업 B가 독점력을 가진 상권이 존재할 수 있다. 일반적으로 기업이 독점력을 가질 수 있는 영역은 기업이 위치한 인근 영역에 국한되기 때문이다.

낮은 생산비와 운송비를 가졌지만 기업 B가 독점력을 가진 상권이 존재할 수 있다.

독점력은 상품의 생산가격을 인상하더라도 시장점유율의 우위를 유지할 수 있는 기업의 능력이다. 일반적으로 기업의 독점력이 클수록 기업의 수요곡선은 더욱 가파르게 된다. 독점이나 독점력을 판단할 때, 기업의 수요곡선 기울기는 광고나 마케팅 등과 연관된 상표에 대한 충성도에 좌우되는 것으로 보는 시각이 많으나 입지 역시 독점력을 획득할 수 있는 중요한 수단이 된다. 그 이유는 운송비용 또한 거래비용의 한 형태이며, 기업이론에 의하면 관세와 세금과 같은 거래비용은 비효율적 기업을 위한 보호막의 역할을 수행하기 때문이다.

지리적 요인도 독점력에 영향을 미치는데, 시장에서의 거래를 위해 공간을 극복하는 데는 교통 – 거래비용이 발생하기 때문이다. 위 [그림 2-13], [그림 2-14]의 (a), (b)에서는 거리비용 때문에 발생하는 기업의 공간독점력에 관한 두 가지 일반적인 법칙을 잘 보여주고 있다.

(i) 다른 조건이 일정하다면, 운송비가 높을수록, 생산가격 p_a 또는 p_b의 한계적 증가에 대해 기업 상권의 축소 정도가 작아지며 기업의 독점력은 증가한다.

(ii) 다른 조건이 일정하다면, 기업 간의 거리가 멀수록, 생산가격 p_a 또는 p_b의 한계적 증가에 대해 기업 상권의 축소 정도가 작아지며 기업의 독점력은 증가한다.

즉, 기업들이 서로 멀리 떨어져 있거나 운송비가 많이 들 때 공간독점력은 증가한다. 이러한 설명 외에도 호텔링 모형을 통해 과점 시장에서의 가격결정과 산출량, 그리고 시장점유율 결정 등을 이해할 수 있다.

요약

1. 입지(Location)란 경제활동의 공간적 영역을 의미하며, 이는 생산 및 소비 활동으로 구분된다. 공간적 생산활동에는 원료산지와 공장(기업)의 위치가 포함되며, 공간적 소비활동에는 소비자를 중심으로 시장의 위치가 포함된다.
2. 전통적인 경제학은 제조업의 생산활동에 작용하는 공간적 변수를 거의 고려하지 않았다. 그러나 기업의 입장에서 보면 공간적 고려는 필수적이다. 즉, 일정 지점에 위치하고 있는 기업(공장)의 생산활동을 위해 원료가 투입되어야 하고, 기업(공장)에서 생산된 제품은 시장으로 반출되어야 한다. 이렇게 지리적 거리가 존재함에 따라 발생되는 수송비를 최소화하는 것이 제조업의 입지에 절대적이라고 할 수 있다.
3. 기업의 입지에 있어서 기업이 입지점으로부터 멀어질수록 구매자의 밀도가 낮아지는 경우에는 소비자에 대한 수송비가 증가하고, 투입요소가격은 생산입지에 따라 다르며 임금이나 원료가격보다는 오히려 지대에 좌우된다.
4. 웨버의 입지생산 모형에서 어떤 입지에서 기업이 투입원료 1의 산지로부터 멀어지는 한편 투입원료 2의 산지로 다가감에 따라 $\Delta(m_1 t_1 d_1) > -\Delta(m_2 t_2 d_2)$의 관계가 성립되면 그 기업은 투입원료 1의 공급지를 향하여 움직여야 한다. 이는 투입원료 1의 운송에 필요한 총운송비용의 한계적 증가분이 투입원료 2의 운송에 필요한 총운송비용의 한계적 감소분에 비해 크기 때문이다.
5. 웨버의 삼각형 내에서 산출물이 전혀 무게가 나가지 않는 특수한 경우에는 투입원료 1과 2를 연결하는 직선상으로 제한되므로 입지문제는 1차원적 문제가 된다.
6. 모제스는 다른 조건이 일정할 경우 상대적으로 비싼 원료를 저렴한 원료로 대체하면 기업의 효율성을 증진시킬 수 있다고 주장하였다.
7. 모제스의 모형에서는 운송비 t_1이 하락할 경우 기업의 최적입지는 M_1으로 가까워지는데, 이는 운송비 t_1이 감소하면서 원료 m_1의 선호도가 높아지고 상대적으로 원료 m_2의 사용을 기피하게 된다. 즉, 원료 m_1에

대한 총운송비가 높아지게 되어 기업은 M_1으로 재입지하게 된다.

8. 그린헛은 전통적인 경제이론에 공간적인 요소를 도입하여 처음에는 비용극소화이론과 입지 이론을 통합하여 비용과 수요 요인을 포함하는 입지 이론을 발전시켰다. 즉, 이론의 요지는 산업의 입지에 있어서 기업의 이윤이 극대화되는 지점, 즉 MR(한계수입)$=MC$(한계비용)인 지점에서 기업이 입지하게 된다는 것이다. 이는 TR(총수입)과 TC(총비용)의 격차가 가장 큰 지점에 입지하게 되는 것과 같은 의미이다.
9. 소매인력 법칙은 상업지의 상권의 범위를 설명하기 위해서 이론적으로 법칙화한 것을 말한다. 즉, A와 B 두 도시로 유출되는 지역의 소매판매량의 비율은 A와 B 도시의 인구의 비율에 비례하고 C로부터 각각 A와 B 도시까지의 거리 제곱에 반비례한다는 것을 경험적으로 분석하여 법칙화하였다.
10. 상권분석에서 (i) 다른 조건이 일정하다면, 운송비가 높을수록 생산가격 p_a 또는 p_b의 한계적 증가에 대해 기업 상권의 축소 정도가 작아지며 기업의 독점력은 증가한다. (ii) 다른 조건이 일정하다면, 기업 간의 거리가 멀수록 생산가격 p_a 또는 p_b의 한계적 증가에 대해 기업 상권의 축소 정도가 작아지며 기업의 독점력은 증가한다.

연 · 습 · 문 · 제

01 입지가 가지는 경제적 시사점이 무엇인지 설명하시오.

02 최적 입지 조건은 무엇이며, 최적입지 및 산업입지를 결정하는 요인들을 설명하시오.

03 웨버의 기업입지이론을 입지-생산모형을 통해 원료수송비와 입지, 생산제품의 운송비와 입지, 요소가격변화와 입지, 그리고 새로운 원료산지 및 시장과 입지 면에서 주요 내용을 설명하시오.

04 모제스의 입지-생산모형에 대해 설명하고 웨버모형과 비교하여 차이점 및 공통점을 설명하시오.

05 그린헛의 이윤극대화 모형을 시장별로 구별하여 설명하시오.

06 상권 측정 및 분석모형을 각각 설명하고 예를 들어 분석하시오.

제 3 장

집적경제와 산업집중

제1절 집적경제

1. 집적경제의 발생원인

집적이란 많은 군소공장 또는 기업들이 한곳에 집중되어 있든가 혹은 하나의 큰 기업(공장)이 있기 때문에 그 장소로 몰려들게 된 사람들의 응집이라는 말에서 유래되었다. 그러므로 많은 군소기업들이 서로 인접함으로써 어떻게 이익을 얻을 수 있느냐 하는 것과 한 개의 기업(공장)을 크게 만드는 것이 왜 이익이 되느냐 하는 것을 경제학적 관점에서 설명하는 이론분야를 집적경제(agglomeration economics)라고 한다. 즉, 특정 입지에서 발생하는 규모의 경제를 일반적으로 집적경제라고 할 수 있다.

집적경제의 개념은 이미 마샬(Marshall, 1890)에 의해서 사용되었다. 마샬에 의하면 집적경제는 일반적으로 외부경제로 이해되는데, '하나의 기업을 넘어서 동일 지역에 입지한 모든 기업들에게 발생하는 것' 이라고 주장하였다. 이러한 집적경제는 지역화경제와 도시화경제 두 개념으로 구분할 수 있는데, 오린(Ohlin, 1933)은 특정한 한 산업의 집적에 기인하는 외부경제와 산업 전반의 집중에 기인하는 경제로 구분하였고, 이 구분은 후버(Hoover, 1937)에 의해서 처음으로 지역화경제와 도시화경제라는 용어로 문헌에 도입된 것으로 알려져 있다.

또한 집적경제는 정태적 집적경제와 동태적 집적경제로 구분할 수 있다. 정태적 집적경제는 한 산업의 생산, 고용 또는 생산성의 수준이 집적요인의 수준과 관련되어 있는 것을 가리키고, 동태적 집적경제는 한 산업의 생산, 고용, 또는 생산성 수준이 시간의 경과에 따라 집적 요인의 수준과 관련되어 있는 것을 가리킨다. 즉, 소도시에 비해 집적화되어 있는 대도시에서 수송비용의 감소로 대도시에 소재한 기업의 생산비를 감소시키는 것이 정태적 집적경제 개념이라고 할 수 있으며, 동태적 집적경제는 대도시에 연구 및 기술개발 인프라가 더 많이 존재함에 따라 상대적으로 소도시에 비해 크게 나타나는 혁신적인 기술발전이 대도시 기업의 생산성 증가율 및 인구, GRDP(지역 내 총생산) 같은 규모의 증가율에 정(+)의 영향을 주는 것을 의미한다. 이러한 동태적 집적경제를 Jacobs(1969)의 외부경제라고도 부른다.

집적경제와 집적요인을 설명하는 모형은 더 정교한 형태로 발전하고 있으며, 최근 들어서는 기술적 외부성과 비화폐적 외부성[Fujita(1989)], 규모에 대한 수확체증[Dixit and Stiglitz(1977), Krugman(1991), Fujita, et al.,(1999)], 경쟁과 공간의 불완전성(Fujita, et al., 1999) 3가지 요인으로 집적경제의 현상과 원인을 규명함으로써 집적경제를 정의하고 있다.

이러한 집적경제에 대한 정의들을 종합해보면, 집적경제는 기업들 간에 집적함으로써 얻게 되는 규모의 경제 효율성에 기인한 비용감소, 경쟁 강화 및 정보교류 등 외부효과에 의한 기술발전 및 생산성 향상 효과 등을 의미한다고 할 수 있겠다.

2. 집적경제의 유형 및 효과[1)]

1) 집적경제의 유형

어떤 특수한 지역에서 집적경제의 성격 및 유형은 Olin(1933)과 Hoover (1937, 1948)에 의해서 사용된 분류방법을 기준으로 다음과 같이 세 가지로 구분하여 설명할 수 있다.

---

1) 이성근 · 이성근(2014) 참조

(1) 규모의 경제(Economics of Scale)

규모의 경제는 일반적으로 기업들이 생산량을 증가해 감에 따라 장기평균비용이 점차 감소하는 현상을 말하며, 규모의 불경제는 기업들이 생산량을 증가해 감에 따라 장기평균비용이 점차 증가하는 현상을 의미한다. 일반적으로 규모의 경제가 발생하는 이유로는 첫째, 기업이 어떤 물건을 생산하기 위해서는 일정한 고정비용의 지출이 필요하다는 것이다. 둘째, 기업들은 투입요소를 많이 사용할수록 보다 저렴한 가격으로 구입할 수가 있다. 셋째, 규모의 대한 수확체증현상이 나타날 경우 평균비용이 하락할 수도 있기 때문이다.

따라서 어떤 기업들은 자체 규모만으로도 생산과정에서 상당한 규모의 경제를 달성할 수 있다. 이러한 규모의 경제는 기업 내부적인 현상으로 취급되고 있으며 이는 외부적으로 설명되는 집적경제와는 다른 개념이다. 왜냐하면 규모의 내부적 경제는 다른 입지장소에 걸쳐서 발생하는 것이 아니고 어떤 특수한 입지에서 발생하는 많은 양의 투자로부터

[그림 3-1] 규모의 경제와 규모의 불경제

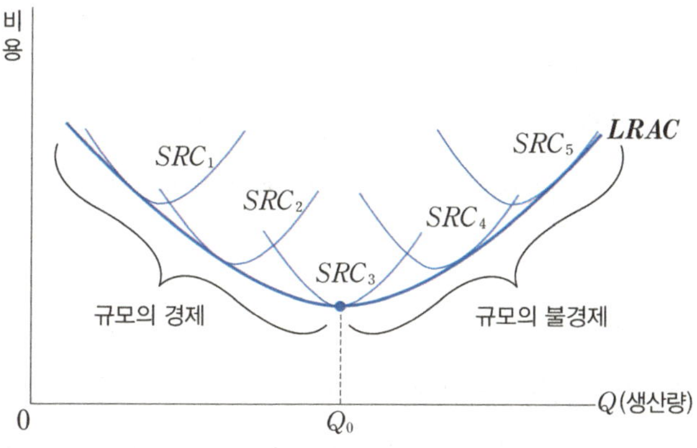

규모의 경제는 기업들이 생산량을 증가시킴에 따라 장기평균비용이 점차 감소하는 현상을 말한다. 반면 규모의 불경제는 생산량증가에 따라 장기평균비용이 점차 증가하는 현상을 말한다.

발생하기 때문이다. 따라서 내부적 규모의 경제는 입지특수적이라 할 수 있다. 예를 들면, 트리노의 피아트 자동차 공장 혹은 시애틀의 보잉사와 같은 대규모 공장은 대량의 자본과 대량의 노동력을 필요로 한다. 그러므로 내부적 규모의 경제는 투자와 인력의 공간적 집중과 관련이 있다.

(2) 지역 또는 지방화 경제

지역 또는 지방화 경제는 같은 장소에 입지한 동일 산업 분야의 기업들에게 발생하는 집적경제이다. 즉, 공급기업들과 모기업이 자주 정보를 교환함으로써 편익을 얻을 수 있고, 동일 부문에 있는 기업들은 특수한 비교역 지역서비스와 숙련된 지역 노동자들의 풀로부터 편익을 얻을 수 있다. 예를 들면, 미국 시애틀의 보잉사의 경우 보잉사로 납품하는 전문적인 항공우주산업 분야의 부품생산업체들이 다수 존재한다. 마찬가지로 미국의 디트로이트, 영국의 버밍엄과 같은 자동차 클러스터에는 주요한 완성차 업체들에게 전문적인 부품을 공급하는 많은 기업들이 있다. 즉, 지역 내 납품업체들은 주 고객기업인 최종재 생산기업에 근접하여 다양한 이익을 얻을 수 있다. 마샬이 지적하는 집적경제의 원천에 의하면 지역 내에 집적된 납품기업들은 고객기업과의 빈번한 정보교환을 통하여 이익을 얻을 수 있고, 기업들 간 전문인력의 빈번한 교류로 인해 불확실성이 높은 시장에서 제품개발을 촉진할 수 있다고 주장한다.

(3) 도시화경제

도시화경제는 이종(다른) 부문 간의 기업들에 의해서 발생하는 집적경제이다. 예를 들면 위에서 언급된 자동차 클러스터의 경우 내부적 규모의 경제를 실현하는 대규모 단일공장이나 혹은 다수의 공장집단이 집적되어 있을 경우 이들 공장주변에는 많은 부품공급 기업들이 있고 모기업과 자기업은 함께 지방화 경제를 누리게 된다. 그러나 이 도시들의 규모와 이 도시들이 포함하는 산업은 시애틀의 우주항공산업, 디트로이트, 버밍엄, 토리노의 자동차 산업 등의 단일산업에 비해 훨씬 광범위하다. 왜냐하면, 이들 도시 내에 집적된 산업활동들은 집적을 지속하기 위해 여타의 산업활동을 필요로 하기 때문이다. 좋은 일례로 지역에 거점을 둔 산업 분야에 종사하는 사람들은 법률, 부동산, 소매, 교육, 위생관리, 레저서비스 등을 필요로 하고, 마찬가지로 기업들도 마케팅, 광고, 조달, 포장, 운송, 부동산, 보안 등과 같은 서비스를 필요로 한다. 이와 같이 여타 분야의 기업들이 향유하는 집적경제를 도시화경제라고 한다.

2) 집적경제의 효과

집적경제의 효과를 나타내는 관점에는 정태적 관점과 동태적 관점 두 가지가 있다. 정태적 관점은 현재 시장조건에 대한 즉각적인 정보파급이(information-spillover) 지역생산성에 미치는 효과를 분석하며 지역화경제와 도시화경제로 분류된다. 동태적 관점은 그 지역에서 발생한 이전 정보의 축적이 현재 지역 생산성에 미치는 효과를 분석하며 MAR(Marshall-Arrow-Pomer)효과, Porter효과, 그리고 Jacobs효과로 분류된다. Glaeser et. al.은 이 관점을 MAR효과와 Porter효과로 세분화하였고 MAR효과는 특화에 의한 외부효과, Porter효과는 경쟁에 의한 외부효과, Jacobs효과는 다양성에 의한 외부효과로 정의하였다. MAR효과는 정태적 관점의 지역화경제를 동태적 관점으로 해석한 것으로 이 효과는 지속적인 커뮤니케이션을 통해 발생되는 확산으로부터 유도되는 것이다. Jacobs효과는 정태적 관점의 도시화경제를 동태적 관점으로 해석한 것으로 지식이나 아이디어의 전파가 산업 간에 이루어지기 때문에 시간이 경과함에 따라 개별기업의 생산성이 높아진다는 것을 의미한다.

〈표 3-1〉 집적경제에 의한 외부효과

분류		MAR효과	Porter효과	Jacobs효과
지역화경제	특화	o	o	–
	경쟁	–	o	o
도시화경제	다양성	–	–	o

3) 집적경제로 인한 이득[2)]

집적경제란 기업 내지 상점이 서로 인접한 거리에 입지하여 얻게 되는 이익을 말한다. 특히 집적의 경제로 인한 이익은 해당 기업뿐만 아니라 일반 소비자, 해당 기업에서 근무하는 근로자, 그리고 경쟁기업 등에게도 모두 유발되는 특성을 갖고 있다. 그렇다면 유사한 업종의 상점들이 서로 인접해 있으면서 얻게 되는 경제적 이득은 무엇일까?

먼저 해당 제조회사의 입장에서 얻게 되는 이익부터 살펴보자. 비슷한 품목을 취급하는 상점이 함께 모여 있을 때 얻게 되는 가장 큰 이익으로 생산비용 절감을 들 수 있다. 오늘날에는 하나의 완성품을 만들어내기 위해서는 수많은 부품 내지 소재들이 필요할 때가 많다. 이들 부품 내지 소재들을 흔히 중간재라고 한다. 제품 제조과정이 나날이 복잡다단해지면서 노동, 토지, 자본 못지않게 이러한 중간재들을 얼마나 쉽게 조달할 수 있느냐가 기업입지를 정하는 데 있어 중요한 고려요인이 되고 있다. 기업들이 한곳에 모여 있을 경우 바로 이러한 중간재를 저렴한 비용으로 쉽게 조달할 수 있다는 장점을 갖게 된다.

집적경제로 인한 이익은 근로자들에게도 유발된다. 특정 산업 분야가

2) 박정호(2014), 의식주경제학 참조

집적된 곳에서 근무하는 근로자들의 경우에는 이직하기가 쉽기 때문이다. 산업의 특성상 프로젝트 단위별로 사람을 채용하는 경향이 있는 산업이 있다. 대표적인 분야가 컴퓨터 소프트웨어 분야라 할 수 있다. 2~3년에 걸쳐 수행해야 할 대규모 프로그램 개발 프로젝트를 수주한 벤처기업의 경우에는 관련 업무를 수행하기 위한 기간 동안은 프로그래머를 추가로 고용할 것이다. 물론 해당 프로젝트가 완료되면 다시 적정 고용 수준으로 조정해야 하지만 말이다.

이와 유사한 산업 분야에서 근무하는 근로자의 경우에는 상대적으로 집적된 장소에서 자신들의 일자리를 찾기 위해 노력하는 경향이 강하다. 왜냐하면 집적된 장소에서는 해당 기업의 프로젝트가 끝난 뒤에도 인근에서 다시 새로운 일자리를 찾을 가능성이 높기 때문이다. 유사한 업무를 수행하는 기업이 즐비한 곳에서 근무하면 비슷한 업무를 수행하는 다른 기업의 정보 등을 쉽게 얻을 수 있을 뿐만 아니라 유사 기업관계자들에게 자신의 존재를 자연스럽게 알릴 기회를 얻을 수 있다. 따라서 특정 프로젝트가 끝날 무렵이 되면 인근의 다른 기업 중 어느 기업에서 내가 할 수 있는 신규 프로젝트가 있는지를 쉽게 탐색할 수 있다. 다시 말해 특정 산업이 집적된 장소에서 근무하는 근로자는 이직에 대한 정보와 이직의 기회를 보다 많이 갖는다는 장점이 있다.

비슷한 업종이 모여 있을 때 이득을 보는 경제주체 중 하나로 고객을 빼놓을 수 없다. 특정 품목을 취급하는 상점이 여기 저기 흩어져 있을 경우, 고객들은 여러 상점에서 상품을 비교하기 위해서 먼 거리를 이동해야 한다. 하지만 유사한 품목을 취급하는 상점이 몰려 있는 지역에 가면 굳이 발품을 많이 팔지 않고서도 편하게 여러 상품을 비교할 수 있다는 장점이 있다. 이러한 이유로 우리는 전자제품을 사려고 할 때는 용산 전자상가로, 의류를 사려고 할 때는 동대문 의류상가로 향하는 것이다.

결국 특정 품목을 전문으로 취급하는 집적된 장소는 관련 고객의 방문 횟수가 더욱 증가하게 되어, 해당 지역에 입점한 기업에게도 다시 이익으로 작용한다. 이밖에도 비슷한 업종이 함께 모여 있으면, 해당 산업 분야에 대한 다양한 정보 습득, 아이디어 공유, 해당 지역에 입점한 기업이라는 후광효과 등의 측면에 있어서도 다양한 이점을 갖게 된다.

3. 집적경제의 원천

Marshall(1920)은 클러스터 내의 기업들이 규모로 인한 수확 체증을 보이는 이유를 정보의 파급효과(information spillover), 지역 내 비교역적 요소(local non-traded inputs), 지역 내 숙련노동력의 풀(local skilled labour pool) 세 가지로 제시하였다.

1) 정보의 파급효과

동일 산업 분야의 여러 기업들이 특정 지역에 모여 있다면 이들 기업에 고용된 종사자들은 쉽게 상호접촉이 가능하기 때문에 정보교환이 용이해진다. 이는, 공식적인 모임에서 발생하는 명시적 정보의 교류뿐만이 아니라 다양한 형태의 비공식적 접촉(일상적 대면, 식사 모임, 취미 등 동호회 활동 등)이 발생함에 따라 암묵적인 정보(tacit information) 또한 참여자들 사이에 공유된다. 암묵적 정보는 불완전한 정보로 비시장적 방식으로 배분되는데, 신제품, 직원, 기술, 시장 추이 등과 관련한 정보를 포함한다. 모임의 참여자들은 타인의 정보를 획득하기 위해서 부분적으로 자신의 정보를 제공하며, 이러한 정보의 상호 교환과정은 참여자들에게 시장환경에 대해 보다 정확한 인식을 갖도록 함으로써 그들의 경쟁력을 향상시킨다.

정보교환 과정에 참여자들이 많으면 많을수록 보다 완전한 정보가 형성될 수 있다. 따라서 공간적 집적은 개인들의 상호접근성을 극대화함으로써 지역 내 모든 참여자들의 정보수준을 향상시키게 된다. 따라서 집적경제 및 클러스터를 통해 집적지 내 기업들이 외부기업들에 비해 정보 측면에서 우위를 누릴 수 있도록 해주며, 그로 인한 이익의 정도는 집적지 내에 입지한 기업의 수와 비례한다고 할 수 있다. 이러한 집적을 통한 정보 상호교류의 파급효과를 예로 들면 국제금융시장이라고 할 수 있다. 국제 금융기관들은 뉴욕의 월스트리트, 런던, 도쿄의 마로노우치 지구 등에 현저하게 집적되어 있으며, 이 산업에서 국제 금융시장의 정보는 시시각각으로 변하기 때문에 경영자들은 날마다 중요한 결정을 하기 위해 금융권 내 여타 참여자들과의 신속한 접근을 통한 협상을 하게 된다.

2) 지역 내 비교역적 투입요소

특정 산업 분야에 속한 다수의 기업들이 동일 지역에 모여 있다면 기업들이 분산되어 있는 경우에 비해 전문적인 투입요소를 효율적으로 공급할 수 있게 되는데, 이 투입요소들은 웨버와 모제스의 모형에서 설명하는 투입요소들과 구분하기 위해 '비교역적 투입요소(non-trade inputs)'로 표현한다. 서비스의 비교역적 투입요소 형태에는 두 가지가 있는데 첫 번째는 여러 업체들에게 비용을 분산함으로써 서비스의 평균비용을 낮추는 형태이다. 산업 내에 고가의 비용이 지불되는 전문 서비스가 필요할 때, 단일 기업 측면에서 이 서비스를 구입하는 비용은 기업운영에 큰 부담이 될 수 있다. 하지만 동일 지역 내에 이 전문 서비스를 필요로 하는 동종 기업체들이 집적되어 있다면 서비스 구입비용을 여러 업체들에게 분산시킴으로써 서비스의 평균비용을 낮출 수 있게 될 것이다.

지역 내 비교역적 투입요소의 두 번째 형태는 전문화된 인프라스트럭쳐의 공급이다. 동종 산업의 클러스터 지역에는 산업에 필요한 고가의 고정설비가 설치될 가능성이 큰데 그 경우 클러스터에 집적한 기업만이 접근 가능하다. 따라서 이곳의 모든 시장 참여자들은 전문화된 인프라스트럭쳐로부터 이익을 얻고 비용은 모든 수혜자들이 함께 부담한다. 이 설비와 관련된 산업들은 이러한 인프라스트럭쳐의 수혜를 받기 위해 클러스터로 입지하려고 할 것이다. 보다 많은 관련 기업들이 특정 클러스터에 입지할수록 각 기업이 부담하는 비교역재 관련 비용은 낮아지며, 이에 따라 산업 클러스터 및 집적 경제의 효과는 커지게 될 것이다.

3) 지역 내 숙련 노동력의 풀

한 산업에서 시장수요가 빠르게 증가한다면 그 산업에 속한 기업은 노동력을 신속히 증가시키고자 할 것이고, 노동자들을 구하기 위해 탐색하게 될 것이다. 여기서 기업이 필요로 하는 노동력은 직무를 정확히 수행할 수 있는 능력을 갖춘 노동력이며, 이런 노동력을 확보하기 위해서는 신입사원들에게 전문적인 교육 프로그램을 제공해야 하고 훈련과정에 따른 시간적 기회비용이 높다는 문제가 발생한다. 하지만 어떤 기업이 특정분야의 기술 인력들이 모여 있는 지역에 입지한다면 노동력을 추가 고용하는 데 있어서 재훈련 비용이 거의 혹은 전혀 들지 않을 것이다. 기술습득 비용이 높은 산업이나 빠르게 변화하는 시장조건으로 인해 시간에 대한 기회비용이 큰 산업에서는 지역적 숙련노동력의 풀은 큰 이익이 된다. 공간적으로 집적되어 있는 기업들의 경우, 탐색비용과 재훈련 비용을 포함한 노동력 채용과 관련된 비용은 공간적으로 분산되어 있는 기업들에 비해 상대적으로 절감될 것이다.

이러한 세 가지 집적경제의 원천을 통해 클러스터 내 기업들은 규모의 경제를 누릴 수 있게 된다. 개별 기업에게는 외부적인 규모의 경제 효과가 집적 및 클러스터를 통해 내부화함으로써 결국 공간적 집적화는 정보전파비용 및 거래비용을 감소시키게 된다. 즉, 집적화는 분산적 입지에 필요한 정보를 유통시키고, 전문적인 서비스를 공급하며, 숙련노동력에 대한 접근 가능성을 높인다.

4. 집적경제 실증분석 모형

1) 이론적 모형

집적경제의 실증분석에 사용되는 생산함수는 일반 생산함수를 기초로 하고, 외부효과를 반영하기 위해 외부효과함수를 추가시켰다.

$$V = g(S) \cdot F(K, L) \quad \cdots\cdots \langle 식\ 3\text{-}1 \rangle$$

여기서 V는 부가가치 또는 산출량을 의미하고 K는 자본스톡, L은 노동자 수, 그리고 $g(S)$는 집적경제를 반영하기 위한 이동함수를 의미한다. 〈식 3-1〉의 $F(K,L)$가 규모에 대한 수익불변이라고 가정하면 〈식 3-1〉을 〈식 3-2〉로 변형할 수 있다.

$$V/L = g(S) \cdot F(K/L) \quad \cdots\cdots \langle 식\ 3\text{-}2 \rangle$$

여기서 V/L은 노동자 한 사람당 부가가치 또는 산출액을 의미한다. 여기서 양변을 로그화하면 〈식 3-3〉과 같은 로그선형형태의 함수를 얻을 수 있다.

$$\ln(V/L) = \ln(g(S)) + \ln(K/L) \quad \cdots\cdots \langle 식\ 3\text{-}3 \rangle$$

2) 집적경제의 측정모형

본 모형은 이번송(2000)의 예를 따라 다음과 같은 이동함수를 사용한다.

$$g_{ij}(S) = e^{\gamma/L_{ij}} \cdot N_i^b \quad \text{〈식 3-4〉}$$

여기서 L_{ij}는 도시(i) − 특정 산업(j)의 노동자 수를 의미하며 N_i는 도시(i)의 총인구를 의미한다. 〈식 3-4〉를 로그화하면 〈식 3-5〉와 같은 반대수선형함수를 유도할 수 있다.

$$\ln(g_{ij}(S)) = \gamma/L_{ij} + b\ln(N_{ij}) \quad \text{〈식 3-5〉}$$

〈식 3-5〉에서는 지역화경제를 반영하기 위하여 특정 도시(i) − 산업(j)의 총노동자 수의 역수인 L_{ij}^{-1}을 독립변수로 사용하고 도시화경제를 반영하기 위해 그 도시의 총인구의 log인 $\ln(N_i)$를 독립변수로 사용한다. 즉, 지역화경제는 도시(i) − 산업(j)의 고용규모에 의해, 도시화경제는 도시의 총인구에 의해 측정된다.

〈식 3-3〉과 〈식 3-5〉를 이용하고 추가적으로 기업규모(FS_{ij} : 사업체당 종사자 수)를 나타내는 변수를 독립변수로 포함시키면 〈식 3-6〉과 같은 로그선형회귀 방정식을 유도할 수 있다.

$$\begin{aligned}\ln(V_{ij}/L_{ij}) = {} & \alpha_0 + \gamma(1/L_{ij}) + b\ln(N_i) \\ & + \alpha_1\ln(K_{ij}/L_{ij}) + \alpha_2\ln(FS_{ij}) + u_{ij}\end{aligned} \quad \text{〈식 3-6〉}$$

〈식 3-6〉에서 u_{ij}는 확률적 교란항을 의미한다. 앞서 언급했듯이 지역화경제와 도시화경제의 특성 때문에 다른 설명변수와의 공선성의 문제를 내포할 수 있으므로 다른 설명변수도 함께 고려해야 된다. 이는 $1/L_{ij}$와 $\ln(FS_{ij})$가 공선성의 문제를 내포하고 있음을 의미한다. $\ln(FS_{ij})$에 대한 추정계수는 도시(i) – 산업(j)에서의 규모의 경제를 나타내는 지역화경제의 일부분으로 간주할 수 있다. 공선성의 문제를 해결하는 방안으로 Glaeser et al.의 예를 따라 특화변수도 함께 고려한다. $\ln(N)$은 다양한 제조업의 집적을 의미하기보다는 인구의 집적을 의미한다. 또한 지역화경제의 다른 하나의 특성요인인 경쟁변수를 설명변수에 포함시킴으로써, 특정 도시에 동종 산업의 경쟁이 그 산업의 생산성에 미치는 영향을 고려하게 된다.

제2절 산업 클러스터

1. 정의 및 종류

1) 정의

클러스터(cluster)란 유사한 업종이 다른 기능을 하는 관련 기업·기관들이 일정 지역에 모여 있는 것을 말한다. 즉, 연구개발 기능을 담당하는 대학 및 연구소, 생산기능을 담당하는 대기업 및 중소기업, 각종 지원 기능을 담당하는 벤처캐피탈과 컨설팅 등의 기관이 한 군데에 모여 있는 것을 의미한다. 그렇게 하면 정보와 지식의 공유를 통한 새로운 지식과 기술의 창출 등 시너지 효과가 일어나기 때문이다. 클러스터는 혁신이 중요한 지식기반 시대에 지역과 산업의 경쟁력을 높이는 유효한 수단으로 부상하고 있다.

산업 클러스터는 수평적 · 수직적인 네트워크를 통해 경쟁하고 협력하는 특정 산업 분야의 기업들이 집적되어 있는 일정 지역을 의미하며 산업군집과 지역군집의 통합체라 할 수 있다. Porter(1990)에 의하면 산업 클러스터란 구매자-공급자 관계, 공통의 기술 · 공통의 구매자 · 공통의 유통경로 또는 공통의 인력자원 풀 등에 의해 연계된 산업집단을 말한다. 산업 클러스터는 한정된 지역적 범위를 갖지 않으며, 전국적 또는 세계적 규모에서 산업연계를 형성하는 것이 일반적이다.

정보통신산업이 부각되던 1990년대 초부터 세계 여러 나라에 조성되었는데, 미국의 실리콘밸리, 핀란드의 에스푸시, 스웨덴의 시스타 등이 모범 사례로 꼽힌다. 한국에서는 1978년부터 조성되기 시작한 대덕연구단지가 대표적으로, 21세기 들어와서 국가정책의 하나로 자리 잡았다. 특히 2005년에 클러스터 법안(산업집적 활성화 및 공장설립에 관한 법률안)을 시행하며 본격 조성되어 운용 중이다.

산업 클러스터는 크게 비전 제시자(vision provider ; VP)와 시스템 통합자(system organizer ; SO), 전문공급자(specialized supplier ; SS)의 3개 주체로 구성된다. 이들의 역할 정도에 따라 대학 · 연구소 주도형과 대기업 주도형, 지역특화형, 실리콘밸리형 등으로 나눌 수 있다.

산업 클러스터 내의 기업들은 일정한 지역적 범위 내에서 구매자-공급자 관계 및 연구개발 · 생산 · 판매 등에서의 협력 네트워크로 긴밀하게 연계되며, 지역의 전문화된 지원 기관을 공유하는 특성을 보인다. 이렇듯 산업 클러스터가 중요한 이유는 이곳에 속한 기업들은 편입되지 못한 기업에 비해 더 나은 경쟁력을 가질 수 있기 때문이다. 산업 클러스터의 경쟁력은 곧바로 지역경쟁력으로 연계되며, 지역경제 성장 및 주민소득 향상에 기여하게 된다.

산업 클러스터가 형성되는 메커니즘을 보면, 지역군집이 특정 산업 분야에 전문화되는 산업으로 군집화함으로써 산업 클러스터로 발전하는 것이 일반적이다. 지역군집 형성의 초기조건으로는 지역 특유의 자연요소조건, 수요조건(local demand condition), 관련 산업의 존재 등을 들 수 있다. 이러한 지역군집의 초기조건들이 산업 특유의 노하우를 지속적으로 개발하고 효율적인 공급자와 구매자 간 네트워크를 형성하게 만든다. 또한 기업들의 자기혁신을 지속적으로 유도하는 지역 내의 강한 경쟁강도, 네트워크의 활성화 등을 촉진하는 사회적 · 제도적 · 문화적 환경과 지원체계 등과의 연계가 이루어질 때 산업군집화하면서 산업집적지로 발전하게 되는 것이다.

2) 종류

클러스터 내 기업 간 관계 특성과 클러스터의 특징을 상호 비교고찰을 해 보면 현실에서 나타나는 산업 클러스터들 간에는 일정한 차이가 존재한다. 이러한 특성을 이해하기 위해서는 클러스터 내 기업들의 특징과 클러스터 내에서 일어나는 거래의 특성에 대해 알아볼 필요가 있다. 또한 이러한 접근을 통해 공간적 산업 클러스터는 순수 집적지(Pure agglomeration), 연관 산업단지(Industrial complex), 그리고 사회적 네트워크(Social network)의 세 가지로 구분이 가능하다. 이와 같은 공간적 산업 클러스터의 세 이념형을 구분하는 핵심적인 기준은 클러스터 내 기업들 간에 형성된 관계 특성이다.

세 가지 유형의 클러스터는 명백히 상호 차별적이다. 현실의 모든 공간적 클러스터는 이러한 세 가지 유형의 클러스터들이 가지는 특징들을 공유하고 있지만, 한 가지 유형의 특징이 지배적으로 나타나는 경향이 있다. 따라서 경험적 연구나 공공정책을 수행할 때 세 가지 이념형 가운데 어느 유형이 특정 클러스터의 특성과 활동에 가장 큰 영향을 미치는지를 파악하는 것이 필요하다.

순수 집적지 모형에서는 기업 간 관계가 지속적으로 변화한다. 기업들은 시장지배력을 가지지 못한다는 점에서 기본적으로 규모가 매우 작다. 기업들은 시장에서의 기회에 대응하여 지속적으로 다른 기업들과의 관계나 고객을 변화시키며, 그 결과 지역 내에서 치열하게 상호 경쟁한다. 이러한 기업들 간에는 상호 소속감이 없고, 장기적으로 어떤 특별한 관계도 존재하지 않는다. 기업집적의 외부이익은 지역 내 모든 기업에게 발생하며, 그 대가는 지역 부동산 임대료의 상승으로 나타난다. 무임승차가 존재하지 않고 클러스터 내로의 진입이 자유로우므로, 클러스터의 성과는 지역 부동산 가격의 상승으로 나타난다. 이러한 유형의 공간적 속성은 기본적으로 도시적인 공간이며 도시 내에서만 이러한 집적이 발생한다.

연관 산업단지의 특징은 기업들 간의 안정되고 예측 가능한 관계이다. 이러한 유형의 클러스터는 철강이나 화학 산업 등에서 가장 일반적으로 관찰되는데, 투입-산출분석으로 입지분석을 시도한 고전적 입지-생산모형(Moses, 1958)에서 전형적으로 논의되고 있는 유형이다. 클러스터 내 기업들은 그 일원이 되기 위해 물리적인 시설과 부동산 측면에서 상당히 장기적인 투자를 수행한다. 즉, 이 집단에의 접근에는 높은 진입비용과 퇴출비용이 요구된다. 이러한 산업에 있어서 공간적 집적이 발생하는 것은 1차적으로 기업 간 운송비용을 최소화하기 위해서이다. 기업들이 구입한 토지는 매매의 대상이 아니기 때문에 지대 상승은 이 클러스터의 특징이 아니다. 이러한 유형의 공간적 성향은 국지적이기는 하지만 반드시 도시적인 것은 아니다. 즉, 이러한 유형의 클러스터는 도시 내에 존재할 수도 있으나 도시 외부에 위치할 수도 있다.

공간적 클러스터의 세 번째 유형인 사회적 네트워크 모형은 Williamson

(1975)의 위계-시장 모형에 대한 대안으로 제시된 Granovetter(1973, 1985, 1991, 1992)의 일련의 연구에 관련이 있다. 사회적 네트워크 모형에서는 여러 조직의 핵심적 의사 결정자들 사이의 상호 신뢰관계가 다양한 형태로 나타나는데, 예를 들어 공동의 로비, 합작투자, 비공식적 제휴, 그리고 상거래 관계에 있어서 호혜적 조정 등으로 나타난다. 신뢰관계의 핵심적인 특징은 기회주의의 배제이다. 이러한 환경에서 개별기업들은 기업 간의 관계를 변경시킨 후 발생할 수 있는 보복을 두려워하지 않아도 될 것이다. 기업 간 협력관계는 개별 기업 내의 조직적 위계와는 상당한 차이가 있는데, 이러한 관계는 지속적으로 재구성될 수 있다. 이곳에서의 모든 행태적 특성들은 지역 내 상호 신뢰의 문화에 의존하며, 그것의 발전은 의사결정자들 간에 공유된 역사와 경험에 영향을 받는다.

이러한 사회적 네트워크 모형은 본질적으로 비공간적이지만, 지리적 관점에서 보면 공간적 근접성이 신의나 위험 감수, 협력적 사업환경 등을 유도함으로써 신뢰관계를 증진시키는 경향이 있다. 그러나 공간적 근접성은 사회적 네트워크를 창출하는 데 필수적이지만 충분한 것은 아니다. 네트워크의 회원 자격은 부분적으로만 개방되어 있는데, 그 지역으로의 공간적 진입은 사회적 네트워크에의 접근 기회를 제공하기는 하지만 진입을 보장해 주지는 못한다. 따라서 사회적 네트워크 모형은 실리콘밸리나 제3이탈리아와 같은 지역의 특성과 양상을 나타내는 데 주로 활용되어 왔다. 사회적 네트워크에서도 공간은 국지적이나 반드시 도시적인 것은 아니다.

미 지적했듯이 모든 산업 클러스터들은 이러한 모형들이 지닌 특징을 하나 혹은 그 이상 갖는다. 그러나 어떤 특정 클러스터의 중심적 특성을 결정하기 위해서는 이러한 클러스터 유형 가운데 어떤 것이 지배적인지를 파악해야 한다. 경험적으로 볼 때 각 모형들은 각기 다른 양태를 갖는데, 예를 들어 순수 집적지 모형의 지배적 양상은 국지적인 부동산 가치 급등이다. 반면 지역기업들 간의 특정한 구매나 의사결정 연계는 분명하지 않다. 지역적 구매나 의사결정 연계 혹은 기업이 수행하는 지역적 제휴는 이러한 집적의 특징으로 적합하지 않다.

마지막으로 사회적 네트워크 모형에서 기업관계의 핵심적인 특징은 공동 로비나 기업 간 신용거래와 같은 조직의 경계를 넘어선 다양한 비공식적 · 집합적 · 협력적 활동들과 그것을 수행하는 데 있어서의 자발적 의지이다. 부동산 가격 상승과 지방적 구매 연계의 강도에 대한 측정은 이 경우 그다지 중요하지 않다. 산업 클러스터는 다양한 유형을 가지며, 따라서 그것을 조사하거나 측정하는 것은 매우 복잡한 문제이다.

〈표 3-2〉 산업 클러스터의 유형과 특성

특성	순수 집적지	연관 산업단지	사회적 네트워크
기업의 규모	매우 소규모	일부 대기업 포함	가변적
관계의 특성	서로 잘 모름 분절적 불안정적	매우 밀접함 안정된 거래	상호 신뢰 충성심 공동의 로비 합작투자 기회주의 배제
회원 자격	개방적	폐쇄적	부분적으로 개방적
클러스터에 대한 접근방법	임대료 지불 입지는 필수적	내부적 투자 입지는 필수적	역사, 경험 입지는 필수적이나 충분조건은 아님
공간적 결과	지대의 상승	지대에 영향 없음	부분적으로 지대 상승
공간적 속성	도시	국지적, 반드시 도시는 아님	국지적, 반드시 도시는 아님
클러스터 사례	경쟁적인 도심지역	철강 또는 화학 산업단지	신산업지구
분석적 접근	순수집적모형	입지-생산이론 투입-산출분석	사회적 네트워크 이론

2. 클러스터와 규모의 수익

일반적으로 생산활동이 일정한 공간에 클러스터화되는 것을 설명하기 위해서는 우선적으로 규모의 경제에 관한 개념을 이해해야 한다. 모든 기업이 규모에 대한 수익불변(CRS) 하에서 동일 부문에 속하는 많은 기업들이 동일 장소에 입지해 있다고 가정하였을 때, 이런 클러스터에는 상당한 양의 투자가 이루어질 것이고, 기업들은 생산활동을 위해 상당한 토지와 공간을 필요로 할 것이다. 그리하여 특수한 입지에 대한 토지수요의 증가는 토지가격을 상승시키게 된다.

규모에 대한 수익불변현상에 대한 생산함수는 〈식 3-7〉과 같이 나타난다.

$$Q = f(L, K)$$
$$vQ = F(\lambda L, \lambda K) \quad \cdots\cdots \text{〈식 3-7〉}$$

위 식에서 노동과 자본을 각각 λ배만큼 증가시킬 때 산출량 Q가 v배만큼 증가한다고 할 때, 만약 여타 여건이 일정하고, [그림 3-2]의 (b)와 같이 모든 기업들이 규모에 대한 수익불변상태라면, 토지가격의 상승은 입지한 모든 기업들의 이윤을 감소시키게 된다. 토지가격의 상승은 고용된 노동자들의 생계비(거주비용)를 상승시키는 것을 의미한다. 그렇게 되면 지역 노동공급을 유지하기 위해 기업들은 임금을 증가시켜야 할 것이고 이는 다시 모든 기업들의 이윤을 감소시키는 요인(비용증가)으로 작용한다. 감소된 이윤은 입지한 기업들이 다른 지역에 입지한 기업들과의 경쟁에서 불리하게 작용한다. 그리하여 몇몇 기업들은 다른 장소로 이동하거나 기업운영을 하지 않게 되어 궁극적으로는 클러스터의 존폐(존속과 폐지)에 영향을 미치게 된다.

[그림 3-2] 규모에 대한 수익과 등생산량곡선

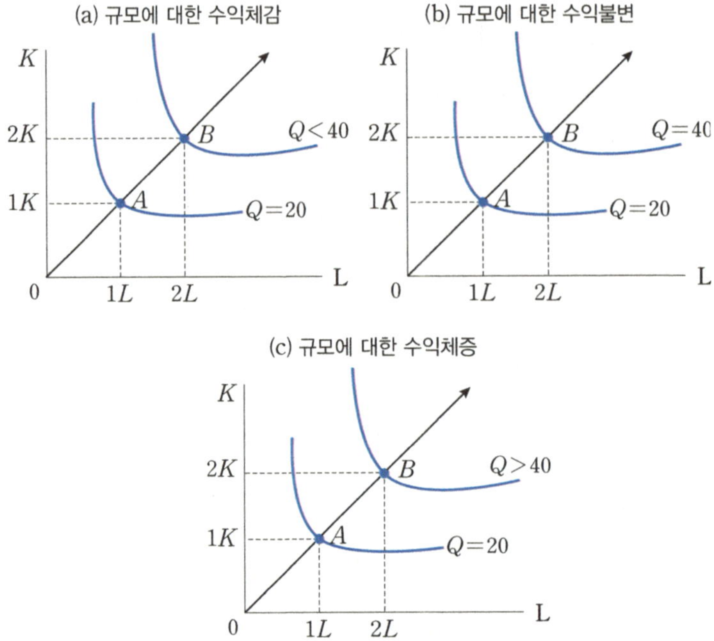

생산활동이 일정한 공간에 클러스터화되는 것을 설명하기 위해서는 우선적으로 규모의 경제에 관한 개념을 이해해야 한다.

반면에 [그림 3-2]의 (c)와 같이 많은 기업들이 동일 장소에 입지하여 상당한 규모의 경제를 성취하고 있다고 가정하였을 때, 이 지역에 대한 투자는 위의 경우와 마찬가지로 토지가격 및 노동가격을 상승시킨다. 하지만 요소가격이 상승하였다 하더라도 규모의 수익체증으로 인하여 이 지역 기업들의 이윤은 타 기업에 비해 높을 수가 있다. 그에 따라 타 지역의 기업들은 지역투자수준과 요소가격, 기업이윤 등에서 높은 성장을 보이는 이 지역으로 이동하게 된다. 새로운 기업의 이주로 이 지역은 누적적이고 지속적인 지역성장이 가능하게 된다. 실제로 존재하는 클러스터의 경우 이와 같은 규모에 의한 수익체증이 적용되어 클러스터 집적경제를 형성하고 있는 것이다.

3. 클러스터와 기업입지

1) 클러스터와 경쟁우위

Porter는 기업이 입지를 선정함에 있어 클러스터의 역할을 매우 중요하게 평가하고 있다. 기업이 보다 유리한 클러스터에 자리를 잡게 되면 기업의 생산성이 크게 향상되며 기업의 혁신역량도 증가한다. 또한 클러스터는 기업의 총원가 절감에도 크게 기여하며 신규산업 육성을 통해 클러스터 확장으로 인한 경쟁력 우위를 누릴 수 있게 된다. 이와 같은 클러스터는 선진국가들에 많이 분포되어 있으며 국가경쟁력을 결정하는 중요한 기초요인으로 작용하고 있다. 미국의 실리콘밸리, 할리우드 등은 클러스터의 좋은 예이다.

경쟁력 고찰에서 지리적 입지는 그동안 쉽게 간과되어 왔다. 그리고 고려되었다 하더라도 지리적 입지는 별로 중요하지 않은 요인으로 간주되었다. 즉, 기업수준의 경쟁과 전략에 대한 고찰은 기업의 내부활동에 집중되어 왔다. 하지만 노동, 자본, 천연자원이 풍족하다고 해서 그 국가의 모든 기업이 번영한다고 확신할 수는 없다. 경쟁력은 가치 있는 상품과 서비스를 생산하기 위해 투입물을 활용하는 생산성으로 결정되기 때문이다. 생산성의 토대가 되는 것은 경쟁을 위한 국가환경으로 이 또한 지역환경이다. Porter는 국가경쟁력에서 부존생산요소, 수요조건, 기업전략과 구조, 그리고 경쟁관계, 관련 산업과 지원산업 등의 요소로 구성된 다이아몬드 모형의 분석틀을 활용하여 입지가 경쟁에 미치는 효과를 설명하였다. 클러스터는 선진국 경제의 두드러진 특징이자 경제개발에 반드시 필요한 요소이다. 또한 경제개발에 대한 새로운 사고방식, 정부와 기관의 새로운 역할, 기업과 정부 간 또는 기업과 기관 간의 관계를 구조화하는 새로운 방향을 제공한다.

클러스터 우위는 기업 및 산업을 둘러싸고 있는 외부경제 또는 이들 기업 및 산업들 간의 파급효과 등에 좌우된다. 대부분의 클러스터 우위는 또한 기업 내의 부서, 이를테면 연구개발부서, 생산부서 등에도 적용된다. 따라서 클러스터는 생성된 기업 및 기관들의 연계시스템이라 정의할 수 있다.

클러스터에 영향을 미치는 세 가지 주요 요인은 개인적 친분관계, 대면적인 의사소통, 개인 및 조직 네트워크 간의 상호작용이다. 클러스터는 이러한 관계들이 성장하고 가장 효율적으로 작동되도록 도움을 준다. 이러한 과정은 자동적으로 형성되는 것은 아니고 공식 또는 비공식 형태의 메커니즘과 문화적 규범이 종종 클러스터의 발전과 운영에 큰 역할을 한다. 또한 특정 지역이나 도시에서 반복되는 상호작용의 결과인 신뢰 및 조직의 투명성은 생산성 향상, 혁신 촉진, 신규사업 창출 등을 유발하는 클러스터 내의 상호작용을 활성화시킨다.

2) 기업입지와 클러스터의 역할

글로벌화 현상과 운송 통신기술이 거리감을 좁혀 외국과의 거래에 장벽이 사라졌기 때문에 대부분의 기업들은 설비를 임금, 세금, 공공재 비용 등이 저렴한 지역으로 이전하는 것과 병행하여 대대적인 아웃소싱을 하는 사례가 늘고 있다. 그러나 기업의 입지선택에 매우 복잡한 관점을 제시하는 클러스터 이론은 단순히 사무실이나 공장을 짓는다는 사실보다 훨씬 더 중요한 의미를 준다.

Porter는 기업입지 선정에 있어서 클러스터의 역할을 중요하게 평가하고 이를 소홀히 해서는 안 된다는 것을 다음과 같이 두 가지 관점에서 강조하고 있다.

첫째, 입지선택에 있어서 클러스터 이론은 단순히 요소비용, 세금, 공공재 비용만을 고려하는 것이 아니고 전체적인 잠재 생산성을 고려한다. 입지활동의 궁극적인 목적은 부문원가가 아닌 총원가의 절감에 있다. 또한 임금이나 세금이 낮은 지역인 경우 클러스터가 제공해주는 효율적인 하부구조, 공급자, 적절한 유지보수 등을 기대할 수 없는 경우가 가끔 있다. 둘째, 기업은 클러스터의 이점을 이용하는 동시에 지역별로 활동을 분산시키는 데 따른 비용상의 이점 또한 획득해야 한다. 입지에 영향을 주는 요소는 활동 특성에 따라 서로 차이가 있다. 클러스터 관점은 연계된 활동을 여러 지역이나 국가로 분산하는 것이 아니라 한데 묶어서 동일지역에 입지시켜야 한다고 강조한다.

제3절 산업분산 및 산업집중

앞에서 논의한 것과는 달리 모든 산업활동이 공간적으로 집적하지는 않는다. 1차 산업은 공간적으로 분산되는 경향이 있는데, 예를 들어 광업, 채석업 등은 유용한 광물을 경제적으로 채취할 수 있는 곳에서 발전된다. 지질학적인 조건은 그러한 활동들이 공간적으로 분산된 입지 행태를 갖도록 만든다. 마찬가지로 농업활동은 생산과정에서 투입요소로 토지에 의존하기 때문에 대체로 공간 전체에 균등하게 분포하는 경향이 있다. 동시에 분산적인 경향을 갖는 여러 상업 및 제조업 활동들이 존재한다. 과점상황에서의 가격경쟁은 경쟁기업들을 서로 멀어지도록 만드는 경향이 있으나 많은 시장에서 다양한 공간적인 가격책정 전략들이 나타나는데, 이 상황에서 인도가격은 입지와 거리에 무관하게 일정하거나 부분적으로만 영향을 받는다. 이러한 경우에 지금까지 살펴본 입지적 고려들은 더 이상 타당하지 않다.

1. 공간적 가격책정, 가격차별, 기업분산

일부 시장에서 기업들이 채택하는 인도가격은 입지와 관계없이 일정하다. 이 같은 상황에서는 호텔링이 제기하는 공간상의 경쟁문제는 더 이상 적절하지 않다. 이 상황에서는 오히려 기업의 입지 행태에 대한 웨버의 접근법이 더욱 적절하다. 그 이유로는 인도가격이 입지와 무관하다고 하더라도 기업은 이윤극대화의 수단으로 입지를 여전히 활용할 것이기 때문이다. 이러한 접근과 웨버의 모형 간의 차이점은 시장이 단일한 점이 아니라 연속적인 2차원적인 공간이라는 것이다. 만약 시장의 각 지점으로 운송한 제품의 양을 모두 알 수 있다면 각 지점에서의 거리와 수요량을 각각 가중적용하여 지리적 중심을 간단히 도출할 수 있다. 이 경우 웨버의 분석방법은 그대로 사용될 수 있다. 결과적으로 유사한 투입원료와 시장을 가진 기업들은 동일지점에 입지하려 할 것이며, 그에 따라 비록 그러한 행태들이 직접경제의 증거는 아니라 하더라도 산업의 지리적 집중이 야기될 것임을 측정할 수 있다.(McCann, 1995) 이와는 반대로 만약 다양한 공급자로부터 원료를 납품받아서 각기 다른 제품을 생산하는 여러 종류의 기업이 존재한다면 기업의 입지는 다양하게 나타날 것이다. 그러므로 기업들은 오히려 분산하여 입지하게 될 것이다.

시장가격이 모든 입지에서 동일하다면 그러한 공간적 가격책정 행태는 산업의 지리적 분산을 강화하겠지만 시장에는 공간상의 독점력이 존재한다. 이 상황에서 기업은 수요가 탄력적이고 인도가격이 운송거리의 함수라는 사실을 고려한다면, 기업들은 인근 고객에게는 불리하고 원거리 고객에게는 유리한 가격 차별 전략을 사용하는 경향이 있다. 이는 기업이 인근 고객들에 대해서 독점력을 보유하고 있으므로, 원거리 고객들에게 부과되는 가격을 낮추기 위해서 지역 고객들에게 부과되는 인도가격을 높이는 것이다. 이러한 유형의 공간적 가격차별은 개별 기업의 공간적 상권을 확대하고, 재화의 평균 운송거리를 증가시키며, 그 결과 기업의 공간적 분산을 촉진하게 된다. 이러한 주장은 Greenhut(1970) 및 Greenhut and Ohta(1975)의 연구와 밀접한 관련이 있다.

2. 산업집중 발생원인 및 측정

1) 산업집중의 발생원인

초기에는 집적경제에 의해 개별경제활동들이 한 지점에 집중함으로써 규모의 경제가 발생함에 따라 비용절감효과를 얻을 수 있다. 그러나 집적현상이 어느 단계에 도달하게 되면 개별기업들은 외부경제의 효과가 발생하여 이익 또는 손실을 입게 된다.

이익이 발생하는 이유는 풍부한 노동시장의 수요자 과점(oligopsony)이 발생하여 숙련된 노동력 확보와 공유현상(labor pool)이 일어나며, 연구개발 비용이 절약되고 원료시장의 공동개발 가능성 등도 기대할 수 있기 때문이다. 이에 따라 전문화된 제조업은 기업이 자체로서는 달성할 수 없는 규모의 내부경제를 이루게 된다.

이러한 집적요인 때문에 그 산업 전체가 한 입지점에서 확장하게 되고, 기업의 생산요소 수요가 증가함에 따라 비용이 상승하여 평균비용곡선을 상향 이동시킨다. 그 결과 외부불경제로 인해 멀리 떨어진 원료지로부터의 원료수송에 투입된 수송비 상승요인이 발생한다. 이 경우 개별기업은 원료조달을 위해 인근지역의 원료산지를 집중 개발하게 되어 결국 생산비가 증가하게 된다. 또한 외부불경제(external diseconomy)는 생산과 인구의 과다집중 때문에 발생하는 산업입지가 부족하여 지가의 상승과 특화한 생산중심지에 있어서 노동조합의 임금인상에 의해서도 발생한다.

이러한 외부불경제가 발생하더라도 동일 장소에 입지하는 많은 산업의 개별기업은 기능을 특화함으로써 평균비용을 줄일 수가 있다. 이때 개별기업은 그 설비나 토지를 소유하지 않고 이들을 임대할 수도 있으며, 불안정한 시장수요에 대응할 수 있는 신축성을 가질 수 있다. 이러한 특화와 신축성은 자본규모가 클수록 더 유리해지며 산업 내 소수기업의 집중도를 높이는 요인이자 개별기업들을 시장에서 퇴출시키는 요인으로도 작용한다. 또한 산업의 진입장벽을 발생시키는 역할을 하게 됨에 따라 산업집중이 발생하게 된다. 즉, 산업입지나 도시체계의 변화는 집적경제유형에 따라 변화할 수 있는 것이다.

2) 산업집중 측정

한 국가 내의 여러 지역에서 산업활동이 공간적으로 집중되고 분산되는 정도는 두 가지 거시적 관점에서 논의된다. 첫 번째 접근은 어떤 산업이 도시체계를 따라 균등하게 분포하는 정도를 측정하는 것이다. 두 번째 접근은 어떤 지역을 선정하여 지역 산업 구조에서 각 산업의 상대적인 기여를 고찰하는 것이다.

첫 번째 접근에서 어떤 기업이 국가의 도시체계에 걸쳐 공간적으로 균등하게 분포되어 있는 정도를 측정하는 가장 직접적인 방법은 허쉬만-허핀달 지수(Hirschmann-Herfindahl Index)를 이용하는 것인데(Ellison and Glaeser), 이는

$$G_i = \sum_{r=1}^{m}(S_{ir} - x_r)^2 \quad \text{〈식 3-8〉}$$

로 정리할 수 있다. 여기서 G는 허쉬만-허핀달 지수이며, S_{ir}은 i산업부분에서 국가적 총고용에 대한 r지역의 고용 점유율을 나타낸다. 그리고 x_r은 국가적 총고용에 대한 r지역의 고용 집적률을 나타낸다.

Black and Herderson(1999)은 〈식 3-8〉을 정리하여

$$G_i = \sum_{r=1}^{m}(\frac{E_{ir}}{E_{in}} - \frac{E_r}{E_n})^2 \quad \text{〈식 3-9〉}$$

로 표현했는데 여기서 E_{ij}은 각 r지역의 i산업부분의 고용을, 그리고 E_{in}은 국가 전체 i은 r지역의 총고용이며, E_n은 국가의 총고용을 각기 나타낸다.

산업의 공간적 집중에 대한 허쉬만-허핀달 지수는 국가 전체적 제조업 고용에 대한 각 지역의 고용점유율 편차를 제곱한 값을 모두 더하는 것으로 얻을 수 있다. 산업이 도시체계를 따라 균등하게 분포한다면 산업의 공간적 분포가 정확히 도시위계를 반영할 것이고 G값은 0이 된다. 반면에 산업이 공간적으로 집중되는 경향이 있다면, 허쉬만-허핀달 지수의 값은 최대 2에 근접한다. 그러나 편차의 제곱 값에서 나온 이 지수는 가장 큰 두세 개의 도시에 의해 좌우되는 경향(Black and Herderson, 1999)이 있다. 산업의 공간적 집중에 대한 허쉬만-허핀달 지수는 특정한 산업의 공간적 분포가 국가적 도시위계의 분포를 반영하는 정도를 지시한다. 즉, 이 지수는 산업이 공간상에서 집중하는 정도를 측정하는 데 사용할 수 있다. 다시 말해, 이러한 지수의 값이 크다면 그것은 특정 산업이 소수의 도시에 집적되어 있음을 나타낸다. 허쉬만-허핀달 지수의 값이 큰 산업은 집적의 이익을 갖는 경향이 있음을 알 수 있다. 반면 지수

의 값이 0에 근접한다면 그 산업은 집적의 이익을 전혀 갖지 않는 것으로 볼 수 있다.

공간상에서 산업의 집적과 분산화 정도를 측정한 두 번째 접근방법은 어떤 지역을 선택하여 지역의 산업구조에 대한 개별 산업부분의 상대적인 기여를 고찰하는 것이다. 이 접근은 산업부분에 대해서가 아니라 개별지역에 대하여 특화나 혹은 다양화의 정도와 범위를 보여준다. Duration and Puga(2000)은 지역의 산업적 다양성을 찾아내는 가장 간단한 방법으로

$$RDI_r = \frac{1}{\sum_i |S_{ir} - S_{in}|} \quad \text{〈식 3-10〉}$$

과 같은 식을 제안하였다. 여기서 RDI_r은 r지역의 상대적인 다양성 지수를, S_{ir}은 r지역의 i산업 점유율을, S_{in}은 국가 전체 i산업의 점유율을 각각 나타낸다. 개별지역에 있어서 〈식 3-10〉은 각 지역과 국가의 산업 점유율 간의 차를 모두 합한 값의 역수를 나타낸 것이다. 〈식 3-9〉에서와 같은 동일한 방법으로 고용의 측면에서 바라본 〈식 3-10〉은 〈식 3-11〉로

$$RDI_r = \frac{1}{\sum_i \left| \frac{E_{ir}}{E_r} - \frac{E_{in}}{E_n} \right|} \quad \text{〈식 3-11〉}$$

과 바꾸어 쓸 수 있다. 상대적인 다양성 지수의 값은 지역의 고용분포가 국가경제의 고용분포와 일치할수록 커진다.

Blair(1995)은 이와 매우 유사한 방법으로 지역적 특화지수를 제안하였다. 〈식 3-9〉의 방법을 활용한다면 지역적 특화지수를 다음과 같이 정의할 수 있다.

$$IRS_r = \sum_i a[\frac{E_{ir}}{E_r} - \frac{E_{in}}{E_n}] \qquad \langle 식\ 3\text{-}12 \rangle$$

지역적 특수지수는 지역의 산업고용 점유율과 국가적 산업고용 점유율 간의 차에다 절대값을 취하여 모두 합한 것이다.

끝으로, Amiti(1998)가 제안한 지수는 지역산업 각각의 입지계수를 구하여 내림차순으로 순위를 매기는 것이다. 입지계수의 누적 합은 분모의 누적 합과는 반대로 표출된다. 지역특화 지니계수는 도출된 선과 45도 선 사이의 영역의 두 배로 계산된다.

사/례/연/구 1

▶ 미국 샌디에이고의 바이오클러스터(대학, 연구소 주도형 클러스터)

샌디에이고는 기업 수 및 투자금액 측면에서 실리콘밸리와 보스턴 지역에 이은 미국 3위의 클러스터이다. 특히 바이오테크 및 바이오의약 분야는 전체 지역 고용의 6.2%를 차지하는 거대 산업으로 성장하였으며 현재 약 500여 개의 바이오기업이 설립되어 활동하고 있다.

샌디에이고 지역의 바이오산업은 매출과 수익성 측면에서 초기의 태동단계(embryonic)를 지나 산업 확장기(growing)를 맞고 있다. 또한 지역 내 기업과 연구기관의 강한 연대를 바탕으로 기술혁신을 통한 새로운 시장과 신규기업의 창출이 활발하게 진행되고 있다. 클러스터 관점에서 보면 다른 산업의 클러스터와 연계를 강화하고 새로운 하위 클러스터들을 인근으로 배출하는 단계라고 할 수 있다.

대형 제약사들과의 공동 연구개발(R&D)와 대학이라는 훌륭한 인큐베이터가 존재하며 기초 연구를 담당하는 우수한 연구소들로 인해 보스턴에 이어서 2위의 바이오 클러스터로 자리매김했다.

사/례/연/구 2

▶ 일본 토요타시 자동차 클러스터(대기업 주도형 클러스터)

도요타 클러스터는 일본 열도의 중앙 부근에 위치하고 있는 아이치현 도요타시를 중심으로 형성되어 있다. 도요타시에 본사와 7개의 조립공장이 밀집해 있고 인접한 아이치현에는 5개의 조립공장이 위치하고 있다. 연구개발을 담당하는 도요타중앙연구소가 도요타시에 자리 잡은 것은 물론 도요타공업대학도 인접한 나고야에 위치해 있다. 아이치현에는 미쓰비시 자동차의 공장과 연구소가 있고 경차업체인 스즈키가 인접한 시즈오카현에 위치하고 있다. 이외에 5만여 사의 자동차 산업 관련 업체들이 소재하고 있다.

아이치현에는 자동차와 관련 산업 이외에도 도요타공업대학을 포함한 45개의 대학과 9개의 대학공동이용 교육기관, 부속연구소, 30개의 공격시험연구기관, 9개의 연구교류시설 등이 입지하고 있다. 또한 물류기업, 정보제공서비스기업, 기술이전, 인재육성기관, 기술지원단체, 공적산업 관련 정보서비스기관 등도 위치해 있다.

사/례/연/구 3

▶ 스웨덴 시스타 사이언스파크(대기업 주도형 클러스터)

시스타 사이언스파크는 스웨덴 정보통신산업의 메카로 무선이동통신과 무선인터넷 분야에서 강점을 지니고 있어 '와이어리스밸리' 혹은 '모바일밸리' 로도 불린다. 현재 시스타에는 370여 개의 하이테크기업을 포함하여 700개 이상의 크고 작은 업체들이 밀집해 있다. 최근에는 벤처기업들이 새로 탄생하고 디지털 기술의 융복합화로 무선통신분야의 많은 기업들이 합류하였다.

사/례/연/구 4

▶ **이탈리아 모데나군의 카르피 시 의류산업 클러스터(지역 특산형 클러스터)**

이탈리아의 모데나군에는 모데나시를 비롯한 47개의 기초자치단체들이 소속되어 있다. 이 중에서도 가장 이름난 산업도시는 모데나시(운송기계, 농기계), 사수올로시(타일), 카르피시(니트웨어), 미란돌라시(의료기구), 카스톨베트로, 카스텔누보(육류), 비그놀라, 미라노(과일) 등이다. 여기서는 모데나군의 산업도시들 중에서 지역적 산업전문화의 대표적 사례인 카르피시의 의류산업 클러스터를 살펴보았다.

카르피 일대는 전형적인 의류산업 클러스터로 의류산업이 대도시지역에 입지한다는 통념을 무너뜨린 곳이다. 지역개발기관인 산업진흥공사(ERVET)가 카르피에 섬유정보센터(CITER)를 설치한 것이다. 생산방식도 전형적인 전문화, 즉 소기업 네트워크 형태를 취하고 있다.

카르피의 생산시스템은 기업 간 노동 분화와 산업의 분산화에 토대를 두고 있다. 카르피의 기업 수는 총 2,068개 사인데 이들은 의류분야별로 네트워크 구조를 이루고 분업화·전문화되어 있다. 이를 통하여 고객 기업과의 관계를 더욱 긴밀하게 하고 있다.

사/례/연/구 5

▶ **미국 실리콘밸리(실리콘밸리형 클러스터)**

실리콘밸리의 역사는 짧게는 60년, 길게는 100여 년까지도 거슬러 올라갈 수 있다. 발전단계는 크게 4단계로 구분할 수 있다. 1단계는 20세기 초반부의 발생기로 산·학·연계를 바탕으로 첨단산업의 기틀이 마련된 시기이다. 2단계는 제2차 세계대전 이후 1950년대에 이르는 시기로 도약시기이며, 3단계는 1960년대부터 1980년대 초반까지로 스핀오프 등 활발한 창업으로 실리콘밸리가 급성장한 시기이다. 1980년대 중반 이후 현재에 이르는 4단계는 외부의 충격을 극복하고 자생적으로 성장 가능한 시스템을 형성하고 있는 시기이다.

현재 실리콘밸리의 5대 기업(페이스북, 알파벳, MS, 애플, 아마존)은 전 세계 시가총액 상위권을 형성하는 등 세계를 이끌어나가는 혁신 클러스터가 되었다.

사/례/연/구 6

▸ **중국 중관춘(실리콘밸리형 클러스터)**

중국 첨단산업 발전의 3대 거점 중 하나로 R&D 중심의 두뇌기능을 담당하는 지역이다. 제조업 중심의 주장, 창장델타와 달리 베이징 중관춘은 소프트웨어, 인터넷, IT 관련 기능이 탁월한 중국의 실리콘밸리로 거듭나고 있다. 대학 및 연구소가 집적된 중관춘이 두뇌기능을 하고 창장델타가 상반신, 주장델타가 허리 및 다리 기능(Kuroda, 2001)을 담당하는 등 역할 분담이 되고 있다.

중관춘에는 중국을 대표하는 대학 및 국가연구기관, 다국적기업의 R&D 센터가 모여 있다. 특히 외국기업의 R&D 센터 설치 붐도 식을 줄 모르고 있다. 대학이나 연구소의 집적, 수많은 연구자의 존재, 우수하고 임금이 저렴한 이공계 인재 등을 겨냥하여 약 8,200개의 국내외 첨단기술기업이 중관춘에 연구거점을 설치하였다. 이런 현상은 최근 다국적 기업의 해외투자전략이 단순투자에서 연구개발을 병행하는 방향으로 전환되고 중국의 개방이 심화되면서 외국기업들의 중국 내 합작기업 설립과 중국 연구기관과의 공동연구가 활발해지기 시작한 것과 무관하지 않다.

사/례/연/구 7

▸ **네덜란드 농업클러스터 '푸드밸리'**

와헤닝헌시를 중심으로 주변 8개 시에 걸쳐 구축된 대규모 클러스터는 와게닝겐 대학(Wageningen University)이 농업교육 및 연구기관으로서의 중심을 잡고 있는 네덜란드의 푸드밸리이다. 하인즈, 하이네켄, 몬산토 등의 글로벌 식품기업의 지사 및 연구소 1,400여 개가 몰려 있는 곳으로 대학이라는 확실한 연구 기반이 존재하며 유럽의 물류 중심지라는 이점을 살려 농식품 분야의 실리콘밸리로 불린다.

이러한 푸드밸리의 영향으로 네덜란드는 미국에 이은 농산품 수출 2위 국가로 국가 GDP의 약 9% 정도가 농업 관련 분야로 창출된 부가가치이다.

푸드밸리는 중앙정부, 지방정부 및 기업 등의 9개 기관에 의해 공동출자하는 파트너십으로 설립되었다. 관계형 네트워크를 형성, 산 · 관 · 학의 연결로 역량 강화를 하였다. 특히 회원전용 네트워크 형성을 통해 푸드밸리만의 경쟁력을 키웠다. 연회비를 납부하지만 주요 활동비는 정부에서 조달되며 기술 공급자, 원료 공급자, 서비스 공급자 등 다양한 참가자들이 있다. 이들은 회원들과 정보 공유 및 전문 서비스 제공 등을 통한 독점적인 지식 공유 권한을 가지고 회원사를 위한 연구센터 및 지식기반 형성을 하는 것이 주요 임무이다. 이로 인해 회원사 간 네트워크 및 회원사의 국제화 지원 등이 이루어지고 있다.

3) 주요 국가별 산업 클러스터 사례 요약

앞서 살펴본 선진 클러스터의 특징을 종합해 보면 아래 〈표 3-3〉과 같다. 여기서 대학 · 연구소 주도형은 연구개발 능력을 기반으로 바이오와 나노 등 첨단산업을 중심으로 형성되고, 대기업 주도형은 자동차와 통신시스템 등 대형 조립산업을 중심으로 형성된다. 지역특화형은 문화 예술품 · 명품 소비재를 생산하는 특산지에 형성되며, 실리콘밸리형은 구성주체 모두가 세계적인 경쟁력을 갖고 새로운 기술과 산업을 창출하는 형태를 말한다.

〈표 3-3〉 주요 국가별 산업 클러스터 사례 요약

주요 국가별 산업 클러스터	주요 성공요인	유형
미국 샌디에이고 바이오클러스터	• 풍부한 금융 및 인력 자원 • 네트워크 'UCSD CONNECT' • 샌디에이고 대학의 비전 제시자로서의 역할 • 벤처기업들의 지속적인 대규모 연구개발 투자 • 전문서비스 분야의 발달	대학 · 연구소 주도형
일본 도요타 자동차 클러스터	• 클러스터의 근접성으로 인한 JIT • 완성차 및 부품업체의 네트워크 • 부품업체의 기술력 • 지식교류 네트워크	대기업 주도형
스웨덴 시스타 사이언스파크	• R&D 네트워크 • 강력한 산 · 학 · 연 연계 • 지역 인프라 • 대학의 R&D 활동에서의 중추적인 역할 • 지원조직의 발달 • 세계수준의 기술력	
이탈리아 모데나	• 탄력적인 생산능력과 마케팅 • 디자인 기술 • 기업 네트워크 • 성공적인 기술혁신 • 지방 대도시 간의 유기적인 연계 • 응집력 있는 지역 산업문화 • 경쟁력 있는 수출주도형 산업체제 • 지방정부의 적절한 정책 개입	지역 밀착형
미국 실리콘밸리	• 활발한 창업 활동 • 핵심역량 중심의 네트워크 • 대기업의 선도 수요창출 역할 담당	실리콘밸리형
중국 중관춘	• 중국 정부의신사업 육성 정책 • 산 · 학 · 연계 성공 • 연구기관의 기업 활동 적극적 참여 • 정부의 리더십 • 외자계 기업과 중국 대학 간의 연계 활동 • 지원 서비스 기관의 확대	
네덜란드 푸드밸리	• 강력한 산 · 학 · 연 연계 • 연구기관의 기업 활동 적극적 참여 • 회원제 서비스로 네트워크 효과 • 회원사 간 네트워크 강화	연구소 주도형

요약

1. 특정입지에서 발생하는 규모의 경제를 일반적으로 집적경제라고 할 수 있다. 마샬에 의하면 집적경제는 일반적으로 외부경제로 이해되는데, '하나의 기업을 넘어서 동일 지역에 입지한 모든 기업들에게 발생하는 것' 이라고 주장하였다.
2. 집적경제는 또한 정태적 집적경제와 동태적 집적경제로 구분할 수 있다. 정태적 집적경제는 한 산업의 생산, 고용 또는 생산성의 수준이 집적 요인의 수준과 관련되어 있는 것을 가리키고, 동태적 집적경제는 한 산업의 생산, 고용, 또는 생산성의 수준이 시간의 경과에 따라 집적 요인의 수준과 관련되어 있는 것을 가리킨다.
3. 규모의 경제는 일반적으로 기업들이 생산량을 증가해 감에 따라 장기평균비용이 점차 감소하는 현상을 말하며, 규모의 불경제는 기업들이 생산량을 증가해 감에 따라 장기평균비용이 점차 증가하는 현상을 의미한다.
4. 지역 또는 지방화 경제는 같은 장소에 입지하고 있는 동일 산업 분야의 기업들에게 발생하는 집적경제이다. 즉, 공급기업들과 모기업이 자주 정보를 교환함으로써 편익을 얻을 수 있고, 동일 부문에 있는 기업들은 특수한 비교역 지역서비스와 숙련된 지역 노동자풀로부터 편익을 얻을 수 있다.
5. 도시화경제는 이종(다른)부문 간의 기업들에 의해서 발생하는 집적경제이다. 예를 들면 위에서 언급된 자동차 클러스터의 경우 내부적 규모의 경제를 실현하는 대규모 단일공장이나 혹은 다수의 공장집단이 집적되어 있을 경우 이들 공장주변에는 많은 부품공급 기업들이 있고 모기업과 자기업은 함께 지방화 경제를 누리게 된다.
6. 집적경제의 효과를 나타내는 관점에는 정태적 관점과 동태적 관점 두 가지가 있다. 정태적 관점은 현재 시장조건에 대한 즉각적인 정보파급이(information-spillover) 지역생산성에 미치는 효과를 분석하며 지역화경제와 도시화경제로 분류된다. 동태적 관점은 그 지역에서 발생한 이전 정보의 축적이 현재 지역 생산성에 미치는 효과를 분석하며

MAR(Marshall-Arrow-Pomer)효과, Porter효과, 그리고 Jacobs효과로 분류된다.

7. 마샬은 클러스터 내의 기업들이 규모로 인한 수확 체증을 보이는 이유로 정보의 파급효과(information spillover), 지역 내 비교역적 요소(local non-traded inputs), 지역 내 숙련노동력의 풀(local skilled labour pool) 세 가지를 직접경제의 원천으로 제시하였다.
8. 산업 클러스터는 수평적·수직적인 네트워크를 통해 경쟁하고 협력하는 특정 산업 분야의 기업들이 집적되어 있는 일정 지역을 의미하며 산업군집과 지역군집의 통합체라 할 수 있다.
9. 공간적 산업 클러스터는 순수 직접체(Pure agglomeration), 연관 산업단지(Industrial complex), 그리고 사회적 네트워크(Social network)의 세 가지로 구분이 가능하다.
10. 시장가격이 모든 입지에서 동일하다면 그러한 공간적 가격책정 행태는 산업의 지리적 분산을 강화하겠지만 시장에는 공간상의 독점력이 존재한다. 이 상황에서 기업은 수요가 탄력적이고 인도가격이 운송거리의 함수라는 사실을 고려한다면, 기업들은 인근 고객에게는 불리하고 원거리 고객에게는 유리한 가격차별 전략을 사용하는 경향이 있다.

연 · 습 · 문 · 제

01 집정경제의 발생원인, 유형, 그리고 효과를 설명하시오.

02 집적경제의 원천이 무엇인지 설명하시오.

03 산업 클러스터의 의의 및 종류에 대하여 설명하시오.

04 산업 클러스터의 유형과 특성에 대하여 설명하시오.

05 산업 클러스터와 규모의 수익 간 관계를 설명하시오.

06 산업 클러스터와 기업 입지 간 관계를 설명하시오.

07 산업분산 및 산업집중 간의 관계를 공간적 가격경쟁과 가격차별 관점에서 설명하시오.

08 산업집중의 발생원인 및 측정방법에 대하여 설명하시오.

09 주요 국가별 대표적인 산업 클러스터에 대한 성공요인을 유형별로 설명하시오.

제 4 장

지역 간 교역과 생산요소 이동

제1절 지역 간 교역 의의

1. 지역 간 교역의 성격

지역 간 거래는 국제경제의 수출과 수입 개념을 축소하여 국내 지역부분으로 적용한 개념이다. 즉, 한 국가는 다수의 지역을 포함하고 있으며, 분리된 지역 간의 교역을 통해 지역이 생산하지 못하거나 열위에 놓인 상품을 더욱 싼 가격에 다른 지역을 통해 거래하는 형태를 취한다. 지역 간 교역은 국가 간 교역에 비해 거래장벽이 없다는 특징을 가지고 있다. 관세나 할당제(쿼터제)와 같은 국가 간 무역에 있어서 국내 산업을 보호하기 위한 인위적 제한이 지역 간 교역에는 적용되지 않는다는 특징을 가지고 있다. 또한 지역 간 공통된 화폐를 사용하기 때문에 환율변동에 따른 위험에 노출되지 않는다. 환율 변동은 국가 간 교역에 상당한 리스크로 작용하는데, 그 이유는 시차의 변화에 따라 지불대금이 변하므로 총교역금액이 달라지기 때문이다. 한편 국가 간 거래에 비해 지역 간 거래는 수송망 체계 및 지리적 관점에서 편리하기 때문에 교역이 활발하게 이루어지는 장점이 있다. 그리고 사회문화적 혹은 역사적 측면 등에서 동질성과 개방성이 국가 간에 비해 국내 지역 간에 상대적으로 더 높다. 따라서 지역경제에 있어서 지역 간 상품 또는 서비스의 거래를 포함한 지역 간 요소이동은 지역 간 경제변수들과 상호밀접하게 관련되어 있다.

2. 지역 간 교역 발생원인

지역 간 교역이 발생하는 원인은 부존자원들이 지역 간에 불균형하게 배분되어 있고, 생산기술이나 생산성의 차이가 존재하기 때문에 자본·노동·기술 등을 포함한 요소들의 이동이 발생하기 때문이다.

즉, 지역 간 교역은 지역 간 생산기술 및 생산성의 차이와 생산요소들의 절대적 및 상대적 우위성 때문에 발생하게 된다. 이런 개념은 리카도[1)]가 주장하는 지역생산의 비교우위성을 통해 보다 쉽게 설명할 수 있다.

한편 다른 요인으로는 지역 간 기술정도나 제도 등의 차이로 인한 수요와 공급의 불균형에서 원인을 찾을 수 있다. 예를 들어 자본장비율, 요소가격비, 그리고 상대적인 재화가격비 등의 차이에 의해서 지역전문화가 이루어져 지역 간 교역이 이루어지게 된다. 따라서 지역 간 교역의 대상은 불균형하게 편재되어 있는 자원·생산물·생산요소 및 기술수준 등이 포함될 수 있을 것이다.

제2절 교역이론

1. 지역 간 교역이론

지역 간 교역은 다수의 생산요소들 간 비교우위성에 의해 이루어진다. 리카도는 두 지역 간 노동생산성의 차이로 지역 간 교역요인을 설명하고

1) 즉, 자기 지역에서 풍부하게 생산되는 물건을 다른 지역에 팔고, 생산되지 않거나 부족한 물건은 다른 지역에서 사들여 오기 위해서임.

있다. 즉, 노동생산성에 의한 비교우위성에 기초하여 지역 간 교역이 이루어진다는 것이다. 교역을 통해 양 국가는 모두 후생증대를 경험하게 되는데, 교역이 달성될 경우 상품의 이동을 통해 양국 간 상품의 상대가격은 일치하게 된다. 만약 i국과 j국이 동시에 x, y재화를 생산함에 있어서 i국과 j국의 노동생산성이 차이가 날 경우를 가정해 보자. 만약 i국 x재화의 상대적 노동생산성$(MP_x/MP_y)^i$가 j국 x재의 상대적 노동생산성$(MP_x/MP_y)^j$ 보다 크다면 $(MC_x/MC_y)^i<(MC_x/MC_y)^j$를 의미하고, 이것은 다시 $(P_x/P_y)^i<(P_x/P_y)^j$를 의미하는 것이다. 이 경우 i국은 x재, j국은 y재를 특화하여 생산하고 상대방 국가에게 수출하며, 비교열위가 있는 상품을 수입하는 것이 양국에 모두 이익을 증대시켜준다. 반대로 i국 x재화의 상대적 노동생산성이 j국 x재의 상대적 노동생산성보다 낮다면, i국이 x재를 생산함에 있어 j국 보다 더 높은 한계비용을 지불한다는 것이며, 이는 결국 x재화의 가격이 i국보다 j국이 더 비싸다고 할 수 있다. 따라서 i국은 j국으로부터 x재화를 수입해오고 y재화를 수출하는 선택을 하는 것이 양 국가에 무역으로부터 이익을 얻게 된다. 마지막으로 양국 간 상품의 상대가격이 일치하게 되는 점이 양국의 재화생산의 노동생산성이 동일해지는 점이므로 교역이 중단되는 균형점이 되는 것이다.

1) 스미스의 절대생산비설

지역교역이론은 스미스(Smith)의 절대생산비설에 의해서 시작되었다. 절대생산비설은 절대우위론(theory of absolute advantage)이라고도 하며 그 내용을 보면, 두 국가가 존재할 경우 각국은 자국에게 유리한 제품의 생산에 특화하여 재화를 상호 교환할 경우 두 국가 모두 국제 분업의 이익을 얻을 수 있다는 것이다. 즉, 절대생산비설은 각국에서 생산되는 재화중 상대국에 비해 절대적으로 싼 비용으로 생산할 수 있는 재화가 존재해야 재화에 대한 생산을 특화할 수 있다고 주장하고 있다.[2)]

스미스는 분업론을 국제무역에 적용시켜 무역이익을 설명하고, 국제무역의 필연성을 주장하였다. 그는 무역이 이루어지면 자국의 생산물 가운데 국내의 수요를 초과하는 잉여분을 외국에 수출하여, 국내에서 필요로 하는 외국의 생산물을 수입할 수 있기 때문에 교역당사국이 모두 무역이익을 얻을 수 있다고 하였다.

〈표 4-1〉 절대 우위론의 예시

구 분	상품단위당 노동 투입량	
	직물	밀
*A*국	100인	200인
*B*국	150인	100인

출처 : 이성근 · 이춘근(2014)

〈표 4-1〉은 절대우위론을 설명하기 위한 가상적인 예이다. 표에서 *A*국은 직물 1단위 생산에 100인이 필요하고, 밀 1단위 생산에 200인이 소요된다고 가정하자. 그러면 *A*국은 직물 생산에, *B*국은 밀 생산에 특화해서 수출하면 양국이 다 같이 무역의 이익을 얻을 수 있다.

*A*국은 무역 이전에 노동력 300인으로 직물과 밀을 각각 1단위 생산할 수 있었으나, 무역을 함으로써 노동력 200인으로 직물 2단위를 생산해서 *B*국의 밀 1단위와 교환하여 직물과 밀 각각 1단위를 얻을 수 있다. 그러므로 결국 노동력 100인을 절감할 수 있게 된다. *B*국도 무역 이전에

2) 예컨대, *X* 1단위를 생산하는 데 *A*국은 10인의 노동력이 필요하고, *B*국은 20인이 소요된다면 *A*국이 유리하므로 *A*국이 *X*를 생산하여 *B*국으로 수출하게 된다.

노동력 250인으로 직물과 밀을 1단위씩 생산할 수 있었으나, 무역을 함으로써 노동력 200인으로 밀 2단위를 생산해서 *A*국의 직물 1단위와 교환하여 직물과 밀 각각 1단위를 얻을 수 있다. 그러므로 결국 노동력 50인을 절감할 수 있게 된다. 이처럼 양국이 각국의 절대우위에 있는 재화의 생산에 특화해서 상호 무역을 하게 되면 상호 이익이 된다는 것이다.

스미스의 절대생산비설은 국제 분업의 원리에 의해 무역의 이익을 체계적으로 규명함으로써 당시 주류였던 중상주의(mercantilism)의 영합 게임(zero-sum game)을 배격하고 무역은 두 국가에 모두 이익을 주는 양합게임(positive-sum game)이란 주장과 함께 최초로 자유무역정책의 이론적 논거를 제시했다는 점에서 중요하다. 그러나 스미스의 이론은 일국에서 재화들 간의 교환비율이 실질노동비용에 따라 결정된다는 너무 제한적인 가정에서 출발하기 때문에 한계가 있다. 또한 스미스의 이론은 공급측면만을 강조하고 각국 소비자들의 수요 측면에 대한 분석이 없어 교역조건에 대한 수준을 결정하기가 어렵다. 그리고 절대생산비의 차이에 따라 이루어지는 무역의 범위는 넓지만 모든 국제무역이 절대생산비로만 설명할 수 없는 한계가 있는데 그 이유는 모든 상품이 자국보다 외국에서 더 싸게 생산되는 경우에 국제 분업이 발생할 수 없기 때문이다. 이러한 결점을 보완하여 리카도는 상대적인 개념으로 국제 분업이 발생하는 원인을 설명하였다.

2) 리카도의 비교생산비설[3)]

비교생산비설은 비교우위론(theory of comparative advantage)이라고도 불리며 리카도(Ricardo)가 주장하였다. 비교우위론[4)]에 따르면 한 국가가

---

3) 이성근 · 이춘근(2014) 참조 및 부분 인용(그림 포함)

다른 국가에 비해서 어떤 상품을 상대적으로 적은 양의 생산요소를 투입하여 생산할 수 있을 때, 그 국가는 그 상품생산에 비교우위가 있다고 본다. 비교우위론은 절대우위론과 마찬가지로 무역당사국들의 수요조건과 관계없이 생산비 조건의 국제적 차이에 의해서 비교우위성이 결정된다고 보기 때문에 비교생산비설(the doctrine of comparative costs)이라고 부른다. 즉, 두 국가의 생산비가 상대적으로 차이가 날 경우, 각 국가는 상대적으로 비교우위에 있는 재화의 생산을 특화하여 국제 분업을 함으로써 무역이익을 얻을 수 있게 된다.

〈표 4-2〉 비교우위론 예시

구분	상품단위당 노동투입량	
	직물	밀
*A*국	120인	150인
*B*국	80인	50인

〈표 4-2〉를 이용해 비교우위론을 설명해 보자. *A*국은 직물 1단위 생산에 120인이 필요하고, 밀 1단위 생산에 150인이 소요된다고 가정하자. 그리고 *B*국은 직물 1단위 생산에 80인이 필요하고, 밀 1단위 생산에 50인이 소요된다고 가정하자. 그러면 *B*국이 직물과 밀 생산 모두에 절대우위가 있기 때문에 스미스의 절대우위론에서는 두 국가 간 무역거래가 발생하지 않는다. 하지만 리카도는 이 경우 비교우위가 적용되므로 비교우위에 있는 상품을 특화해서 교역을 하게 되면 상호이익이 된다고 하였

4) 리카도의 이론은 본질적으로 가치이론에 대한 일반균형 및 기회비용적 접근법의 특수한 경우이다. 즉, 하나의 생산요소(노동), 규모에 대한 고정수익(고정된 노동계수), 두 가지 상품, 두 개의 국가, 수송비용의 무시라는 가정 아래서 리카도는 "각국은 자국이 노동생산성의 비교우위를 갖는 상품을 수출한다"는 가설을 도출하였음.

다. 즉, *B*국의 직물 생산비는 *A*국에 비해 80/120 ≒ 0.67(67%) 정도이고, 밀의 생산비는 50/150 ≒ 0.33(33%) 정도이다. 즉, *B*국은 밀을 생산하는 것이 *A*국에 비해 34%(67% − 33%) 정도 비교우위에 있다. *A*국의 직물 생산비는 *B*국에 비해 120/80 = 1.5(150%) 정도이고, 밀은 150/50 = 3(300%) 정도이다. 따라서 *A*국이 직물을 생산하는 것은 *B*국에 비해 150%(300% − 150%)의 비교우위를 가진다. 그로 인해 *A*국은 직물 생산에 특화를 하고, *B*국은 밀 생산에 특화하는 것이 두 가지 재화 모두를 생산하는 것보다 유리하므로 각국은 비교우위 재화를 특화하고 무역거래가 발생하게 된다.

리카도의 비교생산비설은 노동가치설에 입각하여 노동이 유일한 생산요소이고, 기회비용 불변이라는 가정 하에서 가능하기 때문에 비현실적이다. 이에 비해 근대적인 비교생산비설은 리카도의 가정 없이 비교우위론을 보다 확대하여 무역의 이익을 설명하고 있다. 근대적인 비교생산비설은 두 상품을 생산하고 상품에 대한 사회 구성원의 선호가 같다는 전제 하에서 시작하고 있다.

먼저 한 경제가 주어진 자원과 기술수준 하에서 모든 부존자원을 효율적으로 사용하여 두 가지 재화를 가장 효율적으로 생산할 수 있는 여러 가지 조합을 나타내는 곡선을 생산가능곡선(production possibilities curve; *PPC*) 또는 변환곡선(transformation curve)이라고 하자. 이 곡선의 형태는 생산비가 불변인가 또는 체증, 체감함에 따라 직선, 원점에 대한 오목(concave), 원점에 대한 볼록(convex)한 형태를 띠게 된다.

[그림 4-1] 생산가능곡선

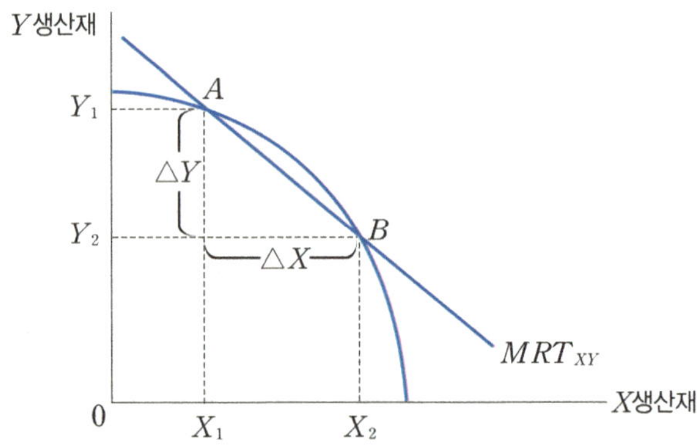

한계변환율 곡선(MRT_{XY})은 원점에 대한 오목한 생산가능곡선상에서 X재 1단위 생산증가로 인하여 감소되는 Y재의 양을 나타낸다.

[그림 4-1]에서는 원점에 대한 오목한 생산가능곡선을 나타내고 있다. 여기서 생산가능곡선이 오목한 이유는 한계변환율(marginal rate of transformation)이 체증하기 때문이며, 이는 기회비용이 체증하는 것으로 설명할 수 있다.[5)] [그림 4-1]에서 한계변환율(MRT_{XY}) 곡선은 생산가능곡선상에서 X재 1단위 생산증가로 인하여 감소되는 Y재의 양을 의미하며, 〈식 4-1〉과 같이 나타낼 수 있다.

$$MRT_{XY} = \left| \frac{-\Delta Y}{\Delta X} \right| \quad \cdots\cdots \langle 식\ 4\text{-}1 \rangle$$

위 〈식 4-1〉과 같이 한계변환율은 생산가능곡선상의 한 점에서의 접선의 기울기 또는 두 점을 연결한 직선의 기울기로 측정되며, 이는 기회비용과 같은 의미이다. 즉, [그림 4-1]에서 X재를 OX_1만큼 생산할 때

5) 기회비용이 체증한다는 것은 한 재화의 생산을 1단위씩 증가시킬 때 그로 인해 생산을 포기해야 되는 다른 재화의 수량은 점점 더 많아야 한다는 것을 의미함. 이를 한계생산변환율체증의 법칙이라고 한다.

의 기회비용은 Y재의 OY_1이 되는 것이다.

[그림 4-2] 폐쇄경제 하의 생산가능곡선과 생산제품 구성

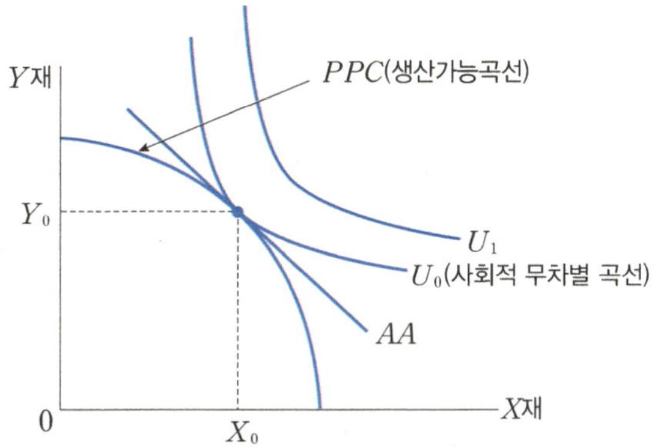

폐쇄경제 하의 생산균형점은 무차별곡선과 생산가능곡선이 접하는 E_0가 되며 생산제품구성은 OX_0와 OY_0에서 이루어진다.

한 국가가 다른 국가와 국제무역을 하지 않는 폐쇄경제 하의 생산균형점은 [그림 4-2]에서 보는 바와 같이 사회적 무차별곡선(social indifference curve)과 생산가능곡선이 만나는 E_0가 되며, 생산제품 구성은 OX_0와 OY_0에서 이루어진다. 균형점 E_0는 생산가능곡선의 접선(AA)인 한계변환율(MRT_{XY})과 사회적 무차별곡선의 접선인 한계대체율[6](Marginal rate of substitution : MRS_{XY})이 동일한 접점이기도 하며, 이는 무역을 하지 않는 자급자족경제의 경우 생산물구성의 최적조건을 의미하고, X재를 OX_0, Y재를 OY_0만큼 생산하는 것이 사회후생을 극대화시킨다. 이때 X재와 Y재 간의 한계대체율[7]은 두 재화의 가격비와 같다. 그리하여

6) 한계대체율은 X재를 1단위 증가시킬 경우 동일한 효용을 유지하기 위해 감소시켜야 하는 Y재의 수량을 의미한다.

7) 한계대체율 식은 다음과 같이 한계효용(marginal utility ; MU)의 비율로 나타낼 수 있다.

$$MRS_{XY} = \left| \frac{-\Delta Y}{\Delta X} \right| = \frac{M_X}{M_Y}$$

E_0점에서는 〈식 4-2〉와 같은 관계가 성립된다.

$$MRT_{XY} = MRS_{XY} = \frac{P_X}{P_Y} \quad \text{〈식 4-2〉}$$

개방경제 하의 생산가능곡선과 무역의 이익은 [그림 4-3]을 이용하여 설명이 가능하다. 두 국가(A, B)가 노동과 자본을 투입하여 X재(직물)와 Y재(밀)를 생산하여 교역하고, 두 국가 소비자의 개별선호구조는 동일하고, 기회비용이 체증한다고 가정하자. 따라서 생산가능곡선은 원점에 대해서 오목한 형태의 PP선이 되고, 사회적 무차별곡선이 U_0라면 최초 균형점은 이들 곡선이 만나는 E_0점이 된다.

위 〈표 4-1〉에서 본 것처럼, A국이 직물 생산에 비교우위를 갖고 B국은 밀 생산에 우위를 가지고 교역을 한다고 가정하자. A국은 비교우위가 있는 직물을 B국에 수출하고 B국으로부터 밀을 수입하게 된다. 이러한 무역거래를 통해 A국에서 생산된 직물이 수출됨으로써 직물의 국내공급이 감소하고, 밀이 수입됨으로써 밀의 국내공급이 증가함에 따라 직물의 상대가격은 거래가 일어나기 전보다 상승하게 된다. 따라서 상대가격선(MRT_{XY}와 MRS_{XY}와 동일한)은 AA'선에서 BB'선으로 이동하게 된다. 이렇게 되면 생산자들은 상대적으로 비싸진 직물을 더 많이 생산하고, 상대적으로 싸진 밀의 생산은 감소시키려고 할 것이다. 그리하여 새로운 균형점은 E_1점으로 이동하게 되고 직물과 밀의 생산량은 OX_1, OY_1이 된다.

[그림 4-3] 개방경제 하의 생산가능곡선과 무역의 이익

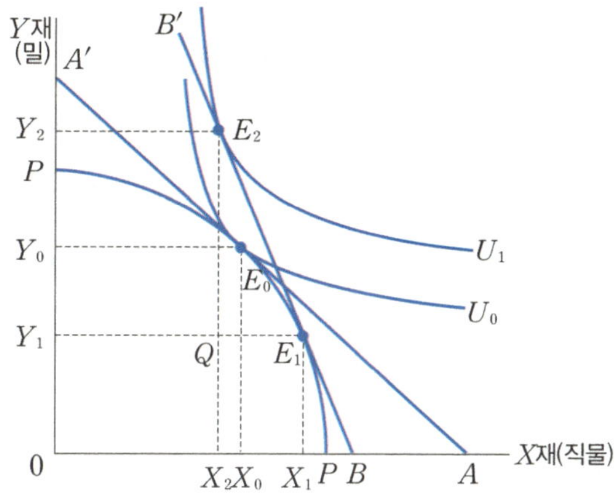

개방경제 하에서의 생산가능곡선은 원점에 대해 오목한 형태의 PP선이 되고, 사회적 무차별곡선이 U_0라면 최초 균형점은 E_0점이 된다. 여기서 A국이 직물을 수출할 경우 새로운 생산균형점은 E_1으로 이동되고 소비균형점은 E_2가 된다.

반면에 소비자들은 상대적으로 저렴한 밀의 소비를 늘리고, 상대적으로 비싼 직물의 소비를 줄이고자 할 것이므로, 소비자들은 BB'선과 U_1이 만나는 점 E_2에서 X재를 OX_2만큼, Y재를 OY_2만큼 소비하게 될 것이다. 결국 무역거래를 통해 국내 생산점은 $E_0 \rightarrow E_1$으로 이동하며, 국내 소비점은 $E_0 \rightarrow E_2$로 이동하여 무역전보다 더 높은 효용을 누릴 수 있게 되었으며, 사회적 후생 또한 U_0에서 U_1으로 증가하였다. 이때 $\triangle E_1E_2Q$를 무역삼각형이라 하고, 삼각형의 밑변은 X재 수출을, 삼각형의 높이는 Y재 수입을 나타낸다. 즉, 근대적 비교생산비설은 리카도가 가정한 생산요소 고정 및 기회비용 불변을 배제하고서도 비교우위에 의해 부분적으로 특화된다는 것을 설명함으로써 보다 현실적이라고 할 수 있다.

리카도의 비교생산비설은 경제학적 분석을 통해 오늘날의 국제무역에

관한 이론적 논거를 제시하였고, 절대우위뿐만이 아닌 비교우위 교역을 통해 사회적 후생을 증진시킬 수 있는 자유무역이론의 논거를 제시한 점에서 큰 의의를 가진다. 하지만 상품의 가치는 투입된 노동력과 노동의 한계 생산력에 의해 결정된다는 비현실적인 가정과 제품생산에 있어서 자본, 토지, 노동 이외의 생산요소들 간의 대체관계를 감안하지 못했다. 또한 생산요소 투입에 따른 수확 체증·체감 현상 및 교역조건의 문제를 고려하지 않는 등 다소 비현실적이라는 비판을 받고 있다.

3) 헥셔-오린의 정리

헥셔-오린의 정리는 생산요소의 부존 차이를 통해 재화의 생산비차가 발생하는 원인을 설명하고 있다. 1919년 스웨덴의 경제학자 헥셔(Heckscher)에 의해 연구가 처음으로 이루어졌고, 그의 제자 Ohlin(1933)이 이론을 더욱 발전시켜서 이를 헥셔-오린의 정리(Heckscher-Ohlin theorem)라고 한다.

헥셔-오린의 정리는 요소부존비율이론(factor-proportions theory)과 요소가격균등화의 정리(factor price equalization theorem)로 이루어져 있고, 다음과 같은 사항을 전제하고 있다. 우선, 두 국가의 생산기술 및 생산함수는 동일하고 요소부존의 비율이 양국 간에 상이하다. 또한 두 재화 사이의 생산요소 집약도는 다르며 양국의 생산요소는 질적인 차이가 없고, 양국의 생산물 시장과 생산요소시장은 완전경쟁시장이다. 마지막으로 상품의 무역은 자유롭게 이루어지며 운송비는 없고 양국 간 요소 이동은 불가능하다.

이러한 상황이 전제되었을 때, 요소부존비율이론에서는 각국이 상대적으로 풍부한 생산요소를 보다 집약적으로 사용하는 상품의 생산에 특화하는 것이 비교우위를 갖는다고 설명한다. 예를 들면 중국은 상대적으로 노동이 풍부하고 미국은 자본이 풍부하므로 중국은 노동집약적인 상품에 특화하고 미국은 자본집약적인 상품에 특화하는 것이 유리하다는 것이다.

또한 요소가격균등화 정리에서는 국제무역은 양국의 생산요소가격을 상대적으로나 절대적으로나 균등화시키는 경향이 있다는 것을 설명하고 있다.

제3절 지역 간 교역과 공간가격

1. 개요

상품과 서비스의 교역이 지역 내에서 이루어지는가? 또는 지역 간에 이루어지는가? 하는 문제를 분석하기 위해 우선적으로 공간변수를 포함할 필요가 있다. 공간변수에는 수송비를 대표적으로 들 수 있다. 아이사드(Isard)는 '지역 간 교역과 입지는 동일한 주화의 양면과 같다' 고 하며 공간이라는 변수를 가격결정과 산출량 결정과정에 도입하게 되면 동질재의 가격이 수송비 때문에 공간상에서 다양하게 나타난다고 하였다. 그러나 이런 동질재의 가격이 다양하게 변화해도 결국 공간상의 교역에 의해 균형가격을 가지게 된다. 왜냐하면 재화가격에 대한 탄력성이 서로 다른 지역 간의 교역은 궁극적으로 수송비가 반영된 상태에서 자연스럽게 공간가격균형이 달성되기 때문이다.

이를 수요공급의 법칙으로 설명해 보자. [그림 4-4]를 보면 초기 i지역과 j지역은 x재화에 대해 서로 다른 가격을 나타내고 있다. 즉, i지역에서 x재화가격이 j가격보다 저렴하다고 가정해 보자. 한 국가 안에서 x재화가 서로 다른 가격을 가지고 있기 때문에 상인들은 차익거래(arbitrage)를 하려고 할 것이다. 따라서 i지역 x를 구매하여 j지역에 가져와서 비싸게 팔아 차익을 냄에 따라 i지역 x재화 수량은 줄어들게 되어 공급곡선을 좌측으로 이동시키게 한다. 그리고 공급곡선의 이동으로 가격은 점차 상승하게 되며, i지역 x재화에 대한 수요량은 줄어들게 된다. 반대로 j지역은 i지역으로부터 x재화가 수입됨에 따라 j지역 내 x재화의 공급수준은 증가하게 되어, 공급곡선을 우측으로 이동시키게 한다. 그로 인해 j지역 내 x재화가격은 점차 낮아지게 된다.

[그림 4-4] 공간가격균형

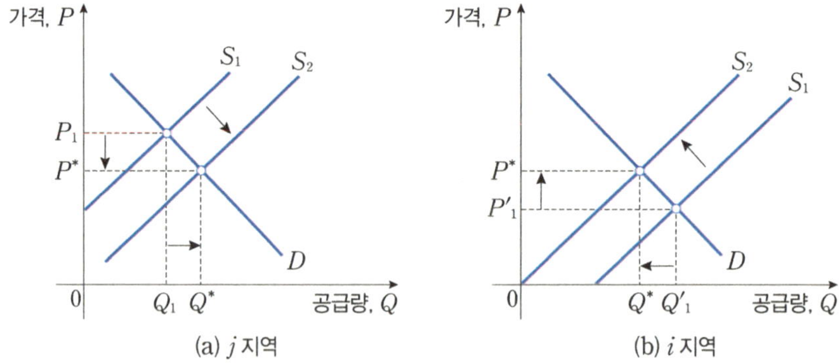

i지역의 x재화를 구매하여 j지역에 판매할 경우 i지역 x재화의 가격은 상승하고 j지역 x재화의 가격은 하락한다.

그렇다면 이런 재화의 이동은 언제까지 지속될까? 결론적으로 재화의 이동은 i지역의 가격과 수량이 j지역의 가격과 수량과 일치하는 점에서 공간균형을 이루게 되고, 그 점에서 교역은 중단되게 되어 균제상태에 놓이게 된다. 결국 공간가격균형의 조건은 지역 간 교역의 흐름이 전체적으로 시스템에서 균형을 이루는 것이라고 할 수 있을 것이다.

2. 공간가격균형

1) 수송비 및 생산비, 그리고 가격균형

지역 간 교역은 지역수익 차이에 의한 지역 간 생산량의 과부족에 기인한다. 생산량 과부족 현상은 소비지(시장)까지의 거리에 따른 수송비의 차이 때문에 발생한다. 먼저 수송비를 고려하지 않는 경우 지역 간 교역은 무엇에 의해 결정되는 것일까? 결론적으로 수송비를 고려하지 않는 지역 간 교역을 발생시키는 원인은 생산비의 차이에 있다고 할 수 있겠다. 즉, 2개의 i, j지역이 있고 x재화에 대한 생산가격을 P_{ix}, P_{jx}라고 한다면, 생산비가 높은 지역이 x재화를 수입하는 지역, 생산비가 낮은 지역이 x재화를 수출하는 지역이 될 것이다. 보다 자세히 설명하면 ; ① $P_{ix}-P_{jx}$가 0보다 클 경우는 j지역이 i지역으로 x재화를 수출한다 ; ② $P_{ix}-P_{jx}$가 0보다 작을 경우 i지역이 j지역으로 x재화를 수출하게 된다 ; ③ $P_{ix}-P_{jx}$가 0과 같을 경우는 균형상태를 나타내며, 이는 교역에 의해 장기적으로 한 재화가 양 지역에서 동일 가격을 가지는 장기적 균형상태를 일컫는다. 즉, 생산비 간 기회비용이 어디가 적은지에 따라 교역의 위치가 변한다고 할 수 있다.

이제 2개 지역 i와 j지역의 수송비를 고려해 보자. 수송비는 i지역에서 j지역까지 이동할 경우 T_i로 표시하며, 반대로 j지역에서 i지역으로 이동할 경우 T_j로 표시한다. 이때 양 지역의 수송비 차이에 의해 교역조건이 달라질 수 있다. 이런 수송비의 차이는 T_i-T_j로 나타낼 수 있는데, 이를 적용하기 위해 다음과 같은 가정을 해보자. 먼저 2개 지역 간 생산비가 일정($P_{ix}-P_{jx}=0$)하다고 가정하자. 이때는 생산비가 영향을 미치지 못하고 수송비가 어느 지역이 더 크고, 어느 지역이 더 작은가에 따라 교역조건이 달라진다 ; 즉, ① T_i-T_j가 0보다 클 경우는 j지역이

i지역으로 x재화를 수출한다 ; ② $T_i - T_j$가 0보다 작을 경우 i지역이 j지역으로 x재화를 수출한다 ; ③ $T_i - T_j$가 0과 같을 경우는 균형상태를 나타낸다.

이제 생산비가 일정하지 않고($P_{ix} \neq P_{jx}$) 서로 다른 경우를 가정해 보자. 이 경우는 수송비의 차이뿐만 아니라 생산비의 차이까지 고려해야 한다. 즉, i지역에서 x재화를 생산하는 생산비와 j지역까지 운송하는 데 소요되는 수송비용을 합한 비용과 j지역에서 x재화를 생산하는 생산비와 i지역으로 운송하는 데 소요되는 수송비용 간의 관계에 따라 교역조건이 달라지게 된다. 보다 자세히 설명하면, 먼저 i지역에서 x재화를 생산하기 위한 비용과 j지역으로 운송하기 위한 수송비의 합이 j지역보다 클 경우($T_i + P_{ix} > T_j + P_{jx}$일 경우), j지역은 수출지역이 되고 i지역은 수입지역이 된다. 두 번째로 i지역에서 x재화를 생산하기 위한 비용과 j지역으로 운송하기 위한 수송비의 합이 j지역보다 작을 경우($T_i + P_{ix} < T_j + P_{jx}$인 경우), j지역은 수입지역이 되고 i지역이 수출지역이 된다. 그리고 마지막으로 i지역과 j지역의 생산비와 수송비가 같을 경우(즉 $T_i + P_{ix} = T_j + P_{jx}$인 경우), 장기적 균형상태에 놓이게 되는데, 이것이 앞에서 설명한 공간가격균형과 같은 개념이라 할 수 있겠다.

이런 교역조건은 상대적 우위성에서 그 원인을 찾을 수 있는데, 상대적 우위성은 자원의 비이동성이라는 가정 하에서 이론이 전개되지만 지역경제학에서는 지역자원의 완전한 이동성을 가정한다. 즉, 생산요소는 대가를 높이 지불하는 지역으로 이동하게 되고, 서로 다른 두 지역 간 요소가격은 자유로운 이동에 의하여 단일 균형가격이 결정되는데, 여기서 말하는 균형이 공간가격균형과 동일한 개념이라 할 수 있다.

2) 시장영역의 크기

생산자 시장영역의 지리적 크기는 지역경제학에서 큰 관심사 중 하나이다. 큰 시장영역을 가진 생산물은 생산지점 수가 적으며, 작은 시장영역을 가진 생산물보다 더 멀리 떨어져 있다. 예를 들면 주유소, 편의점, 레스토랑 등은 백화점, 스케이트장, 박물관 같은 경제활동보다는 흔하다. 이러한 생산지점의 공간적 배치는 도시발전에 있어 중요한 의미를 갖는다. 이러한 생산물 시장의 크기를 결정짓는 요소는 크게 세 가지이며 여기에 두 가지 추가요소가 존재한다.

먼저, 규모의 경제가 존재한다. 규모의 경제가 작용하면 큰 규모의 기업은 작은 규모의 기업보다 생산물 한 단위당 더 낮은 가격에서 생산할 수 있으므로 원거리 시장에 상품을 공급하기 위해 드는 추가적인 운송비를 상쇄할 수 있다. 따라서 규모의 경제가 큰 산업의 대기업들은 작은 기업을 축출하고 그들의 시장영역까지 잠식해서 더 확대된 시장영역을 점유한다. 이 규모의 경제는 일반적으로 활동하는 생산자 수가 증가하며, 수요밀도가 높은 생산물은 작은 시장영역을 가진다. 이때 수요밀도는 토지 한 단위당 수요량 혹은 (1인당 수요량 × 인구밀도)를 뜻하는데, 수요밀도가 높을수록 기업의 최적규모는 작아져 시장영역이 작아도 이익을 낼 수 있다. 일반적으로 시골지역에서는 마을 전체 주민을 대상으로 하나의 작은 슈퍼마켓이 있지만, 도시에서는 아파트마다 작은 슈퍼마켓이 있는 것을 볼 수 있는데, 이것이 수요밀도에 따른 시장영역의 크기의 차이를 보여주는 좋은 예가 된다. 세 번째로 운송비 또한 시장 크기에 영향을 미치는 요소이다. 그러나 이 운송비가 시장 크기에 어떤 방식으로 영향을 미치는지는 명확하지 않다. 만일 규모의 경제가 존재하고 운송비가 감소하면, 생산물은 시장 가장 끝 부분 지역을 포함한 모든 지역에 낮은 가격으로 공급된다. 따라서 운송비 감소는 시장영역을 확대시켜

규모의 경제와 낮은 운송비, 두 개의 이점을 기업과 소비자가 누릴 수 있게 해 준다. 그러나 현실은 그렇게 간단하지는 않다. 이러한 운송비 감소로 기업의 이윤이 증가하면, 장기적으로 더 많은 경쟁자들이 그 산업으로 유인하게 된다. 그리고 경쟁에 따른 생산요소가격의 상승으로 생산비용이 증가하게 되고, 결국 확대된 시장에 공급하는 단위당 비용은 더 비싸지게 되어 결과적으로 작은 시장영역을 초래한다. 이러한 상반된 힘 중에 어느 쪽 힘이 더 크게 작용하는가에 따라 시장영역이 커지는지, 작아지는지가 결정된다.

위의 세 가지 결정요소 외에 다른 요인들로는 소득과 인구증가가 있는데, 이 요소들은 장기적으로 변화하는 요소로 두 요소 다 수요밀도에 영향을 주며, 특정 소매상품의 시장영역을 점점 더 촘촘하게 밀집시키고 크기는 줄인다.

제4절 지역의 생산요소 배분 및 이동[8)]

1. 지역의 생산요소 배분 및 이동 모형(단일부문모형)

1) 모형개요

지역의 생산요소 배분 및 이동에 관한 신고전학파적 단일부문모형은 생산요소 결합비율의 가변성에 근거하고 있다. 다시 말해 생산요소의 한계생산적 특성은 각 생산요소의 상대적 고용량에 달려 있다. 이 기초적

8) 최병호 외 옮김(McCann, 2006), 6장 참조 및 부분 인용(그림 포함)

원칙은 생산성 감소의 법칙에 근거한다. 즉, 한 생산요소의 사용량을 일정하게 유지한 채 다른 가변 생산요소의 사용량을 증가시키면 그 가변생산요소의 한계생산은 점차 하락한다는 것이다. 모든 생산요소가 지역 간에 자유롭게 이동 가능한 경우를 먼저 논의한 후 그 결과를 지역 간 생산요소의 이동이 제한적인 경우와 비교해 보자.

자본과 노동의 경우 주어진 자본스톡에 대해 노동의 고용수준이 높을수록 노동의 한계생산은 낮아질 것이다. 즉, 노동고용량이 자본스톡에 비해 상대적으로 더 많이 증가한다면 노동의 한계생산은 낮아진다. 마찬가지로 고정된 노동고용량에 대해 자본사용량을 증가시킬수록 자본의 한계생산은 낮아질 것이다. 즉, 자본고용량이 노동량에 비해 상대적으로 더 많이 증가한다면 자본의 한계생산은 낮아질 것이다. 즉, 자본고용량이 노동량에 비해 상대적으로 더 많이 증가한다면 자본의 한계생산은 낮아진다. 두 가지 생산요소가 있는 경우에 한 가지 요소가 고정되어 있다면 다른 요소에 대해서는 한계생산 체감의 법칙이 성립한다. 이 논의는 두 가지 이상의 생산요소가 존재하는 경우까지 확대 가능하다. 예를 들어 토지와 같은 세 번째 요소를 일정하게 하고 자본과 노동량 모두를 증가시킨다면 자본과 노동의 한계생산은 각각 줄어들게 된다.

여기서는 분석을 단순하게 하기 위해 모든 생산활동은 두 가지 생산요소로 이루어진다고 가정한다. 이러한 두 가지 생산요소는 노동을 제외한 모든 투입물을 나타내는 복합적인 투입요소인 자본 K와 노동투입을 나타내는 L이다. 자본 K와 노동 L은 상호 보완적 투입물이며, 노동과 자본의 상대적 고용량은 자본/노동비율 K/L로 나타낼 수 있다. 이러한 비율을 이용하여 위에서 언급한 상호 보완적인 생산요소에 대한 한계생산체감을 일반적인 방법으로 설명할 수 있다. 만약 자본투입량이 노동투입량보다 더 많다면, 즉 비율 K/L이 높다면 자본의 한계생산은 낮아지고 노동의 한계생산은 높아질 것이다. 반대로 만약 노동 투입량이 자본 투입량 보다 상대적으로 더 많다면, 즉 K/L 비율이 낮다면 자본의 한계 생산은 높아지고 노동의 한계생산은 낮아질 것이다.

이제 이러한 논의를 지역에 적용시켜 보자. 지역 A와 지역 B로 구성된 한 국가를 가정하자. 또한 지역 A의 자본/노동비율이 지역 B보다 더 높아서

$$\frac{K_A}{L_A} > \frac{K_B}{L_B} \quad \cdots\cdots \langle 식\ 4\text{-}3 \rangle$$

의 관계가 성립한다고 하자. 여기서 K_A와 K_B는 각각 지역 A와 B에 고용된 자본량을, 그리고 L_A와 L_B는 각각 지역 A와 B에 고용된 노동량을 나타낸다.

〈식 4-3〉에서 지역 A의 자본의 한계생산은 지역 B의 자본의 한계생산에 비해 낮다. 반면 지역 A의 노동의 한계생산은 지역 B의 노동의 한계 생산보다 높다. 한계생산에 따라 생산요소에 대한 보수가 지급된다면, 임금은 지역 A에서 상대적으로 높은 반면, 한계이윤은 지역 B에서 더 높게 된다. 만약 생산요소들이 이동 가능하다면 지역 간 자본/노동 비율의 차이로 인해 노동은 지역 B에서 지역 A로, 자본은 지역 A에서 지역 B로 각각 이동하게 될 것이다. 그러므로 지역 간 자본/노동 비율의 차이가 있다면 두 생산요소는 보다 높은 보수를 받을 수 있는 지역을 향하여 서로 반대 방향으로 이동하게 될 것이다. 두 생산요소의 지역 간 이동은 자본/노동 비율의 차이가 있는 한 계속될 것이다. 이러한 지역 간 요소이동은 두 지역의 자본/노동 비율이 서로 같아져서

$$\frac{K_A}{L_A} = \frac{K_B}{L_B} \quad \cdots\cdots \langle 식\ 4\text{-}4 \rangle$$

의 관계가 성립할 때 멈출 것이다. 이와 같은 지역 간 균형상태에서 임금은 두 지역에서 동일하며 한계이윤도 두 지역에서 같아진다. 두 지역 간 자본/노동 비율이 같아질 때까지 두 생산요소가 서로 반대 방향으로 이동하는 지역 간 조정 메커니즘은 생산요소의 배분 및 이동에 관한 단일 부문 신고전파 모형으로 알려져 있다.

2. 지역 간 요소배분 및 이동에 대한 양 부문 모형

지역 간 요소배분에 관한 단일부문 모형에서는 더 높은 보수를 얻기 위하여 생산요소들이 서로 반대 방향으로 이동한다. 하지만 생산요소들이 같은 방향으로 이동하는 경우도 있다. 이는 생산함수가 지역 간에 서로 다를 경우에 생기는데, 양 부문 모형의 틀 내에서 분석될 수 있다.

두 지역 A, B에서 서로 다른 생산함수를 가지고 서로 다른 산출물을 생산하는 경우에 대해 살펴보자. 구체적으로 지역 A의 산출물은 상대적으로 자본집약적인 방식으로 생산되는 반면, 지역 B의 산출물은 상대적으로 노동집약적인 방식으로 생산된다고 가정하자. 이러한 조건 하에서는 지역 간 계약곡선은 오목한 형태로 나타난다.

여기서 지역 B의 산출물에 대한 수요는 변화가 없으나, 지역 A의 산출물에 대해서는 지역 내 소비자들의 선호의 변화 또는 외부 수출수요의 증가 등으로 수요가 증가한다고 가정하자. [그림 4-5]의 (a)에서 보듯이 이와 같은 수요증가에 따라 지역 A에서는 생산요소가 보다 집약적으로 사용되며, 그 결과 산출물의 가격은 P_{A1}에서 P_{A2}로 상승하고 산출량은

Q_{1A}에서 Q_{2A}로 증가한다. 따라서 만약 지역 B의 산출물 가격이 변하지 않는다면 지역 A의 산출물 가격은 지역 B의 산출물 가격보다 상대적으로 높게 된다.

[그림 4-5] 생산을 증가시키는 지역에서 시장의 조정

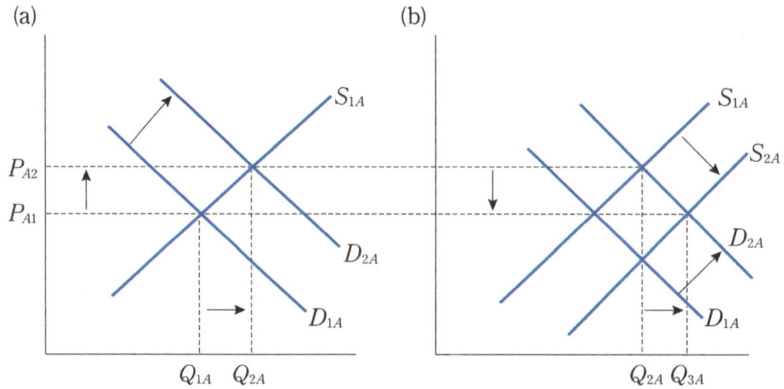

수요증가에 따라 지역 A에서는 생산요소가 보다 집약적으로 사용되며, 그 결과 산출물의 가격은 P_{A1}에서 P_{A2}로 상승하고 산출량은 Q_{1A}에서 Q_{2A}로 증가한다. 지역 A의 공급곡선은 S_{1A}에서 S_{2A}로 이동하고, 산출량은 Q_{3A}로 증가한다.

자본의 한계수입생산(MP_K)은 생산물 시장이 경쟁적이라면 자본의 한계생산(MPP_K)에 생산물의 가격(P_0)을 곱한 값이 되는데, 즉 $MP_K = MPP_K \times P_0$이 된다. 마찬가지로 노동의 한계수입생산(MP_L)은 노동의 한계생산(MPP_L)에 생산물의 가격(P_0)을 곱한 값으로 $MP_L = MPP_L \times P_0$이 된다. 따라서 지역 A의 산출물 가격 P_A가 지역 B의 가격 P_B보다 상대적으로 높다는 것은 지역 A에 고용된 자본의 한계수입생산이 지역 B의 자본의 한계수입생산에 비해 높다는 것을 의미한다. 또한 지역 A의 산출물 가격이 지역 B의 자본의 한계수입생산에 비해 높다는 것은 지역 A에 고용된 노동의 한계수입생산이 지역 B에 고용된 노동의 한계

수입생산보다 높다는 것을 의미한다. 다시 말해

$$MP_K^A > MP_K^B,\ MP_L^A > MP_L^B$$

가 성립한다.

이러한 결과는 자본과 노동 모두가 보다 높은 보수를 얻기 위해 지역 B로부터 지역 A로 이동함을 의미한다. 두 생산요소가 동일한 방향으로 이동함에 따라 [그림 4-5]의 (b)에서 보듯이 지역 A의 공급곡선은 S_{1A}에서 S_{2A}로 우측 이동하게 된다. 증가된 공급으로 인해 지역 A의 산출량은 Q_{2A}에서 Q_{3A}로 더욱 증가한다. 하지만 산출량이 증가한 탓에 지역 A의 산출물 가격은 P_{A2}에서 P_{A1}으로 하락한다. 이와 같은 산출물 가격의 하락은 지역 A에서 자본 및 노동의 한계생산수입을 감소시키게 된다.

동시에 지역 B의 산출량은 Q_{1B}에서 Q_{2B}로 감소하며 지역 B에서의 산출물 가격은 상승하게 된다. 그것은 지역 B에서 자본 및 노동이 외부로 유출됨에 따라 지역 B의 산출량이 감소하였기 때문이다. [그림 4-6]에 나타나 있듯이 지역 B의 산출물의 공급곡선은 좌측으로 이동한다. 따라서 지역 B의 산출물 가격은 상승하며, 이는 지역 B에서 고용된 자본 및 노동의 한계수입생산을 증가시키게 된다. 결국 지역 A의 산출물 가격은 하락하는 반면 지역 B의 산출물 가격이 상승함에 따라 지역 A 및 지역 B에서 자본의 한계수입생산은 동일한 수준으로 수렴하게 된다. 마찬가지로 지역 A 및 지역 B에서 노동의 한계수입생산은 동일한 수준으로 수렴하게 된다. 두 생산요소가 동일한 방향으로 이동하는 과정은 두 생산요소의 한계생산이 양 지역에서 같아질 때까지 계속될 것이다.

[그림 4-6] 생산이 위축되는 지역에서의 시장의 조정

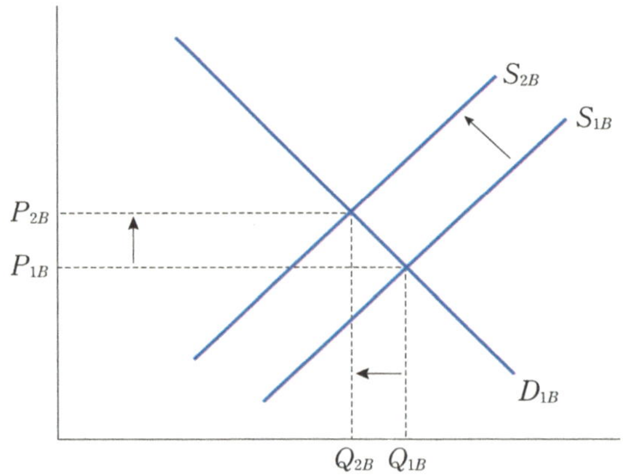

지역 B의 산출물 공급곡선은 좌측으로 이동한다. 따라서 지역 B의 산출물 가격은 상승하며, 이는 지역 B에서 고용된 자본 및 노동의 한계수입생산을 증가시키게 된다.

요약

1. 지역 간 교역이 발생하는 원인은 부존자원들이 지역 간에 불균형하게 배분되어 있으며, 생산기술이나 생산성의 차이가 존재하므로 자본·노동·기술 등을 포함한 요소들의 이동이 발생하기 때문이다.
2. 절대생산비설은 각국에서 생산되는 재화 중 상대국에 비해 절대적으로 싼 비용으로 생산할 수 있는 재화가 존재해야 재화에 대한 생산을 특화할 수 있다고 주장하고 있다.
3. 비교우위론에 따르면 한 국가가 다른 국가에 비해서 어떤 상품을 상대적으로 적은 양의 생산요소를 투입하여 생산할 수 있을 때, 그 국가는 그 상품생산에 비교우위가 있다고 본다.
4. 한 국가가 다른 국가와 국제무역을 하지 않는 폐쇄경제 하의 생산균형점은 [그림 4-2]에서 보는 바와 같이 사회적 무차별곡선(social indifference curve)과 생산가능곡선이 만나는 E_0가 되며, 생산제품 구성은 OX_0와 OY_0에서 이루어진다.
5. 두 국가(A, B)가 노동과 자본을 투입하여 X재(직물)와 Y재(밀)를 생

산하여 교역하고, 두 국가 소비자의 개별선호구조는 동일하고, 기회비용이 체증한다고 가정하자.

5-1. A국은 비교우위가 있는 직물을 B국에 수출하고 B국으로부터 밀을 수입하게 된다. 이러한 무역거래를 통해 A국에서 생산된 직물이 수출됨으로써 직물의 국내공급이 감소하고, 밀이 수입됨으로써 밀의 국내공급이 증가함에 따라 직물의 상대가격은 거래가 일어나기 전보다 상승하게 된다.

5-2. 생산자들은 상대적으로 비싸진 직물을 더 많이 생산하고, 상대적으로 싸진 밀의 생산은 감소시키려고 할 것이다.

6. 재화가격에 대한 탄력성이 서로 다른 지역 간의 교역은 궁극적으로 수송비가 반영된 상태에서 자연스럽게 공간가격균형이 달성된다. 즉, 생산요소는 대가를 높이 지불하는 지역으로 이동하게 되고, 서로 다른 두 지역 간 요소가격은 자유로운 이동에 의하여 단일 균형가격이 결정되는데, 여기서 말하는 균형이 공간가격균형과 동일한 개념이라 할 수 있다.

7. 지역의 생산요소 배분 및 이동에 관한 신고전학파적 단일부문모형은 생산요소 결합비율의 가변성에 근거하고 있다. 다시 말해 생산요소의 한계생산적 특성은 각 생산요소의 상대적 고용량에 달려 있다. 이 기초적 원칙은 생산성 감소의 법칙에 근거한다.

8. 자본과 노동의 경우 주어진 자본스톡에 대해 노동의 고용수준이 높을수록 노동의 한계생산은 낮아질 것이다. 즉, 노동고용량이 자본스톡에 비해 상대적으로 더 많이 증가한다면 노동의 한계생산은 낮아진다.

연 · 습 · 문 · 제

01 지역 간 교역의 성격과 발생원인을 설명하시오.

02 스미스의 절대이론을 통한 지역 간 교역이론을 설명하시오.

03 리카도의 비교우위이론을 통한 지역 간 교역이론을 설명하시오.

04 지역 간 교역과 공간가격의 균형이 가지는 의미를 설명하시오.

05 수송비와 가격균형과의 관계를 공간가격균형 관점에서 설명하시오.

06 지역 간 생산요소의 배분 및 이동을 단일 부문과 양 부문 모형을 통하여 설명하시오.

제 5 장

지역노동시장 분석

제1절 임금과 노동시장

1. 신고전학파 접근

1) 노동수요 및 노동공급

노동시장[1]에 대한 기본적인 신고전학파 미시경제 모형은 노동에 대한 수요는 우하향한다는 것과 노동에 대한 공급은 실질임금률에 대하여 우상향하는 기울기를 갖는다는 두 가지 원리에서 시작한다.

우선, 노동에 대한 수요가 우하향하는 이유는 노동수요는 생산과정에서 투입된 노동으로부터 산출된 한계수입생산에 의해 파생된 수요이기 때문이다. 자본량과 산출물의 시장가격이 고정된 상황이라면, 한계생산체감의 법칙에 의해 노동의 한계생산(MPL)은 고용량이 증가함에 따라 감소하게 된다.

기업은 주어진 실질임금(w) 하에서 노동의 한계비용을 노동의 한계수입생산과 일치시키며, 자본량이 주어져 있고 산출물의 시장가격 또한 주어져 있다면, 한계생산체감의 법칙에 의해 노동의 한계생산(MPL)은 고용량이 증가함에 따라 감소하게 된다. 따라서 [그림 5-1]과 같이 노동수요 $D(L)$은 우하향한다. 즉, 기업 입장에서는 임금이 낮을수록 고용량을 늘리기 때문이다. 하지만 수요곡선의 위치는 자본고용량의 수준이나 산출물의 가격에 따라 변화할 수 있으며, 자본을 많이 사용할수록 또는 산출물의 가격이 높아질수록 노동에 대한 수요곡선은 우측으로 이동하고

---

1) 노동시장은 노동력이라는 상품(노동용역)의 구매 · 판매 및 가격(임금수준) 결정에 관계되는 여러 가지 제도와 과정을 포괄하는 시장을 의미함. 노동시장을 구성하는 요소로는 개별 노동자, 노동조합, 개별고용자, 경영자단체, 정부를 들 수 있음.

적게 사용할수록 수요곡선은 좌측으로 이동한다.

[그림 5-1] 노동에 대한 수요

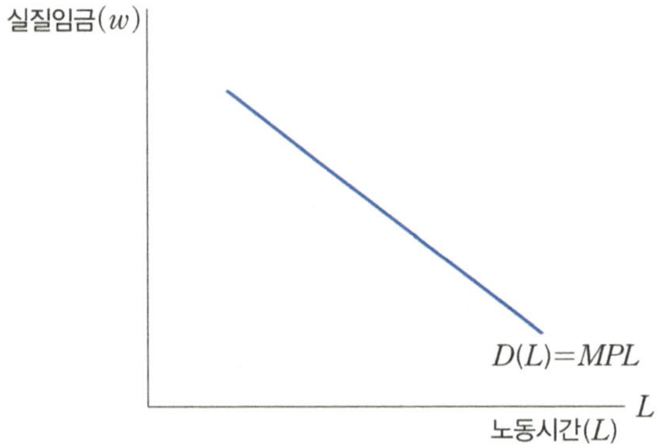

노동수요는 우하향하는 기울기를 나타내는데, 이는 기업 입장에서 임금이 낮을수록 고용량을 늘리기 때문이다.

노동에 대한 공급이 실질임금률에 대하여 우상향하는 기울기를 갖는 것은 Clower(1965)가 제시한 이중 결정가설(dual decision hypothesis)에 근거한 것으로, 노동자들이 실질임금수준을 고려하여 자신들이 공급하는 노동량, 원하는 소득수준, 그리고 소비할 수 있는 재화와 서비스의 양을 동시에 결정하는 것과 관련이 있다.

[그림 5-2]는 이러한 이중 결정가설을 설명하고 있다. 각 개인은 2가지 유형의 재화를 소비함으로써 효용을 창출한다고 가정하는데, 하나는 주당 여가시간이며 다른 하나는 노동력을 이용하여 생산되는 재화 및 서비스이다. 수직축은 개인이 소비할 수 있는 주당 여가시간 H를 나타내며 F는 최대 여가시간을 표시하는데, 이는 일주일 전체를 의미한다. 따라서 주당 총노동시간은 $(F-H)$가 된다. 수평축은 개인 I가 소비하는 재화와 서비스 양을 나타낸다.

[그림 5-2] 이중결정가설을 통한 노동 공급곡선의 도출

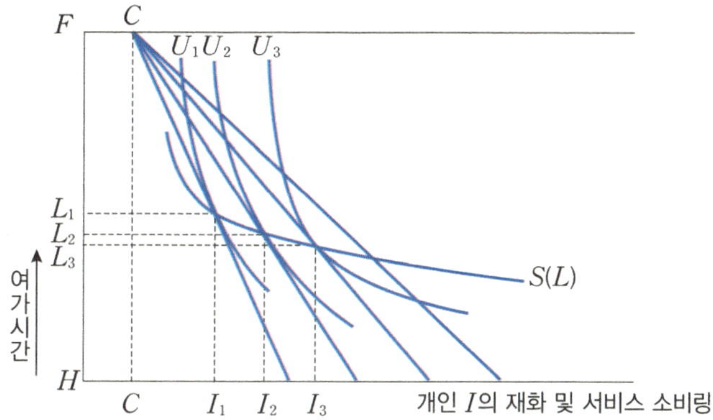

수직축은 개인이 소비할 수 있는 주당 여가시간(H)이고, F는 최대여가시간을 나타낸다. 주당 총노동시간은 $(F-H)$가 되고, 수평축은 개인 I가 소비하는 재화와 서비스 양을 나타낸다.

그림과 같이 무차별곡선이 원점에 대해서 볼록한 경우 개인의 효용극대화는 두 재화 간의 가격비율이(여기서는 여가와 재화·서비스 간의 상대가격) 한계대체율(MRS)과 일치할 때 달성된다. 또한, 개인이 일주일 동안 전체 시간을 여가로 소비하더라도 최소한의 재화 및 서비스를 소비하기 때문에 예산제약선은 C점에서 시작한다. 실질임금이 상승하면 예산제약선의 기울기는 차츰 완만해지게 되어 개인은 여가시간을 줄이는 대신 재화와 서비스의 소비량을 증가시키고자 할 것이다. 따라서 실질임금의 상승은 노동공급시간을 L_1에서 L_3로 증가시킬 것이고, 따라서 노동공급 $S(L)$은 실질임금률에 대한 정(+)의 함수로 가정할 수 있다.

2가지 원리에 따라 [그림 5-3]과 같이 간단한 노동시장 모형을 설정할 수 있다. 실질임금 w^*는 시장에 공급된 L^*가 모두 수요되는 시장청산임금(market-clearing wage)을 나타내고, 신고전학파의 가격 신축적 입장에서 보면 고용수준 L^*는 현재 임금 하에서의 완전고용수준을 나타낸다. 이러한 상황에서 비자발적 실업은 존재하지 않으며, 총인구 L과 현

재 고용된 노동력 L^*의 차이는 자발적 실업으로 설명할 수 있다.

[그림 5-3] 노동공급에 대한 단순모형

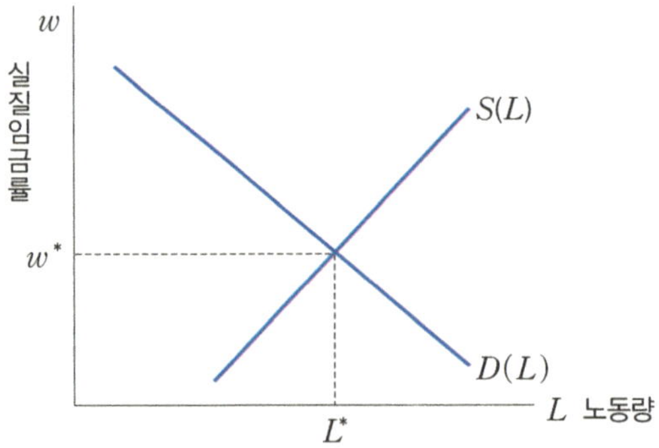

실질임금 w^*는 완전고용수준 L^* 하에서의 시장청산임금이고, 고용수준 L^*와 총노동인구 L의 차이 만큼이 자발적 실업이 된다.

2) 비자발적 실업 존재 이유

신고전학파의 논리에서는 비자발적 실업이 발생하는 이유를 시장청산 균형임금수준(w^*)보다 실질임금이 높게 형성되어 있기 때문으로 보고 있다. 즉, 노동조합의 존재, 최저임금제, 사회보장제도에 의한 보조금 등과 같은 시장 외부적인 요인에 의해 노동시장의 실질임금이 균형수준보다 높게 형성될 경우 비자발적 실업이 발생하는 것으로 보았다. [그림 5-4]는 실질임금의 수준이 시장청산 균형임금보다 높을 경우 비자발적 실업이 발생하는 원리에 대해서 설명하고 있다. 즉, 현재 임금수준이 w_1이라면 이는 시장청산 균형임금 w^*보다 훨씬 높으며, 현재 임금수준에서 일자리를 구하는 사람의 수는 L_1인데 반해, 시장에서 수요되는 노동량은 L_{w_1}에 불과하다. 따라서 현재 임금수준 w_1에서 $(L_1 - L_{w_1})$은 비자발적인 실업이 된다. 이러한 상황에 대한 신고전학파의 대응책은 실질임금을 떨어뜨림으로써 균형에 도달할 때까지 노동수요는 증가하고 노동공급은 감소하도록 하는 것이다. 실질임금수준의 하락과 노동수요 간의 관계는 [그림 5-4]에서 화살표로 표시되어 있다.

[그림 5-4] 비자발적 실업에 대한 신고전학파적 견해

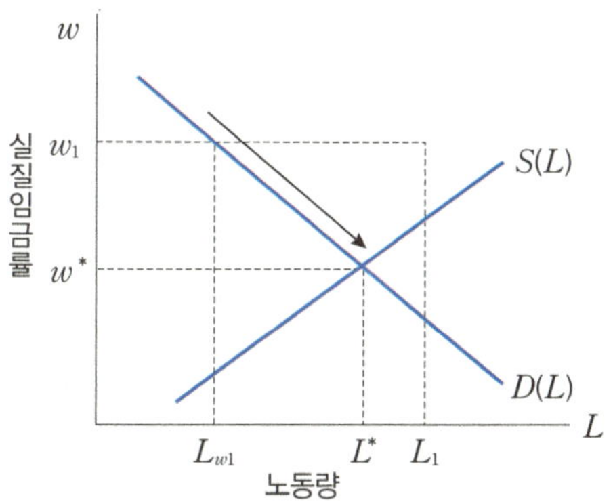

실질임금의 수준이 시장청산 균형임금보다 높을 경우 비자발적인 실업(노동의 초과공급)이 발생하는 것을 보여준다.

노동시장에 대해서 케인스학파와 신고전학파의 가장 큰 차이점은 신고전학파는 임금이 신축적이기 때문에 시장청산을 위해 실질임금이 즉시 하락할 수 있지만, 케인스학파는 임금이 하방 경직성(stick downwards)을 띄고 있다고 주장한다. 즉, 임금은 시간의 경과에 따라 상승할 수는 있지만, 임금이 하락하는 것은 매우 힘들다는 것을 의미한다. 이것은 기본적으로 노동조합의 존재와 복잡한 노동거래 과정의 성격에 기인한다. 이런 상황 하에서 노동시장의 비자발적인 실업이 해결된다는 보장은 없다. 이에 따라 케인스학파는 노동공급을 줄이는 것보다 노동의 초과공급 해소를 위해 노동수요를 확장시켜야 한다고 주장하였다.

즉, 케인스학파의 견해를 [그림 5-5]를 통해서 살펴보면 현재의 임금

수준 w_1 에서 노동수요가 D_1 에서 D_2 로 증가함에 따라 고용은 L_{w_1} 에서 L_1 으로 증가하며, 이러한 과정을 통해 임금수준의 상승 없이 노동의 초과공급을 상쇄할 수 있다는 것이다.

[그림 5-5] 비자발적 실업에 대한 케인스학파 견해

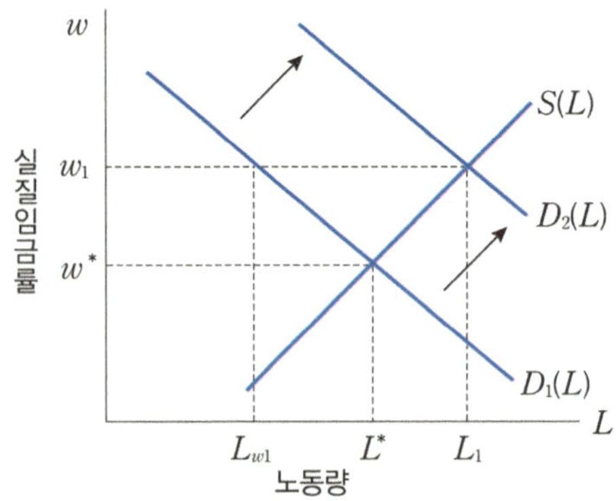

현재의 임금수준 w_1 에서 노동수요가 D_1 에서 D_2 로 증가할 경우 고용은 L_{W_1} 에서 L_1 로 증가하여 임금수준의 상승 없이 노동의 초과공급을 상쇄할 수 있게 된다.

이와 같이 임금 상승이 없는 노동수요의 증가가 과연 가능한가에 대해 다양한 거시경제학적 논쟁이 존재하며, 이러한 논쟁은 구축효과(crowding-out effects) 및 노동시장정책과 재정정책 및 통화정책 간의 관계에서 보다 심도 있게 논의되고 있다.

2. 지역노동시장의 조정[2)]

앞에서는 노동시장 분석에 있어서 신고전학파와 케인스학파 접근의 기본적인 특징을 살펴보았다. 두 학파 간의 일반적인 차이는 비자발적

2) 최병호 외 옮김(2006) 참조

실업을 해결하는 데 있어서 임금조정의 역할을 강조하는가 혹은 수요 변화의 역할을 강조하는가에 있다. 이러한 논의를 지역적 관점에서 접근해 보도록 하자.

[그림 5-6] 투자의 유입과 지역노동시장

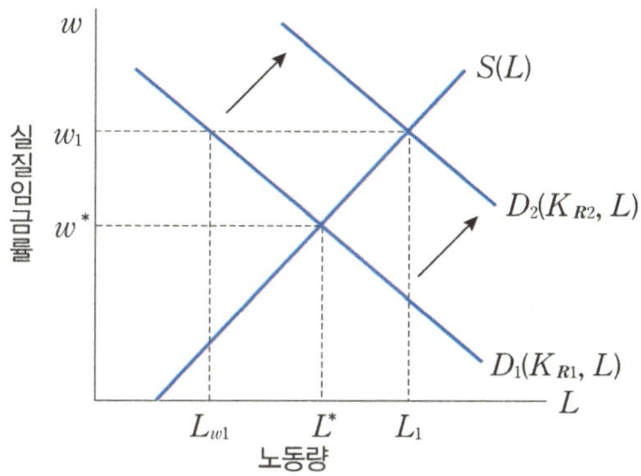

지역자본 확장으로 인해 수요곡선이 D_1에서 D_2로 이동함에 따라 장기적으로 지역의 임금 및 고용수준은 증가하게 된다.

우선 기본적으로 노동시장에 대한 두 학파의 관점은 국가적 관점에서 지역적 관점으로 변경시켜도 동일하게 적용된다. 지역 또는 도시 노동시장의 경우, 단기에 있어서는 지역시장에 주로 의존하는 지역기업은 임금하락을 잠재적 시장판매의 감축으로 받아들일 것이다. 이는 비기반(non-basic) 부문에 속하는 기업으로 볼 수 있다. 반면, 주로 수출시장에 주력하는 기반기업(basic firm)들에게는 지역의 임금하락은 전체 시장산출량에 거의 영향을 미치지 않을 것이다. 이들 기업에게 지역임금의 하락은 고용증대를 통해 산출량을 증대시킬 좋은 기회로 판단하여 그들은 현재의 자본투자수준에서 고용수준을 증대시킬 것이다. 따라서 지역 임금의 하락은 장기적으로 기업들에게 전체 자본스톡을 확장시키도록 유도한다. 또한, 새로운 기업들이 그 지역으로 이전해 올 것이고, 이러한 과정을 통해 그 지역의 자본스톡은 증가할 것이다. 이와 같은 두 가지 자본확장효과(capital expansion effects)로 인해 지역의 자본스톡이 K_{R1}에서 K_{R2}로 증가됨에 따라 노동 수요곡선은 우측으로 이동하게 된다. [그림 5-6]에서 볼 수 있듯이 지역자본 확장은 장기적으로 그 지역의 임금수준 및 고용을 증대시키는데, 그 규모는 새로운 투자의 양과 유입속도에 달려 있다.

지역경제가 집적을 이룰 경우 지역 임금하락이 지역경제에 미치는 효과는 지역 내 수출지향적 기업과 내수지향적 기업 간의 균형에 달려 있다. 즉, 높은 수준의 지방화 및 도시화경제를 나타냄으로써 내부적으로 강력하게 통합되어 있는 지역경제의 경우 대부분의 수요가 지역에서 발생하기 때문에 지역 임금하락으로 인해 곤란을 겪게 될 수 있다. 반면에 지역에 근거를 두고 수출에 종사하는 기업과 지역 내 공급기업들 간 계층적 투입-산출 연계에 의존하는 수직적으로 통합된 경제는 역내 유입투자(immigrant mobile investment)에 보다 적합한 지역이기 때문에 지역 임금하락으로 인한 혜택을 볼 수 있다.

한편 수직적으로 통합된 집적경제라도 임금하락으로 인한 혜택의 예외가 생길 수 있다. 지역에 기반을 둔 수출기업과 지역 공급기업 간의 강력한 투입-산출 연계가 존재하는 지역경제에서는 비자발적 실업이 지역의 수출기반 부문의 위축으로 인해 최초로 발생하는 경우이다.

이러한 상황을 [그림 5-7]을 이용하여 설명해보면, 초기의 지역 노동수요가 D_1, 지역의 시장청산 임금은 w_1, 지역의 고용수준은 L_1이라고 하자. 지역 수출에 대한 수요가 감소하면 기반부문의 산출량은 감소하게 된다. 따라서 기반과 비기반 양 산업 부분에서 노동수요는 D_1으로부터 D_2로 하락할 것이다. 현재 임금수준 w_1에서 고용은 L_1에서 L_{w1}으로 줄어들며, 따라서 비자발적 실업은 $(L_1 - L_{w1})$이 될 것이다. 만약 어떤

[그림 5-7] 수출기반 산출물 수요의 감소에 따른 노동시장 효과

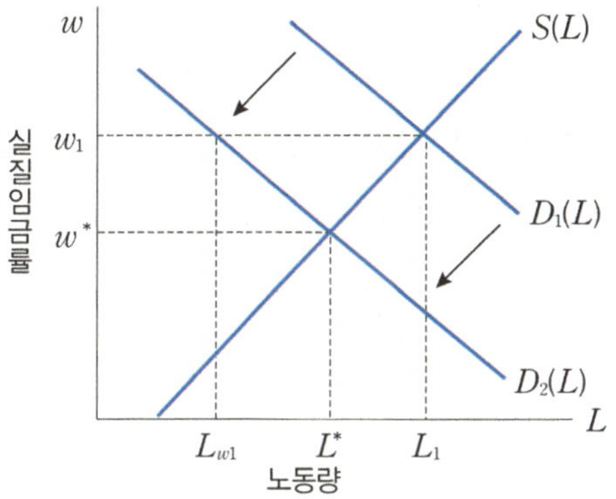

지역수출에 대한 수요가 감소하면 노동수요는 D_1에서 D_2로 하락하게 되어 고용은 L_1에서 L_{w_1}로 줄어들게 된다.

이유로 인해 임금이 w^*로 하락하지 않으면 노동의 수요 또는 공급곡선 어느 한쪽의 위치에 대한 변화가 없는 한 비자발적 실업은 지속될 것이다.

지역의 비자발적 실업이 지역의 수출물에 대한 수요의 위축으로 인해 유발되었다면 그 지역은 더 이상 새로운 투자에 대하여 매력적인 장소가 아니기 때문에 적어도 짧은 기간 내에는 수출기반의 위축을 보상할 수 있는 충분한 규모의 새로운 투자유입에 의한 지역 자본스톡의 증가는 일어나지 않을 것이다.

이러한 자본스톡의 증가 및 감소는 지역 요소시장의 지역자본 특수성에 의해 조정된다. 지역 요소시장에서 지역에 투입된 자본은 세 가지 특징을 지닌다. ① 지역의 노동투입과 혼합된 지역 자본스톡은 대부분 입지 특수적이며 내구성 높은 물리적인 자본 하부구조로 구성되어 있다 ; ② 지역자본은 생산으로부터 즉각 회수할 수는 있지만 즉각적으로 확대

할 수는 없다 ; ③ 자본의 회수는 불가피하게 지역에 대하여 부(-)의 지역 외부효과(negative regional externalities)를 야기한다.

지역자본의 수요변화에 대한 지역적 반응은 시간과 관련되어 있다. 경제학에서 장기란, 양적 및 질적 측면에서 모든 생산요소가 조정되어질 수 있는 기간을 말하며, 생산 감소로 침체를 겪고 있는 지역일지라도 지역이 확장해 나갈 수 있도록 지역자본을 조정해 나갈 수 있는 시간적 여유가 존재한다. 그러나 지역자본의 내구성으로 인해 지역경제를 위한 조정기간은 수요 감소로 어려움을 겪는 지역의 경우는 개별 기업의 조정기간과 비교해 볼 때 매우 심각할 수도 있다.

지역들은 수요 증가 또는 감소에 대응하여 자본스톡을 조절하는 능력에 비대칭성을 나타내는 경향이 있다. 따라서 많은 경우 지역의 투자와 자본 변화에 의존하는 것은 효과적인 지역적 조정을 보장하기에는 비효율적인 부분이 있다. 하지만 지역의 노동공급이 조정될 수 있다면 지역적 조정의 비효율성을 해결할 수 있는 대안이 될 수 있다. 즉, 자본 조정의 성공여부는 지역 자본시장에 의존하는 노동의 수요 혹은 이주 행태에 의존하는 노동의 공급 중 어느 쪽이 보다 신속하게 지역경제 변화에 적응하느냐에 달려 있다고 할 수 있다.

제2절 지역 간 노동이동[3)]

1. 지역 간 노동이동 불균형 모형

불균형 모형은 지역 간 노동이동모형 가운데 가장 일반적으로 사용되는 모형이다. 이를 이해하기 위해 [그림 5-8]을 통해 두 지역 A와 B 사이의 노동력 이동을 살펴보자. A지역은 수요 감소를, B지역은 수요 증가를 가정하자. 이러한 상대적인 지역 간 수요변화는 A지역에서 생산된 산출물보다 B지역에서 생산된 산출물을 더 선호하는 소비자의 선호 변화에 의해 유발되었으며, B지역 산출물의 가격은 인상되는 반면 A지역 산출물의 가격은 떨어질 것이다. 그 결과 B지역의 노동의 한계수입생산(MPL)은 증가하는 반면, A지역의 노동의 한계수입생산은 하락하게 된다. 이러한 변화는 각 지역의 노동수요곡선 이동으로 반영된다.

[그림 5-8]의 (a)와 (b)에서 A지역과 B지역의 실질임금은 각각 w_A와 w_B로 나타난다. 초기에는 두 지역의 실질임금이 같은 균형상태에 있다고 가정하면 초기에는 $w_A = w_B$가 성립한다. 또한 분석의 용이함을 위해 두 지역이 같은 고용수준인 $L_A = L_B$라고 가정한다.

만약 A지역의 노동수요가 D_A에서 D_{A1}으로 감소하는 반면 B지역의 노동수요는 D_B에서 D_{B1}로 증가한다면 A지역의 실질임금은 w_{A1}으로 떨어지고 B지역의 실질임금은 w_{B1}으로 인상될 것이다. 또한 A지역의 고용수준은 L_{A1}으로 감소할 것이며, B지역의 고용수준은 L_{B1}으로 증가할 것이다. 따라서 두 지역 간 고용의 차이는 $(L_{B1} - L_{A1})$, 그리고 실질

3) 최병호 외 옮김(McCann, 2006), 5장 참조 및 부분 인용(그림 포함)

임금의 차이는 $(w_{B1} - w_{A1})$이 된다. 두 지역의 실질임금 차이 또는 불균형은 노동력이 A지역에서 B지역으로 이동하도록 유인한다. 이를 불균형적 메커니즘에 의한 노동력의 이동모형이라고 한다.

[그림 5-8] 지역 간 노동력 이동의 불균형 모형

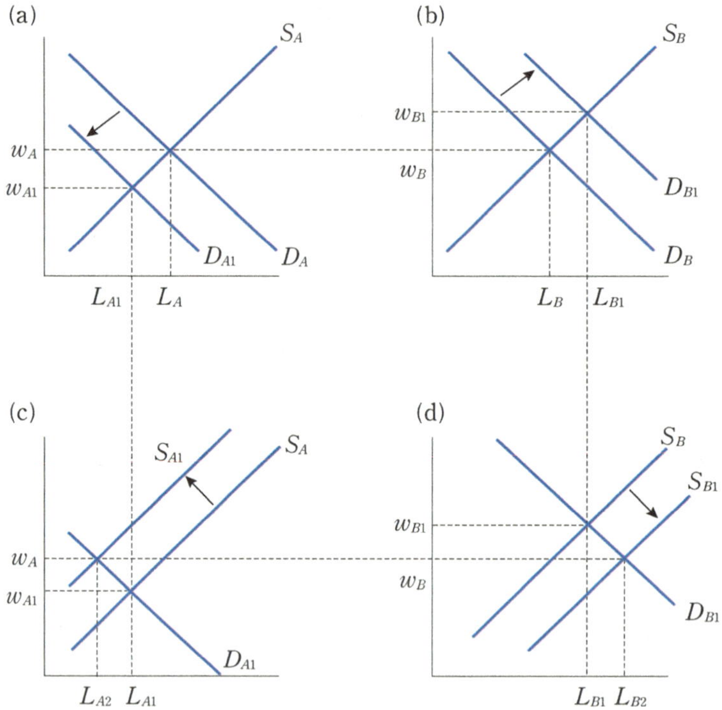

(a), (b)에서 A지역은 수요 감소를, B지역은 수요 증가를 나타내고 있다. 지역 간 수요변화로 B지역 산출물 가격은 상승하고, A지역은 하락한다. 또한 A지역의 실질임금은 w_{A1}으로 하락하고, B지역은 w_{B1}으로 상승한다. 두지역의 실질임금 차이는 노동력을 A지역에서 B지역으로 유인한다. (c), (d)에서 노동력이동은 A지역 공급곡선을 왼쪽으로, B지역은 오른쪽으로 이동시킨다. 결국 최초의 임금수준과 동일하게 되지만 지역 간 고용량은 다르게 나타난다.

[그림 5-8]의 (c)와 (d)에서 보듯이 이러한 노동력의 이동으로 인해 A지역의 노동공급곡선은 S_A에서 S_{A1}으로 좌측 이동하는 반면에 B지역의 노동공급곡선은 S_B에서 S_{B1}으로 우측 이동한다. 더 많은 사람들이 B

지역으로 이주해옴에 따라 B지역의 이용 가능한 지역노동공급은 증가하며 그에 따라 B지역의 노동의 한계생산과 임금률은 감소한다. 마찬가지로 지역 자본량이 불변임을 가정하면, 한계생산력체감의 법칙에 의해 A지역에 남아 있는 노동의 한계생산은 상대적으로 증가한다. 이러한 노동력의 이동과정은 B지역의 실질임금이 A지역의 실질임금과 최초의 임금수준에서 같아지는, 즉 $w_A = w_B$가 성립될 때까지 지속되고, 균형임금수준이 달성되면 지역 간 노동이동은 중단된다. 실질임금이 최초의 지역 간 균형임금수준으로 회귀하지만 각 지역의 전체 노동고용량은 본래 수준과 달라진다. 새로운 균형에서는 A지역에 고용된 전체 고용량은 L_A에서 L_{A1}으로, L_{A1}에서 L_{A2}로 두 단계에 거쳐 하락하게 되며, 지역임금은 w_A에서 w_{A1}으로 떨어진 후 다시 w_{A1}에서 w_A로 상승하게 된다. 반면 B지역에서는 전체 고용량이 L_B에서 L_{B1}으로, L_{B1}에서 L_{B2}로 두 단계에 거쳐서 증가하게 되며, 지역임금은 w_B에서 w_{B1}으로 상승한 후 다시 w_{B1}에서 w_B로 하락하게 된다. 최초의 균형에서는 두 지역의 규모

[그림 5-9] 지역 간 노동 이동에 따른 후생 증대

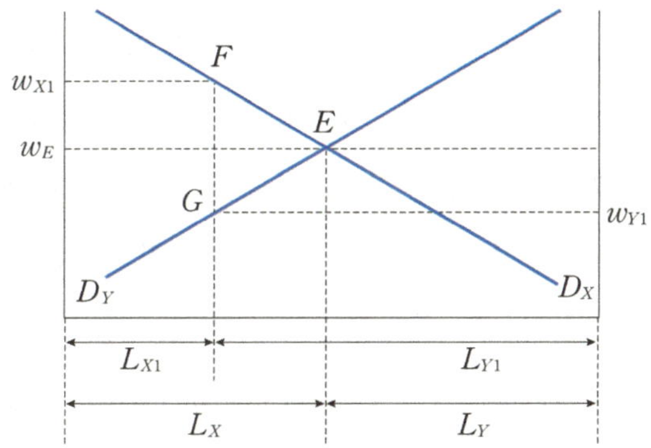

X지역의 노동수요곡선은 좌측에서 Y지역은 우측에서 시작한다. F점에서 최초 X지역의 고용수준은 L_{X1}이고 임금수준은 w_{X1}이다. G지점에서 최초 Y지역의 고용수준은 L_{Y1}이고 임금수준은 w_{Y1}이다. Y지역에서 X지역으로 노동함에 따라 Y지역의 임금은 상승하고 X지역의 임금은 하락한다. 동시에 Y지역 고용량은 하락하고 X지역 고용량은 증가한다.

가 같았지만, 새로운 균형상태에서는 B지역의 노동규모가 A지역보다 훨씬 커진다.

이와 같은 지역 간 노동이동의 과정은 경제 전체적 관점에서 효율적이라고 할 수 있다. [그림 5-9]에서 X지역의 노동수요곡선은 좌측에서 시작하며, Y지역의 노동수요곡선은 우측에서 시작한다. 그림의 F점에서는 당초 X지역의 고용수준이 L_{X1}으로 낮으며 실질임금과 한계생산은 w_{X1}으로 높은 수준이다. 반면 Y지역은 G점에서 보듯이 고용수준이 L_{Y1}으로 높으며, 실질임금과 한계생산은 w_{Y1}으로 낮다. 경제 전체적 고용수준은 L_N으로, $L_N = L_{X1} + L_{Y1}$이 된다. 만약 Y지역에서 X지역으로 노동 한 단위가 이동한다면, 그 한계생산 증가에 따라 $(w_{X1} - w_{Y1})$만큼 실질임금이 상승하고, 이와 같은 지역 간 한계적 노동이동은 Y지역의 임금을 Δw_{Y1}만큼 상승시키는 반면 X지역의 임금을 Δw_{X1}만큼 감소시킨다. 동시에 Y지역의 노동고용량은 $(1 - L_{X1})$로 떨어지고, X지역의 노동고용량은 $(1 - L_{Y1})$로 증가한다. 그러나 여전히 지역 간 한계생산에는 $(w_{X1} - \Delta w_{X1}) - (w_{Y1} - \Delta w_{Y1})$만큼의 차이가 있으므로 Y지역에서 X지역으로 이동한 후 $(w_{X1} - \Delta w_{X1}) - (w_{Y1} - \Delta w_{Y1})$은 이동에 따른 실질임금 증가분이 된다. Y지역에서 X지역으로 지역 간 이동은 두 지역의 실질임금이 w_E에서 균등해지고, 노동고용량이 $L_X = L_Y$가 되는 E점에 도달할 때까지 계속될 것이다. 물론 E점에서도 경제 전체적 고용량은 $L_N = L_X + L_Y$로 주어진다. 여기서 지역 간 한계생산의 차이는 이주자가 받을 실질임금의 증가분만이 아니라 노동이용이 허용되지 않을 경우 사라지게 될 경제적 순손실(deadweight loss)이 되는데 그림에서 $\triangle EFG$의 영역을 의미한다. 또한 $\triangle EFG$의 영역은 지역 간 이동으로 인해 사회적으로 얻어지는 파레토 효율의 증가를 설명할 수 있다.

[그림 5-10] 자본스톡이 다를 경우 지역 간 노동력의 균형

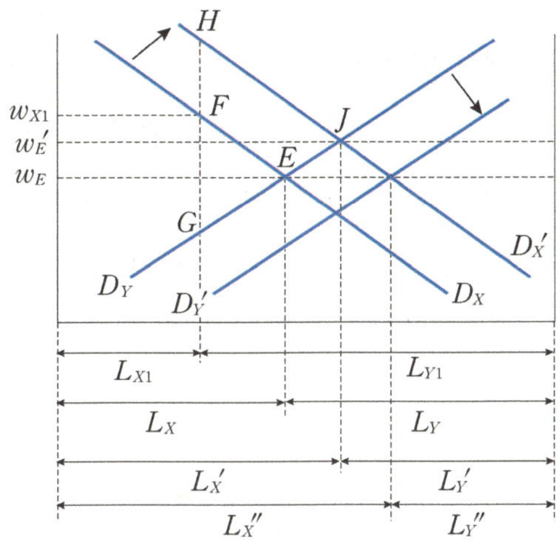

초기 두 지역의 임금은 w_E, 노동고용량은 각각 L_X와 L_Y이다. 새로운 기업이 X지역으로 이주할 경우 X지역의 자본소득이 증가하여 X지역의 노동수요는 D_X에서 $D_X{}'$로 증가한다. 따라서 지역 간 균형임금은 $w_E{}'$로 상승하게 된다. Y지역의 노동수요는 하락하게 되고 지역 간 균형임금은 변하지 않지만 X지역의 노동공급량이 Y지역보다 커지게 된다.

만약 두 지역이 최초에 서로 다른 자본스톡을 가지게 되면, 이것은 각각의 수직축에서 시작되는 지역 노동수요곡선의 상대적 위치가 변화함을 의미하고, 이는 [그림 5-10]을 통해 볼 수 있다. 초기의 지역 간 균형은 [그림 5-9]에서와 마찬가지로 두 지역의 임금은 w_E, 노동고용량은 각각 L_X와 L_Y이며, $L_X = L_Y$가 성립한다고 가정했을 때, 만약 새로운 기업이 X지역으로 이주해옴에 따라 X지역의 자본스톡이 증가하면, X지역의 노동수요는 D_X에서 $D_X{}'$로 증가할 것이다. 이에 따라 각 지역의 고용 수준 $L_X{}'$과 $L_Y{}'$에서 지역 간 균형임금은 $w_E{}'$으로 상승하며, 최초의 불균형적 노동공급 상태인 L_{X1}과 L_{Y1}에서 이동으로 인해 얻어지는 파레토 효율은 $\triangle EFG$에서 $\triangle GHJ$로 증가할 것이다.

만약 Y지역에 있던 공장이 X지역으로 이주하여 X지역의 자본스톡이 증가한다면, Y지역의 노동수요는 D_Y에서 D_Y'로 떨어질 것이다. 지역 간 균형임금은 w_E에서 변하지 않지만, X지역에서의 새로운 노동공급은 L_X''로 Y지역의 L_Y''보다 많이 늘어나게 된다. 이러한 결과와 [그림 5-10]에서의 초기 결과를 비교해 보면, 지역 간 균형임금수준은 같아지지만, 자본스톡과 노동량으로 정의된 두 지역의 규모는 다를 수 있다. 지역 간 이동으로 인한 효율성의 증대는 지역 간 실질임금이 균형상태에 있지 않는 한 가능하다.

2. 지역 간 노동이동의 균형 모형

앞에서 설명한 지역 간 노동이동의 불균형 모형에서는 노동자들이 여러 지역의 실질임금 차이에 반응하여 이동하는 것으로 인식되었지만, 실질임금을 독립변수로 지역 간 순이동을 종속변수로 이용한 계량경제학 모형의 실증분석결과에서는 불균형 모형이 제시하는 결과를 확인하기 어렵다.

Graves(1980)은 균형이동모형을 제시하며, 위와 같은 불균형 이동모형에 대한 비판을 하였다. 그는 임금이 생산과정에서 제공되는 노동서비스에 대한 대가인 동시에 환경적 만족감의 차이에 대한 부분적인 보상이기 때문이라고 하였다. 거주자가 느끼는 환경적 만족감은 입지에 따라 달라지고, 이러한 쾌적한 환경을 통하여 효용을 얻을 수 있기 때문에 다른 지역으로 이동을 한다고 주장한다. 높은 수준의 쾌적한 환경을 가진 지역의 근로자들은 일정한 효용수준을 얻는다면 낮은 임금도 기꺼이 수용할 수 있으나, 환경의 질이 열악한 지역의 근로자들은 일정한 수준의 효용을 얻는 데 있어서 보다 높은 임금을 요구할 것이다. 이는 서로 다른 지역 간에 소비되는 환경재 수준도 달라지기 때문에 일반적 상품묶음에 기초한 적절한 지역 간 소비지수를 만드는 것이 매우 어렵다는 점을 지적하였다.

불균형 이동모형과 균형이동모형의 적절성에 대한 논란은 아직 진행 중이며, Hunt(1993)는 실질적으로 대부분의 경험적 자료에서 불균형 이동모형이 이동과정을 더 잘 설명한다는 것을 보여준다고 주장한다. 그러나 균형모형은 이동 동기가 무엇인지 파악할 수 있게 하며, 지역 간 실질임금의 차이는 상호 복잡하게 연관된 변수들로부터 나타난 결과라는 것을 이해하는 데 의의가 있고, 대다수의 경우에는 실질임금과 노동이동 사이의 관계에 있어서 불균형적 특징이 균형적 특징보다 현실적이라고 설명하고 있다.

제3절 노동이동의 인적자본 모형

1. 인적자본 이동모형

Becker는 인구이동을 인적자본의 개념에서 다루었다. 인적자본 모형의 기본적인 주장은 합리적인 정보를 보유한 개인이 일생 동안의 소득과 직업에 대한 만족도로 정의되는 평생의 기대효용을 극대화하기 위해서, 인적자본으로 정의되는 기술스톡을 증가시키기 위한 개별적 교육과 훈련에 투자한다는 것이다. 이런 교육과 훈련은 주로 고용되기 전에 이루어지므로 이러한 활동에 필요한 비용은 각 개인별 초기단계에 부담해야 하는 데 비해, 고용으로 인한 수익은 각 개인의 전체 경력에 걸쳐 얻게 된다. 동시에 직업에 따라 평생소득과 교육비용도 달라지게 된다.

즉, 이동을 위해서 자신들에게 소요된 비용을 상쇄하기 위해 일정한 기대소득을 현재가치로 환산하여, 이주비용을 제한 값이 0보다 큰 값을 가질 때 이동하게 된다는 것이다. 이는 이주자들이 이동과 관련된 비용과 함께 예정 이동지역들 간 실질소득의 차이에 민감하게 대응하기 때문이다. 인구이동의 형태는 비용과 편익을 동시에 고려해서 이루어진다는 점에서 이론적 근거가 경제적이라 할 수 있다. 결론적으로 인적자본 이동모형에서는 통상적으로 이주자들은 이동을 위한 투자의 순 현재가치를 고려해서 인구이동을 결정하는 것이다. 그리고 이동에 따른 투자의 순 현재가치가 극대화되는 지역으로 이동하게 된다.[4)]

2. 노동이동의 내생적 인적자본 모형

지역 간 노동이동의 성격을 분석하기 위한 세 번째 접근은 개별 이주자 자신의 미시적 특성에 대한 고려에 근거하고 있다. 이 논의는 노동이동의 인적자본 모형으로 알려져 있는데, Becker(1964)에 의해 최초로 광범위하게 논의된 표준적 인적자본 모형을 발전시킨 것이다.

인적자본 모형의 기본적인 주장은 합리적이고 충분한 정보를 보유한 개인은 일생 동안의 소득과 직업에 대한 만족도로 정의되는 평생의 기대효용을 극대화하기 위해서, 인적자본으로 정의되는 기술의 스톡을 증가시키기 위한 개별적 교육과 훈련에 투자한다는 것이다. 교육과 훈련은 주로 고용이 이루어지기 전에 행해지므로 이러한 활동에 필요한 비용은 각 개인의 경력이 시작되는 초기단계에 부담해야 하는 데 비해, 고용으

4) 허재완 · 고용구(2015)

로 인한 수익은 각 개인의 전체 경력에 걸쳐 얻게 된다. 동시에 직업에 따라 평생소득은 달라지며 교육비용도 직업에 따라 달라진다. 따라서 개별 근로자들은 원하는 최적의 직업형태가 무엇인지, 그에 따라 초기에 투자해야 하는 최적의 교육 수준이 어느 정도인지를 고려해야 한다. 만약 기대임금과 노동교육비용에 대한 올바른 정보가 주어진다면, 현재가치법을 이용하여 이에 대한 정확한 산정이 가능하다. 인적자본이 많은 개인일수록 교육에 보다 많은 시간을 소비하기 때문에 일반적으로 교육에 대한 비용은 더 높아진다. 그러나 교육에 대한 투자는 장기간에 걸친 경력이 쌓여지기 이전에 이루어지므로, 교육 투자에 대한 결정에는 항상 위험이 존재한다. 결국 실제 평생소득은 처음 예상했던 것과는 다소 다르게 된다.

도시 및 지역의 노동시장의 행태라는 견지에서 보면, 문제의 초점은 인적자본이라는 틀 속에서 이주행태와 예상임금 최대화 사이의 관계를 이해하는 것이다. 이를 위하여 위에서 설명한 표준적인 인적자본이론과 탐색이론을 결합해야 한다. 탐색이론의 기본적인 가정은 노동자들이 직업을 선택할 때 어떤 직업에서 제안된 임금이 자신이 생각하는 최소한의 수용 가능한 임금인 유보임금과 같거나 더 높을 때만 그 직업을 선택할 것을 고려한다는 것이다. 각 개인은 최소한 자신의 유보임금수준의 제의를 받을 때까지 계속 일자리를 찾는 탐색과정을 밟을 것이다. 인적자본이론에 따르면, 초기의 교육비용이 높을수록 인적자본은 더 커지며 또한 고급 기술로 인해 잠재적 임금은 더 높아진다. 그러므로 인적자본의 수준이 높은 개인일수록 유보임금이 증가하는 경향이 있다. 즉, 인적자본이 높은 사람일수록 직업탐색 과정이 더 길다는 것이다. 적어도 유보임금 이상의 임금을 제시하는 고용기회를 찾기 위해 보다 많은 인적자본을 축적한 개인은 낮은 수준의 인적자본을 갖춘 개인보다 더 광범위한 지역에 걸쳐 고용기회를 탐색하려 한다. 이는 인적자본이 높은 사람은 인적자본이 낮은 사람에 비해 보다 광범위하게 지리적으로 이동함을 의미한다. 많은 인적자본을 축적한 개인은 초기에 인적자본을 축적하는 데 소요된 비용을 회수하는 동시에 자신이 원하는 기대임금을 받음으로써 인적자본에 대한 수익을 최대화하기 위해, 인적자본의 수준이 낮은 사람에 비해 이동 경향이 강하게 나타난다. 동시에 높은 인적자본을 보유한 개인은 비공식적 고용 네트워크를 통해 여러 지역에 걸친 여러 가지 대안적 고용기회에 대한 보다 많은 정보를 가지고 있다. 이는 인적자본의 수준이 높은 개인의 이동성향을 높이는 또 다른 요인이 된다.

인적자본의 수준이 높은 개인이 인적자본의 수준이 낮은 개인에 비해 이동성향이 높다는 논의는 노동력 이동의 불균형 모형을 이해하는 데 있어서 중요한 함의를 제공한다. [그림 5-11]의 (*a*)와 (*b*)에서 초기의 두 지역의 실질임금수준 w_A와 w_B는 같으며, 균형 고용수준 L_A와 L_B도 같다고 가정하자. (a)와 (b)에서 만약 A지역의 노동수요는 D_A에서 D_{A1}으로 감소하고, B지역의 노동수요는 D_B에서 D_{B1}으로 증가한다면, A지역의 실질임금은 w_{A1}으로 떨어지는 반면, B지역의 실질임금은 w_{B1}으로 상승한다. 또한 A지역의 고용수준은 L_{A1}으로 감소하고 B지역의 고용수준은 L_{B1}으로 증가한다. (c)와 (d)에서 볼 수 있듯이 지역 간 임금 불균형($w_{B1}-w_{A1}$)은 노동이 A지역으로부터 B지역으로 이동하도록 작용한다. 이에 따라 A지역에서 노동공급은 S_A에서 S_{A1}으로 좌측으로 이동하는 반면, B지역에서는 노동공급은 S_B에서 S_{B1}으로 우측으로 이동하게 된다.

[그림 5-11] 지역 간 노동력 이동의 누적적 모형

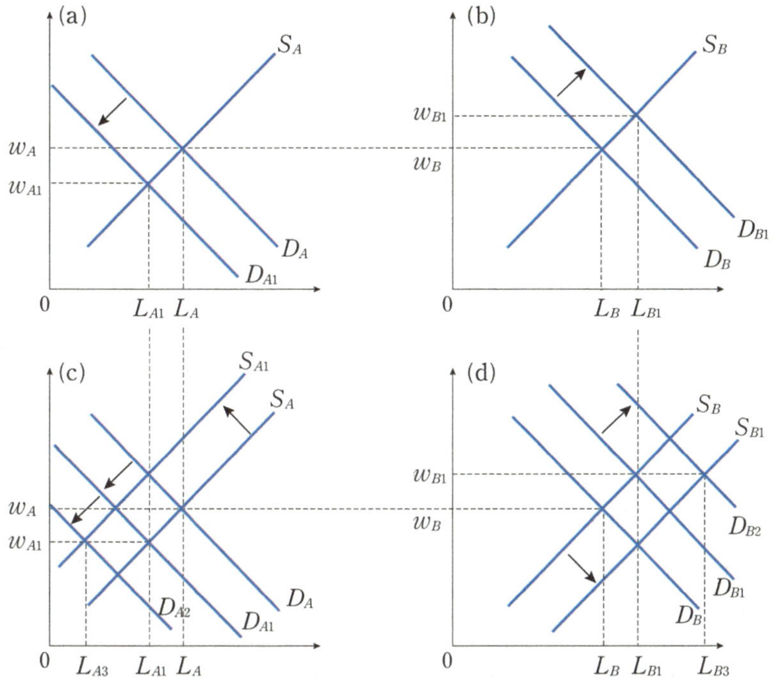

(a)와 (b)에서는 초기 두 지역의 실질임금수준 w_A와 w_B는 같으며, 균형 고용수준 L_A와 L_B도 같다고 가정하자. 만약 높은 수준의 인적자본을 보유한 개인이 보다 신속하게 이동하는 반면 인적자본 수준이 낮은 개인은 상대적으로 느리게 이동한다고 가정하면, 이와 같은 선별적 이동의 효과는 성장하는 지역에게 유리한 쪽으로 지역 간 상대적 노동 수요를 변화시키는 것으로 이해할 수 있다.

출처 : 최병호 외 옮김(McCann, 2006)

인적자본 모형에서는 지역 간 임금수준 차이에 효과적으로 반응하여 이동하는 대부분의 개인을 보다 많은 교육을 받은 사람이라고 본다. 그러므로 높은 수준의 인적자본을 보유한 개인이 신속하게 이동하는 반면 인적자본 수준이 낮은 개인은 상대적으로 느리게 이동한다고 가정하면, 이와 같은 선별적 이동의 효과는 성장하는 지역에게 유리한 쪽으로 지역 간 상대적 노동 수요를 변화시키는 것으로 이해할 수 있다.

이를 보기 위해 B지역의 노동공급곡선이 S_B에서 S_m으로 우측으로 이동하는 것은 B지역에의 인적자본 공급이 증가함을 의미한다고 하자. 만약 지역자본이 물리적 자본 및 인적자본 모두를 포함한다면, 지역 자본스톡의 평균 및 한계생산은 증가할 것이다. 그 결과 지역 B에서 노동수요는 증가되고 노동수요곡선은 D_{B1}에서 D_{B2}로 이동하게 될 것이다. 반대로 지역 A에서는 노동공급이 S_A에서 S_{A1}으로 위축됨에 따라 지역 내 인적자본공급은 감소한다. 다시 지역자본이 물리적 자본 및 인적자본 모두를 포함한다면, 지역 자본스톡의 평균 및 한계생산은 감소할 것이다. 그 결과 A지역의 노동수요곡선은 더욱 좌측으로 이동할 것이다.

이와 같이 특별한 선택적 이동과정을 통하여 A지역에 고용된 총노동량은 L_A에서 L_{A1}으로, 그리고 L_{A1}에서 L_{A3}로 2단계에 걸쳐 떨어질 것이며 임금은 w_A에서 w_{A1}으로 하락한다. B지역에서 고용된 총노동량은 L_B에서 L_{B1}으로, 그리고 L_{B1}에서 L_{B3}로 2단계에 걸쳐 상승하는 한편 임금은 w_B에서 w_{B1}으로 상승한다. 이러한 과정은 여기서 확인된 2단계를 넘어서 누적적으로 계속될 것이다. 따라서 지역들이 수렴해 가는 유일한 지역 간 임금-고용 균형은 존재하지 않는다. 그 이유는 지역 B는 집적의 경제를 향유하며, 또한 규모의 경제가 존재하는 어떠한 모형도 복수의 균형을 가질 수 있기 때문이다. 이와 같은 지역 성장 및 쇠퇴의 누적적 과정은 궁극적으로 지역 B가 규모에 대한 집적 불경제를 나타내기 시작할 때까지 진행될 것이다.

3. 단순한 인적자본 모형

인적자본에 대한 투자모형은 투자이론에서 널리 적용되는 표준적인 할인기법을 통해 이해할 수 있다. 투자를 통해 얻어지는 미래 연간소득의 흐름 가운데 시점 t에서의 소득을 R_t, 할인율을 i, 그리고 현재의 투자에 소요되는 초기 비용을 C_0로 각각 나타나면 투자의 현재가치는

$$\Pi = \sum_{t=1}^{n} \frac{R_t}{(1+i)^t} - C_0 = \sum_{t=1}^{n} R_t (1+i)^{-t} - C_0 \cdots\cdots\cdots \text{〈식 5-1〉}$$

로 정의된다.

투자의 현재가치는 시점 $t = 1$로부터 발생하는 모든 미래소득의 흐름을 할인한 값을 합계한 값이 된다. 〈식 5-1〉에 주어진 표현에서는 미래의 연간 수입 R_t가 매년 말에 지불되는 것으로 가정하고 있는데, 따라서 수입은 이산적으로 지불된다고 가정하고 있다.

그런데 수입이 연속적으로 지불되는 경우에는 연속적인 소득의 흐름을 할인할 수 있도록 〈식 5-1〉을 변환시켜야 한다. 이 경우에는 투자의 현재가치 Π는

$$\Pi = \int_0^n R(t) e^{-rt} dt - C_0 \cdots\cdots\cdots \text{〈식 5-2〉}$$

로 정의된다(Chiang, 1984). 이 모형의 인적자본 투자에 적용시킨다면 투자의 초기 비용 C_0는 고용자에 대한 초기의 교육비용을 나타내게 된다. 이러한 교육비용은 학비 등에 대한 지출 및 교육기간 동안 벌지 못한 현재소득의 기회비용 등을 합한 것이 된다. 인적자본으로부터 얻어진 소득은 교육을 받은 개인이 직장에서 근무함에 따라 받게 되는 임금으로 나타난다. 초기임금을 W라고 나타내면 〈식 5-2〉는

$$\Pi = \int_0^n W(t) e^{-rt} dt - C_0 \cdots\cdots\cdots \text{〈식 5-3〉}$$

으로 다시 표현할 수 있다.

일생 동안의 고용에 있어서 근로자가 보다 경험이 많아지고 나이가 들어감에 따라 상승의 효과를 고려하기 위하여 미래의 어떤 시점 t에서의 현재임금을

$$W(t) = We^{at} \qquad \text{〈식 5-4〉}$$

로 나타내는데, 여기서 a는 임금의 상승률을 의미한다. 따라서 〈식 5-3〉은 연속적인 임금의 상승을 고려할 수 있도록 조정됨으로써

$$\Pi = \int_0^n W(t)e^{(a-r)t}dt - C_0 \qquad \text{〈식 5-5〉}$$

가 된다. 이러한 기본적인 모형은 시간이 지남에 따라 연속적으로 변화하는 비용이나 시간이 지남에 따라 변화하는 임금상승을 고려하여 보다 구체적인 형태로 변환될 수 있다.

노동력의 이동에 관한 문헌에서는 C_0로 나타나는 인적자본 모형에 의해 발생하는 기본적인 이슈가 된다. 구체적으로 인적자본 투자에 지불되는 임금은 적절한 고용기회가 있는 입지로 이동하는 근로자에게 달려 있다. 시장이 완전히 효율적이라면 근로자들은 모든 입지에서 적절한 직업을 찾을 것이며, 각 직업에서의 기대 실질임금은 모든 입지에서 같아질 것이다. 그러나 인적자본과 함께 정보의 흐름이 증진되고, 인적자본으로 인해 이동에 대한 제약이 완화된다면, 교육수준과 소득수준이 다른 그룹들 간에는 이동의 성향이나 시장청산 메커니즘이 달라질 것으로 예상할 수 있다.

4. 노동이동의 지역 간 경제적 효과[5)]

노동의 이동은 종종 유인효과와 방출효과의 관점에서 분석된다. 노동자는 이주지역의 높은 임금에 의해 유인되며, 현재 거주지역의 낮은 고용기회나 낮은 임금에 의해 방출된다. 그리고 여러 연구결과에 따르면 유인효과가 방출효과보다 더 강한 것으로 나타난다.

하지만 노동의 이동에는 이러한 높은 임금이나 높은 고용기회 이외에 다른 요인들도 영향을 미친다. 첫째, 많은 이주자들이 이주를 결심할 때에는 기본임금뿐 아니라 각종 부가적 혜택을 포함한 총보수에 관심이 있다. 둘째, 이주지역의 생활비 수준 또는 이주에 영향을 미친다. 이는 이주자가 명목임금뿐 아니라 실질임금도 고려한다는 의미이다. 셋째, 삶의 질도 고려사항이다. 비록 이주지에서 높은 임금을 받을 수 있더라도 어메니티(Amenity)가 좋지 않은 지역이면 이주하기를 망설일 것이다. 반대로 기후나 문화, 지역사회의 생활환경 등이 좋고 방문하고 싶은 곳에 접근성이 좋은 지역은 환영을 받을 것이다. 넷째, 이주지의 새로운 직장에서 직업의 안정성이나 미래의 진급전망, 배우자의 수입전망 등도 이주 시에 고려하게 되는 사항들이며, 현재 거주지와 이주지 간에 이러한 차이가 크다면 이주가 시작된다.

이주는 개인적으로 발생하는 비용뿐 아니라 사회적 비용도 발생시킨다. 주민이 외부로 많이 이주한 지역은 폐가와 폐교가 생겨나고, 여러 가지 공공시설이 사용되지 않고 방치되어 자원의 낭비를 가져오는 반면, 이주자가 몰리는 지역에는 주택이 모자라고, 교통 혼잡과 범죄가 증가하며, 새로운 교육시설과 도로, 공공시설들이 필요하게 된다.

노동의 이동은 이주민 자신과 가족뿐 아니라 이주자가 유출되는 지역과

---

5) 정홍렬(2011), 『지역경제학』 참조 및 인용

유입되는 지역의 경제에도 많은 영향을 미치게 된다. 이러한 노동의 이동이 가져오는 경제적 효과에 대해 살펴보면, 노동은 노동의 한계생산성이 낮은 지역에서 높은 지역으로 혹은 임금이 낮은 지역에서 높은 지역으로 이동하게 된다. 그로 인해 국가 내 지역 간 노동이 한계 생산력이나 임금이 균등하게 되고 국가 전체의 총생산이 증대하게 된다.

[그림 5-12] 노동이동의 경제적 효과

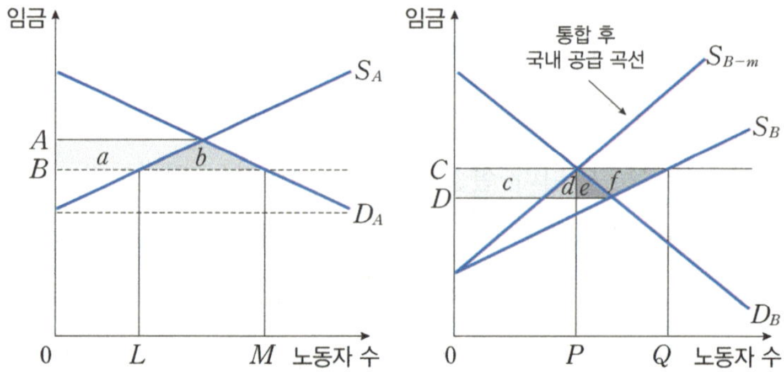

양 지역의 초기상황이 달라 A지역에서는 임금이 높게 형성되어 있는 반면에 B지역에서는 임금이 낮게 형성되어 있다. 즉, 노동이 이동하기 전에 A지역의 임금은 OA이며, B지역의 임금은 OD이다. 이러한 상황에서 B지역 노동자는 보다 높은 임금을 받을 수 있는 A지역으로 이동해 갈 것이다.

출처 : 정홍열(2011), 『지역경제학』

[그림 5-12]는 노동이동에 대한 경제적 효과를 설명하고 있다. 그림에서 D_A, D_B와 S_A, S_B는 각각 A지역과 B지역의 노동수요와 공급곡선을 나타낸다. 노동시장에서의 고용량은 수요와 공급의 균형점에서 결정되며, 지역 간 노동의 이동은 이동에 드는 비용과 임금에 의해 영향을 받는다고 하자.

양 지역의 초기상황이 달라 A지역에서는 임금이 높게 형성되어 있는 반면에 B지역에서는 임금이 낮게 형성되어 있다. 즉, 노동이 이동하기 전에 A지역의 임금은 OA이며, B지역의 임금은 OD이다. 이러한 상황에서 B지역 노동자는 보다 높은 임금을 받을 수 있는 A지역으로 이동해 갈 것이다. 먼저 B지역에서 A지역으로 노동력이 유입됨으로써 A지역에서는 임금이 A에서 B로 하락하고, 그에 따라 A지역 노동자의 공급은 OL로 감소되는 반면 A지역 내 수요는 OM으로 늘어난다. 초과수요분 LM은 B지역으로부터 이주해 오는 노동자들로 충당된다.

한편 B지역에서는 이와 반대 현상이 나타난다. 노동력 유출로 인해 노동력이 줄어들어 B지역 내 임금은 OD에서 OC로 상승하고, 그 결과 B지역 내 노동공급은 OQ로 증가하나 노동수요는 OP로 줄어든다. 초과공급분 $PQ(=LM)$는 A지역으로 간 이주 노동자 수를 나타낸다. 낮은 임금의 B지역에서는 노동자 유출현상을 경험하게 되고, 그 결과 B지역 내 실질적 노동공급곡선은 당초의 공급곡선(S_B)에서 A지역으로 이동해 간 노동자 수를 뺀 잔여곡선(S_{B-m})으로 줄어든다. 이때 B지역의 새로운 노동공급곡선은 다른 여건이 불변인 상태에서 노동력만 감소한 공급조건을 반영하게 되므로 종전보다 비탄력적인 공급곡선이 된다.

노동자 입장에서 볼 때 A지역 노동자는 임금하락으로 a만큼의 손실(소비자잉여의 감소)을 입게 되는 반면, B지역에 남아 있는 노동자는 A지역으로 이주해 직업을 찾을 수 있는 기회가 생겼고 또 임금도 인상된 만큼 이익을 얻게 된다. 이때 B지역 노동자들에 의한 소비자잉여 증대는 c의 크기로 나타난다. A지역으로 이주해 간 B지역 노동자 역시 A지역에서 받는 높은 임금소득으로 이익을 얻게 된다. 이러한 이주노동자의 이익은 초기공급곡선(S_B)의 윗부분과 이주 후 공급곡선(S_{B-m})의 아랫부분 사이의 면적인 $d+e+f$로 나타난다. 즉, B지역의 이주 노동자들의 임금은 원래의 OD에서 이주 후 $OC(=OB)$로 상승해 실질임금소득 증대는 CD의 크기로 나타난다. 따라서 B지역 노동자 전체의 생산자잉여는 $c+d+e+f$로 확대될 수 있으나 c는 B지역 내에 남아 있는 노동자들에게 돌아가는 실질잉여이므로, A지역으로 이주해 간 노동자에게 돌아갈 수 있는 총잉여의 크기는 $d + e + f$이다.

한편 고용주 입장에서 보면 임금의 변동으로 A지역 고용주는 이익을 얻었지만, B지역 고용주는 손실을 입었다. A지역에서는 노동자의 유입과 임금하락으로 고용주의 후생증대분인 생산자잉여가 $a + b$만큼 증가했으나, a는 A지역 노동자의 소득이 고용주의 소득으로 재분배된 것이기 때문에 상쇄되고, 삼각형 b만큼의 순이익이 생겼다. 반면 B지역 고용주는 임금인상과 그로 인한 이윤감소를 감수해야 한다. B지역 고용주의 생산자잉여는 $c + d + e$만큼 감소했으며, 이중 c는 B지역 내 남아 있는 노동자의 소득으로 재분배되었다. 그리고 A지역으로 이동해 간 노동자의 소득증대분 $d + e + f$가 모두 고향(B지역)으로 송금되어 올 경우 B지역 내에서는 이러한 이주자 소득 증대분으로 B지역 내 순손실 $d + e$를 보상하고도 f만큼 순후생 이익이 생겨나게 된다. 만일 이주해 간 노동자들로부터 이러한 송금이 없을 경우 B지역은 노동시장 통합으로 고용주의 손실에 상당하는 $d + e$만큼의 순손실을 보게 된다.

한편 국가 전체의 입장에서 볼 때는 임금수준이 높은 지역으로 노동이 이동하면서 A지역의 순이익 b와 B지역의 순이익 f만큼을 합한 크기만큼 순후생 증대효과가 생겨났다. 이러한 순후생 증대효과는 노동의 자유로운 이동으로 두 지역 간에 노동의 한계생산력(임금)이 같은 수준으로 되었기 때문에 생겨난 결과이며, 한편으론 노동 효율성 증가에 따른 결과이다.

요약

1. 노동시장에 대한 기본적인 신고전학파 미시경제 모형은 노동에 대한 수요는 우하향한다는 것과 노동에 대한 공급은 실질임금률에 대하여 우상향하는 기울기를 갖는다는 두 가지 원리에서 시작한다.
2. 노동에 대한 수요가 우하향하는 이유는 노동수요는 생산과정에서 투입된 노동으로부터 산출된 한계수입생산에 의해 파생된 수요이기 때문이다. 즉, 자본량과 산출물의 시장가격이 고정된 상황이라면, 한계생산체감의 법칙에 의해 노동의 한계생산(*MPL*)은 고용량이 증가함에 따라 감소하게 된다.
3. 노동에 대한 공급이 실질임금률에 대하여 우상향하는 기울기를 갖는 것은 Clower(1965)가 제시한 이중 결정가설(dual decision hypothesis)에 근거한 것으로, 노동자들이 실질임금수준을 고려하여 자신들이 공급하는 노동량, 원하는 소득수준, 그리고 소비할 수 있는 재화와 서비스의 양을 동시에 결정하는 것과 관련이 있다.
4. 신고전학파의 논리에서는 비자발적 실업이 발생하는 이유를 시장청산 균형임금수준(w^*)보다 실질임금이 높게 형성되어 있기 때문으로 보고 있다. 즉, 노동조합의 존재, 최저임금제, 사회보장제도에 의한 보조금 등과 같은 시장 외부적인 요인에 의해 노동시장의 실질임금이 균형수준보다 높게 형성되면 비자발적 실업이 발생하는 것으로 보았다.
5. 노동시장에 대해서 케인스학파와 신고전학파의 가장 큰 차이점은 신고전학파는 임금이 신축적이기 때문에 시장청산을 위해 실질임금이 즉시 하락할 수 있다고 하지만, 케인스학파는 임금이 하방 경직성(stick downwards)을 띄고 있다고 주장한다. 즉, 임금은 시간의 경과에 따라 상승할 수는 있지만, 임금이 하락하는 것은 매우 힘들다는 것을 의미한다.
6. 지역경제가 집적을 이룰 경우 지역 임금하락이 지역경제에 미치는 효과는 지역 내 수출지향적 기업과 내수지향적 기업 간의 균형에 달려 있다.
7. 지역의 비자발적 실업이 지역의 수출물에 대한 수요의 위축으로 인해 유발되었다면 그 지역은 더 이상 새로운 투자에 대하여 매력적인 장소가 아니기 때문에 적어도 짧은 기간 내에는 수출기반의 위축을 보상할

수 있는 충분한 규모의 새로운 투자유입에 의한 지역 자본스톡의 증가는 일어나지 않을 것이다.

8. 불균형 모형은 지역 간 노동이동모형 가운데 가장 일반적으로 사용되는 모형이다. *A* 지역은 수요 감소를 *B* 지역은 수요 증가를 가정할 경우, *B*지역 산출물의 가격은 인상되는 반면 *A*지역 산출물의 가격은 떨어질 것이다. 그 결과 *B*지역의 노동의 한계수입생산(*MPL*)은 증가하는 반면, *A*지역의 노동의 한계수입생산은 하락하게 된다. 이러한 변화는 각 지역의 노동수요곡선 이동으로 반영된다.
9. 인적자본 모형의 기본적인 주장은 합리적이고 충분한 정보를 보유한 개인은 일생 동안의 소득과 직업에 대한 만족도로 정의되는 평생의 기대효용을 극대화하기 위해서, 인적자본으로 정의되는 기술의 스톡을 증가시키기 위한 개별적 교육과 훈련에 투자한다는 것이다.
10. 노동의 이동은 종종 유인효과와 방출효과의 관점에서 분석된다. 노동자는 이주지역의 높은 임금에 의해 유인되며, 현재 거주지역의 낮은 고용기회나 낮은 임금에 의해 방출된다. 그리고 여러 연구결과에 따르면 유인효과가 방출효과보다 더 강한 것으로 나타난다.

연 · 습 · 문 · 제

01 신고전학파의 노동수요 및 노동공급 균형을 나타내시오.

02 비자발적 실업의 존재에 대해 케인스학파와 신고전학파의 입장을 비교하시오.

03 지역 간 노동이동 불균형 모형에서 지역 간 노동이동에 따른 후생 증대를 그림으로 나타내고 설명하시오.

04 지역 간 노동이동 균형모형과 불균형 모형 간의 차이점은 무엇인지 설명하시오.

05 인적자본 이동모형을 설명하고, 특히, 인구이동의 경제적 효과에 대하여 설명하시오.

제 6 장

지역성장이론 및 경제분석

제1절 지역성장이론

1. 지역경제성장이론의 접근체계

지역경제성장이론은 접근방법에 따라 크게 공급 혹은 수요 측면에 중점을 두는 이론으로 나뉜다. 공급 측면을 중시하는 신고전학파적 견지에서는 생산요소의 공간적 배분과 기술변화 간에 존재하는 상호관계에 관련된 문제들에 주목하며, 이는 지역성장 분석에 있어서 가장 일반적인 접근이다. 다음으로 수요 측면에 무게를 두는 케인스적 견해인데, 지역간 소득흐름에 관련된 문제들에 초점을 맞추고 수지 균형의 틀 속에서 지역성장을 논의한다. 개념적으로 이 두 가지 접근은 지역성장의 본질, 원인 및 결과 등에 대하여 상당히 다른 결론을 도출하므로 근본적으로 다르다. 즉, 각 접근은 지역성장 과정의 본질에 대해 서로 다른 특별한 측면을 강조한다. 그러나 이 두 가지 접근은 지역성장 과정의 본질에 대한 폭넓은 시각을 제공한다는 측면에서 여러 가지 일치하는 부분이 존재한다.

다음으로 지역성장을 설명하는 중요한 이론으로 수요와 공급 측면을 모두 고려하는 수요와 공급의 통합모형을 제시하는 데 그 근원을 둔다. 크게 고용인구 상호작용 모형과 누적적 인과모형이 바로 그것이다. 고용인구 상호작용 모형에 의하면 지역인구의 증가가 산업활동을 활성화시키고 고용을 증대시키는데, 고용기회의 확대는 또 다시 새로운 인구유입을 불러일으킨다고 한다. 이는 결과론적인 의미로 어떻게 지역이 성장할 것인지에 대한 명확한 해답은 주지 못하고, 다만 지역이 성장하는 과정에 대한 내용만 포함하고 있다. 한편 누적적 인과모형은 미르달(G.

Myrdal)의 누적적 순환관계 가설에 근거한다. 그에 따르면 지역소득이 높은 지역은 상대적으로 구매력도 높아서 생산요소의 수익을 증가시킬 것이며, 이에 따라 그 지역은 더 많은 집적력이 형성되어, 높은 성장속도를 나타낸다는 것이다. 반대로 지역소득이 낮은 지역은 저소득 및 저구매력으로 인해 산업활동이 더욱 침체되고 실업률이 높아짐에 따라 자본 및 노동과 같은 생산요소가 수익성을 보장하는 지역으로 이동하게 되어 저소득지역의 낙후성을 더욱 가중시키게 되므로 지역불균형성장이 나타난다는 것이다. 이런 누적적 인과모형에 따르면 지역산업의 생산성이 높아지면 산출량이 증대하고 수출이 확대됨에 따라 규모의 경제 및 집적이익이 발생하고, 이로 인해 높아진 생산성은 다시 공급 측면에서 생산비를 떨어뜨리게 되며, 감소한 생산비는 다시 수출수요를 증대시킨다는 누적적 인과관계를 말한다.

2. 경제기반이론

1) 모형개요

경제기반이론(economic base theory)은 국민경제에서 수출기반이론 혹은 국민경제의 소득결정모형인 케인스 모형을 지역경제에 응용한 이론으로 지역의 고용수준 및 소득수준에 대한 모형이다. 이 이론의 핵심은 한 지역에서 생산한 재화와 용역 중 지역에서 소비하고 남은 잉여물(생산물)을 다른 지역에 수출함으로써 그 지역의 소득을 증대시켜 소비를 촉진시킨다는 것이다. 이때 한계소비성향의 원리에 의해 소득의 일부는 저축을 하게 되어 다시 그 지역에 재투자가 유발되고, 그 결과 그 지역의 고용을 증대시킨다. 또한 증대된 지역소득은 지역 내 관련 산업에 파급효과를 불러일으켜 지역산업은 물론 지역경제에도 영향을 미치게 된다.

그러므로 지역소득의 증가는 근원적으로 지역 외 시장에 수출하게 될 재화와 용역의 생산량이 총생산량에서 차지하는 비율에 의존하고 있다. 투자승수이론에 의하면 지역의 추출산업에 투자된 자본의 증가가 소득 증대의 효과를 가져오고, 나아가서는 지역 내 소비산업(residental consumer business)의 발전까지도 가져오게 된다. 따라서 지역 외 수출산업의 투자수요의 증가가 지역성장의 중요한 결정요인이 된다. 이때 투자승수는 케인스 경제학에서 정립된 투자승수와 같은 논리에 입각하며 $g=1(1-MPC)$의 형태로 표현된다. 여기서 한계소비성향(MPC)는 총생산물을 수출기반 생산물으로 나눈 것과 같다. 비수출기반생산은 지역서비스 산업 또는 지역 내 소비산업 부문이라 불리며, 이것은 수출산업의 확대가 승수효과를 거쳐 생성되는 유발된 산업(induced industry)이라고 한다.

이 이론에 의하면 투자승수의 크기가 소비성향의 크기에 의존하기 때문에 수출기반산업이 전체 산업에서 차지하고 있는 구성비를 소비성향 대신으로 사용한다는 것과 같은 의미이다. 따라서 이 구성비는 지역의 1인당 소득수준을 결정하는 데 커다란 역할을 담당한다. 수출산업의 발전이 지역발전에 미치는 영향은 다양하다. 즉, 수출산업에 고용된 생산요소에 대한 보수가 지역주민의 후생을 결정하는 척도가 된다고 보는 반면, 지역 내 소비산업 부문에 파급되는 간접적 효과도 또한 중요하다. 이는 지역 내 소비산업 부문이 지역 내 소비수요에 전적으로 의존하고 있기 때문에 그들의 소득증대효과는 수출산업 부문에서 발생하는 소득의 크기에 따라 결정되는 것이다. 그리고 수출기반산업은 도시화와 결정형성에 중요한 역할을 담당한다. 수출산업에 있어서 도시나 지역의 전문화와 상호의존성은 여러 지역의 규모의 경제를 확대시킨다. 이와 같이 수출기반이론의 응용범위는 대단히 넓으나 이 이론은 단순히 케인스의 소득이론을 개방체제와 장기균형이론에 적용한 것에 불과하며 소득증대에 영향을 미치는 외생적 요인을 전혀 고려하고 있지 않다는 점에서 비판을 받고 있다. 그리고 지역 간 성장의 폭이 확대될 것인가 혹은 축소될 것인가라는 질문에 관하여 해답을 주지 못한다. 그 이유는 개방경제 체제 하에서는 지역 외 수출에 대한 의존도가 일반적으로 높기 때문에 지역의 수출을 확대시킴으로써 지역생산구조의 개선을 가능케 하며, 나아가서는 지역소득증대에 기여하기 때문이다.

2) 케인지언 지역승수[1)]

케인지언 지역승수모형은 그 성격상 경제기반승수와 유사할 뿐만 아니라 경제기반승수와는 서로 양립할 수 있는 모형이다. 케인지언 지역승수모형은 거시경제학 교과서에 널리 소개되어 있는 표준적인 케인지언 국민 소득-지출 승수모형을 지역경제 차원에 알맞게 변형시킨 것이다. 한계 및 평균 생산비용이 일정하며, 경제 내에는 생산능력의 제약이 없다고 가정하면 케인지언 소득-지출모형은 [그림 6-1]과 같이 나타난다. [그림 6-1]에서는 어떠한 총수요의 변화 ΔAD와 관련된 국민소득의 변화 ΔY는 $\Delta Y = k\Delta AD$로 표현될 수 있는데, 여기서 k는 승수의 값을 나타낸다. 따라서 승수는 AD_1에서 AD_2로의 수직적 변화에 대한 Y_1에서 Y_2로의 수평적 변화의 비율로 계산된다. [그림 6-1]에서 지출의 증가가 소득을 증대시키고 소득 증대는 다시 지출을 증대시키는 과정이 연속적으로 이어지는 과정은 소득-지출경로 abc로 나타난다. 총수요를 구성하는 개별적인 항목이 변화하면 승수의 값에 그러한 변화분을 곱함으로써 지출과 소득의 연속적인 변화의 결과로 얻어지는 전체적인 소득변화를 계산할 수 있다. 이와 같은 과정은 몇 번의 기간에 걸쳐 연속적인

---

1) 최병호 외 옮김(McCann, 2006) 참조 및 부분 인용(그림 및 식 포함)

지출의 변화과정이 계속된다는 점에서 동태적이라고 할 수 있다.

[그림 6-1] 케인지언 소득-지출 승수모형

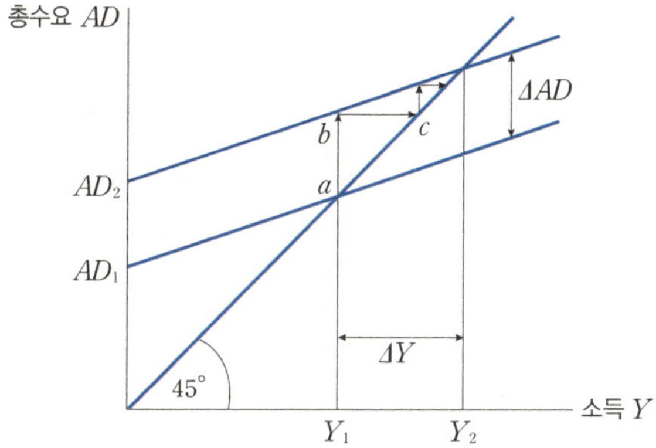

국민소득의 변화 ΔY는 $\Delta Y = k\Delta AD$로 표현될 수 있는데, 여기서 k는 승수의 값을 나타낸다. 따라서 승수는 AD_1에서 AD_2로의 수직적 변화에 대한 Y_1에서 Y_2로의 수평적 변화의 비율로 계산된다.

이러한 논리를 지역에 적용할 경우 케인지언 지역승수는 표준적인 케인지언 국민소득승수와는 다소 달라진다. 이를 살펴보기 위해서 표준적인 케인지언의 소득-지출 모형을 통해 살펴보자.

표준적인 케인지언 소득-지출 승수모형을 지역에 적용하면

$$Y_r = C_r + I_r + G_r + X_r - M_r \quad \cdots\cdots \langle 식\ 6\text{-}1 \rangle$$

과 같이 나타낼 수 있는데, 여기서 Y_r은 지역소득, C_r은 지역의 소비, I_r은 지역의 투자, G_r은 지역정부의 지출, X_r은 지역의 수출, 그리고 M_r은 지역의 수입을 각각 나타낸다. 〈식 6-1〉의 우변에 놓인 각 항목은 지역의 총수요를 구성하는 개별 구성요소이다. 이런 항목들은 그 항목과 소득수준 간의 관계를 살펴보기 위해 변화시켜 나타낼 수 있다.

〈식 6-1〉에 나타난 단순한 관계에 대한 첫 번째 수정은 표준적인 선

형 소비함수를 도입하는 것인데, 지역의 소비수준 C_r은 부분적으로는 지역소득에 대해 외생적이나 부분적으로는 지역소득의 함수가 된다. 이는

$$C_r = \overline{C} + cY_r \quad \text{〈식 6-2〉}$$

로 나타낼 수 있는데, $\overline{C}$는 외생적인 지역소비를, 그리고 c는 지역의 한계소비성향을 각각 나타낸다. 〈식 6-2〉에 나타난 소비에 관한 구체적인 표현은 국민소득모형에서와 같다.

두 번째 수정은 표준적인 선형 수입-지출함수로부터 채택한 것으로 지역의 수입수준 M_r은 부분적으로는 지역소득 Y_r에 대해 외생적이지만 부분적으로는 지역소득의 함수가 된다는 것이다. 이러한 관계는

$$M_r = \overline{M} + mY_r \quad \text{〈식 6-3〉}$$

으로 나타나는데, 여기서 $\overline{M}$은 외생적인 지역의 수입을, 그리고 m은 지역의 한계수입성향을 각각 나타낸다.

지역 소득-지출 모형에서 수입은 해외는 물론 지역의 외부로부터 구입된 어떠한 재화나 서비스에 대한 지출도 포함한다. 따라서 지역의 수입은 국가의 수입에 비해 광범위하다. 바로 이 점이 지역과 국가의 소득-지출 모형 간의 첫 번째 차이이다.

〈식 6-2〉와 〈식 6-3〉에 나타난 소득 항목 Y_r은 보통 세금을 납부한 이후의 가처분소득으로 취급된다. 지역의 평균세율을 t로 두면 조세로 인한 지역소득 흐름으로부터의 총세금 T_r은 단순하게

$$T_r = tY_r \quad \cdots\cdots \langle \text{식 } 6\text{-}4 \rangle$$

로 나타낼 수 있으므로 납세 이후의 가처분소득은 $Y_r(1-t)$가 된다.

〈식 6-1〉에서 〈식 6-4〉까지의 관계를 이용하여 지역소득을 나타내기 위한 소득-총수요 관계를 표현할 수 있다. 분석을 단순화시키기 위하여 당분간 국민 소득-지출 승수모형에서와 같이 지역의 민간부문의 투자 I_r, 지역정부의 지출 G_r 및 지역의 수출 X_r은 각각 외생적이라고 가정하면 〈식 6-2〉에서 〈식 6-4〉까지에 나타난 관계들을 〈식 6-1〉에 대입함으로써

$$Y_r = \overline{C} + cY_r(1-t) + I_r + G_r + X_r - \overline{M} - mY_r(1-t) \quad \cdots\cdots \langle \text{식 } 6\text{-}5 \rangle$$

를 얻을 수 있다. 이 식을 정리하면

$$Y_r - cY_r(1-t) + mY_r(1-t) = \overline{C} + I_r + G_r + X_r - \overline{M} \quad \cdots\cdots \langle \text{식 } 6\text{-}6 \rangle$$

이 되며, 따라서

$$Y_r = \frac{\overline{C} + I_r + G_r + X_r - \overline{M}}{1-(c-m)(1-t)} \quad \cdots\cdots \langle \text{식 } 6\text{-}7 \rangle$$

이 구해진다. 따라서 지역소득 Y_r은 총수요를 구성하는 외생적인 구성요소들의 합에 지역승수 k_r을 곱한 값으로

$$Y_r = k_r(\overline{C} + I_r + G_r + X_r - \overline{M}) \quad \cdots\cdots \langle \text{식 } 6\text{-}8 \rangle$$

로 나타낼 수 있으며, 여기서 k_r은

$$k_r = \frac{1}{1-(c-m)(1-t)} \quad \cdots\cdots \langle 식\ 6\text{-}9 \rangle$$

가 된다.

지역승수 k_r의 값은 지역의 한계소비성향과 지역 외부로부터 수입된 재화에 대한 한계수입성향 간의 차이인 $(c-m)$의 값에 결정적으로 의존한다. 여기서 $(c-m)$은 지역에서 생산된 재화에 대한 한계소비성향을 나타낸다. $(c-m)$의 값이 증가할수록 지역승수의 값도 커지며, 그 역도 성립한다.

이와 같은 승수모형의 틀 내에서 총수요를 구성하는 어떤 개별 구성요소의 값이 증가함에 따른 효과를 살펴보기 위하여

$$\Delta Y_r = \frac{\Delta(\overline{C} + I_r + G_r + X_r - \overline{M})}{1-(c-m)(1-t)} \quad \cdots\cdots \langle 식\ 6\text{-}10 \rangle$$

으로 나타낼 수 있다. 이러한 관계에 따르면 지역에서 생산된 재화에 대한 한계소비성향이 높을수록 지역 승수의 값은 커지며, 따라서 소득증가분도 커지게 된다. 이러한 관계는 생산요소 및 중간재 투입물에 대한 공급능력이 강한 지역은 수요를 구성하는 개별 항목의 산출량 증가에 의해 큰 편익을 보게 된다는 앞의 내용과 동일하다. 그 이유는 기업과 지역 내 공급자 간의 연속적인 지출과정에서 보다 많은 소득이 지역 내부에 유지될 수 있기 때문이다. 이와는 반대로 지역 공급자와의 연계가 적은 기업들로 구성된 지역에서는 한계수입성향의 값이 커진다. 그 결과 지역 내에서 생산된 재화에 대한 한계소비성향은 매우 낮아지며 지역승수의 값도 매우 작아진다. 따라서 지역의 기업 간 연계는 지역승수의 값을 결

정하는 데 있어서 대단히 중요한 역할을 한다.

3) 한계 및 시사점

한편 이 모형은 계산이 용이하고 쉬워 실무자나 정책결정자들에게 설득력이 강하며, 통계자료가 부족한 경우에도 기반비율(base ratio)인 Y_X/Y_N의 값만 알면 승수효과를 쉽게 측정할 수 있어 적용이 쉽다. 여기서 Y_X는 기반부문의 고용자 수, Y_N은 비기반부문의 고용자 수를 나타낸다. 게다가 생산 및 소득의 흐름에 관한 자료를 구할 수 없을 경우에도 고용예측을 통해서 지역의 경제예측이 가능하고, 산업연관표 작성이 어려운 상황 하에서도 산업 간 연관성에 의해 생산 또는 고용 예측이 가능하다. 그리고 도시, 지역, 국가에 이르기까지 다양한 공간적 범역에 적용이 가능하다. 또한 지역성장에 수출 및 수입에 관한 개념의 도입은 공간상의 상호의존성을 바탕으로 한다는 점에서 보다 현실적이라고 할 수 있다. 즉, 한 나라의 다양한 공간구역 사이의 상호의존성과 한 지역에서 발생하는 것이 그 지역의 경계를 넘어서서 발생하는 것에 아주 크게 의존한다는 원칙 등을 단순한 모형을 통해서 밝혔다는 점이다.

반면 이 모형은 공급 측면을 무시하고 있다는 한계점을 가진다. 경제의 성장이 외생수요(수출)의 증가에 의해 이루어지며 외부의 수출수요가 증가했을 때 지역 내부의 공급 측 문제가 전혀 없음을 가정한다. 즉, 이 모형은 단기에 유휴설비[2]가 존재하고 유휴노동력[3]이 대량으로 존재하여 외부의 수요증가가 존재할 경우 즉각적으로 생산능력의 팽창이 가능하다는 것이다. 그러나 단기에서조차 호황일 때에는 유휴생산요소가 적으므로 이 이론의 적용에 문제가 생긴다. 게다가 지역의 개방성을 강조

2) 가동 가능한 설비들을 가동하지 않는 상태로 둔 것
3) 생산 부문에 동원되지 아니하고 놀고 있는 노동력

하고 있기는 하지만 지역 간 이동은 언제나 불완전하기 때문에 지역의 생산능력에 한계가 또한 존재한다. 결국 이 모형은 지역의 성장에서 공급 측면을 고려하지 않는 수요 측 성장이론이라 할 수 있으며, 지역소득 결정에 관한 장기모형에 지나지 않는다는 비난을 면치 못한다.

기술적 측면에서는 기반 부문과 비기반 부문 간의 분류가 이 접근방법의 출발점이 되는 것이지만 이를 정확하게 분류하는 데 어려움이 따르고 아직까지도 일반화된 완전한 분류방법이 제시되지 않고 있으며 기반비율도 현실적으로 불안정적이다. 뿐만 아니라 비기반산업도 기반산업에 비해 그 중요성이 뒤떨어지지 않으며 비기반산업으로부터 기반산업으로의 성장확대를 통하여 수출산업이 성장할 수 있다는 점을 배제하고 있다.

그리고 이 모형은 외생소득 발생의 원천이 될 수 있는 내생적 요인의 역할이 무시되고 있으며, 그 외생소득의 환류를 전혀 고려하고 있지 않다. 예를 들어 내생적 요인으로 SOC투자의 경우 직접적으로 고용 및 소득창출 효과가 있으며 간접적으로는 기반부문 종사자의 생활안정을 통하여 수출산업의 요소비용을 상대적으로 낮출 수 있어 지역 외 시장에서 이 지역의 경쟁력을 높일 수 있다. 또한 기술의 진보나 자원의 부문 간 적정배분과 같은 구조적 개선을 그 자체만으로도 지역경제의 성장을 가져올 수 있는 요인으로 작용할 수 있다.

또한 장기적으로 지역 간 소득이 균등화될 것인지 아니면 격차가 확대될 것인지에 대한 해답을 주지 못한다. 즉, 지역의 수출을 확대시킴으로써 그 지역소득의 증가에 기여하고 지역성장을 실현시킨다는 사실만 강조하고 있다. 예를 들어 낙후되어 있는 지역의 경우 지역의 수출 비중이 낮기 때문에 지역 간 개발격차가 확대될 것인지 아니면 축소될 것인지의 문제에 대해 대답하지 못하는 것이다. 이에 더하여 지역소득의 소비유형, 지역자원의 부존도, 정부의 개발투자의 영향을 포섭하지 못하는 단점을 가진다.

3. 신고전파 공급중심이론

1) 모형개요

지역성장이론으로써 신고전학파모형은 1960년대에 신고전학파의 국가경제성장이론을 지역의 성장이론에 도입한 것이다. 보츠(G. H. Borts)와 스타인(J. H. Stein)에 의해 소개된 이 모형은 지역의 개방성을 고려하여 생산요소인 노동과 자본 등의 지역 간 자유로운 이동을 전제로 하였으며, 이것이 지역성장의 주요인으로 보았다는 점에서 총량적 경제성장이론과 차이가 난다. 이 모형의 특징은 경제기반모형에서 간과되었던 부분인 공급 측면을 모형 내에 도입하고 있다는 점이며, 장기적으로 지역 간의 1인당 소득격차가 축소됨을 주장하고 있다. 즉, 지역경제 성장의 원동력이 해당 지역의 공급능력에 있다고 이해하고 이러한 공급능력을 결정하는 핵심적인 생산요소인 자본 및 노동의 부존량 및 생산성 확보에 의해 지역성장이 결정된다고 보는 공급중시 이론이다. 이 이론의 핵심은 지역 간 요소가격의 차이는 자유로운 생산요소의 이동을 유발하고, 해당 지역으로 요소의 유입이 요소생산성을 증대시킴에 따라 생산능력이 증대되며, 결국 생산의 증가가 지역경제성장을 유발한다는 것이다.

이 이론을 설명하기 위해 전제되어야 할 기본적인 가정들은 완전고용과 완전경쟁, 동일적 재화와 지역 간 수송비가 없고, 규모에 대한 수익불변의 생산함수와 지역별 동일 생산함수 등이다. 이런 기본적 가정 하에서 노동의 한계생산성으로 나타나는 임금은 자본/노동비율에 대한 직접적인 정(+)의 함수이며 자본의 한계생산성으로 표시되는 자본에 대한 수익률은 자본 장비율인 자본/노동과 역함수 관계를 갖게 된다. 따라서 높은 임금은 낮은 자본수익률을 뜻하며 높은 수익률은 저임금지역에서 얻어지게 된다. 빈곤한 저임금 지역은 비록 자본의 평균생산이 부유한 지역의 평균생산보다 낮더라도 현 상태의 낮은 자본/노동비율에서 보다 높은 자본의 한계수익을 얻을 수 있을 것이다. 생산함수가 모든 지역에서 동일하다고 하면 노동력은 저임금지역에서 고임금지역으로 이동하게 되며, 자본의 이동은 임금이 높은 지역에서 낮은 지역으로 향하게 될 것이다. 그리고 이러한 흐름은 모든 지역에서 생산요소의 수익률이 같아질 때까지 계속될 것이다. 지역 간 노동참여율이 동일하며 재산소득이 지역 간 인구수에 비례하여 분포된다는 등의 부가적인 가정이 주어진다면 지역성장과정은 지역 간 1인당 소득의 수렴과 관계가 있을 것이다.

2) 생산함수와 성장회계[4)]

한 지역에서 생산해 내는 생산물은 그 지역이 가지는 생산요소의 상대적 공급량에 의한다고 볼 때, 그 지역의 생산함수는 다음과 같이 나타낼 수 있다.

$$Y_i = F(K_i,\ L_i) \quad \text{〈식 6-11〉}$$

그리고 각 생산요소는 한계자본생산(자본수익)과 한계노동생산(임금)에 영향을 미쳐 보다 높은 수익을 얻을 수 있는 지역으로 생산요소는 이동하게 된다. 여기에 해당 지역은 규모에 대한 수익불변이라고 가정하였으므로, 콥-더글라스(Cobb-Duouglas) 생산함수를 다음과 같이 표현할 수 있다.

4) 이성근 · 이춘근(2014) 참조

$$Y_i = A \cdot K_i^{\alpha} \cdot L_i^{1-\alpha} \qquad \langle 식\ 6\text{-}12\rangle$$

〈식 6-12〉에서 Y는 생산량이고 K와 L은 각각 자본과 노동을 나타내며, A는 기술수준을 나타낸다. 한편 여기서 또 시간이라는 개념을 포함시킬 필요가 있다. 시간이 경과함에 따라 총산출량과 총투입량과의 관계는 변화한다. 즉, 새로운 생산기법들과 기술들을 통해 생산과정의 효율성을 증대시킬 수 있다. 이러한 새로운 생산기법들과 기술들을 적용하고 수행하는 것은 혁신(innovation)이라고 알려져 있다. 그리고 이러한 혁신의 과정은 시간이 경과함에 따라 주어진 생산요소 투입량에 대해 산출량 수준이 증가됨을 의미한다. 따라서 시간이 경과함에 따라 기술수준이 향상된다고 가정한다면, t기간에 걸친 기술수준의 향상을 나타내기 위해 간단한 기술적 궤도(technological trajectory)를 나타내는 $e^{\varphi t}$를 콥-더글라스 생산함수에 포함시킬 수 있으며 다시 표현하면 아래와 같다.

$$Y_t = A \cdot e^{\varphi t} \cdot K_t^{\alpha} \cdot L_t^{1-\alpha} \qquad \langle 식\ 6\text{-}13\rangle$$

이제 지역의 산출량 증가가 생산과정에서 다양한 생산요소 투입량의 변화와 어떤 관계에 있는지 알아보자. 먼저 지역생산함수를 지역성장 모습으로 변화시키기 위해 〈식 6-13〉에 자연대수를 취하고 시간에 대하여 미분한다.

$$\frac{1}{Y} \cdot \frac{dY}{dt} = \varphi + \frac{\alpha}{K} \cdot \frac{dK}{dt} + \frac{1-\alpha}{L} \cdot \frac{dL}{dt} \qquad \langle 식\ 6\text{-}14\rangle$$

〈식 6-14〉는 다시 〈식 6-15〉와 같이 나타낼 수 있다.

$$\dot{Y}_t = \varphi + \alpha \dot{K} + (1-\alpha)\dot{L} \qquad \langle 식\ 6\text{-}15\rangle$$

〈식 6-15〉에서 $\dot{Y}_t$, $\dot{K}$, 그리고 $\dot{L}$은 각각 산출물, 노동 및 자본의 증가율을 나타내고, α와 $(1-\alpha)$는 각각 자본과 노동에 대한 기여도인 생산성을 나타낸다. 이런 신고전학파의 성장식은 다음과 같은 의미를 가지는데 t시점에서의 지역의 산출량 증가율은 경제에서 개별적 기여도에 의해 가중된 투입요소(자본과 노동) 증가율의 합에다가 기술수준 φ를 합한 값임을 보여준다. 그리고 기술수준은 자본과 노동의 최적 결합비율을 변화시키는 방식에 의해서는 달성할 수 없는 경제성장에 대한 기여도를 나타낸다.

한편 시간의 변화에 따른 생산요소 수익성에 영향을 미치는 것은 과연 무엇일까? 우선 노동에 대한 수익성을 대변하는 임금은 노동생산성에 따라 결정되기 때문에 임금의 증가율은 노동생산성의 증가율과 관련이 있음을 주시해야 한다. 이 관계를 정확히 살펴보기 위해 〈식 6-15〉의 양변에 노동의 (투입량에 대한) 증가율을 각각 빼주면 아래와 같이 나타낼 수 있다.

$$\dot{Y}_t - \dot{L}_t = \varphi + \alpha\dot{K} + (1-\alpha)\dot{L} - \dot{L}_t \quad \text{〈식 6-16〉}$$

〈식 6-16〉을 풀어보면 아래 〈식 6-17〉처럼 다시 나타낼 수 있다.

$$\dot{Y}_t - \dot{L}_t = \varphi + \alpha(\dot{K}_t - \dot{L}_t) \quad \text{〈식 6-17〉}$$

〈식 6-17〉의 좌변은 시점 t에서 노동생산성의 증가율을 나타낸 것인데, 이것은 기술수준과 자본/노동 비율의 증가율의 합으로 주어진다. 즉, 임금의 증가율에 영향을 미치는 것은 기술수준과 자본/노동비율의 증가율인 것이다. 즉, 생산요소인 노동의 이동은 보다 임금을 높이 주는 지역으로 이동하게 됨을 뜻한다.

한편 이윤의 성장을 발생시키는 원천에 관해서도 우리는 유사하게 접근 가능하다. 위에서 말한 바와 같이 이윤증가율은 결국 자본생산성에 의존한다고 볼 때, 이를 식으로 표현하면 아래와 같이 나타난다.

$$\dot{Y}_t - \dot{K}_t = \varphi + (1-\alpha)(\dot{L}_t - \dot{K}_t) \quad \cdots\cdots \langle 식\ 6\text{-}18 \rangle$$

〈식 6-18〉에서 좌변은 시점 t에서 자본생산성의 성장률을 나타내는데, 그것은 기술수준과 노동/자본비율의 성장률의 합에 따른다. 즉, 이윤의 성장정도에 영향을 미치는 것은 기술수준과 노동/자본비율의 증가율인 것이다. 즉, 생산요소인 자본의 수익성은 노동에 대한 수익성이 높은 지역에서 낮은 지역으로 이동하게 됨을 말한다.

한편 이윤의 성장률이 0이 되는 균제상태에서 성장의 잠재적 원천을 살펴보기 위해 산출량/자본 비율의 성장률이 0일 때 이윤의 성장률을 0으로 두자. 이를 식으로 표현하면 아래 〈식 6-19〉와 같다.

$$\dot{Y}_t = \dot{K}_t \quad \cdots\cdots \langle 식\ 6\text{-}19 \rangle$$

이러한 조건을 〈식 6-15〉에 대입하면 다시 〈식 6-20〉으로 고쳐 쓸 수 있다.

$$0 = \varphi + (1-\alpha)(\dot{L}_t - \dot{Y}_t) \quad \cdots\cdots \langle 식\ 6\text{-}20 \rangle$$

〈식 6-20〉을 정리하면 다시 〈식 6-21〉로 나타낼 수 있다.

$$\dot{w}_t = \dot{Y}_t - \dot{L}_t = \frac{\varphi}{(1-\alpha)} \quad \cdots\cdots \langle 식\ 6\text{-}21 \rangle$$

〈식 6-21〉은 이윤의 성장률이 0이 되는 균제상태(steady-state situation)

에서는 노동생산성 및 임금의 성장률은 단순히 기술수준과 경제의 생산요소 투입에서 노동이 차지하는 비율에 의존함을 뜻한다.

3) 요소수익과 한계생산성

노동에 대해 지불된 임금 w는 노동의 한계생산 MP_L과 같으며, 노동의 한계물적생산 MPP_L과 산출물 가격 P_X의 곱으로 주어진다. Cobb-Douglas 생산함수의 틀 내에서 노동의 지표 β는 $(1-\alpha)$와 같아지며, 노동투입량에 대한 산출량의 편탄력성(partial elasticity of output with respect to labor input)으로 정의된다.

$$(1-\alpha)=\frac{\Delta Y/Y}{\Delta L/L}=\frac{\Delta Y}{Y}\times\frac{L}{\Delta L}=\frac{\Delta Y}{\Delta L}\times\frac{L}{Y} \quad \cdots\cdots\cdots\cdots \langle 식\ 6\text{-}22\rangle$$

따라서 $\beta=1-\alpha=MP_L/AP_L$이 성립하는데, 여기서 AP_L은 노동의 평균생산을 나타낸다. 그러므로 노동의 한계생산에 의해 주어지는 임금 w는 $w=(1-\alpha)AP_L$이 된다.

이와 유사하게 자본에 대한 이윤율 r은 자본의 한계생산 MP_K와 같으며, 자본의 한계물적생산 MPP_L에 산출물의 가격 P_X를 곱함으로써 구해진다. 콥-더글라스 생산함수의 틀 내에서 자본의 지표 α는 자본투입량에 대한 산출량의 편탄력성(partial elasticity of output with respect to capital input)으로 정의된다.

$$\alpha=\frac{\Delta Y/Y}{\Delta K/K}=\frac{\Delta Y}{Y}\times\frac{K}{\Delta K}=\frac{\Delta Y}{\Delta K}\times\frac{K}{Y} \quad \cdots\cdots\cdots\cdots\cdots\cdots \langle 식\ 6\text{-}23\rangle$$

따라서 $\alpha=MP_K/AP_K$가 성립하는데, 여기서 AP_K은 자본의 평균생산을 나타낸다. 그러므로 자본의 한계생산에 의해 주어지는 이윤율 r은 $r=\alpha AP_K$가 된다.

4. Harrod-Domar의 경제성장 모형

1) 개요와 내용

해로드(R. F. Harrod)와 도마(E. D. Domar)는 자본주의체제 하에서 경제가 장기적으로 안정적인 성장을 할 수 있을 것인가에 대해서 단순한 경제성장이론을 통해 이론적으로 성장요인에 대해 규명하고자 하였다. 그들은 노동의 완전고용과 자본설비의 완전 가동상태에서 경제가 안정적으로 성장할 수 있는 조건에 대해서 연구하였다.

해로드와 도마는 장기적인 성장을 위한 조건으로 노동의 완전가동조건과 자본의 완전가동조건식의 결합을 통해 설명하고 있다. 경제의 안정적인 성장률을 g라고 하고, 소득에서 저축이 차지하는 비율인 저축률을 s, 자본-산출량의 비율인 자본계수를 v라고 가정하면, g = s/v가 된다. 이를 다음 식과 같이 나타낼 수 있다.

$$\frac{\Delta Y}{Y}=g=\frac{s}{v} \quad \cdots\cdots \langle 식\ 6\text{-}24\rangle$$

이 식을 통해 적정 경제성장률에 필요한 저축률과 자본계수를 측정할 수 있다. 예를 들어 한 국가의 자본계수가 3인 경우(1단위의 산출량 생산을 위해 필요한 자본이 3배 존재해야 함을 의미), 7%의 성장률을 위해서는 21%(7 = s/3)의 저축률이 필요한 것이다.

즉, 해로드는 생산물 시장이 균형을 유지하면서 자본설비가 완전 가동되기 위해서는 매 기간 국민소득이 s/v 수준으로 성장해야 한다고 주장하였다. 이때 산출되는 성장률인 g를 적정성장률(warranted rate of growth)이라고 하였다.[5)]

Harro-Domar 모형은 노동과 자본 두 생산요소 간의 대체성을 인정하지 않고, 완전한 보완관계를 가정하고 케인스의 거시경제모형을 장기적인 성장모형으로 발전시켰다. 실질적으로는 두 요소 간의 대체성이 존재하기 때문에 불완전한 균형상태를 나타낸다고 할 수 있다. 여기서 적정성장률(자본스톡과 노동의 완전고용)과, 자연성장률(노동력의 증가율)이 현실경제의 실질성장률과 일치하는 상태를 가장 바람직한 균형성장 상태로 간주하였다.

2) 시사점 및 한계

Herrod-Domar 모형에서는 완전고용과 완전경쟁 상태의 가정 하에서 균형성장에 대한 이론적인 조건들을 제시함으로써 실제의 생산요소들이 완전하게 투입되었을 때 나타나는 균형성장률을 이용하여 경제성장을 설명하고 있다. 즉, 모형에 나타나는 생산요소들이 완전 투입됐을 경우 실제 경제에서도 균형상태로 수렴하여 균형성장률 수준의 경제 성장을 이루어 낼 수 있으나 실제 경제에서는 이 균형상태로 수렴하는 힘이 없기 때문에 불안정한 경제성장을 하고 있다는 것이다.

Herrod-Domar 모형은 완전고용과 완전경쟁 상태, 단일의 동질적 상품, 제로(0)의 운송비용, 규모에 대한 수익불변을 나타내고 있는 지역적으로 동일한 생산함수, 고정된 노동공급 등의 신고전학파 이론에 기반한 가정을 두고 있다., 이러한 가정들이 비현실적이라고 할 수 있기 때문에

5) 해로드는 이러한 적정성장률의 개념을 인구의 자연증가율과 같은 소득의 성장률을 의미하는 자연성장률(natural rate of growth)과 구분하였다.

비판적인 측면이 있지만 분석을 단순화하였다는 측면에서 지역경제성장이론에 기여하고 있다.

하지만 지역경제 측면에서 많은 지역 문제들이 지역 간 집적적인 차이에서 발생하고 그에 따라 고용의 격차도 발생하기 때문에 완전고용가정은 수용하기 어려우며, 공간 경제적 측면에서 공간과 거리는 경쟁을 제한하는 요소가 있기 때문에 완전경쟁의 가정 또한 성립하기는 어렵다. 그리고 경제발전의 다양한 요소를 배제한 상태에서 저축, 투자 또는 자본에만 의존한다고 설명하는 등 여러 가지 가정의 비현실적 측면에서 한계점을 보이고 있다.

5. 신고전학파 모형 종합적 시사점

신고전학파의 모형들은 공급 측면에서 지역성장의 문제를 다루었으며, 국가성장이론에서 제시된 이념을 지역경제의 분석에 쉽게 도입 및 적용을 할 수 있다는 장점이 있다. 그리고 지역경제성장을 지역 간 생산요소이동과 함께 설명하고 있으며, 정확한 예측결과를 도출할 수 있게 해준다.

이러한 장점에도 불구하고 신고전학파모형은 여러 문제점을 가진다. 먼저 기본적인 가정에 현실성이 결여되어 있다. 우선 동태적인 지역경제에서 완전고용과 완전경쟁이라는 가정이 그것인데, 그 이유는 지역경제에서는 공간과 거리가 중요한 개념으로 대두되며 그것들이 경쟁을 제한하여 독점력을 부과하기 때문이다. 게다가 지역별 존재하는 산업구조가 다름에도 불구하고 이러한 가정으로 인해 분석에 포함이 되지 못하게 되는 비현실성을 여실히 드러내고 있다. 또한 수송비가 들지 않는다는 가정과 공간적 마찰이 없다는 가정은 분석의 편의를 위한 것일 뿐 지역경제문제를 다룰 때 고려될 수 있는 것이 아니다.

다음으로 모형의 틀 내부에 존재하는 자본과 노동에 대한 생산성뿐만 아니라 지역성장을 유도하는 데 크게 기여하는 것 중 하나가 기술수준의 향상임에도 불구하고 그에 대한 분석이 없다는 것이다. 즉, 기술혁신이 투자환경과 노동시장조건에 미칠 효과도 이론 속에 포함하고 있지 못하다는 것이다. 그리고 분석의 결과가 자유로운 요소의 이동으로 인한 지역경제성장을 유도한다는 것인데 실제로 한 지역만을 대상으로 이론을 전개하여 각 지역 간의 경제적 상호작용이 실제로는 배제되는 점을 들 수도 있다. 게다가 생산요소에 대한 수요요인을 고려하고 있지 않아 역의 인과관계가 존재할 가능성도 있다. 즉, 생산요소 공급 증대로 고성장이 이루어진 것이 아니라 고성장의 결과로 인해 생산요소공급이 증대되었을 경우에 대해 신고전학파의 지역경제성장이론은 설명력을 잃게 되는 한계를 가진다.

6. 누적 성장모형

1) 모형개요 및 내용

누적성장이론(cumulative growth theory)은 화폐소득의 순환 및 누적원리에 의하여 평균소득이 높은 지역은 상대적으로 구매력도 높으며 이에 따른 요소소득도 많아지게 되고 그 지역은 더욱더 많은 집적력이 형성되어 더 높은 성장을 이룩한다는 것이다. 반면 평균소득이 낮은 지역은 구매력이 낮다는 의미에서 점차 실업이 발생하게 되고, 이는 저소득 및 저구매력으로 이어져 산업활동의 침체를 계속 경험하게 되며, 이런 침체가 누적된다는 것으로 성장지역과 침체지역의 격차가 계속 증가하게 된다는 것이다. 이 이론의 출발은 수요 측면의 지역성장이론으로써 안정적 균형성장을 이룬다는 신고전학파 모형과는 달리 지역 간 1인당 소득격차가 해소되지 않고 오히려 증가한다고 가정함을 그 근원으로 둔다. 뮈르달(G. Myrdal)에 의하면, 그는 "시장에 존재하는 여러 가지 힘의 작용은 대개 지역 간 불균형을 완화시키기보다는 격차를 심화시키는 경향이 있다" 고 말한다. 그리고 이 같은 지역의 성장 및 쇠퇴의 상반되는 경향을 파급효과(spread effect)와 역류효과(backwash effect)라는 상반된 힘이 누적적으로 상향 혹은 하향운동을 일으킴으로써 지역 간 불균형을 심화시킨다고 주장한다. 여기서 파급효과는 자본과 노동력이 유입된 지역은 배후지역의 역류효과에 영향을 입어 수요의 증대로 성장효과를 가져오는데, 이러한 성장효과는 배후지역에 파급되어 그 지역에 대한 새로운 투자가 이루어져 배후지역 성장도 동시에 이루어지게 되는 것을 말한다. 역류효과란 배후지역의 사회 · 경제 활동 악화로 자본, 노동력에 대한 수요가 상대적으로 악화되어 모든 생산요소가 중심지로 다시 집중되는 효과를 말한다. 예를 들어 역사적 · 지리적 조건들이 중심지역의 비교우위를 누적적으로 확대시켜 중심지역에는 생산요소가 유입되는 것이 계속적으로 나타나는 데 반해 중심지역에 생산요소를 공급하는 배후지역은 역류효과로 인해 누적적으로 침체를 경험하게 된다는 것이다. 지역성장이론의 개념을 소개하는 도입 부분에 말한 바와 같이 이러한 의미에서 누적성장모형은 불균형성장이론이라고 할 수 있다.

한편 누적성장모형은 변화할당모형과 함께 수요공급 혼합의 대표적인 모형이다. 즉, 도시지역에서 생산되는 산출물에 대한 외부수요의 증가는 생산요소의 생산성을 증대시킴으로써 도시의 공급능력을 확대시키고 이로 인한 산출물의 대량생산은 생산비를 떨어뜨려 재화의 수출가격을 낮추며, 그 결과 외부수요가 더욱 확대된다는 것이다. 수출에 대한 외부수요의 발생은 바로 수출기반이론(혹은 경제기반이론)을 그 이론적 근거로 하고 있기 때문이다. 그리고 지역의 성장을 지역수출에 연관하여 중심지역과 배후지역 사이의 생산, 투자, 요소이동 등의 공급 측면과 상호 연관하여 잘 설명하고 있다. 이런 누적성장모형은 개발도상국들의 불균형과정을 비교적 잘 표현하고 있다는 점에서 그 의의를 가진다고 할 수 있다.

2) 누진적 성장과 수렴적 성장

[그림 6-2] 누진적 성장

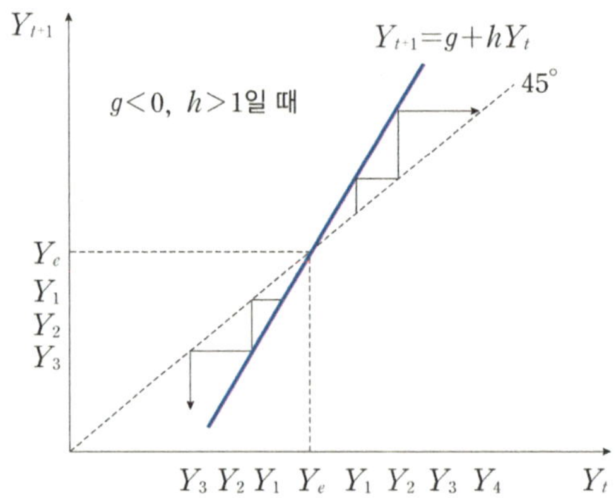

(a) 누진적 성장

$g < 0$, $h > 1$인 경우 균형소득에서 벗어나면 균형소득보다 더 큰 우측 부분에서는 소득이 더 커지는 방향으로, 그리고 균형소득보다 작은 좌측 부분에서는 더욱 작아지는 방향으로 움직인다.

먼저 누진적 성장을 나타내는 $g < 0$, $h > 1$인 경우를 살펴보자.

$g < 0$, $h > 1$인 경우 균형소득에서 벗어나면 균형소득보다 더 큰 우측 부분에서는 소득이 더 커지는 방향으로 그리고 균형소득보다 작은 좌측 부분에서는 더욱 작아지는 방향으로 움직인다.

다음으로 수렴적 성장의 경우를 살펴보자.

[그림 6-3] 수렴적 성장

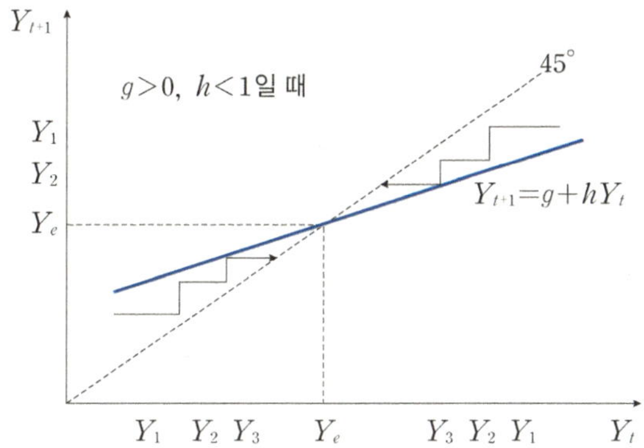

(b) 수렴적 성장

$g > 0$, $h < 1$인 경우 균형소득보다 더 큰 소득수준인 우측 부분에서는 소득이 작아지는 방향으로, 그리고 균형소득보다 작은 수준인 좌측 부분에서는 더욱 커지는 방향으로 움직인다.

$g > 0$, $h < 1$인 경우 균형소득에서 벗어나면 균형소득보다 더 큰 소득수준인 우측 부분에서는 소득이 작아지는 방향으로, 그리고 균형소득보다 작은 수준인 좌측 부분에서는 더욱 커지는 방향으로 움직여 결국 균형소득으로 수렴하게 된다.

3) 지역 간 생산주기에 따른 누적성장

누적성장이론(cumulative growth theory)은 화폐소득의 순환 및 누적원리에 의하여 평균소득이 높은 지역은 상대적으로 구매력도 높으며, 이에 따른 요소소득도 많아지게 되어 더욱더 많은 집적력이 형성됨으로 더 높은 성장을 이룩한다고 주장한다. 반면, 평균소득이 낮은 지역은 구매력이 낮기 때문에 점차 실업이 발생하게 되고, 이는 저소득 및 저 구매력으로 이어져 산업활동의 침체를 계속 경험하게 되며, 이런 침체가 누적되면 성장지역과 침체지역의 격차가 계속 증가하게 된다는 것이다. 이론의 출발은 수요 측면의 지역성장이론으로 안정적 균형성장을 이룬다는 신고전학파 모형과는 달리 지역 간 1인당 소득격차가 해소되지 않고, 오히려 증가한다는 가정을 기초로 하고 있다.

뮈르달은 "시장에 존재하는 여러 가지 힘의 작용은 대개 지역 간 불균형을 완화시키기보다는 격차를 심화시키는 경향이 있다"고 말한다. 이 같은 지역의 성장 및 쇠퇴 경향을 파급효과(spread effect)와 역류효과(backwash effect)라는 상반된 힘이 누적적으로 작용함으로써 지역 간 불균형을 심화시킨다고 주장한다. 여기서 파급효과는 자본과 노동력이 유입된 지역은 배후지역의 역류효과에 영향을 받아 수요증대로 성장효과를 가져오는데, 이러한 성장효과는 배후지역에 파급되어 그 지역에 대한 새로운 투자가 이루어져 배후지역 성장도 동시에 이루어지게 되는 것을 의미한다. 역류효과란 배후지역의 사회·경제활동의 악화로 자본 및 노동력에 대한 수요가 상대적으로 악화되어 모든 생산요소가 중심지로 다시 집중되는 효과를 말한다. 예를 들어 역사·지리적 조건들이 중심지역의 비교우위를 누적적으로 확대시켜 중심지역에는 생산요소가 유입되는 데 반해 중심지역에 생산요소를 공급하는 배후지역은 역류효과로 인해 누적적으로 침체를 경험하게 된다는 것이다. 이러한 의미에서 누적성장모형은 불균형성장이론이라고 할 수 있다.

[그림 6-4] 생산주기에 따른 지역경제 변화

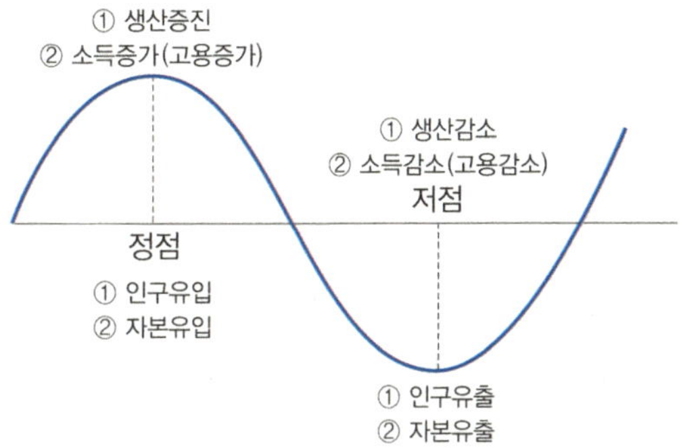

지역에서 생산되는 산출물에 대한 외부수요의 증가는 생산요소의 생산성을 증대시킴으로써 지역의 공급능력을 확대시키고 이로 인한 산출물의 대량생산은 생산비를 떨어뜨려 재화의 수출가격을 낮추며, 그 결과 외부수요가 더욱 확대된다.

한편 누적성장모형은 변화할당모형과 함께 수요공급혼합의 대표적인 모형이다. 즉, 지역에서 생산되는 산출물에 대한 외부수요의 증가는 생산요소의 생산성을 증대시킴으로써 지역의 공급능력을 확대시키고 이로 인한 산출물의 대량생산은 생산비를 떨어뜨려 재화의 수출가격을 낮추며, 그 결과 외부수요가 더욱 확대된다는 것이다. 수출에 대한 외부수요 발생은 수출기반이론(혹은 경제기반이론)을 이론적 근거로 하고 있기 때문이다. 그리고 지역성장을 지역수출에 연관하여 중심지역과 배후지역 사이의 생산, 투자, 요소이동 등의 공급 측면과 상호 연관하여 잘 설명하고 있다. 누적성장모형은 개발도상국들의 불균형과정을 비교적 잘 설명하고 있다는 점에서 그 의의를 가진다고 할 수 있다.

제2절 지역경제 분석

1. 지역경제 순환 및 소득

지역경제는 지역 내 생산, 소비, 자본형성(투자) 간의 순환에 의해서 이루어지며 이들 순환과정에서 경제주체들의 요소비용 지불과 수취에 따라 상호의존 관계가 성립된다. 이러한 지역경제순환의 결과를 측정하는 방법으로 지역사회계정(regional social accounting)을 이용하며, 이를 통해 국민소득 개념을 응용한 지역총소득, 지역수지계산서(regional balance sheet), 가계소비, 정부지출, 민간투자 및 개인지출 등을 파악할 수 있다.

지역 내 경제활동만 발생하는 폐쇄경제체제(closed economic system) 하에서는, 지역 내 재화와 용역의 생산을 위해 지불된 소득은 그 지역에서 소비되어 다시 생산형태로 순환되지만 일부는 저축 형태로 자본형성이 이루어지고 다시 생산에 투입된다. 반면에 지역 간 경제활동을 통해 발생하는 개방경제체제(open economic system)에서는 타 지역과의 수출과 수입의 형태로 재화와 용역이 이동하며 자본이 타 지역으로 유출되는 현상을 이 지역의 순투자라고 한다. 따라서 자본형성의 일부는 저축되어 생산에 투입되지만 일부는 순투자 형식으로 타 지역으로 이동하게 된다.

1) 폐쇄경제체제

폐쇄경제체제 하에서는 지역 내 재화와 용역의 생산을 위해 지불된 소득은 그 지역에서 소비되어 다시 생산형태로 순환되지만 일부는 저축형태로 자본형성이 이루어지고 다시 생산에 투입된다. 이 과정은 [그림 6-5]와 같다.

[그림 6-5]에서는 외생부문이 존재하지 않으므로 내생변수에 의한 승수효과만 발생하며 단순재생산의 순환체계가 유지될 뿐이다.

[그림 6-5] 폐쇄경제의 경제순환

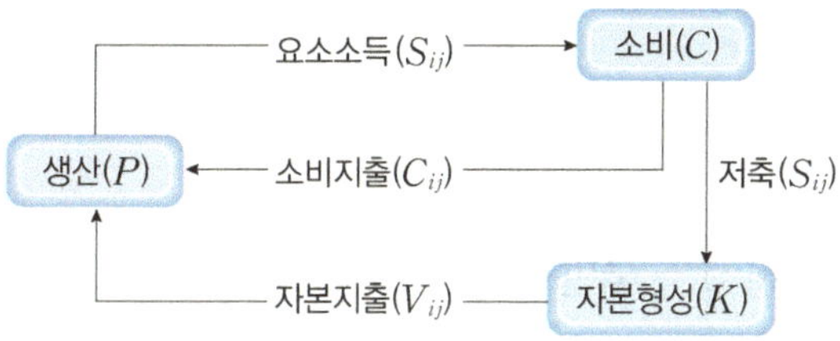

2) 개방경제체제

개방경제체제 하에서는 타 지역과 수출과 수입형태로 재화와 용역이 이동하며 자본이 타 지역으로 유출되는 현상을 이 지역의 순투자라고 한다. 따라서 자본형성의 일부는 저축되어 생산에 투입되지만 일부는 순투자의 형식으로 타 지역으로 이동하게 된다. 이 순환과정을 나타내면 [그림 6-6]과 같다.

[그림 6-6]에서는 외생부문에 의한 승수효과가 발생하여 확대재생산의 순환체계가 정립된다.

[그림 6-6] 개방경제의 경제순환

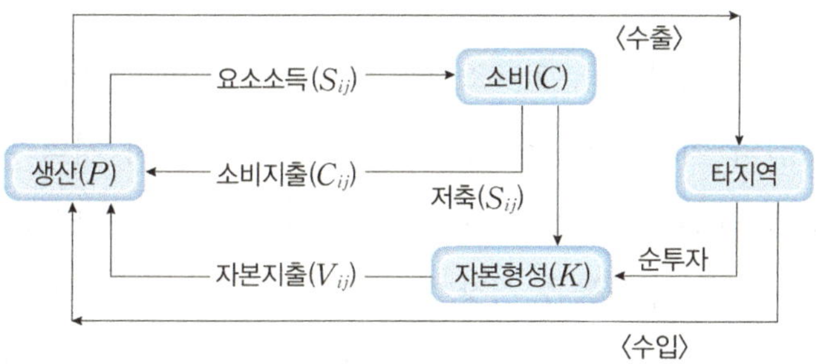

3) 지역소득 계정식

지역경제순환체계를 설명하기 위해 국민소득순환 계정식을 이용하여 지역소득계정식을 도출할 수 있다. 국민소득순환 계정식은 다음 〈식 6-25〉와 같다.

$$Y = C + I + G + (X - M) \quad \cdots\cdots \langle 식\ 6\text{-}25 \rangle$$

〈식 6-25〉에서 Y=국민소득, C=소비, I=투자, G=정부지출, X=수출, M=수입을 나타낸다. 이 식을 지역개념을 적용한 지역소득 방정식으로 변환하면 다음 〈식 6-26〉의 형태로 나타난다.

$$\begin{aligned} D_i &= F_i + \sum F_{ji} + S_i \\ &= C_i + I_i + G_{ci} + G_{li} + (\sum X_{ij} - \sum M_i) \end{aligned} \quad \cdots\cdots \langle 식\ 6\text{-}26 \rangle$$

$$(단,\ i, j = 1, 2, \cdots\cdots, n)$$

여기서 D_i=지역소득, F_{ji}=j지역에서 i지역으로부터 구매, G_{ci}=중앙정부지출, G_{li}=지방정부지출, S_i=저축, $\sum X_{ij} - \sum Mi$=순수출을 의미한다. 여기서 지역개인소득 P_i는, 아래 〈식 6-27〉로 나타낼 수 있다.

$$P_i = C_i = T_i + S_i = F_i + \sum F_{ji} \quad \cdots\cdots \langle 식\ 6\text{-}27 \rangle$$

여기서 P_i=개인소득, T=조세를 의미하고, 지방정부의 지출(G_{li})는 지방세(T_{li})와 이월금(S_{li})의 합으로 구성된다. 따라서 지역 내 총생산(Gross Regional Domestic Product)은 일정 지역에 있어서 일정기간 동안 생산된 모든 최종생산물을 시장가격으로 환산한 액수와 생산에 투입된 고정자본의 감가상각(depreciation)액을 합한 개념이라 할 수 있다.

그리고 지역소득(regional income)이란 일정한 지역 내에 거주하는 주민에 의하여 제공된 생산요소소득의 총액으로 임금, 지대, 이자, 이윤 등으로 구성된다. 따라서 지역소득은 지역 순생산에서 간접세를 뺀 부분이며 정부보조가 있을 경우 그 액수를 합하여 계산한다. 이와 같이 생산요소 소유자에 의해 창출된 소득을 지역 순생산 혹은 지역소득이라고 부르며 생산소득, 자본소모부문, 직접세, 보조금 등이 조정된 소득을 요소비용(factor cost)으로서의 지역 순소득으로 분류한다.

2. 지역입지계수

1) 의의 및 내용

입지계수법은 국가 전체적인 총고용에서 특정 산업의 고용이 차지하는 비중에 비하여 어떤 지역의 총고용에서 특정 산업이 차지하는 비중을 파악하는 방법이다. 입지계수법은 지역의 고용자료를 획득할 수 있는 경우 계산이 가능하며 보통 널리 사용하는 기법이다. 지역의 입지계수 LQ_{ir}은 어떤 지역(E_r)의 특정 산업고용(E_{ir})을 국가 전체적인 총고용(E_n)에서 특정 산업의 고용이 차지하는 비중(E_{in})으로 나누어준 것이다. 따라서 이를 식으로 나타내면 〈식 6-28〉과 같다.

$$LQ_{ir} = \left(\frac{E_{ir}}{E_r}\right) / \left(\frac{E_{in}}{E_n}\right) \quad \cdots\cdots \langle 식\ 6\text{-}28 \rangle$$

〈식 6-28〉에서 E_r은 지역(r)의 총고용, E_{ir}은 지역(r)의 산업부문(i)에 대한 고용, E_n은 국가 전체적 총고용, 그리고 E_{in}은 국가 산업부문(i)에 대한 고용을 각각 나타낸다.

경제기반분석 측면에서 입지계수의 함의를 살펴보면 만약 어떤 지역의 특정 산업부문이 국가 전체적 평균에 비해 높은 고용 비중을 나타낸다면, 그 지역은 특정 산업부문의 생산에 상대적으로 특화되어 있음을 의미하며 입지계수는 1보다 크게($LQ_{ir} > 1$) 된다. 즉, 모든 지역의 기업들이 동일한 선형생산함수를 갖고, 모든 지역에 거주하는 가계들의 소비함수가 동일하다면, 입지계수가 1보다 크다는 것은 그 지역의 특정 산업부문이 재화의 순수출 지역산업이라는 것을 의미한다. 반대로 입지계수가 1보다 적다면 그 지역의 특정 산업부문이 비특화되어 재화의 순수입 지역산업이라는 것을 의미한다. 그리고 입지계수가 1일 때에는 특정 산업부문에서 생산되는 재화의 지역 간 순거래 흐름이 없음을 의미하며, 이는 지역 자체 내에서 자급자족하고 있는 상태임을 시사한다.

입지계수는 여러 지역경제 분석기법인 산업연관분석, 경제기반분석 및 전이할당 분석 등과 함께 사용하면 매우 유용하다. 또한 자료만 있으면 쉽게 구할 수 있을 뿐만 아니라 필요에 따라서는 여러 가지 변수를 사용할 수 있으며 조사나 분석비용을 최소화할 수 있으므로 유용한 분석 방법이다. 그러나 입지계수는 쉽게 계산할 수 있기 때문에 오히려 사용방법을 제대로 인지하지 못한 상태에서 남용되는 경우가 있다. 그리고 너무 단순하여 불확실한 면이 많아, 이를 이용하여 지역 간 단순비교를 할 경우 모순된 결과를 가져올 수도 있다.

2) 적용과 분석

입지계수의 실제 적용사례를 설명하기 위해 대구지역의 최근 통계자료를 이용하여 설명하고자 한다.

〈표 6-1〉 대구지역의 총산출액과 입지계수(특정연도)

	구분	전국 총산출액 (A)	산업별 구성비 (B)	대구 총산출액 (C)	산업별 구성비 (D)	입지 계수 (D/B)	전국 비중 (C/A)
1	농림수산품	33,542,592	3.16	219,306	0.67	0.21	0.65
2	광산품	2,539,580	0.24	9,539	0.03	0.12	0.38
3	음식료품	53,153,139	5.00	855,436	2.63	0.53	1.61
4	방적, 직조 및 섬유가공업	4,294,071	0.40	3,537,525	10.89	26.9	82.38
5	편조업	15,828,408	1.49	133,038	0.41	0.27	0.84
6	의복 및 장신품	14,055,516	1.32	137,890	0.42	0.32	0.98
7	기타 섬유제품	5,573,152	0.52	224,737	0.69	1.32	4.03
8	가죽제품	5,320,779	0.50	10,294	0.03	0.06	0.19
9	목재, 종이제품	14,368,629	1.35	473,524	1.46	1.08	3.30
10	인쇄, 출판 및 복제	16,763,715	0.72	145,335	0.45	0.62	1.89
11	석유, 화학제품	107,168,629	10.08	662,808	2.04	0.20	0.62
12	비금속광물제품	16,763,715	1.58	163,110	0.50	0.32	0.97
13	제1차 금속	54,427,447	5.12	459,210	1.41	0.28	0.84
14	금속제품	18,761,683	1.77	613,935	1.89	1.07	3.27
15	일반기계	28,708,463	2.70	1,127,001	3.47	1.28	3.93
16	전기전자기기	93,604,275	8.81	505,461	1.56	0.18	0.54
17	정밀기기	4,751,873	0.45	210,636	0.65	1.45	4.43
18	수송장비	48,971,426	4.61	1,350,017	4.15	0.90	2.76
19	가구 및 기타 제조업제품	7,363,442	0.69	129,321	0.40	0.57	1.76
20	전력가스 및 수도	23,398,313	2.20	384,001	1.18	0.54	1.64
21	건설	97,469,622	9.17	4,131,577	12.71	1.39	4.24
22	도 · 소매	52,330,216	4.92	4,307,334	13.26	2.69	8.23
23	음식점 및 숙박	9,145,806	0.86	1,328,192	4.09	4.75	14.52
24	운수 및 보관	45,080,007	4.24	1,060,984	3.27	0.77	2.35
25	통신 및 방송	19,886,424	1.87	966,175	2.97	1.59	4.86
26	금융 및 보험	41,855,577	3.94	1,791,176	5.51	1.40	4.28
27	부동산 및 사업서비스	102,092,718	9.60	3,494,963	10.76	1.12	3.42
28	공공행정 및 국방	34,665,394	3.26	773,970	2.38	0.73	2.23
29	교육 및 보건	55,036,636	5.18	819,614	2.52	0.49	1.49
30	사회 및 기타서비스	20,305,138	1.91	1,764,277	5.43	2.84	8.69

31	기타	24,795,523	2.33	704,640	2.17	0.93	2.84
	합계	1,062,958,081	100	32,495,026	100.00	1.00	3.06

출처 : 이성근 · 이춘근(2014)

〈표 6-1〉은 전국과 대구지역의 총산출액을 기준으로 계산한 대구 지역 산업별 입지계수표이다. 표에서 보는 바와 같이 대구지역은 방적, 직조 및 섬유가공업의 입지계수가 26.9로 상당히 높고, 다음으로 음식 및 숙박업이 4.75, 사회 및 기타 서비스업이 2.84, 도소매업이 2.69, 통신 및 방송이 1.59, 정밀기기가 1.45, 금융 및 보험업이 1.40으로 나타났다.

앞에서 설명한 식을 바탕으로 농림수산품, 일반기계제품, 건설업 각각의 입지계수를 계산하여 보자. 표에서 나타나는 것처럼 농림수산품이 전국 전체 산업에서 차지하는 구성비는 3.16%이고, 대구지역 농림수산품이 대구지역 전체 산업에서 차지하는 산업구성비는 0.67%이다. 따라서 0.67%/3.16%=0.21이 농림수산품의 입지계수가 된다. 일반기계제품과 건설업도 같은 방법으로 계산하면 된다.

$$\text{농림수산품 입지계수} = \frac{\text{지역농림수산품 산업구성비}}{\text{전국농림수산품 산업구성비}} = \frac{0.67}{3.16} = 0.21$$

$$\text{일반기계제품 입지계수} = \frac{3.47}{2.70} = 1.28$$

$$\text{건설업 입지계수} = \frac{12.71}{9.17} = 1.39$$

3) 시사점

입지계수는 계산의 단순성으로 인해 연구의 초기 단계에서 유용한 도구가 되지만 해석상 한계점을 지닌다. 아이사드[6]는 다음과 같은 관점에

6) Isard eds.(1988)

서 입지계수의 한계를 설명하였다.

첫째, 동일한 소득을 가진 가계라 할지라도 소비성향과 취향이 지역별로 다르게 나타날 수 있다는 것이다. 즉, 지역의 환경에 의해서 요구되는 재화의 성질과 수량의 차이가 발생하기 때문에(예 추운 지역에서 요구되는 연료의 양이 따뜻한 지역보다 많은 경우) 이러한 부분이 입지계수에 영향을 미친다는 것이다. 둘째, 가계 소득수준은 지역에 따라 차이가 나며, 이러한 부분이 입지계수에 영향을 미칠 수 있다는 것이다. 마지막으로, 생산관행과 산업 혼합형태가 지역마다 다르기 때문에 지역적으로 동력이 필요한 산업이 클러스터화되어 있는 경우 동력의 입지계수가 1보다 높게 나타날 수 있지만, 전체적으로는 이 지역의 동력 산업이 주요 이출 내지 수출 지역이 아닐 수 있다는 것이다.

따라서 입지계수 자체만을 가지고 해석하기보다는 지역 전문화지수나 변화할당 분석 등과 연계해서 입지계수 분석기법을 사용해야 하며, 해당 지역의 생산함수, 소비함수, 지역적인 선호도 차이, 소득분배 수준, 산업 혼합수준 등을 고려하여 분석해야 한다.

3. 변화할당 분석

1) 의의 및 내용

변화할당 분석(shift and share analysis)은 전이할당 분석이라고도 불리며, 어떤 지역의 특정 산업 기준연도와 비교연도의 성장요인을 분석하는 기법이다. 변화할당 분석은 지역계획을 위한 지역성장분석과 지역성장 예측모형에 많이 사용된다. 이 분석 기법에서는 지역산업의 성장요인을 3가지 측면에서 고려하는데 전국의 산업성장효과(National growth effect ; N), 지역의 산업구조효과(industrial mix effect ; M), 지역할당효과(Regional share effect ; R)로 구분한다. 여기서 전국의 산업성장효과와 지역의 산업구조효과를 묶어 산업구조효과로 볼 수 있기 때문에 지역의 성장요인은 다시 산업구조효과와 지역할당효과로 나누어 설명할 수 있다. 먼저 산업구조효과에서 전국의 산업성장효과는 국가 전체의 성장이 지역으로 전이되는 정도를 의미한다. 그리고 지역의 산업구조효과는 관련 산업들이 혼합에 의해 변화한 정도를 말한다. 마지막으로 지역할당효과는 지역 자체 내부의 성장 및 변화 정도를 의미한다. 따라서 이런 논의를 식으로 표현하면 〈식 6-29〉와 같다.

$$R = N + M + S \quad \cdots\cdots \langle 식\ 6\text{-}29 \rangle$$

식에서 R은 지역성장의 총변화, N은 국가성장 할당변화, M은 산업혼합변화, 그리고 S는 지역성장변화를 나타낸다. 만약 어떤 지역에서 성장유망산업이라고 하면 산업구조효과와 지역할당효과가 모두 양(+)인 산업임을 말하고, 반대로 열위산업이라고 하면 두 효과가 모두 음(−)인 경우를 말하는데, 이는 구조조정을 통해 업종에 대한 투자를 전환해야 할 필요성이 있음을 시사한다.

변화할당 분석의 장점은 지역성장의 횡적 측면과 종적인 측면을 동시에 관찰할 수 있으며, 2개 연도의 자료만 있으면 분석이 용이하다는 점이다. 그리고 자료가 불충분하여 시계열분석이 어렵거나 시간과 자원이 제한되어 있는 경우 사용될 수 있는 분석법이다. 또한 손쉽게 분석이 가능하기에 세계 여러 국가에서 사용되고 있다.

반면, 문제점으로는 조사연도의 성장률만을 반영하고 있기 때문에 성장의 단편적인 특성만 보여줄 수 있는 오류를 범한다. 그리고 산업의 효과는 대체로 전체 산업과 특정 산업이 혼합된 경제효과를 동시에 반영하기 때문에 어떤 것이 더 큰 영향을 미치는지 알 수 없다. 또한 단기변화만을 반영하기 때문에 예측모형으로서 한계를 여실히 드러내며, 질적인 변화측정이 어렵다는 한계를 보인다.

2) 적용 및 분석

〈표 6-2〉는 전국과 J지역의 2008년과 2018년의 산업별 고용자 수를 나타내는 가상적인 표이다. 이 표를 이용하여 변화할당 분석의 실제 계산과정을 살펴보자. 표의 3번째 열은 J지역의 10년 간 고용자 수 증가수치를 의미하고, 4번째 열은 10년간의 증가율을 의미한다.

〈표 6-2〉 전국과 J지역 고용자 수 변화(가상적인 사례)

산업	고용자 수		고용자 수 변화(2008~2018)	
	2008(1)	2018(2)	증가수치(3)	증가율(%, 4)
전 국				
농 업	6,000	10,000	4,000	67
제조업	14,000	22,000	8,000	57
건설업	10,000	14,000	4,000	40
서비스업	30,000	46,000	16,000	53
소 계	60,000	92,000	32,000	53
J지역				
농 업	1,000	1,200	200	20
제조업	2,000	2,600	600	30
건설업	1,000	1,400	400	40
서비스업	2,000	3,000	1,000	50
소 계	6,000	8,200	2,200	37

〈표 6-3〉은 국가성장효과를 계산한 표이다. 먼저 (1)열은 2008년의 J지역의 고용자 수를 나타내고 (2)열은 (1)열에 전국평균성장률인 53%(0.53)를 곱하여 산출한 수치로 이것이 바로 국가성장효과(NGE)를 나타낸다. 이를 모두 합하면 3,180명이 되기 때문에 J지역은 실제로 2,200명만 증가하여 전국평균성장률에 비해 980명이나 적게 성장한 것으로 판단할 수 있다. 즉, J지역은 현재수준에서 980명이 더 증가되어야 전국 평균과 동일하게 됨을 의미한다.

〈표 6-3〉 J지역에 미친 국가성장효과(NGE)

산업	2008년 J지역 고용자 수 (1)	NGE = (1) × 전국 평균성장률(0.53) (2)	G = 지역 증가수치 (3)	G-NGE = IME - RSE (3) - (2) = (4)
농 업	1,000	530	200	-330
제조업	2,000	1,060	600	-460
건설업	1,000	530	400	-130
서비스업	2,000	1,060	1,000	-60
계	6,000	3,180	2,200	-980

〈표 6-4〉는 J지역의 산업혼합효과를 나타내는 표이다. 먼저 (1)열은 전국의 산업별 성장률을 나타내고, (2)열은 (1)열에 전국의 산업평균성장률인 53%를 차감한 성장률을 나타낸다. (2)열에다가 (3)의 2008년 J지역 고용자 수를 곱하면 (4)열의 산업혼합효과가 계산된다. 그 결과 산업혼합효과는 90명이 증가하는 것으로 계산되었다. 그러므로 J지역은 전국적으로 산업의 전문화 정도가 평균이상이기 때문에 정의 90명이 증가한 것이다.

〈표 6-4〉 J지역의 산업혼합효과(IME)

산업	전국 산업별 성장률 (1)	불균형률 = 전국산업별 성장률 - 전국평균성장률(53%) (2)	2008년 J지역 고용자 수 (3)	IME = (2)×(3) = (4)
농 업	67%	14%	1,000	140
제조업	57%	4%	2,000	80
건설업	40%	-13%	1,000	-130
서비스업	53%	0%	2,000	0
계			6,000	90

〈표 6-5〉는 J지역의 지역할당효과를 나타내는 표이다. (1)열은 J지역의 2008년에서 2018년까지 두 기간 고용자 수 증가수치이고, (2)열은 국가성장효과를 나타내며, (3)열은 산업혼합효과를 나타내는 것이다. 따라서 지역할당효과는 (1)열의 G에서 (2)열과 (3)열을 차감하면 계산된다. 그 결과 (4)열에서 보는 바와 같이 1,070명이 감소한 것으로 계산되었다. 결국 J지역은 전국의 산업에 비해 빠른 성장률을 보인 산업이 적고, 전국평균보다 낮은 성장률을 보인 산업의 구성이 많기 때문에 1,070명이 감소한 것이다. 그리고 순상대효과(산업혼합효과 + 지역할당효과)는 980명이

〈표 6-5〉 J지역의 지역할당효과(RSE)(방법 1)

산업	J지역 고용자 수 증가 수치, G (1)	고용 변화			
		국가 성장효과 NGE (2)	산업 혼합효과 IME (3)	지역할당효과 RSE = G - NGE - IME (1)-(2)-(3) = (4)	순상대효과 (3)+(4)
농 업	200	530	140	-470	-330
제조업	600	1,060	80	-540	-460
건설업	400	530	-130	0	-130
서비스업	1,000	1,060	0	-60	-60
계	2,200	3,180	90	-1,070	-980

감소한 것으로 나타났다. 농업, 제조업, 건설업, 서비스업은 J지역의 두 기간 성장률이 전국평균에 비해서 낮기 때문에 각각 330명, 460명, 130명, 60명씩 감소한 것으로 분석되었다.

이 지역할당효과를 〈표 6-6〉과 같이 다른 방법으로 계산할 수 있다. 표에서 (1)열은 J지역의 산업별 증가율을 나타내고, (2)열은 전국의 산업별 성장률을 나타내며 (3)열은 그 차이를 나타낸다. (4)열은 2008년 기준연도 J지역 고용자 수를 나타내고, (5)열은 지역할당효과인데, 이는 (3)열과 (4)열을 곱하여 계산한 것이다. 〈표 6-5〉의 지역할당효과와 동일하다.

〈표 6-6〉 J지역의 지역할당효과(RSE)(방법 2)

산 업	J지역 산업별 성장률 (1)	전국 산업별 성장률 (2)	(1)-(2) =(3)	2008년 J지역 고용자 수 (4)	RSE=(3)×(4) =(5)
농 업	20%	67%	-47	1,000	-470
제조업	30%	57%	-27	2,000	-540
건설업	40%	40%	0	1,000	0
서비스업	50%	53%	-3	2,000	-60
계	37%	53%	-16	6,000	-1,070

3) 시사점

변화할당 분석은 2개 연도의 전국과 해당 지역의 고용자 수 혹은 부가가치, 생산액, 사업체수 등에 관한 자료만 있으면 쉽게 계산이 가능하며, 지역산업에 대한 정책적 논리를 쉽게 도출할 수 있다.

하지만 이 분석방법은 어떤 지역 내 산업 간의 연관성을 고려하지 못하고, 산업별 성장요인에 대해 전국성장효과와 산업혼합효과, 지역할당효과 등은 수치로 설명할 수 있지만 구체적인 산업성장의 구조적 요인에 대한 설명이 부족하다. 또한 산업을 보다 세분화시킴에 따라 산업혼합효과는 점점 커지고 지역할당효과는 점점 작아지는 경향이 있다는 점에서 한계점을 가지고 있다. Richardson은 유용성과 분석의 안정성 측면에서 예측도구로서 기능을 하기에는 부족하다고 하였다.

4. 지역성장율 시차 분석

1) 의의 및 내용

Henderson(1962)은 변화할당 분석모형을 확장하여 산업별 성장 기여 수치를 성장률로 표시할 수 있는 지역성장률 시차 분석(regional growth rate differential analysis)을 개발하였다.

Henderson에 의하면 지역 총성장률시차(TR)은 구체적으로 각 산업부문별 성장률에 그 산업부문의 구성비를 가중시킴으로써 구해지는 지역의 실질변화성장률(RR)과 전국과의 차이로 계산되며 모두 비율로 표시된다. 지역 총성장률시차(TR)는 가중요인(Weight part ; WP)과 경쟁요인(rate part ; RP)으로 대별된다. WP는 변화-할당 분석에서의 산업구조효과(산업혼합효과)를, RP는 지역할당효과를 나타낸다.

$$RR = G_{ij} \cdot \left(\frac{B_{ijo}}{B_{ojo}} \right)$$ = 두 기간 중 J지역 산업별 성장률 × J지역의 기준연도 산업별 구성비

$$NR = G_{i} \cdot \left(\frac{B_{ioo}}{B_{ooo}} \right)$$ = 두 기간 중 전국의 산업별 성장률 × 전국의 기준연도 산업별 구성비

TR(지역 총성장률시차) $= RR - NR = WP + RP$

$$WP = \left(\frac{B_{ijo}}{B_{ojo}} - \frac{B_{ioo}}{B_{ooo}} \right) \cdot G_i$$

$$RP = (G_{ij} - G_i) \cdot \left(\frac{B_{ijo}}{B_{ojo}} \right)$$

가중요인(WP)은 기준연도 어떤 지역의 산업별 구성비와 전국의 산업별 구성비 간의 차를 전국의 산업별 성장률로 곱해준 값이다. 가중요인은 전국적으로 빠른 성장을 나타내는 산업으로 지역에서도 높은 구성비를 나타내면 전국성장의 성장추세가 지역에도 적용된다는 것을 의미한다.

경쟁력요인(RP)은 지역의 산업별 성장률과 전국의 산업별 성장률 간의 차를 기준연도 지역의 산업 구성비로 가중된 것이다. 경쟁력 요인은 산업의 구조적 이점을 감안한 후 지역의 산업이 타 지역의 산업에 비하여 높은 경쟁력을 가지고 있기 때문에 보여주는 성장효과를 비율로 나타낸 것이다.

〈표 6-7〉 지역과 전국의 실질변화성장률(가상)

산업	J지역			전국			총성장률 시차(TR) = PR–NR (7)
	산업별 성장률%, (1)	기준연도 산업별 구성비 %, (2)	PR = (1)×(2) = (3)	산업별 성장률 % (4)	기준연도 산업별 구성비 % (5)	NR = (4) × (5) = (6)	
농 업	20.0	16.7	0.0334	66.7	10.0	0.0667	–0.0333
제조업	30.0	33.3	0.0999	57.1	23.0	0.1330	–0.0331
건설업	40.0	16.7	0.0668	40.0	16.7	0.0668	0.0
서비스업	50.0	33.3	0.1665	53.3	50.0	0.2665	–0.1000
계	36.7	100.0		50.0	100.0		–0.1664

출처 : 이성근 · 이춘근(2014)

가상적인 사례를 가지고 지역성장률 시차분석을 계산해보도록 하자. 〈표 6-7〉에서 (1)열은 J지역 산업별 성장률을, (2)열은 J지역 기준연도 산업별 구성비를 나타낸다. 이때 (1)열과 (2)열을 곱하면 지역의 실질변화성장률(*PR*)이 계산된다. 마찬가지로 전국의 실질변화증가율은 (6)열에 계산되어 있다. 이때 지역총성장률시차는 *RR*에서 *NR*을 빼면 된다. 그 결과가 (7)열에 계산되어 있다.

〈표 6-8〉은 총성장률 시차 중 가중요인의 계산과정을 설명한 것이다. 가중요인은 J지역 기준연도 산업별 구성비에서 전국 기준연도 산업별 구성비를 뺀 후 전국 산업별 성장률을 곱하여 계산한다. 가중요인은 표의 (5)열에 나타나 있는데, 전체적으로 0.0128을 보여 산업구조가 다른 지역에 비해 다소 유리한 것으로 분석되었다.

〈표 6-8〉 가중요인

산업	J지역 기준연도 산업별 구성비 % (1)	전국 기준연도 산업별 구성비 % (2)	(1)-(2)=% (3)	전국 산업별 성장률 % (4)	WP =(3)×(4) =(5)
농 업	16.7	10.0	6.7	66.7	0.0447
제조업	33.3	23.3	10.0	57.1	0.0571
건설업	16.7	16.7	0.0	40.0	0.0
서비스업	33.3	50.0	−16.7	53.3	−0.0890
계	100.0	100.0		50.0	0.0128

〈표 6-9〉는 총성장률시차 중 경쟁력요인의 계산과정을 설명한 것이다. 경쟁력요인은 J지역 두 기간 중 산업별 성장률에서 전국 두 기간 중 산업별 성장률을 뺀 후 J지역 기준연도 산업별 구성비를 곱하여 계산한다. 그 결과가 표의 (5)열에 나타나 있다. 경쟁력 요인은 음(−)의 0.1792를 나타내 J지역 산업의 경쟁력이 취약한 것으로 분석되었다.

〈표 6-9〉 경쟁력 요인

산업	J지역 두 기간 중 산업별 성장률 % (1)	전국 두 기간 중 산업별 성장률 % (2)	(1)-(2)=% (3)	J지역 기준연도 산업별 구성비 % (4)	RP=(3)×(4) =(5)
농 업	20.0	66.7	-46.7	16.7	-0.0780
제조업	30.0	57.1	27.1	33.3	-0.0902
건설업	40.0	40.0	0.0	16.7	0.0
서비스업	50.0	53.3	-3.3	33.3	-0.0110
계	36.7	50.0	-77.1	100.0	-0.1792

위의 총성장률시차와 가중요인, 경쟁력 요인을 이용하여 지역성장률 시차분석 결과를 도출하면 다음 〈표 6-10〉과 같이 정리된다.

〈표 6-10〉 지역성장률 시차분석 결과

산업	RR (1)	NR (2)	TR=RR-NR=W		
			P+RP(3)	WP(4)	RP(%)
농 업	0.0334	0.0667	-0.0333	0.0447	-0.0780
제조업	0.0999	0.1330	-0.0331	0.0571	-0.0902
건설업	0.0668	0.0668	0.0	0.0	0.0
서비스업	0.1665	0.2665	-0.1000	-0.0890	-0.0110
계	0.3666	0.5330	-0.1664	0.0128	-0.1792

2) 적용 및 분석

지역성장률 시차분석을 대구지역에 실제로 적용해 보도록 하자. 대구지역 1차 연도에서 3차 연도까지 GRDP 기준 지역총성장률시차는 〈표 6-11〉에서 나타나듯이 지역의 실질변화성장률(3.4048)이 전국의 실질변화성장률(3.7249)보다 낮아 음(−)의 0.3201을 기록했다. 이를 가중요인과 경쟁력 요인으로 구분해서 보면, 가중요인은 양(+)의 0.2312이지만 경쟁력 요인은 음(−)의 0.5513이다. 지역총성장률시차가 양(+)인 산업은 건설업과 도·소매업, 통신업, 부동산 임대사업 서비스업, 사회 및 개인서비스업 등이었다.

〈표 6-11〉 대구지역 산업의 성장률시차분석(1차 연도~3차 연도)

구분	지역의 실질변화 성장률	전국의 실질변화 성장률	지역 총성장률 시차		
				가중요인	경쟁력요인
농림어업	0.0299	0.1416	−0.1117	−0.1280	0.01624
광업	−0.0018	−0.0010	−0.0009	0.0008	−0.0016
제조업	0.7026	1.1423	−0.4397	0.0685	−0.5082
전기 가스 수도업	0.0353	0.0749	−0.0395	−0.0365	−0.0031
건설업	0.5657	0.5179	0.0478	0.0125	0.035
도 소매업	0.4039	0.3265	0.0774	0.1719	−0.0944
음식 숙박업	0.0923	0.0994	−0.0071	0.0074	−0.0146
운수 창고업	0.1685	0.1803	−0.0118	0.0027	−0.0145
통신업	0.1158	0.8036	0.0322	0.0207	0.0115
금융 및 보험업	0.2182	0.2914	−0.0732	−0.0001	−0.0730
부동산 임대사업 서비스업	0.5617	0.5007	0.0611	0.0065	0.0546
사회 및 개인서비스업	0.2323	0.1854	0.0470	0.0742	−0.0272
기타	0.2803	0.1820	0.0984	0.0308	0.0676
계	3.4048	3.7249	−0.3201	0.2312	−0.5513

자료 : 통계청, 1996.8 및 1999.8 「지역내총생산」

출처 : 이성근 · 이춘근(2014)

그리고 〈표 6-12〉를 보면, 2차 연도에서 3차 연도까지 대구지역 제조업의 산업중분류별 부가가치 총성장률시차는 음(−)의 0.0890을 나타냈다. 가중요인은 음(−)의 0.3187이고, 경쟁력 요인은 양(+)의 0.2297이

〈표 6-12〉 대구지역 제조업의 부가가치 성장률 시차분석(2차 연도~3차 연도)

구분	지역의 실질변화 성장률	전국의 실질변화 성장률	지역 총성장률 시차	가중요인	경쟁력요인
음 식료품	0.0454	0.1047	−0.0592	−0.0297	−0.0296
섬유제품	0.3644	0.0617	0.3027	0.3431	−0.0404
의복 모피	0.0261	0.396	−0.0136	−0.0143	0.0008
가죽 가방 신발	−0.0009	−0.0091	0.0082	0.0082	0.0000
목재 및 나무제품	0.0052	0.0108	−0.0055	−0.0049	−0.0007
펄프 및 종이제품	0.0485	0.0377	0.0108	−0.0077	0.0185
출판 인쇄	0.0363	0.0402	−0.0039	−0.0175	0.0136
화합물 및 화학제품	0.0522	0.1689	−0.1167	−0.1465	0.0298
고무 및 플라스틱	0.0641	0.0578	0.0063	−0.0344	0.0407
비금속 광물제품	0.0362	0.0655	−0.0293	−0.0375	0.0082
제1차 금속산업	0.0425	0.0903	−0.0478	−0.0336	−0.0142
조립금속제품	0.1125	0.0927	0.0198	0.0224	−0.0026
기타 기계 및 장비	0.2273	0.1320	0.0953	0.0215	0.0738
사무 계산 회계용 기계	0.0009	0.0560	−0.0551	−0.0560	0.0009
기타 전기기계	0.0660	0.0610	0.0058	−0.0309	0.0368
영상 음향 및 통신장비	0.0206	0.2331	−0.2126	−0.2222	0.0097
의료 정밀 광학 기기	0.0289	0.0196	0.0093	0.0126	−0.0033
자동차 및 트레일러	0.2603	0.1775	0.0829	−0.0374	0.1203
기타 운송장비	0.0133	0.0845	−0.0713	−0.0476	−0.0237
가구 및 기타제조업	0.0067	0.0218	−0.0151	−0.0064	−0.0087
계	1.4575	1.5465	−0.0890	−0.3187	0.2297

출처 : 이성근 · 이춘근(2014)

었다. 가중요인과 경쟁력 요인이 모두 양(+)의 효과를 보인 업종은 섬유제품, 조립금속제품, 기타 기계 및 장비, 의료·정밀·광학기기 등이었다. 그 밖에 지역 총성장률시차가 양(+)의 효과를 보인 업종은 자동차 및 트레일러, 고무 및 플라스틱, 기타 전기기계, 가죽·가방·신발, 펄프 및 종이제품, 출판·인쇄업 등이었다. 이들 산업은 다른 업종에 비해서 지역경제 성장에 크게 기여한 것으로 분석되었다.

3) 시사점

이와 같이 지역성장률 시차분석을 통해 대구지역의 비교우위 및 성장산업을 확인할 수 있었다.

대구지역의 경우 비교우위를 가지는 산업은 제조업에서는 섬유·의복산업, 기타 기계 및 장비업, 출판·인쇄업, 조립금속제품, 기타 전기기계, 의료·정밀·광학 기기, 자동차 및 트레일러업 등이고, 서비스업 중에서는 건설업, 도·소매업(유통업), 통신업, 금융 및 보험업, 부동산 임대사업 서비스업 등이었다.

요약

1. 지역경제성장이론은 접근방법에 따라 다양하게 분류될 수 있는 특징을 지닌다. 먼저 공급 혹은 수요 측면에 중점을 두는 이론으로 신고전학파에 의한 경제기반이론과 케인스이론으로 크게 나뉜다.
2. 다음으로 지역성장을 설명하는 중요한 이론으로는 수요와 공급 측면의 모두 고려하는 수요와 공급의 통합모형을 제시하는 데 그 근원을 둔다. 크게 고용인구 상호작용 모형과 누적적 인과모형이 바로 그것이다.
3. 경제기반이론은 국민경제에서 수출기반이론 혹은 국민경제의 소득결정모형인 케인스 모형을 지역경제에 응용한 이론으로 지역의 고용수준 및 소득수준에 대한 모형이다. 이 이론의 핵심은 한 지역에서 생산한 재화와 용역 중 지역에서 소비하고 남은 잉여물(생산물)을 다른 지역에 수출함으로써 그 지역의 소득을 증대시켜 소비를 촉진시킨다는 것이다.
4. 케인지언 지역승수모형은 표준적인 케인지언 국민 소득-지출 승수모형을 채택하여 지역경제 차원에 알맞게 변형시킨 것이다.
5. 지역성장이론으로써 신고전학파모형은 지역경제 성장의 원동력이 해당 지역의 공급능력에 있다고 이해하고 이러한 공급능력을 결정하는 핵심적인 생산요소인 자본 및 노동의 부존량 및 생산성 확보에 의해 지역성장이 결정된다고 보는 공급중시 이론이다.
6. 누적성장이론(cumulative growth theory)은 화폐소득의 순환 및 누적 원리에 의하여 평균소득이 높은 지역은 상대적으로 구매력도 높으며 이에 따른 요소소득도 많아지게 되고 그 지역은 더욱더 많은 집적력이 형성되어 더 높은 성장을 이룩한다는 것이다.
7. 지역경제는 지역 내 생산, 소비, 자본형성(투자) 간의 순환에 의해서 이루어지며 이들 순환과정에서 경제주체들의 요소비용의 지불과 수취에 따라 상호의존 관계가 성립된다.
8. 입지계수법은 국가 전체적인 총고용에서 특정 산업의 고용이 차지하는 비중에 비하여 어떤 지역의 총고용에서 특정 산업이 차지하는 비중을 파악하는 방법이다. 입지계수법은 지역의 고용자료를 획득할 수 있는 경우 계산이 가능하며 보통 널리 사용하는 기법이다.

9. 변화할당 분석(shift and share analysis)은 전이할당 분석이라고도 불리며, 어떤 지역의 특정 산업 기준연도와 비교연도의 성장요인을 분석하는 기법이다. 이 분석기법에서는 지역산업의 성장요인을 3가지 측면에서 고려하는데 전국의 산업성장효과(National growth effect ; N), 지역의 산업구조효과(industrial mix effect ; M), 지역할당효과(Regional share effect ; R)로 구분한다.
10. Henderson에 의하면 지역 총성장률시차(*TR*)은 구체적으로 각 산업부문별 성장률에 그 산업부문의 구성비를 가중시킴으로써 구해지는 지역의 실질변화성장률(*RR*)과 전국과의 차이로 계산되며 모두 비율로 표시된다. 지역 총성장률시차(*TR*)는 가중요인(Weight part ; *WP*)과 경쟁요인(Rate part ; *RP*)으로 대별된다. *WP*는 변화-할당 분석에서의 산업구조효과(산업혼합효과)를, *RP*는 지역할당효과를 나타낸다.

연 · 습 · 문 · 제

01 지역경제성장이론의 접근체계를 설명하시오.

02 경제기반이론의 의의를 모형을 통하여 설명하고, 모형이 가지는 한계점이 무엇인지 설명하시오.

03 해로드-도마 및 신고전학파 모형이 가지는 종합적 한계점을 설명하시오.

04 누적성장모형의 주요 내용과 경제적 시사점을 설명하시오.

05 지역경제성장 모형을 적용하는 데 따른 한계점이 무엇인지 설명하시오.

06 지역경제순환에서 폐쇄경제와 개방경제의 차이를 설명하시오.

07 입지계수의 의의, 방법, 주요 내용 그리고 한계점이 무엇인지 설명하시오.

08 변화할당 분석의 의의, 방법, 주요 내용, 그리고 한계점이 무엇인지를 설명하시오.

09 지역성장률 시차분석의 의의, 방법, 주요 내용, 그리고 한계점이 무엇인지를 설명하시오.

제 7 장

산업연관분석

제1절 산업연관분석 개요

1. 산업연관분석 의의 및 배경

1) 산업연관분석 의의

산업연관분석은 일정기간 동안 한 국가에서 생산된 모든 재화와 용역의 각 산업 간 거래, 최종수요부분과 산업 간 거래, 생산부분과 산업 간 거래관계를 분석하는 기법으로 투입-산출분석(input-output analysis)라고도 불린다. 즉, 한 산업에서 생산된 상품이 다른 산업의 상품생산을 위한 원재료로 투입됨으로써 각 산업은 직·간접적으로 서로 밀접한 연관관계를 맺고 있는데, 이러한 산업과 산업 간의 연관관계를 수량적으로 파악하는 분석기법이라 할 수 있다.

한편 산업연관분석의 기본적인 원리는 국가경제의 거래구조를 밝히기 위하여 서로 다른 산업 간, 소비자와 산업 간, 그리고 산업과 생산요소 공급자 간에 발생하는 모든 지출의 절대적인 흐름을 확인하고 개별적으로 분해하는 것이다. 이러한 개별적인 지출연계들은 비례적 항목으로 정의되며, 비례적 관계의 집계적 패턴은 구체적인 승수를 파악하는 데 이용된다. 따라서 전체 국가경제 및 국가경제를 구성하는 개별 산업부문이 하나 또는 그 이상의 개별적인 산업부문에서의 수요수준 변화에 따라 어떻게 영향을 받게 되는지 확인하는 것이 가능해진다. 그리고 산업연관분석은 생산활동을 통하여 각 산업 간에 이루어지는 원재료의 매매거래를 기초로 하는데 한 국가에서 생산되는 모든 재화와 서비스의 산업 간 거래관계를 체계적으로 기록한 통계표인 산업 연관표의 작성으로부터 출발하게 된다.

2) 역사적 배경

경제활동의 실증분석을 체계적으로 접근하기 위한 방법으로 널리 응용되고 있는 마샬의 경제분석체계는 부분균형분석(partial equilibrium analysis) 이론에 의존하고 있다. 그는 경제현상이 시간과 더불어 변화하는 동태적 성격을 갖고 있기 때문에 이를 무시하고 연립방정식 해법을 적용하는 것은 매우 어렵다고 보았다. 그래서 시간 요소를 일시적 균형(intertemporal equilibrium) 혹은 정상균형(normal equilibrium)의 개념으로 구분하고, 공간적 통제(spatial control)의 상호의존관계의 조건을 '다른 조건이 불변(ceteris paribus)'이라는 가정을 통해 실증분석을 시도했다. 그러나 이러한 분석은 경제구조와 경제를 구성하고 있는 경제주체나 산업부문들 간의 경제적 상관관계(interdependence), 부분 간의 상호작용(interaction)을 등한시하는 문제를 가지고 있다. 이런 한계는 경제가 점점 복잡해지고 서로 간의 밀접한 관련을 가지게 되면 될수록 두드러지게 드러난다. 따라서 상호 연관성을 포함한 실제 경제현상을 보다 자세하게 설명하는 경제이론이 필요하게 된 것이다. 특히 경제변수들 상호 간의 움직임을 거시적인 차원에서뿐만 아니라 미시적인 차원에서도 관찰하는 것이 필요하고, 그러한 변수들이 부문별 활동에 영향을 주고받는 것에 대한 분석이 요구되었다.

이러한 필요조건에 의해 상호관련성에 관한 연구가 진행되어 왔다. 왈라스(Walras)의 일반균형분석(general equilibrium analysis)이론을 통해 재화의 가격결정에 대해 경제 전체 모든 재화의 가격들을 동시에 결정하는 모형이 개발된다. 그는 이를 통해 개개의 가격결정을 설명하는 부분균형분석에서 벗어나 경제 전체 가격결정에 관한 일반균형분석으로의 전환 및 발전시키는 분석을 시도하였다. 그러나 왈라스의 연구는 일반균형모형으로 재화와 재화, 산업과 산업 등이 모형을 통해 연계되어 있지만, 그러한 상호 연관관계가 뚜렷하게 나타난 것은 아니었다. 이후 동일한 경제체제 내의 일반적 상호의존관계를 인식하는 데 있어서 레온티에프(Leontief)는 왈라스의 일반균형분석을 발전시켜 현재의 산업연관분석의 효시가 되는 투입 및 산출 관계에 대한 논문을 지속적으로 발표하여 분석기법에 대한 본격적 연구를 진행하였으며 오늘날까지 발전되어 오고 있다.

레온티에프는 케인스와 달리 경제발전의 특정 단계에서 특정한 경제체계가 당면하고 있는 불균형 원인과 그 처방에 관심을 가지지 않았다. 즉, 경제체계의 구조에만 관심을 가졌으며 부문들끼리 어떻게 상호영향을 주고 의존하고 있는가 하는 것에 주의를 기울였다. 따라서 케인스의 이론은 특정 시기에 경제문제를 해결하기 위한 처방이라고 볼 수 있는 데 반해, 레온티에프의 이론은 어떤 특정 시대의 문제 해결에 관한 것이 아닌 보편적으로 적용되는 분석방법이라 할 수 있다. 결국 레온티에프의 산업연관분석은 여러 가지 경제문제의 분석에 사용될 수 있는 분석도구로 해석될 수 있다.

2. 산업연관분석 필요성 및 특징

1) 산업연관분석 필요성

통상적인 경제분석에서 생산자는 생산요소를 구매하여 재화를 생산하고 제품을 소비자에게 판매하는 기업 혹은 산업으로 취급되어, 생산요소의 구매자, 제품의 판매자라는 두 가지 역할을 담당하고 있다. 그러나 산업연관분석에서는 여기에 덧붙여 최종물을 생산하기 위해 필요한 중간재를 타 기업으로부터 구입하고 또 그들에게 제품을 판매하는 역할을 추가로 포함시킴으로써 부문별 산업연관분석을 가능하게 해준다. 즉, 수많은 경제부문으로 구성된 경제문제 중에서 기존 국민소득분석이나 부분균형분석만으로 설명되기 어려운 상황에서는 산업연관분석 방법을 사용할 수밖에 없다는 것이다.

예를 들어 자동차와 주택에 대한 수요는 동일한 수요이기는 하지만 각각의 수요가 다른 부문에 미치는 영향과 경제 전반에 미치는 영향은 분명히 다를 것이다. 즉, 자동차에 대한 수요가 증가하면 우선 자동차의 생산이 증대되고, 이에 따라 중간재를 공급하는 타이어나 자동차부품 등 관련제품의 생산이 증가하여 이러한 분야에서의 고용이 증가할 것이다. 한편, 주택에 대한 수요가 증가하면 주택을 더 많이 지어야하기 때문에 시멘트, 철근, 목재 등에 대한 수요 증대가 동반되고 이로 인한 고용이 증대되는 결과를 가져오게 된다. 이에 대해 단순한 국민소득분석에 의할 경우 수요와 주택에 대한 수요를 구별하지 않고 이를 합한 총수요만을 분석대상으로 삼고 있다.

만약 단순 국민소득분석만을 사용하여 정책결정을 내려야 한다면 자동차와 주택 중 어느 제품에 대한 수요를 증대시켜야 하는가에 대해 고민할 필요가 없다. 즉, 자동차에 대한 수요를 증대시키든 주택에 대한 수요를 증대시키든 수요만 증대되면 국민소득의 증대가 이루어지기 때문이다. 그리고 좀 더 세련된 국민소득분석에서는 자동차부문과 주택부문을 구별하여, 각각의 부문에서 국민소득 증대에 관한 승수를 별도로 계산하여 각기 다른 소득창출효과를 보여줄 수 있지만, 이런 경우에도 여전히 어느 한 부문이 다른 관련된 부문에 미치는 영향과 관련된 부문에서의 소득창출효과를 명백히 밝히기 어렵다. 즉, 국민소득분석은 국민경제전체의 활동수준을 파악할 수 있어도 이러한 경제구조적 측면에서 연관관계를 분석하기에는 미흡하다. 이런 경우 산업연관분석을 통해 각 제품이 부문별 국민소득 증대에 관한 승수를 확인하여 부문이 높은 곳으로 정책결정을 할 수 있게 도움을 준다.

결론적으로 국민경제 파급구조의 분석, 장래의 경제예측 및 계획수립 등 보다 깊이 있는 경제분석을 위해서는 국민경제를 여러 산업부문으로 세분화하여 구조적 측면에서 상호 연관관계를 살펴볼 필요가 있다.

2) 산업연관분석의 특징

산업연관분석은 다음 세 가지 관점에서 중요한 특징을 보이고 있다. 첫째, 가장 단순한 왈라스의 일반균형체계를 유지하고 있기 때문에 분석을 위한 통계측정이 용이하다. 둘째, 산업연관모형은 거시적 총량과 화폐의 흐름을 상세하게 분석해 준다. 마지막으로 단순화된 레온티에프 체계에서는 일반적 모형과는 달리 투입요소의 대체가 기술적으로 불가능하여 최적해가 하나이므로, 산업연관모형은 선형계획모형의 단순화된 형태로 간주될 수 있다.

산업연관분석은 이런 속성에 의해 비록 단순한 형태의 분석수단임에도 불구하고 다음과 같은 측면에서 장점을 보이고 있다.

첫째, 산업연관분석은 최종수요, 산업별 생산기술구조 및 이에 따른 각 산업 간의 직·간접적인 상호 연관관계들을 모두 고려한 분석기법으로, 최종수요가 생산·고용·소득 등 국민경제에 미치는 각종 파급효과를 산업부문별로 나누어 분석할 수 있다는 점이다.

둘째, 산업연관분석은 각 산업의 투입과 산출관계에 기초하여 상호 연관관계에 대한 분석 기법이므로 한 산업에 대한 수요변화는 관련된 다른 산업의 공급변화를 의미한다는 점에서 국민경제의 수요와 공급을 산업별로 세분하여 고려해야 하는 경제예측이나 계획수립 등에도 유용한 분석도구가 될 수 있다는 점이다.

셋째, 산업연관분석은 국민경제 전체를 포괄하면서 전체와 부분을 유기적으로 결합하고 있으며, 재화의 산업 간 순환을 포함하고 있으므로 구체적인 경제 및 산업구조를 분석하는 데 유리한 면이 있다.

현대경제이론에서 특징적 분야라고 할 수 있는 계량적 분석방법은 통계기술의 향상과 경험적 통계자료의 정비 및 확충을 토대로 급속히 발전해 왔다. 경제현상에 대한 실증분석은 1930년대 케인스가 유효수요이론의 대두에 따른 거시적 국민소득분석을 시초로 매우 실용적인 경제분석체계를 제안한 이래 점차 그 범위가 확장되어 왔다. 이와 같은 현대 경제학의 실증적 접근방법 추구에 있어 또 하나의 선구적 역할을 한 것이 1973년도 노벨경제학상 수상자인 레온티에프에 의하여 개발된 산업연관분석이라고 할 수 있다.

3) 기본가정

지역산업연관분석의 기본적인 가정은 다음과 같다.

첫째, 규모에 대한 수익불변(constant returns to scale)현상을 가정한다. 즉, 생산요소를 10% 증가시키면 산출물도 10% 증가한다는 것이다. 이는 각 산업마다 하나의 단일 생산함수를 가정하는 것이다. 일반적으로 j산업에 대해 단일한 생산함수는 다음과 같이 나타낼 수 있다.

$$X_j = X_{1j}/a_{1j} = X_{2j}/a_{2j} = \cdots = X_{nj}/a_{nj} \text{ 그리고}$$
$$X_j = \min(X_{1j}/a_{1j}, X_{2j}/a_{2j}, \cdots, X_{nj}/a_{nj})$$

이 생산함수는 산출수준(X_j)과 투입수준(X_{ij})과는 비례관계에 있고, 비례계수는 $1/a_{ij}$이라는 것을 나타낸다. 예를 들면 $a_{i5} = 0.5$이고, $X_{i5} = 4$이면 $X_5 = (1/0.5)X_{i5}$에서 X_5는 8단위가 된다. 만약 여기서 $X_{i5} = 8$이면 X_5는 16단위가 된다.

규모에 대한 수익불변현상을 간단한 생산함수로 나타내어 설명하면 다음과 같다.

$$Q = f(L, K)$$

$$vQ = F(\lambda L, \lambda K)$$

에서 노동과 자본을 각각 λ배만큼 증가시킬 때 산출량 Q가 v배만큼 증가한다고 하자. 이때 $v = \lambda$이면 규모에 대한 수익불변(수확불변, constant returns to scale)이라고 한다.

둘째, 첫 번째 가정과 관련되는 것으로 대체 생산방법과 결합생산(joint production)이 존재하지 않는다는 가정이다. 각 상품에 대하여 하나의 생산방법만 존재하고, 한 산업은 한 상품만 생산 즉, 각 상품과 각 산업부문은 1대 1의 대응관계에 있다고 가정한다.

[그림 7-1] 규모에 대한 수익불변

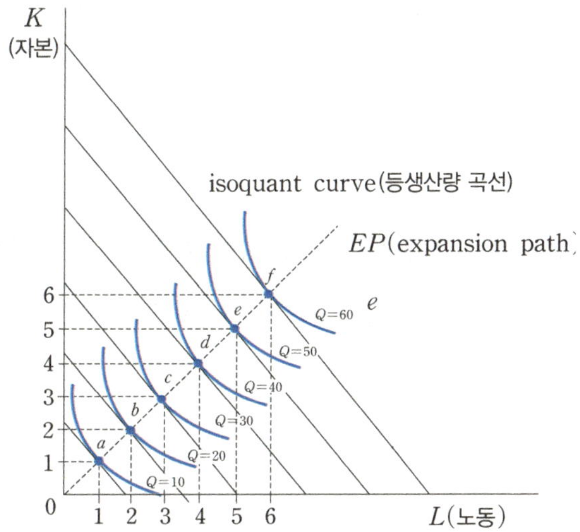

노동과 자본을 각각 λ배만큼 증가시킬 때 산출량 Q가 v배만큼 증가한다고 하자. 이때 $v = \lambda$이면 규모에 대한 수익불변(수확불변, constant returns to scale)이라고 한다.

셋째, 요소들 간에 대체가 불가능하다는 것이다. 이때 등생산량 곡선(isoquant curve)은 L자형이 된다. 만약 중간 투입물에 대해 대체탄력성(the elasticity of substitution)을 σ로 표시하면 σ이 영(0)이라는 것이다. 즉,

$$\sigma = \frac{dlog(X_{jk}/X_{ik})}{dlog(MP_{ik}/MP_{jk})} = 0$$

이다. 여기서 MP_{ik}와 MP_{jk}는 각각 k부문에 들어가는 i재와 j재 중간투입물의 한계생산을 나타낸다. 이 가정은 각 산업에는 단 하나의 생산방법이 존재한다는 가정과 연결되는 것이다. [그림 7-2]는 요소 간의 대체가 불가능한 L자형의 등생산량곡선을 나타낸다.

이를 다른 측면에서 보면 고정투입계수 생산함수를 가정한다는 것이다. 고정투입계수 생산함수는 투입계수가 고정된 생산함수를 말하는데, 일명 레온티에프 생산함수(Leontief production function)라고도 한다. 이 가정은 부문의 투입계수가 투입규모와는 관계없이 시간이 지남에 따라 항상 일정하다는 것을 나타낸다. 이를 수식으로 나타내면 다음과 같다.

$$X = [a_{ij}] = \left[\frac{X_{ij}}{X_j}\right]; \quad i, j = 1, 2, 3, , \cdots, n$$

여기서 X_j는 j부문의 총산출액, X_{ij}는 j부문에 들어가는 i부문의 중간투입액, a_{ij}는 j부문의 산출액 1단위 생산하기 위한 i부문의 투입계수를 나타낸다.

[그림 7-2] L자 형의 등생산량 곡선

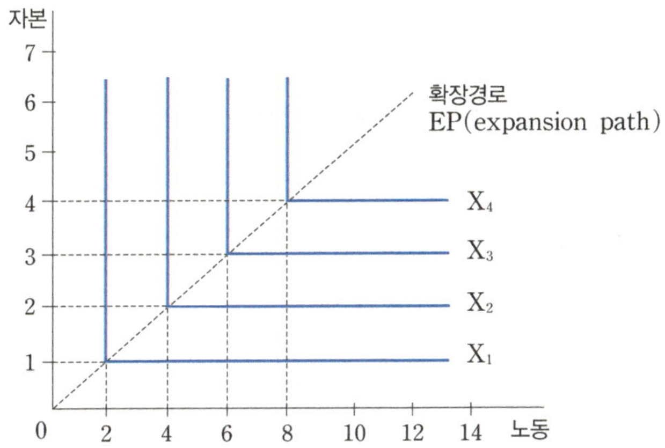

고정투입계수 생산함수는 투입계수가 고정된 생산함수를 말하는데, 이 가정은 부문의 투입계수가 투입 규모와는 관계없이 시간이 지남에 따라 항상 일정하다는 것을 나타낸다.

넷째, 가법의 가정(additivity assumption)이다. 이 가정은 외부경제(external economies)와 외부불경제가 존재하지 않는다는 것을 의미한다. 이는 각 부문이 개별적으로 행한 생산활동 효과의 총계는 각 부문이 동시에 행한 효과와 같다는 것이다.

최근 이러한 가정들은 새로운 실증적인 모형인 구조적 계량경제모형이나 산업연관모형과 계량경제모형의 결합, 선형계획(linear programming)과의 결합, CGE모형(computable general equilibrium model) 등의 개발로 어느 정도 완화되고 있다.

3. 경제순환과 산업연관분석

국민경제에서는 재화와 서비스가 생산되고 그 생산과정에서 발생한 소득이 분배되고 처분되는 순환을 끊임없이 반복하고 있다. 이와 같이 반복적으로 이루어지는 국민경제활동을 경제순환이라고 한다. 경제순환과정은 소득순환과 산업순환의 두 가지로 나누어 볼 수 있다. 기업 측면에서 순환은 비용과 판매 측면으로 나눌 수 있다. 비용 측면은 재화와 서비스를 생산하기 위한 소요되는 비용으로 임금, 지대, 이자, 감가상각비 및 원료비, 그리고 생산과정에서 발생한 이윤으로 구성되어 있다. 이 중 국민소득으로 이어지는 임금, 이윤, 지대이자와 더불어 투자된 것에 대한 감가상각비는 소득순환을 통해 소비되거나 저축 및 투자됨에 따라 기업은 해당 제품을 판매하게 된다.

노동공급자인 소비자에 의해 취득한 소득으로 소비되어지는 제품을 소비재라 할 수 있고, 새로운 투자활동이나 재투자를 위하여 기업에 판매되는 부분을 투자재라고 할 수 있다. 이처럼 소득의 발생과 처분으로

[그림 7-3] 경제순환과 산업연관분석

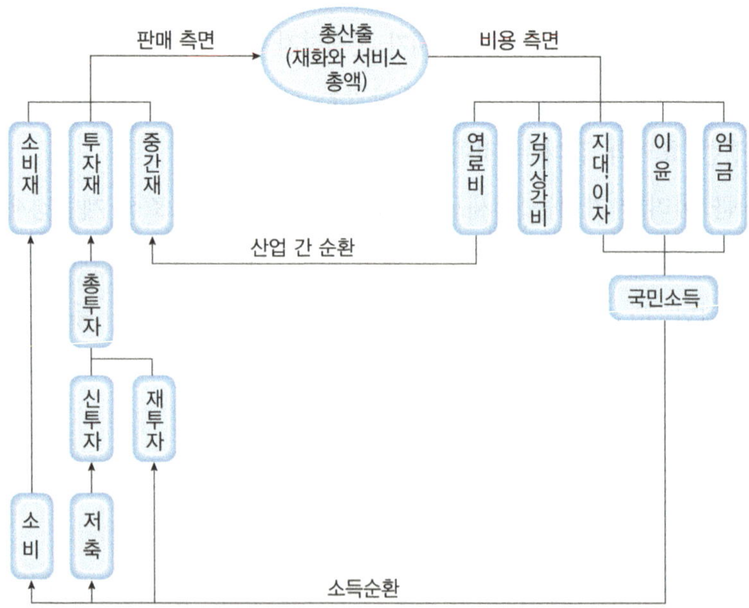

국민경제에서는 재화와 서비스가 생산되고 그 생산과정에서 발생한 소득이 분배되고 처분되는 순환을 경제순환이라고 한다. 경제순환과정은 소득순환과 산업순환의 두 가지로 나누어 볼 수 있다.

이루어지는 흐름을 소득순환이라고 한다.

한편, 기업의 판매 측면에서 중간재는 다른 기업이 최종생산물을 생산하기 위해 소요되는 중간 재료가 필요할 때 판매되는 재화로, 타 기업의 비용 측면에서 원료비로 계상된다. 이는 직접적으로 투자되어지거나 소비되어지는 부분이 아니기 때문에 소득순환이 아닌 산업 간 순환으로 분류된다.

제2절 산업연관분석 구조와 유형

1. 산업연관표의 기본구조[1)]

산업연관표는 일정기간(보통 1년) 동안 국민경제 내에서 재화와 서비스의 생산 및 처분과정에서 발생하는 모든 거래를 일정한 원칙과 형식에 따라 기록한 종합적인 통계표로 작성형식에 따라 공급사용표와 투입산출표로 구분된다. 투입산출표는 상품기준의 생산내역을 나타낸 표이며 공급사용표는 산업기준의 생산내역을 나타낸 표이다. 공급사용표는 다시 공급표와 사용표로 나누어진다. 우리나라의 경우 최종수요부문은 민간소비지출, 정부소비지출, 민간고정자본형성, 정부고정자본형성, 재고증가 및 수출의 6개 항목으로 구성되고 공제항목으로 수입이 설정되어 있다.

1) 한국은행 산업연관분석(2013) 참조 및 인용

1) 공급사용표

(1) 공급표

공급표는 각 산업별 재화 및 서비스의 공급내역에 대한 정보를 「상품×산업」 행렬형태로 나타낸 통계표이다. 세로(열) 방향으로 보면 각 산업이 어떤 상품을 생산하여 공급하였는지 내역을 알 수 있고 가로(행) 방향으로 보면 각 상품이 어떤 산업에서 생산되어 공급되었는지 내역을 파악할 수 있다.

〈표 7-1〉의 예시와 같이 3개 산업과 상품으로 이루어진 정방형 공급표를 가정하자. 제조업을 세로로 보면 총산출액 1,753조원 중에 주 생산물인 공산품 1,731조원 이외에도 서비스 22조원을 함께 생산하였음을 알 수 있다. 가로 방향으로 보면 공산품이 제조업에서 주로 생산되지만 서비스업에서도 생산되어 공산품의 총산출액은 가로쪽 합계인 1,732조원이다. 상품별 산출액의 합계는 3,472조원으로 산업별 산출액 합계와 일

〈표 7-1〉 공급표(Supply Table)–예시

(단위 : 조원)

산업 / 상품	농림어업	제조업	서비스업	총산출	수입	잔폐물 발생액	총공급 (기초 가격)	순생산물세	도·소매 마진	화물 운임	총공급 (구매자 가격)
농림수산품	56	0	0	56	13	0	69	1	12	0	82
공산품	0	1,731	1	1,732	636	14	2,382	69	183	7	2,641
서비스	0	22	2,662	1,684	72	0	1,756	56	−195	−7	1,610
해외직접구매	0	0	0	0	22	0	22	0	0	0	22
잔폐물 발생 (−)	0	0	0	0	0	−14	−14	0	0	0	−14
계	56	1,753	1,663	3,472	743	0	4,215	126	0	0	4,341

치한다. 공급되는 상품은 국내산출 외에도 수입과 잔폐물(상품의 생산과정에서 발생하는 부산물의 일종)이 있다. 공급표에서 수입은 상품별로 구분하여 기록하고 있으나 거주자가 해외에서 소비하거나 직접 구입한 내역은 상품별로 구분하지 않고 총액으로 표시한다. 총산출액에 수입과 잔폐물을 더하면 기초가격 기준 총공급액이 되며 여기에 순 생산물세, 도소매마진, 화물운임을 더하면 구매자가격 기준 총공급액이 된다.

(2) 사용표

사용표는 각 산업별 상품의 사용내역과 부가가치, 최종수요의 항목별 사용내역에 대한 정보를 「상품 × 산업」 행렬형태로 나타낸 통계표이다. 세로 방향으로 보면 각 산업이 생산활동을 하기 위해 지출한 생산비용의 구성, 즉 투입구조를 나타낸다. 투입구조는 중간재 투입을 나타내는 중간투입 부문과 임금, 이윤, 세금 등 본원적 생산요소의 구입비용을

〈표 7-2〉 사용표(Use Table, 기초가격)-예시 (단위 : 조원)

상품 \ 산업	중간수요			최종수요			총수요
	농림어업	제조업	서비스업	소비	투자	지출	
농림수산품	4	39	9	15	1	1	69
공산품	17	1,078	331	149	131	676	2,382
서비스	4	243	457	687	271	94	1,756
국내직접판매	0	0	0	−12	0	12	0
해외직접구매	0	0	0	22	0	0	22
순생산물세	1	9	37	51	28	0	126
잔폐물발생(−)	0	−6	2	−2	−4	0	−14
중간투입계	26	1,363	832	910	427	783	4,341
부가가치	30	390	831				
총투입계	56	1,753	1,663				

나타내는 부가가치 부문으로 구성된다. 가로 방향으로 보면 각 상품이 어떤 산업에 얼마나 이용되었는지 또는 최종수요로 얼마나 사용되었는지를 알 수 있는데 이를 배분구조라고 한다. 배분구조는 다른 산업의 생산에 중간재로 사용되는 내역을 나타내는 중간수요 부문과 소비, 투자, 수출 등의 최종재로 판매되는 최종수요 부문으로 구성된다.

〈표 7-2〉에서 보듯이 3개 산업과 상품으로 이루어진 정방형 사용표를 가정하자. 사용표의 제조업을 세로로 보면 제조업의 생산활동을 위해 농림수산품 39조원, 공산품 1,078조원, 서비스 243조원을 투입하였고, 투입된 중간재에 부가된 순 생산물세 9조원과 본원적 생산요소인 부가가치 390조원을 더하여 총 1,753조원이 투입되었다. 이는 〈표 7-2〉의 공급표에서 제조업의 총산출액인 1,753조원과 같음을 확인할 수 있다. 한편, 산업별 잔폐물 발생액은 투입액에서 차감되어 있는데 이는 잔폐물 발생액만큼의 비용이 이미 중간투입에 포함되어 있으므로 동일 금액을 공제하기 위한 것이다. 사용표를 가로로 보면 공산품은 농림어업, 제조업, 서비스업의 생산활동을 위해 각각 17조원, 1,078조원, 331조원이 사용되었으며, 소비, 투자, 수출로 각각 149조원, 131조원, 676조원이 사용되었다. 중간수요와 최종수요를 더한 총수요액은 2,382조원으로 이는 공급표의 공산품 총공급액(기초가격) 2,382조원과 일치한다. 한편, 최종수요란을 보면 소비 또는 수출에 국내 직접판매와 해외 직접구매 금액이 나타나 있다. 사용표에서는 상품별 민간소비에 비거주자의 국내소비가 포함되어 있기 때문에 이를 국내 직접판매라는 항목에서 일괄적으로 차감해주고 수출에 더해준다. 또한 상품별 민간소비에는 거주자의 해외소비분이 포함되어 있지 않기 때문에 해외직접구매 항목에서 총액으로 계상하고 있다.

2) 투입산출표

투입산출표는 각 상품의 생산과 사용내역에 대한 정보를 「상품 × 상품」 행렬형태로 나타낸 통계표이다. 투입산출표 역시 사용표와 마찬가지로 투입구조와 배분구조로 살펴볼 수 있다. 사용표와의 차이점은 「상품 × 상품」 행렬형태로 이루어져 있어 세로로 보면 산업의 투입구조가 아닌 상품의 투입구조를 나타내고 있다. 〈표 7-3〉의 예시와 같이 3개 상품으로 이루어진 투입산출표를 가정해 보자. 공산품을 세로로 보면 공산품 생산활동을 위해 농림수산품 39조원, 공산품 1,183조원, 서비스 235조원을 투입하였고, 순 생산물세 8조원과 부가가치 381조원을 더하여 총 1,840조원이 투입되었다. 총투입액 1,840조원은 공산품을 생산하는 데 투입된 금액이므로 결국 국내 총산출액과 같다. 투입산출표의 가로 방향에서 공산품 총산출액 1,732조원과 자가공정 산출액 108조원을 더하면 총투입액과 일치한다. 사용표와 달리 투입 산출표의 총투입액에는 자가공정 산출액이 포함되어 있다.[2)] 예를 들어 철강업체에서 생산된 선철은 조강을 생산하는 데 쓰이고, 생산된 조강 중 일부는 열연강재에 쓰이며 이중 일부는 다시 냉연강재 등의 제조에 사용된다. 여기서 다른 제품 생산에 투입된 선철, 조강, 열연강재를 자가공정 산출액 (또는 투입액)이라 한다. 공급표 및 사용표는 시장에서 거래되는 재화 및 서비스 등의 산업간 거래관계를 나타내는 데 주목적이 있으므로, 사업장 내에서 재투입되는 자가공정 투입액은 제외한다. 그러나 투입산출표는 상품 단위의 기술구조와 배분구조를 나타내어 연관관계를 분석하는 데 목적이 있으므로, 외부에 판매하지 않고 자가공정에 의해 사업장 내에서 사용하는 상품도

---

2) 자가공정이란 사업장 내에서 생산된 생산품이 외부로 판매되지 않고 동일 사업장 내 다른 제품을 생산하기 위해 쓰이는 것을 말한다.

모두 포함하고 있다.

〈표 7-3〉 투입산출표(Input-Output Table, 기초가격)-예시 (단위 : 조원)

상품 \ 상품	중간수요			최종수요			총수요	총산출	ㄹ	수입	ㅁ	총공급
	ㄱ	ㄴ	ㄷ	소비	투자	수출						
농림수산품	4	39	9	15	1	1	69	56	0	13	0	69
공산품	17	1,183	334	150	131	681	2,496	1,732	108	642	14	2,496
서비스	4	235	465	696	271	101	1,772	1,684	0	88	0	1,772
소계	25	1,457	808	861	403	783	4,337	3,472	108	743	14	4,337
순생산물세	1	8	38	51	28	0	126	105	0	21	0	126
잔폐물발생(-)	0	-6	-2	-2	-4	0	-14	0	0	0	-14	-14
중간투입계	26	1,459	844	910	427	783	4,449	3,577	108	764	0	4,449
부가가치	30	381	840									
총투입계	56	1,840	1,684									

ㄱ. 농림수산품, ㄴ. 공산품, ㄷ. 서비스, ㄹ. 자가공정산출액, ㅁ. 잔폐물발생(+)

투입산출표의 오른쪽에는 상품의 공급내역, 즉, 산출액과 자가공정 산출액, 수입, 잔폐물을 표시하여 상품별 수요액 대비 공급액을 표시하고 있다. 자가공정 산출액은 공급표의 상품별 총산출액과 구분하기 위하여 별도로 표시하였다. 또한 공급사용표에 별도로 기록한 거주자의 해외 직접구매는 품목별로 세분하여 수입 및 민간소비지출에 포함시켰으며 비거주자에 대한 국내직접판매도 품목별로 수출에 포함되어 있다. 한편, 재화와 서비스의 산업 간 거래를 나타내는 부분을 내생부문이라 하고 최종수요와 부가가치를 외생부문이라 한다. 따라서 투입산출표는 내생부문과 외생부문으로 구성되는데(사용표도 동일하다) 내생부문이란 외생부문의 수치가 모형 밖에서 독립적으로 주어지면 이에 따라 모형 내에서 그 값이 결정되는 부분이란 의미이다. 내생부문은 산업연관표 작성과정에서 가장 어려운 부분이며 작성된 표의 분석이나 이용에 있어서도 가장 중요한 부분이다. 외생부문이란 내생부문과는 관계없이 모형 밖에서 값이 결정된다는 의미이다. 외생부문의 변동이 국민경제에 어떠한 파급효과를 미치는가를 알아보려는 것이 산업연관분석이고 산업연관표 작성의 목적이라고 할 수 있다.

2. 산업연관표의 구성항목

1) 최종수요의 구성항목

우리나라의 경우 최종수요부문은 민간소비지출, 정부소비지출, 민간고정자본형성, 정부고정자본형성, 재고증가 및 수출의 6개 항목으로 구성되고 공제항목으로 수입이 설정되어 있다.

(1) 민간소비지출

민간소비지출은 가계 및 비영리단체의 소비지출액을 말하는 것으로 생산주체가 아닌 소비주체로 가계와 비영리단체(종교, 문화, 정치, 사회복지, 스포츠단체 등)의 재화 및 용역에 대한 구입시점에서 경상적인 최종소비지출액에 의해 추계된다. 따라서 기업에 서비스를 제공하는 비영리단체의 활동은 포함되지 않는다.

(2) 정부소비지출

정부소비지출은 정부의 활동 중 공익을 위하여 서비스를 일방적으로 제공하는 것을 목적으로 하는 일반정부활동에 소요되는 재화 및 용역에 대한 경상지출을 말한다. 일반정부활동이란 일반행정, 국방, 사법과 경찰, 교육, 사회후생, 기타 공익을 위한 정부의 서비스 활동을 의미한다. 따라서 정부소비지출은 일반정부의 활동 중 정부서비스 부문에 포함되는 공공행정 및 국방서비스 생산액과 교육 및 연구, 의료 및 보건, 사회복지사업, 위생서비스 및 문화서비스 등 일반정부의 부대서비스 생산액에서 타 부문에 대한 서비스 판매액을 제외한 일반정부의 자가소비액으로 추계된다. 타 부문에 대한 서비스 판매액으로는 예를 들면 국공립병원의 의료수입이나 국공립학교의 수업료가 이에 해당된다.

(3) 민간고정자본형성

가계, 기업 및 민간비영리단체가 생산시설의 대체와 확장을 위하여 자본재 구입에 충당한 지출을 말한다. 여기에는 유형자산 구매액과 자기계정에 의한 건설비, 그리고 주택건축분을 포함한다.

(4) 정부고정자본형성

일반정부와 정부기업이 정부활동을 위하여 고정시설, 사회간접시설, 공기업의 생산시설 등 공공설비의 대체 및 신설에 투입하는 자본적 지출을 말한다.

(5) 재고증가

재고는 어느 시점에 있어서 각 산업이 생산과 판매를 위하여 보유하고 있는 원재료, 원료, 반제품, 재공품 및 완제품을 말하며, 재고증가는 이들 재고의 양 시점 사이에서 실제로 변동된 양이다. 따라서 재고증가는 생산자가 보유하거나 유통경로상에 있는 재고의 변동을 의미한다. 다만 가계 및 민간비영리단체, 일반정부가 보유하고 있는 재고의 변동분이나 부존자원의 증감액은 평가의 곤란 때문에 재고 추계에서 제외한다.

(6) 수출

수출은 국내에서 장기간 생산활동에 종사하는 거주자에 의하여 이루어지는 외국에 대한 재화 및 비요소용역의 수출거래로 정의된다. 따라서 이자, 배당이윤의 국제 간 이동, 해외송금 및 국제배상과 같은 이전거래와 외국환, 주식, 채권 등에 의한 장·단기 자본 및 금융거래는 제외된다. 수출의 평가는 FOB(free on board) 가격으로 하며 수출과 관련하여 국내 운수회사 및 보험회사가 수취하는 운임이나 보험료 등은 별도로 운수업 및 보험업 부문의 서비스 수출로 처리된다.

(7) 수입

수입은 외국으로부터의 재화 및 비요소용역의 수입을 추계의 대상으로 하며, 수출에서와 마찬가지로 요소소득거래나 금융거래는 제외된다. 수입도 수출처럼 FOB 가격으로 평가하며 외국 운수회사에 지급한 운임 및 외국 보험회사에 지급한 보험료는 서비스수입으로 취급한다. 그러나 수입의 평가는 CIF(가격+보험료+운임)로 하며, 이는 수입품을 국내제품과 동일한 기준으로 평가한다는 점에서 의의가 있지만, 실제로 운임과 보험료를 품목별로 분리하는 것은 사실상 거의 불가능하다.

2) 부가가치 부문

부가가치는 생산액에서 중간재의 투입액을 뺀 차액을 말한다. 산업 연관표에서 부가가치부문은 피용자보수, 영업잉여, 고정자본소모, 순간접세(간접세 - 보조금)로 구분되어진다.

(1) 피용자보수

피용자보수는 당해 연도에 있어서 내국인이나 외국인이거나 상시 또는 임시고용을 불문하고, 국내에 거주하고 있는 피용자(고용이 된 사람)가 생산활동에 제공한 노동의 대가로 고용주로부터 받는 정기, 비정기의 모든 현금 · 현물 형태의 급부를 말하며, 소득세 및 보험료 등을 공제하기 전 개념으로 파악한다.

(2) 영업잉여

영업잉여는 부가가치 총액에서 피용자보수, 고정자본소모, 순간접세 등을 공제한 것으로, 각 산업부문의 기업잉여, 순지급이자, 토지에 대한 지급임료 등으로 구성된다.

(3) 고정자본소모

고정자본소모는 생산과정에서 소모된 고정자본을 대체하기 위하여 총생산액 중의 일부를 충당한 것으로, 생산과정에서 사용으로 인한 마모뿐만 아니라 시간의 경과, 기술개발 등으로 인한 노후화, 진부화에 의한 소모도 포함된다. 고정자본소모가 예상되는 자본재의 범주에서 일반정부의 재산 중 도로, 댐, 방파제, 건물 이외의 기타 건조물 및 국방을 위해 구축된 각종 건물 및 시설 등은 감가상각을 하지 않으므로 제외된다.

(4) 간접세

간접세 항목에는 재화와 용역의 생산, 판매, 구매 또는 사용에 대하여 생산자에게 부과되는 세금 및 정부의 재정수입을 목적으로 하는 전매 이익금과 정부의 정책목적상 정부독점으로 제공되는 정부서비스에 대한 지급 등이 포함된다. 산업연관표상의 간접세는 국내에서 생산된 재화 또는 용역에 대하여 부과되는 세금이다. 수입상품의 가격은 통관 시 부과되는 관세와 수입상품세를 가산해야 국내 상품의 생산자가격에 해당되기 때문에, 관세와 수입상품세는 간접세 항목에서 제외하여 최종 수요의 공제항목으로 계상한다.

(5) 보조금

보조금은 정부가 생산자에게 지급하는 무상보조금으로 수출 진흥의 목적이나 가격보조, 적자보전, 생산장려 등을 목적으로 지급하는 것을 말한다. 중앙정부가 지방자치단체에 지급하는 경비보조와 투자의 목적이나 자본재의 파괴 및 손실 등을 보전하기 위하여 이루어지는 민간기업에 대한 정부의 이전지출 등은 여기에 포함되지 않는다.

3) 산업연관표와 국민소득 통계와 관계

국민소득통계는 국민경제가 일정기간 동안 생산한 최종재 생산물을 화폐가치로 평가하여 집계한 것으로 국민경제 순환과정 중에서 소득순환을 대상으로 국민경제 전체의 활동수준을 파악하려는 것이다. 국민소득은 생산, 분배, 지출의 세 가지 측면에서 파악할 수 있으며 어느 측면에서 파악하더라도 동일하게 나타난다. 산업연관표도 동일한 국민경제 활동을 대상으로 작성되기 때문에 국민소득통계와 밀접한 관계를 가지고 있으나 국민소득통계에서 제외하고 있는 중간재 생산물의 산업 간 거래를 포함한다는 점에서 차이가 있다.

〈표 7-4〉 산업연관표와 국민소득통계와의 관계

	중간수요	최종수요	수입(−)	총산출
중간투입	A (산업 간 순환)	F-M (지출국민소득)		X
부가가치	V (생산국민소득 또는 분배국민소득)			
총투입	X			

산업연관표와 국민소득통계와의 관계를 〈표 7-4〉에서 살펴보면 행 방향으로는 중간수요계(A) + 최종수요계(F) − 수입계(M) = 총산출계(X)의 관계식이 성립한다. 열 방향으로는 중간투입계(A) + 부가가치계(V) = 총투입계(X)의 관계식이 성립된다. 그런데 총산출계와 총투입계, 중간수요계와 중간투입계는 각각 동일하므로 최종수요계(F) − 수입계(M) = 부가가치계(V)의 관계식이 성립함을 알 수 있다. 여기서 최종수요와 수입 항목은 국민소득통계의 지출국민소득에 해당하며 부가가치 항목을 산업별로 파악하면 생산국민소득, 생산요소별로 파악하면 분배국민소득에 해당한다.

제3절 산업연관분석 기본원리

1. 산업연관분석의 개념

1) 투입계수 및 생산유발계수

재화 및 서비스 생산을 위해서는 원재료 및 연료 등의 중간투입물과 노동 및 자본 등의 본원적 투입물을 사용하게 된다. 각 산업부문이 해당 부문의 재화나 서비스 생산에 사용하기 위하여 다른 부문으로부터 구입한 원재료 및 연료 등의 중간투입액을 총투입액으로 나눈 것을 투입계수(input coefficients) 또는 기술계수(technical coefficients)라 한다. 그리고 노동 등 본원적 투입물에 대한 대가인 피용자보수, 영업잉여 등 부가가치액을 총투입액으로 나눈 것을 부가가치율(부가가치계수 또는 소득률)이라고 한다. 투입계수는 산업 간의 연관관계 또는 상호의존관계를 나타내며 해당 산업의 기술구조 또는 생산함수로 이해할 수 있는데 투입산출표에서 나타나는 생산함수 형태를 레온티에프 생산함수라고도 한다. 투입계수는 소비, 투자, 수출 등 외생적으로 결정되는 최종수요와 총산출 수준을 연결하는 매개 역할을 한다. 국민경제 전체로 보면 각 산업부문의 생산활동은 궁극적으로 최종수요를 충족시키기 위하여 이루어진다. 따라서 국민경제 전체의 총산출 규모는 최종수요의 수준에 따라 결정된다. 즉, 어떤 재화나 서비스에 대한 최종수요가 증가하는 경우, 이를 충족시키기 위해서 직접적으로 필요한 동 재화 및 서비스 이외에 해당 재화 및 서비스 생산에 투입되는 중간투입재의 생산이 해당 재화 및 서비스 투입계수에 따라 연속적으로 필요하게 된다. 이러한 투입계수를 매개로 최종수요에 의해 발생한 직·간접적인 생산의 크기를 생산유발효과라

하고 이를 계측 · 분석하는 것이 산업연관분석의 기본원리이다. 소비, 투자 및 수출 등의 최종수요에 의한 직 · 간접적인 생산변동, 즉 생산유발효과를 계측하는 등의 경제분석을 하고자 할 때 부문 수가 적은 단순한 경우에는 투입계수를 이용해서 계산할 수 있지만, 부문 수가 많아지는 경우 무한히 반복되는 생산유발효과를 투입계수를 이용해서 일일이 계산하는 것은 불가능한 일이다. 이런 문제를 해결하기 위해 역행렬이라는 수학적인 방법을 이용하여 생산유발계수(production inducement coefficients)를 도출하여 분석에 사용하게 된다. 생산유발계수는 최종수요가 한 단위 발생하였을 때 이를 충족시키기 위하여 각 산업부문에서 직 · 간접적으로 유발되는 생산액 수준을 나타내는 것이다. 이는 도출과정에서 역행렬이라고 하는 수학적 방법이 이용되므로 역행렬계수(inverse matrix coefficients) 또는 레온티에프 역행렬(Leontief inverse matrix)이라고도 한다.

2. 투입계수

1) 투입계수의 산출방법

투입계수는 각 품목부문이 재화나 서비스의 생산에 사용하기 위하여 구입한 각종 원재료, 연료 등 중간투입액을 해당 상품의 총투입액(=총산출액)으로 나눈 것이다. 즉, 투입계수는 각 부문 생산물 1단위 생산에 필요한 각종 중간재 및 부가가치의 단위를 나타내기 때문에 각 품목부문의 생산기술구조, 즉 투입과 산출의 생산함수를 의미한다. 예를 들어 살펴보자. 〈표 7-5〉에서 제1열 즉, 1부문의 중간투입내역 x_{11}, x_{21}, …, x_{n1}을 총투입액 x_1로 나눈 값을 a_{11}, a_{21}, …, a_{n1}이라 하면 이것이 1부문 생산물 한 단위를 생산하기 위하여 필요한 각 산업부문 생산물의 크기를 나타내는 투입계수이고 1부문의 부가가치 v_1을 x_1로 나눈 것이 부가가치율이다. 이를 일반 수식으로 표현하면 아래와 같이 나타낼 수 있다.

$$투입계수 : a_{ij} = \frac{x_{ij}}{x_j}, \quad 부가가치율 : a_j^v = \frac{v_j}{x_j}$$

〈표 7-5〉 **투입산출표의 형식(기초가격 기준)**

		중간수요						최종수요	총수요	총산출액	수입	잔폐물발생(+)	총공급
		1	2	⋯	j	⋯	n						
중간투입	1	x_{11}	x_{12}	⋯	x_{1j}	⋯	x_{1n}	y_1		x_1	m_1	z_1	
	2	x_{21}	x_{22}	⋯	x_{2j}	⋯	x_{2n}	y_2		x_2	m_2	z_2	
	⋮	⋮			⋮		⋮			⋮	⋮	⋮	
	i	x_{i1}	x_{i2}	⋯	x_{ij}	⋯	$x_{\in}$	y_i		x_i	m_i	z_i	
	⋮	⋮	⋮		⋮		⋮			⋮	⋮	⋮	
	n	x_{n1}	x_{n2}	⋯	x_{nj}	⋯	x_{nn}	y_n		x_n	m_n	z_n	
소계													
순생산물세													
잔폐물발생(-)													
중간투입계													
부가가치		v_1	v_2	⋯	v_j	⋯	v_n						
총투입액		x_1	x_2	⋯	x_i	⋯	x_n						

투입계수와 부가가치율은 금액 단위로 작성된 투입산출표에서 도출하여 사용한다. 이는 물량 단위로 작성된 투입산출표를 사용할 경우 행 방향으로는 동일한 물량 단위가 적용되므로 합산 등의 계산에 문제가 되지 않는다. 하지만 열 방향으로는 각기 다른 물량 단위가 적용될 수 있으므로 이들의 합은 경제적으로 아무런 의미를 가지지 않는다. 금액단위 투

입산출표는 행 방향 및 열 방향 모두 동일한 단위로 작성되므로 각종 계산이 가능하며 행과 열의 합이 일치하여 투입산출표의 정의에도 부합하게 된다. 투입계수행렬(input coefficient matrix)은 아래 〈식 7-1〉과 같이 투입계수를 투입산출표의 내생부문과 같은 모양으로 배열한 것을 말한다. 한편 〈표 7-6〉에서 보듯이 투입계수표에서 열(세로) 방향으로 특정 부문의 투입계수와 부가가치율을 합하면 1이 된다. 이를 일반식으로 표현하면 다음과 같다.

$$\sum_{i=1}^{n} a_{ij} + a_j^v = 1 \qquad \text{〈식 7-1〉}$$

$$\text{투입계수행렬}(A) = \begin{bmatrix} a_{11} & a_{12} & \cdots & a_{1j} & \cdots & a_{1n} \\ \vdots & \vdots & & \vdots & & \vdots \\ a_{i1} & a_{i2} & \cdots & a_{ij} & \cdots & a_{in} \\ \vdots & \vdots & & \vdots & & \vdots \\ a_{n1} & a_{n2} & \cdots & a_{nj} & \cdots & a_{nn} \end{bmatrix}$$

$$\text{부가가치율}(a^v) = \left[a_1^v \; a_2{}^v \cdots a_j{}^v \cdots a_n^v \right]$$

〈표 7-6〉 투입계수표의 형식

	1	2	⋯	j	⋯	n
1	a_{11}	a_{12}	⋯	a_{1j}	⋯	a_{1n}
2	a_{21}	a_{22}	⋯	a_{2j}	⋯	a_{2n}
⋮	⋮	⋮	⋮	⋮	⋮	⋮
i	a_{i1}	a_{i2}	⋯	a_{ij}	⋯	a_{in}
⋮	⋮	⋮	⋮	⋮	⋮	⋮
n	a_{n1}	a_{n2}	⋯	a_{nj}	⋯	a_{nn}
부가가치	a_1^v	a_2^v	⋯	a_j^v	⋯	a_n^v
계	1	1	⋯	1	⋯	1

투입계수표는 그 종류에 따라 총거래표에서 도출되는 투입계수표, 국산거래표에서 도출되는 국산투입계수표 및 수입거래표에서 도출되는 수입투입계수표 등으로 구분할 수 있는데 「2012년 투입산출표(총거래표, 기초가격기준)」로부터 투입계수표를 작성해 보면 〈표 7-7〉과 같다. 예를 들어 〈표 7-7〉에서 제2열을 보면 광 · 공산품 한 단위를 생산하기 위해서는 농림수산품 0.0211단위, 자체부문인 광 · 공산품 0.6434단위, 서비스 및 기타 0.1278단위 등 총 0.7935단위의 중간재 투입이 필요함을 알 수 있다. 또한, 이때 광 · 공산품 한 단위 생산에 따라 피용자보수(임금) 0.0879단위, 기타(영업잉여 및 고정자본소모 등) 0.1186단위 등 총 0.2065

〈표 7-7〉 **투입계수표**

	농림수산품	광 · 공산품	서비스 및 기타	중간수요계
농림수산품	0.0624	0.0211	0.0054	0.0144
(국산)	(0.0564)	(0.0156)	(0.0050)	(0.0112)
(수입)	(0.0061)	(0.0055)	(0.0004)	(0.0031)
광 · 공산품	0.3021	0.6434	0.1981	0.4285
(국산)	(0.2824)	(0.3978)	(0.1418)	(0.2756)
(수입)	(0.0197)	(0.2456)	(0.0562)	(0.1530)
서비스 및 기타	0.0810	0.1278	0.2760	0.1968
(국산)	(0.0743)	(0.1189)	(0.2500)	(0.1798)
(수입)	(0.0066)	(0.0089)	(0.0260)	(0.0169)
순생산물세(+)와 잔폐물(-)	0.0103	0.0012	0.0212	0.0108
중간투입계	0.4559	0.7935	0.5006	0.6504
피용자보수	0.0751	0.0879	0.2574	0.1674
기타부가가치	0.4690	0.1186	0.2420	0.1822
부가가치계	0.5441	0.2065	0.4994	0.3496
총투입계	1.0000	1.0000	1.0000	1.0000

단위의 부가가치가 창출되었음을 알 수 있다.

〈표 7-7〉에서는 국산투입계수표와 수입투입계수표를 따로 작성하지 않고 종합해서 나타내었다. 여기서 국산투입계수만 따로 모아 정리하면 국산거래표에서 작성되는 국산투입계수표를 작성할 수 있고, 마찬가지로 수입투입계수만 따로 정리하면 수입투입계수표가 된다.

2) 투입계수를 통한 생산파급

앞에서 살펴본 것처럼 산업연관분석은 투입계수를 기초로 산업 간의 상호의존관계를 분석한다. 앞에서 작성된 투입계수표가 산업 간의 상호의존관계 분석에서 어떠한 역할을 하는지 살펴보자.

국민경제 전체로 보면 각 산업부문의 생산활동의 궁극적인 목적은 소비, 투자, 수출 등 최종수요를 충족시키기 위한 것이다. 물론 다른 산업부문의 중간재로 판매되는 생산재의 경우는 직접적으로 최종수요를 충족시키는 것은 아니지만, 최종재 생산에 필요한 중간재를 공급하는 것이므로 간접적으로 최종수요를 충족시키는 것으로 볼 수 있다. 예를 들어 원면 → 면사 → 면직물 → 의복류의 생산공정에서 보면 의복류만이 최종재로 사용될 수 있고 원면, 면사, 면직물은 모두 중간재로만 투입(수출은 없다고 가정)된다. 그러나 최종재인 의복류의 생산을 위한 중간투입이므로 궁극적으로는 모두 최종수요 충족을 위해 생산된다고 할 수 있다. 따라서 한 국가의 모든 재화와 서비스는 직 · 간접적으로 소비, 투자, 수출 등 최종수요를 충족시키기 위하여 생산되며 그 총산출 규모도 최종수요의 크기에 따라 결정된다. 이때 최종수요와 각각의 재화 및 서비스의 총산출 수준을 매개하는 역할을 하는 것이 바로 투입계수이다.

이제 농림수산품에 대한 민간소비수요 100과 광 · 공산품에 대한 수출수요 400의 합계 500만큼의 최종수요가 발생하였을 경우, 이를 충족시키기 위하여 각 산업부문에서 얼마만큼의 생산이 이루어져야 하는가를 앞에서 작성한 투입계수표를 이용하여 계산하여 보기로 하자.

먼저 발생한 최종수요를 충족시키기 위해서 농림수산품 100과 광·공산품 400이 생산되어야 하므로 직접적으로 500만큼의 생산효과가 있게 된다. 그런데 농림수산품 100과 광·공산품 400을 생산하기 위해서는 각종 원재료 등 중간재가 투입되어야 하는데 이를 위하여 관련 산업부문의 생산물이 얼마만큼 중간재로 생산되어야 하는가는 <표 7-7>의 투입계수표를 이용하여 계산할 수 있다.

즉, 농림수산품 부문에서는 농림수산품 한 단위 생산을 위하여 필요한 자체 상품 투입을 나타내는 투입계수 0.0624에 100을 곱한 6.24와 광·공산품 한 단위 생산에 필요한 농림수산품 투입을 나타내는 투입계수 0.0211에 400을 곱한 8.44의 합계 14.68이 생산되어야함을 알 수 있다. 광·공산품과 서비스 및 기타 부문에 대하여도 투입계수를 이용하여 같은 방법으로 계산해 보면 광·공산품 287.57(= 0.3021 × 100 + 0.6434 × 400), 서비스 및 기타 59.22(= 0.0810 × 100 + 0.1278 × 400)가 생산되어야 함을 알 수 있다. 따라서 농림수산품 100, 광·공산품 400의 생산을 위해 1차적으로 필요한 중간투입물은 모두 361.47이 되는데 이것이 곧 최종수요 500의 발생에 따라 모든 산업부문에 미치는 1차 생산파급효과인 것이다. 이와 같은 1차 생산파급효과로 나타난 농림수산품 14.68, 광·공산품 287.57, 그리고 서비스 및 기타 59.22를 생산하기 위해서는 다시 중간투입물이 필요하게 되는데 이러한 2차 생산파급효과의 크기도 위와 같은 방법으로 계산해 낼 수 있다. 즉,

농림수산품

7.30(= 0.0624 × 14.68 + 0.0211 × 287.57 + 0.0054 × 59.22),

광 · 공산품

201.19(=0.3021×14.68+0.6434×287.57+0.1981×59.22),

서비스 및 기타

54.29(=0.0810×14.68+0.1278×287.57+0.2760×59.22)

따라서 총합계 262.78의 생산물을 생산해야 하는 것을 알 수 있다.

위에서 본 바와 같은 생산의 파급과정은 3차, 4차, …로 무한히 계속된다고 볼 수 있다. 이러한 생산파급효과를 모두 합산하면 최초로 발생한 농림수산품에 대한 민간소비 수요 100과 광 · 공산품에 대한 수출수요 400을 충족시키기 위해 필요한 각 산업부문의 생산유발효과, 즉 총산출액의 수준을 의미한다. 어떤 재화나 서비스에 대한 최종수요가 발생하는 경우 이의 파급효과는 해당 재화나 서비스의 생산에 그치지 않고 관련되는 모든 산업제품의 생산에까지 미치게 된다. 이러한 최종수요에 의한 생산유발효과를 계측, 분석하는 것이 산업연관분석의 기본원리라 할 수 있다.

3. 생산유발계수

1) 생산유발계수의 도출

앞에서 살펴본 것처럼 투입계수는 재화나 서비스에 대한 최종수요가 발생하였을 때 이에 따라 각 품목부문으로 파급되는 생산유발효과의 크기를 계측하는 데 이용되는 매개변수이다. 그러나 품목부문 수가 많은 경우에는 위의 예와 같이 투입계수를 매개로 하여 무한히 계속되는 생산파급효과를 일일이 계산한다는 것은 현실적으로 불가능하다. 이러한 문제해결을 위하여 역행렬이라는 수학적인 방법으로 생산유발계수를 도출하여 이용하게 된다.

앞의 〈표 7-5〉에서 각 품목부문 생산물의 수급관계를 보면 중간수요와 최종수요의 합계에서 수입과 잔폐물 발생액을 차감하면 총산출액과 일치하므로 다음과 같은 수급방정식을 만들 수 있다.

$$
\begin{array}{l}
a_{11}x_1 + a_{12}x_2 + \cdots\cdots + a_{1j}x_j + \cdots\cdots + a_{1n}x_n + y_1 - m_1 - z_1 = x_1 \\
\quad \vdots \qquad\quad \vdots \qquad\qquad\quad \vdots \qquad\qquad\quad \vdots \quad\;\; \vdots \quad\; \vdots \quad\; \vdots \\
a_{i1}x_1 + a_{i2}x_2 + \cdots\cdots + a_{ij}x_j + \cdots\cdots + a_{in}x_n + y_i - m_i - z_i = x_i \\
\quad \vdots \qquad\quad \vdots \qquad\qquad\quad \vdots \qquad\qquad\quad \vdots \quad\;\; \vdots \quad\; \vdots \quad\; \vdots \\
a_{n1}x_1 + a_{n2}x_2 + \cdots\cdots + a_{nj}x_j + \cdots\cdots + a_{nn}x_n + y_n - m_n - z_n = x_n
\end{array}
$$

단, a_{ij} : j부문 생산을 위한 i부문 생산물 투입계수

x_i : i부문의 산출액(자가공정산출액 포함)

y_i : i부문의 최종수요

m_i : i부문의 수입

z_i : i부문의 잔폐물 발생액

이 방정식을 행렬로 표시하면

$$
\begin{bmatrix} a_{11} & a_{12} & \cdots & a_{1j} & \cdots & a_{1n} \\ \vdots & \vdots & \cdots & \vdots & \cdots & \vdots \\ a_{i1} & a_{i2} & \cdots & a_{ij} & \cdots & a_{in} \\ \vdots & \vdots & \cdots & \vdots & \cdots & \vdots \\ a_{n1} & a_{n2} & \cdots & a_{nj} & \cdots & a_{nn} \end{bmatrix}
\begin{bmatrix} x_1 \\ \vdots \\ x_j \\ \vdots \\ x_n \end{bmatrix}
+
\begin{bmatrix} y_1 \\ \vdots \\ y_n \\ \vdots \\ y_n \end{bmatrix}
-
\begin{bmatrix} m_1 \\ \vdots \\ m_i \\ \vdots \\ m_n \end{bmatrix}
-
\begin{bmatrix} z_1 \\ \vdots \\ z_i \\ \vdots \\ z_n \end{bmatrix}
=
\begin{bmatrix} x_1 \\ \vdots \\ x_i \\ \vdots \\ x_n \end{bmatrix}
$$

이 되고 이를 〈식 7-2〉와 같이 나타낼 수 있다.

$$Ax + y - m - z = x \quad \cdots\cdots\cdots\cdots \text{〈식 7-2〉}$$

여기에서 A는 투입계수행렬, x는 총산출액 벡터(vector), y는 최종수

요 벡터, m은 수입액 벡터, z는 잔폐물 발생액 벡터를 나타낸다.

이 식을 전개하여 x에 대해 풀면 〈식 7-3〉과 같다.

$$x - Ax = y - m - z$$
$$(I - A)x = y - m - z$$
$$x = (I - A)^{-1}(y - m - z) \quad \cdots\cdots \langle \text{식 } 7\text{-}3 \rangle$$

여기서 $(I-A)^{-1}$행렬을 생산유발계수라고 한다. I는 주대각요소가 모두 1이고 그 밖의 요소는 모두 0인 단위행렬을 가리킨다.

$$I = \begin{bmatrix} 1 & 0 & \cdots & 0 \\ 0 & 1 & \cdots & 0 \\ \vdots & \vdots & \vdots & \vdots \\ 0 & 0 & \cdots & 1 \end{bmatrix}$$

이 생산유발계수를 미리 계산해 두면 최종수요(y)와 수입(m) 및 잔폐물(z)의 변동에 따라 각 품목부문에서 직·간접적으로 유발되는 총산출액(x)을 구할 수 있게 된다. 〈식 7-3〉의 좌·우변을 보면 최종수요($y-m-z$)와 국내 총산출(x)이 투입계수에서 도출되는 생산유발계수를 매개로 연결되는 것을 알 수 있다. 이는 특정 기간을 대상으로 작성된 투입산출표의 총산출액은 당해기간 동안의 해당 경제의 최종수요를 충족하기 위한 직·간접 생산액의 합계라는 것, 즉 최종수요($y-m-z$)가 주어지면 생산시스템인 생산유발계수($(I-A)^{-1}$)에 의해 국내 총산출(x)이 결정되는 것을 의미한다.

다시 말해 생산유발계수는 최종수요가 한 단위 발생하였을 때, 이를 충족시키기 위하여 각 부문에서 직·간접적으로 유발되는 생산액 수준을 나타내는 것으로 도출과정에서 역행렬이라는 수학적 방법이 이용되므로 역행렬계수라고도 한다.

2) 생산유발계수의 의미

투입계수를 이용한 생산파급효과 계산과정과 관련하여 생산유발계수의 의미를 살펴보자.

어떤 실수 a가 $0<a<1$일 경우 $(1-a)$의 역수 $(1-a)^{-1}$은 다음과 같은 무한등비급수의 합으로 표시할 수 있고 ⟨식 7-4⟩와 같다.

즉,

$$(1-a)^{-1}=\frac{1}{1-a}=1+a+a^2+a^3+\cdots \qquad \text{⟨식 7-4⟩}$$

이와 같은 논리를 행렬에 적용하면 $(I-A)^{-1}$은 식 ⟨식 7-5⟩와 같이 표현할 수 있다. 즉,

$$(I-A)^{-1}=I+A+A^2+A^3+A^4+\cdots \qquad \text{⟨식 7-5⟩}$$

⟨식 7-5⟩의 우변에서 단위행렬 I는 각 품목부문 생산물에 대한 최종수요가 한 단위 증가하였을 때 이를 충족시키기 위한 각 품목부문의 직접생산효과가 되며, A는 각 품목부문 생산물 한 단위 생산에 필요한 중간재투입액, 즉 1차 생산파급효과가 된다. A^2는 1차 생산파급효과로 나타난 각 품목부문 생산물 생산에 필요한 중간재투입액, 즉 2차 파급효과가 되고, 마찬가지로 A^3, A^4, …는 각각 3차, 4차, … 생산파급효과가 된다. 따라서 $(I-A)^{-1}$은 최종수요 한 단위 발생에 따라 유발되는 직·간접 생산파급효과를 합한 생산유발계수를 의미한다.

그런데 이 생산유발계수는 최종수요로부터 파생되는 파급효과를 나타

내는 승수의 성질을 가지고 있으므로 케인스의 투자승수와 구별하여 다부문승수(multi-sector multiplier)라고 부르기도 한다. 이러한 $(I-A)^{-1}$의 생산유발계수를 기호를 사용하여 표로 나타낸 것이 〈표 7-8〉이다. 〈표 7-8〉에서 생산유발계수표의 각 요소가 가지는 의미를 살펴보기로 하자.

〈표 7-8〉 생산유발계수표의 의미

	1부문	2부문	3부문	행 합계
1부문	r_{11}	r_{12}	r_{13}	$r_{11}+r_{12}+r_{13} : S_1$
	1부문의 최종수요 한 단위를 충족하기 위하여 직·간접적으로 필요한 1부문의 산출단위	2부문의 최종수요 한 단위를 충족하기 위하여 간접적으로 필요한 1부문의 산출단위	3부문의 최종수요 한 단위를 충족하기 위하여 간접적으로 필요한 1부문의 산출단위	각 부문의 최종수요가 한 단위씩 증가하였을 때 이를 충족하기 위하여 필요한 1부문의 산출단위
2부문	r_{21}	r_{22}	r_{23}	$r_{21}+r_{22}+r_{23} : S_2$
	1부문의 최종수요 한 단위를 충족하기 위하여 간접적으로 필요한 2부문의 산출단위	2부문의 최종수요 한 단위를 충족하기 위하여 직·간접적으로 필요한 2부문의 산출단위	3부문의 최종수요 한 단위를 충족하기 위하여 간접적으로 필요한 2부문의 산출단위	각 부문의 최종수요가 한 단위씩 증가하였을 때 이를 충족하기 위하여 필요한 2부문의 산출단위
3부문	r_{31}	r_{32}	r_{33}	$r_{31}+r_{32}+r_{33} : S_3$
	1부문의 최종수요 한 단위를 충족하기 위하여 간접적으로 필요한 3부문의 산출단위	2부문의 최종수요 한 단위를 충족하기 위하여 간접적으로 필요한 3부문의 산출단위	3부문의 최종수요 한 단위를 충족하기 위하여 직·간접적으로 필요한 3부문의 산출단위	각 부문의 최종수요가 한 단위씩 증가하였을 때 이를 충족하기 위하여 필요한 3부문의 산출단위
열 합계	$r_{11}+r_{21}+r_{31} : R_1$	$r_{12}+r_{22}+r_{32} : R_2$	$r_{13}+r_{23}+r_{33} : R_3$	
	1부문의 최종수요 한 단위를 충족하기 위하여 직·간접적으로 필요한 전부문의 산출단위	2부문의 최종수요 한 단위를 충족하기 위하여 직·간접적으로 필요한 전부문의 산출단위	3부문의 최종수요 한 단위를 충족하기 위하여 직·간접적으로 필요한 전부문의 산출단위	

〈표 7-8〉을 열로 보면 첫 번째 열의 r_{11}은 1부문 생산물의 최종수요 한 단위 발생에 따라 1부문에서 직 · 간접적으로 유발되는 생산파급효과를, r_{21}은 1부문 생산물의 최종수요 한 단위 발생에 따라 2부문에서 간접적으로 유발되는 생산파급효과를, 그리고 r_{31}은 1부문 생산물의 최종수요 한 단위 발생에 따라 3부문에서 간접적으로 유발되는 생산파급효과를 각각 나타낸다. 따라서 첫 번째 열의 열 합계는 1부문 생산물에 대한 최종수요 한 단위 발생에 따라 전 산업부문에서 유발되는 직 · 간접 생산파급효과를 나타낸다. 두 번째 및 세 번째 열의 각 요소에 대해서도 같은 방법으로 설명할 수 있다.

한편 생산유발계수표를 행으로 보면 r_{11}은 1부문 생산물에 대한 최종수요 한 단위 발생에 따라 유발되는 1부문에서의 직 · 간접 생산파급효과를, r_{12}는 2부문 생산물에 대한 최종수요 한 단위 발생에 따라 유발되는 1부문에서의 간접 생산파급효과를, 그리고 r_{13}은 3부문 생산물에 대한 최종수요 한 단위 발생에 따라 유발되는 1부문에서의 간접 생산파급효과를 나타낸다. 따라서 첫 번째 행의 행 합계는 각 산업부문 생산물에 대한 최종수요가 각각 한 단위씩 발생할 경우 1부문에서 유발되는 직 · 간접 생산파급효과를 나타낸다. 두 번째 및 세 번째 행의 행 합계도 마찬가지 방법으로 설명될 수 있다.

3개 부문으로 통합된 2012년 투입산출표로부터 작성된 투입계수표를 이용하여 생산유발계수표를 도출해보면 〈표 7-9〉와 같다. 이 표에서 제2열을 보면 광 · 공산품에 대한 최종수요가 한 단위 발생하였을 때 이의 충족을 위해서는 농림수산품 0.0751단위, 광 · 공산품 3.1844단위, 서비스 및 기타 0.5703단위의 생산이 직 · 간접적으로 유발되어 국민경제 전체로는 3.8298단위의 생산이 필요함을 나타내고 있다. 이 수치는 앞에서 설명한 투입계수를 이용한 생산의 파급과정을 무한히 반복하여 계산된 각 부문의 생산유발액을 모두 더한 것과 일치하게 된다. 한편 이 표의 제2행을 보면 농림수산품에 대한 최종수요 한 단위 발생에 따라 광 · 공산품 부문에서 간접적으로 유발되는 생산파급이 1.1020단위, 광 · 공산품에 대한 최종수요 한 단위 발생에 따라 광 · 공산품 부문에서 직 · 간접적으로 유발되는 생산파급이 3.1844단위, 그리고 서비스 및 기타 부문에 대한 최종수요 한 단위 발생에 따라 광 · 공산품 부문에서 간접적으로 유발되는 생산파급이 0.8793단위임을 나타낸다. 따라서 행 합계인 5.1658은 각 부문 생산물에 대한 최종수요가 한 단위씩 발생할 경우 이의 충족을 위하여 광 · 공산품 부문에서 유발되는 생산파급단위를 나타낸다.

〈표 7-9〉 **생산유발계수표 : $(I-A)^{-1}$형**

	농림수산품	광 · 공산품	서비스 및 기타	행 합계
농림수산품	1.0933	0.0751	0.0286	1.1969
광 · 공산품	1.1020	3.1844	0.8793	5.1658
서비스 및 기타	0.3167	0.5703	1.5396	2.4266
열 합계	2.5120	3.8298	2.4476	8.7893

3) 생산유발계수표의 종류

생산유발계수의 도출과정과 의미는 앞에서 설명한 바와 같으나 실제로 작성되고 있는 생산유발계수표는 수입의 취급방법에 따라 여러 가지가 있다. 여기서는 여러 가지 생산유발계수표의 도출 과정과 그 의미 그리고 이용상의 장 · 단점 등에 대하여 살펴보고자 한다.

(1) $(I-A)^{-1}$형

이 생산유발계수표는 국산과 수입을 구분하지 않는 경쟁수입형 투입산출표의 투입계수를 기초로 도출된 것이다. 이 생산유발계수표에서는 수입과 국내 생산활동 간에 아무런 함수관계가 존재하지 않는다는 가정 하에 수입을 외생변수로 취급하고 있다. 따라서 수급방정식 $Ax+y-m-z=x$로부터 $x=(I-A)^{-1}(y-m-z)$이 되어 $(I-A)^{-1}$형 생산유발계수표가 도출되는데 각 부문별 총산출액은 생산유발계수표 $(I-A)^{-1}$에 최종수요(수입과 잔폐물 공제)를 곱하여 구하게 된다. 그러므로 이 생산유발계수표를 이용하기 위해서는 외생변수로 최종수요 벡터(y)와 수입 벡터(m)와 잔폐물 발생액 벡터(z)가 주어져야 한다.

(2) $(I-A+M^{*})^{-1}$형

$(I-A)^{-1}$형의 생산유발계수표에서는 수입과 국내 생산활동 간에 아무런 함수관계가 존재하지 않는다는 가정을 하고 있으나 실제로 각 품목부문의 수입은 그 부문의 국내 총산출 수준에 따라 결정된다고 보는 것이 타당할 것이다. 따라서 수입을 외생변수로 취급하지 않고 내생화하여 도출하는 생산유발계수표가 $(I-A+M^{*})^{-1}$형이다.

투입산출표를 행으로 보아 각 품목부문(i)의 수입액을 그 부문의 총산출액으로 나눈 값을 수입계수(m_i^{*})라 정의하고 각 품목부문에 있어서 중간수요와 모든 최종수요 항목이 동일한 비율만큼 수입품을 포함하고 있다고 가정하자. 이때 각 품목부문의 수입계수를 주대각요소로 하는 대각행렬을 M^{*}로 표시하면 $m=M^{*}x$가 되므로 경쟁수입형 투입산출표의 수급방정식 $Ax+y-m-z=x$는 $Ax+y-M^{*}x-z=x$로 바꾸어 쓸 수 있다. 이 식으로부터 $x=(I-A+M^{*})^{-1}(y-z)$가 도출되는데 이 $(I-A+M^{*})^{-1}$형의 생산유발계수표를 이용하기 위해서는 외생변수로 최종수요 벡터(y) 잔폐물발생액 벡터(z)만 주어지면 된다.

(3) $[I-(I-M)A]^{-1}$

앞에서 살펴본 $(I-A+M^{*})^{-1}$형의 생산유발계수에서는 각 품목부문별로 중간수요와 모든 최종수요 항목이 일정한 비율의 국산품과 수입품으로 구성되어 있다고 가정하고 있다. 그러므로 최종수요 항목의 하나인 수출에도 원재료가 아닌 최종수요로서 수입품이 포함되어 있다고 가정하고 있어 불합리하다고 할 수 있다.

이와 같은 결점을 보완하기 위해서 수입을 내생변수로 간주하기는 하되, 다만 최종수요항목 중 수출은 다른 항목과 별도로 취급하여 수입품이 수출에 포함되지 않도록 하여 도출되는 생산유발계수표가 $[I-(I-M)A]^{-1}$형이다. 이 형의 생산유발계수표의 도출을 위하여 우선 각 품목부문의 수입액을 그 품목부문 생산물에 대한 국내 총수요액(총수요액−수출액)으로 나눈 값으로 수입계수를 정의하고, 각 품목부문의 수입계수를 주대각요소로 하는 대각행렬을 M으로 표시하면 $m=M(Ax+y^{*})$의 관계가 성립한다. 여기에서 Ax는 중간수요 벡터, y^{*}는 국내최종수요 벡터를 나타낸다.

경쟁수입형 투입산출표의 수급방정식 $Ax+y-m-z=x$에서 최종수요 y를 국내최종수요 y^{*}와 수출 y^{e}로 나누어 다시 써 보면 $Ax+y^{*}+y^{e}-m-z=x$가 되는데 이 식의 m 대신 $M(Ax+y^{*})$를 대입하면 〈식 7-6〉과 같이 나타낼 수 있다.

$$Ax+y^{*}+y^{e}-M(Ax+y^{*})-z=x$$
$$Ax+y^{*}+y^{e}-MAx-My^{*}-z=x$$
$$x-Ax+MAx=y^{*}-My^{*}+y^{e}-z$$
$$x-(I-M)Ax=(I-M)y^{*}+y^{e}-z$$
$$[I-(I-M)A]x=(I-M)y^{*}+y^{e}-z \quad \cdots\cdots \langle 식\ 7\text{-}6\rangle$$

〈식 7-6〉을 x에 대해 풀면 식 〈식 7-7〉과 같다.

$$x = [I-(I-M)A]^{-1}[(I-M)y^{*}+y^{e}-z] \quad \cdots\cdots\cdots\cdots \text{〈식 7-7〉}$$

여기서 $[I-(I-M)A]^{-1}$형의 생산유발계수를 얻게 된다. 이 생산유발계수표를 이용하여 국내최종수요(y^{*}), 수출(y^{e}) 및 잔폐물(z)이 주어지면 이를 충족시키기 위하여 필요한 총산출액(x)을 구할 수 있다.

(4) $(I-A^{d})^{-1}$형

국산과 수입을 구분하여 작성하는 비경쟁수입형표의 투입계수로부터 도출되는 생산유발계수가 $(I-A^{d})^{-1}$형이다. 비경쟁수입형표의 국산거래표와 수입거래표에 대해서는 각각 다음과 같은 수급방정식이 성립된다. 즉, 국산거래표에서는 $A^{d}x+y^{d}-z=x$, 수입거래표에서는 $A^{m}x+y^{m}=m$이 성립된다. 여기서 A^{d}는 국산투입계수행렬, A^{m}은 수입투입계수행렬, y^{d}는 국산품에 대한 최종수요 벡터, y^{m}은 수입품에 대한 최종수요 벡터를 각각 나타낸다. $A^{d}x+y^{d}-z=x$식을 x에 대하여 풀면 $x=(I-A^{d})^{-1}(y^{d}-z)$가 되어 생산유발계수표를 얻게 된다. 이 $(I-A^{d})^{-1}$형의 생산유발계수표를 이용하여 국산품에 대한 최종수요(y^{d})와 잔폐물(z)이 외생변수로 주어질 때 이를 충족시키기 위하여 필요한 총산출액(x)을 구할 수 있다.

앞서 본 $(I-A)^{-1}$, $(I-A+M^{*})^{-1}$ 및 $[I-(I-M)A]^{-1}$형의 생산유발계수표는 모두 국산과 수입을 구분하지 않고 작성된 경쟁수입형표로부터 산출되는 투입계수표를 기초로 도출된 것으로, 이를 이용하여 최종수요증가에 따른 생산파급효과를 계측하는 경우에는 순수한 국내생산파급효과와 수입으로 인하여 해외로 누출되는 부분을 구분할 수 없게 된다. 즉, 수입품에 대한 최종수요가 국내 산출에 영향을 주지 않고 국산품 최종수요(y^d) 발생에 따른 국내에서의 산출 효과만을 계측하고자 한다면 $(I-Ad)^{-1}$형의 생산유발계수를 이용하는 것이 보다 적합하다고 할 수 있다. 무엇보다 최종수요를 국산품과 수입품으로 구분할 수 있는 비경쟁수입형 투입산출표를 이용하는 경우에는 일률적으로 수입비율을 적용하는 앞의 생산유발계수보다 현실적이라는 장점이 있다. 다만, 생산과정에서 국산품과 수입품을 반드시 구분하여 투입하는지 의문이 있을 수 있다.

4. 부가가치 및 수입유발계수

1) 부가가치 및 수입유발계수

산업연관표에서는 공급 능력이나 노동력 제공에 문제가 없다는 암묵적 가정 하에 최종수요 변동이 국내 생산의 변동을 유발하고 생산활동에 의해서 부가가치가 창출되므로, 결과적으로 최종수요의 변동이 부가가치 변동의 원천이라고 간주한다. 따라서 산업연관표를 이용하면 최종수요와 생산수준 간의 연관관계뿐 아니라 부가가치와의 기능적인 관계도 파악할 수 있다.

이제 최종수요와 부가가치 간의 연관관계를 나타내는 관계식을 도출하여 살펴보자. 여기서는 $(I-A^d)^{-1}$형 생산유발계수표를 이용하기로 한다.

부가가치 벡터를 v, 부가가치율의 대각행렬을 A^v라고 하면 $v=A^vx$의 관계가 성립한다. 따라서 이 식에 생산유발관계식 $x=(I-A^d)^{-1}(y^d-z)$를 대입하면 $v=A^v(I-A^d)^{-1}(y^d\quad z)$의 식을 얻게 되는데 이 식에서

$A^{v}(I-A^{d})^{-1}$을 부가가치유발계수행렬이라고 한다. 이 $A^{v}(I-A^{d})^{-1}$형의 부가가치유발계수는 어떤 품목부문의 국내생산물에 대한 최종수요가 한 단위 증가할 경우 국민경제 전체에서 직·간접적으로 유발되는 부가가치 단위를 나타낸다.

2) 수입유발계수

한편 각 품목부문의 생산활동을 위하여 필요로 하는 중간재는 국산품뿐 아니라 수입품에 의해서도 충당되므로 최종수요 발생에 따른 생산유발은 국산품 생산유발과 수입품 생산유발로 나누어지게 된다. 따라서 최종수요와 생산이나 부가가치를 연결시켜 그 기능적 관계를 파악하는 것과 마찬가지로 최종수요와 생산 및 수입을 연결시켜 최종수요 발생에 따른 수입유발효과도 계측할 수 있다.

이제 최종수요가 수입을 유발하는 관계식을 도출하여 살펴보자. 여기서도 부가가치유발계수에서와 마찬가지로 $(I-A^{d})^{-1}$형 생산유발계수표를 이용하기로 한다.

수입거래표의 수급균형식은 $A^{m}x+y^{m}=m$으로 정의되는데 이 식에 생산유발관계식 $x=(I-A^{d})^{-1}(y^{d}-z)$를 대입하면 $A^{m}(I-A^{d})^{-1}(y^{d}-z)+y^{m}=m$의 관계식을 얻을 수 있으며, 이 식에서 $A^{m}(I-A^{d})^{-1}$을 수입유발계수행렬이라고 한다. 이 $A^{m}(I-A^{d})^{-1}$형 수입유발계수는 어떤 품목부문의 국내생산물에 대한 최종수요가 한 단위 발생할 경우 국민경제 전체에서 직·간접적으로 유발되는 수입 단위를 나타낸다.

3) 생산유발계수, 부가가치유발계수 및 수입유발계수의 관계

부가가치유발계수행렬의 각 열의 합계와 수입유발계수행렬의 각 열의 합계를 더하면 항상 1이 되고 이를 나타내면 〈식 7-8〉과 같다.

$$iA^{v}(I-A^{d})^{-1}+iA^{m}(I-A^{d})^{-1}=i$$

(단, i는 모든 요소가 1인 $1\times n$행벡터) ………………………… 〈식 7-8〉

이는 국민경제 전체로 보면 최종수요 총액에서 수입을 차감한 지출국민소득이 생산국민소득(또는 분배국민소득)인 부가가치 총액과 항상 일치한다는 것을 나타내고 있다.

이와 같은 관계를 〈표 7-10〉을 이용하여 설명하면 다음과 같다.

〈표 7-10〉 투입산출표(총거래표)의 구성

	중간수요	최종수요	잔폐물 발생액	국내총산출
국산거래표	**국산중간투입(수요)** (A)	**국산최종수요** (C)	**잔폐물 발생액**	(X)
수입거래표	**수입중간투입(수요)** (B)	**수입최종수요** (D)		수입계 (M)
	부가가치 (V)			
	국내총투입 (V)			

단, 잔폐물 제외

총수요 = 국산중간수요(A) + 국산최종수요(C)
+ 수입중간수요(B) + 수입최종수요(D)

(A) + (C) = 국산거래표(행)

(B) + (D) = 수입거래표(행)

$$
\begin{aligned}
\text{총공급} &= \text{국내총산출}(X) + \text{수입}(M) \\
&= (\text{국산중간투입}(A) + \text{수입중간투입}(B) + \text{부가가치}(V)) \\
&\quad + (\text{수입중간수요}(B) + \text{수입최종수요}(D))
\end{aligned}
$$

부가가치유발계수행렬의 각 열 합계와 수입유발계수행렬의 각 열 합계를 더하면 항상 1이 됨을 알 수 있다. 그러나 잔폐물 발생액과 순 생산물세를 외생으로 처리한 투입산출표에서는 부가가치유발계수행렬과 수입유발계수행렬의 각 열의 합계가 1이 되지 않는다. 투입계수의 분자가 되는 내생부문 중간투입에 순 생산물세와 잔폐물 발생액(−)이 포함되지 않았기 때문이다.

5. 노동유발계수

1) 노동유발효과 분석

각 산업부문의 생산활동은 중간재에 노동이나 자본 등 본원적 생산요소를 결합함으로써 이루어진다. 따라서 생산활동에 따른 산업별 취업구조의 변동이나 노동의 산업 간 유발효과를 정확하게 파악하는 것은 본원적 생산요소인 노동에 대한 장래수요 예측 및 계획수립에 중요한 의미를 지닌다.

노동의 산업부문 간 파급구조를 파악하는 데는 산업 간 상호의존 관계를 집약적으로 잘 나타내는 산업연관표가 주로 이용된다. 즉, 최종수요의 발생이 생산을 유발하고 생산이 다시 노동수요를 유발하는 파급 메커니즘에 기초하여 최종수요와 노동유발을 연결시킴으로써 노동유발효과 분석은 물론 생산활동이 노동수요에 미치는 영향과 그 변동요인 등의 계측이 가능하며 산업부문별 노동생산성 등을 분석할 수 있다.

먼저 부문별 노동계수를 산출하고, 이 노동계수와 산업연관표의 생산유발계수를 기초로 산출한 노동유발계수 등을 이용하여 노동유발효과를 분석하게 된다.

2) 노동계수

노동계수란 일정기간 동안 생산활동에 투입된 노동량을 총산출액으로 나눈 계수로 한 단위(산출액 10억원) 생산에 직접 필요한 노동량을 의미하므로 노동생산성과는 역수관계에 있다.

한편, 노동계수는 노동량에 자영업자와 무급가족 종사자를 포함하느냐 하지 않느냐에 따라 취업계수와 고용계수로 구분된다. 즉, 노동량에 피용자(임금근로자)만 포함한 노동계수는 고용계수라 하고, 노동량에 피용자(임금근로자)와 자영업자 및 무급 가족종사자를 모두 포함한 노동계수는 취업계수라 한다. 노동계수가 클수록 산출량 단위당 필요한 노동량이 크므로 노동집약적 산업이며, 생산을 위하여 설비자동화 등의 투자가 늘어나면 산출량 단위당 필요한 노동량이 작아지므로 노동계수가 작을수록 상대적으로 노동절약적 산업, 곧 자본집약적 산업이라 할 수 있다. 노동계수는 경제가 성장함에 따라 계속 하락하고 있는데 이는 생산설비의 자동화 등에 따른 노동생산성 향상에 기인하지만 근래에는 구조조정 등에 의한 인력감축도 상당부분 노동계수 하락요인으로 작용하고 있다고 볼 수 있다.

노동계수를 수식으로 나타내면 i부문의 고용계수는 $l_i^{e^*} = l_i^e / x_i$이고 취업계수는 $l_i^{w^*} = l_i^w / x_i$이다. 여기서 l_i^e는 i부문의 피용자 수, l_i^w는 취업자 수, x_i는 산출액을 나타낸다.

3) 노동유발계수의 도출

노동유발계수는 생산의 파급과정에서 직 · 간접적으로 유발되는 노동량을 계량적으로 표시한 것으로 어느 품목부문의 생산물 한 단위(산출액 10억원) 생산에 직접 필요한 노동량, 즉 노동계수뿐만 아니라 생산 파급과정에서 간접적으로 필요한 노동량까지 포함하는 개념이다. 노동유발계수는 노동계수와 생산유발계수를 기초로 산출되며 노동계수가 고용계수인지 취업계수인지에 따라 피용자 수를 기준으로 한 고용유발계수와 취업자(피용자, 자영업자 및 무급 가족종사자 포함) 수를 기준으로 한 취업유발계수로 구분된다.

노동유발계수의 도출을 위하여 앞부분에서 설명한 생산유발계수 산출 시 이용한 최종수요와 총산출액 간의 수요방정식을 살펴보면 〈식 7-9〉와 같다.

$$x = (I - A^{d})^{-1}(y^{d} - z) \quad \cdots\cdots \langle 식\ 7\text{-}9 \rangle$$

x : 총산출액 벡터

A^{d} : 국산투입계수행렬

y^{d} : 국산품 최종수요 벡터

z : 잔폐물 발생액벡터

각 부문의 노동계수를 주대각요소로 하는 대각행렬을 L^{*}이라 하면 노동계수의 정의에 의해 노동량 벡터 $l = L^{*}x$이며, 우변에 위 식을 대입하면 $l = L^{*}(I - A^{d})^{-1}(y^{d} - z)$이 성립한다. 즉, 국산품에 대한 최종수요가 외생변수로 주어졌을 때 이를 충족하기 위해 필요한 노동량을 구할 수 있다. 이때 피용자 기준 노동량은 노동계수로 고용계수를 사용하여 $l^{e} =$

$L^{e^*}(I-A^d)^{-1}(y^d-z)$을 얻을 수 있고, 취업자 기준 노동량은 노동계수로 취업계수를 사용하여 $l^w = L^{w^*}(I-A^d)^{-1}(y^d-z)$을 얻을 수 있다.

여기서 $L^*(I-A^d)^{-1}$은 노동유발계수이며, 노동계수에 최종수요 한 단위당 직·간접 생산유발효과를 나타내는 생산유발계수를 곱한 것으로 노동계수와는 간접노동 유발량만큼 차이가 난다. 이를 행렬로 나타내면 아래와 같다.

$$\underset{L^*}{\begin{bmatrix} l_{1^*} & 0 & 0 & \cdots & \cdots & \cdots & 0 \\ 0 & l_{2^*} & 0 & \cdots & \cdots & \cdots & 0 \\ \vdots & \vdots & \vdots & \vdots & l_{i^*} & \vdots & \vdots \\ 0 & 0 & 0 & \cdots & \cdots & \cdots & l_{n^*} \end{bmatrix}} \underset{(I-A^d)^{-1}}{\begin{bmatrix} r_{11} & r_{12} & \cdots & r_{1i} & \cdots & r_{1n} \\ r_{21} & r_{22} & \cdots & r_{2i} & \cdots & r_{2n} \\ \vdots & \vdots & \vdots & r_{ii} & \vdots & \vdots \\ r_{n1} & r_{n2} & \cdots & r_{ni} & \cdots & r_{nn} \end{bmatrix}} = \underset{L^*(I-A^d)^{-1}}{\begin{bmatrix} l_{1*}r_{11} & \cdots & l_{1*}r_{1i} & \cdots & l_{1*}r_{1n} \\ l_{2*}r_{21} & \cdots & l_{2*}r_{2i} & \cdots & l_{2*}r_{2n} \\ \vdots & \vdots & l_{i*}r_{ii} & \vdots & \vdots \\ l_{n*}r_{n1} & \cdots & l_{n*}r_{\ni} & \cdots & l \end{bmatrix}}$$

노동유발계수 행렬의 i행, i열의 값 $(l_i^* r_{ii})$은 i부문의 최종수요가 한 단위(통상 10억원) 발생할 때 i부문에서 직·간접적으로 유발되는 노동량을 의미한다. 그리고 노동유발계수 행렬에서 i열의 합계$(\sum_{k=1}^{n} l_k^* rki)$는 i부문에 대한 최종수요가 10억원 발생할 때, i부문을 포함한 전 부문에서 직·간접적으로 유발되는 총노동량을 의미한다.

6. 영향력계수와 감응도계수

산업에 대한 1단위의 최종수요에 의해 전 산업으로 유발되는 파급효과를 영향력계수와 감응도계수로 나타낼 수 있다. 영향력계수와 감응도계수는 산업 간의 상호의존관계의 정도를 생산유발계수표를 이용하여 전 산업 평균치를 기준으로 한 상대적 크기이다. 영향력계수는 능동적인 파급효과계수이고, 감응도계수는 수동적인 파급효과계수라 할 수 있다.

1) 영향력계수

영향력계수(index of the power dispersion)는 어느 산업이 타 산업에 미치는 파급효과의 정도를 나타나는 계수로 각 산업의 생산유발계수 열 합계를 전 산업 생산유발계수의 평균으로 나누어서 구한다. 따라서 이 계수는 어떤 산업의 생산물에 대한 최종수요가 1단위 증가했을 때, 전 산업부문에 미치는 영향력의 상대적 크기, 즉 후방연관효과를 나타내고 〈식 7-10〉과 같다.

$$PD_j^{(1)} = \frac{\frac{1}{n} \cdot \sum_{i=1}^{n} b_{ij}}{\frac{1}{n^2} \sum_{j=1}^{n} \sum_{i=1}^{n} b_{ij}} = \frac{\sum_{i=1}^{n} b_{ij}}{\frac{1}{n} \sum_{j=1}^{n} \sum_{i=1}^{n} b_{ij}} = \frac{B_j^{(1)}}{B^{(1)}} \quad \cdots\cdots\cdots\cdots \langle 식\ 7\text{-}10 \rangle$$

산업 j의 영향력계수는 b_{ij}의 제 j열의 열계를 전 산업 생산유발계수의 평균으로 나누어 구한다. 영향력계수가 1보다 큰 산업은 자체 산업을 포함한 전 산업에 대한 파급효과가 큰 산업이고, 1보다 작은 산업은 능동적인 파급효과가 작은 산업이다.

2) 감응도계수

감응도계수(index of the sensitivity dispersion)는 어느 산업이 다른 산업으로부터 받는 생산파급효과의 정도를 나타내는 계수로 각 산업의 생산유발계수 행계를 전 산업 생산유발계수의 평균으로 나누어서 구한다. 따라서 이 계수는 모든 산업부문의 생산물에 대한 최종수요가 1단위 증가했을 때 어떤 산업이 받는 영향의 상대적 크기를 의미하고, 이는 전 산업 최종수요에 대한 특정 산업의 감응도인 전방연관효과를 의미하고, 〈식 7-11〉와 같다.

$$SD_j^{(1)} = \frac{\frac{1}{n} \cdot \sum_{j=1}^{n} b_{ij}}{\frac{1}{n^2} \sum_{j=1}^{n} \sum_{i=1}^{n} b_{ij}} = \frac{\sum_{j=1}^{n} b_{ij}}{\frac{1}{n} \sum_{j=1}^{n} \sum_{i=1}^{n} b_{ij}} = \frac{B_i^{(1)}}{\overline{B^{(1)}}} \quad \cdots\cdots\cdots\cdots \langle 식\ 7\text{-}11 \rangle$$

감응도계수는 역행렬계수 b_{ij}의 제 i 행의 생산유발계수 행계를 전 산업 평균으로 나누어서 산출한다. 감응도계수가 큰 산업은 타 산업으로부터의 크게 받는 산업이고, 감응도계수가 작은 산업은 타 산업으로부터의 영향을 크게 받지 않는 산업이다.

제4절 지역산업연관모형

1. 지역산업연관표 개요

산업연관표는 일반적으로 한 국가의 국민경제를 대상으로 작성되므로 각 산업은 한 국가 안에서 하나의 생산기술구조를 가지고 있다고 가정한다. 그러나 실제로는 여러 지역의 생산기술구조를 평균한 개념으로 볼 수 있으며 동일한 산업이라도 지역에 따라 생산기술구조의 차이가 있을 수 있다. 예를 들어 전력 생산의 경우 어떤 지역에서는 수력에 크게 의존하는가 하면 다른 지역에서는 화력이나 원자력을 많이 사용하기도 한다. 또한 일반적으로 도시지역에서는 농촌지역 등으로 공산품 이출이 많고 농촌지역으로부터 농산물 이입이 많은 반면, 농촌지역에서는 이와 반대 현상이 나타나는 등 각 지역에 따라 상품의 거래형태가 다르게 나타나게 된다.

이와 같이 지역별로 상이한 생산기술구조와 거래형태를 반영하고 지역 간 및 산업 간 상호의존관계를 분석하기 위하여 작성되는 산업연관표가 바로 지역산업연관표이다. 지역산업연관표에는 한 지역 내의 경제구조만을 대상으로 하는 지역 내 산업연관표와 여러 지역 간의 연관관계를 나타내는 지역 간 산업연관표가 있다.

먼저 지역 내 산업연관표는 한 지역의 생산기술구조를 나타내는 산업연관표로 앞에서 살펴본 국민경제를 대상으로 하는 산업연관표와 같은 형식을 취하게 된다. 즉, 해당 지역에서 다른 지역으로 상품을 판매하는 이출과 다른 지역으로부터 상품을 구입하는 이입을 각각 수출 · 입과 같은 방식으로 계상한다. 이처럼 지역 내 산업연관표에서는 해당 지역 내의 산업 간 거래관계가 상세히 표시되지만 다른 지역과의 거래관계는 이출 또는 이입으로 일괄 계상되므로 어느 지역의 어떤 산업과 거래관계인지 파악할 수 없다. 이와 달리 지역 간 산업연관표는 생산활동에 대한 지역 간의 상호의존관계를 분석하기 위해서 지역 간의 이출입을 매개로 하여 지역 간 및 산업 간의 거래관계를 구분 · 기록한 산업연관표이다. 지역 간 산업연관표의 가로 방향은 한 국가 안에서 각 지역에서 산출된 상품이 어느 지역의 어떤 산업으로 얼마만큼 배분되는지를 나타내고, 세로 방향은 각 지역에서 생산활동을 영위하기 위하여 어느 지역의 어떤 산업 생산물이 얼마만큼 투입되는지를 나타낸다. 이러한 지역 간 산업연관표를 작성하게 되면 특정 지역 상품에 대한 최종수요가 각 지역의 각 산업에 미치는 생산, 고용 등 제반 경제적 파급효과를 측정할 수 있게 되므로 지역경제 분석이나 균형 있는 지역경제개발계획 수립 등에 널리 활용할 수 있다.

한편, 지역산업연관표는 다른 지역으로부터 공급되는 생산물, 즉 이입품의 처리방식에 따라 경쟁이입형과 비경쟁이입형으로 나눌 수 있다. 경쟁이입형 지역산업연관표는 거래되는 재화나 서비스의 종류가 동일한 것이면 그것이 자기지역 생산품인지 다른 지역 생산품인지를 구분하지 않고 일괄 합산하여 기록하는 형식이다. 경쟁이입형 지역산업연관표는 생산물을 공급지역별로 구분하지 않으므로 상대적으로 작성이 용이한 반면, 생산, 소득 및 고용 등의 유발효과를 공급지역별로 구분하여 파악할 수 없다는 단점이 있다.

비경쟁이입형 지역산업연관표는 동일한 생산물일지라도 자기지역에서 생산된 것인지 또는 다른 지역으로부터 이입된 것인지를 구분하여 기록하는 형식이다. 따라서 비경쟁이입형 지역산업연관표를 이용하면 경제파급효과 등을 분석할 때 지역 내에서 유발되는 효과와 다른 지역에서 유발되는 효과를 구분하여 파악하는 것이 가능하다. 그러나 투입과 산출구조를 지역별로 구분하기 위하여 많은 양의 자료와 작업기간이 필요하고 가격변화와 수송형태 등 경제여건에 따라 동일 품목의 지역별 이출입 관계가 달라질 수 있기 때문에 상대적으로 투입계수가 불안정적이라는 한계가 있다.

〈표 7-11〉 지역 간 비경쟁이입·비경쟁수입형 산업연관표(예시)

			중간수요									최종수요			지역산출액
			k지역			r지역			s지역						
			농림수산품	공산품	서비스	농림수산품	공산품	서비스	농림수산품	공산품	서비스	k지역	r지역	s지역	
중간투입	k지역	농림수산품	10	5	20	0	0	0	0	5	10	35	0	15	100
		공산품	15	40	25	10	10	7	5	20	20	20	23	25	200
		서비스	20	30	40	10	15	8	3	5	5	110	39	15	300
	r지역	농림수산품	0	0	5	25	15	15	5	10	10	5	45	20	155
		공산품	0	20	10	20	15	11	0	10	15	5	14	5	125
		서비스	0	0	4	15	10	15	0	0	2	4	50	5	105
	s지역	농림수산품	0	0	0	0	0	0	5	5	10	0	5	35	60
		공산품	0	10	5	0	5	3	10	30	30	0	12	45	150
		서비스	0	20	36	0	5	2	12	15	50	36	6	68	250
	수입	농림수산품	0	5	5	0	0	0	0	0	0	10	5	10	
		공산품	5	30	10	10	5	4	0	10	15	5	6	15	
		서비스	0	0	0	5	5	0	0	0	3	0	10	7	
부가가치		k지역	44	37	120	2	0	2	0	5	5				
		r지역	2	1	10	55	35	35	0	2	10				
		s지역	4	2	10	3	5	3	20	33	65				
총투입액			100	200	300	155	125	105	60	150	250				

〈표 7-11〉은 3개 지역, 3개 상품부문으로 작성된 지역 간 비경쟁이입 · 비경쟁수입형 산업연관표(투입산출표)의 예를 나타내고 있다. 지역 간 산업연관표의 세로 방향은 각 지역 각 부문의 생산활동에 대한 투입내역을 나타낸다. 예를 들어 k지역 공산품부문 열을 보면 총 200억원의 생산을 위하여 k지역의 농림수산품 5억원, 공산품 40억원, 서비스 30억원, r지역의 공산품 20억원, s지역의 공산품 10억원과 서비스 20억원, 그리고 수입품 35억원이 각각 중간재로 투입되었으며 부가가치가 40억원 발생했음을 나타내고 있다. 또한 지역 간 산업연관표의 가로 방향은 각 지역 각 부문 생산물의 배분내역을 나타낸다. 첫 번째 행을 보면 k지역에서 생산된 농림수산품 100억원은 지역 내 농림수산품부문에 10억원, 공산품부문에 5억원, 서비스부문에 20억원, s지역 공산품부문에 5억원, 서비스부문에 10억원이 각각 중간재로 판매되었으며, k지역의 소비, 투자, 수출 등 최종수요로 35억원, s지역 최종수요로 15억원이 각각 판매되었음을 나타내고 있다.

한국은행에서는 2007년에 국내 최초로 2003년 기준 6개 권역의 지역산업연관표를 작성 · 발표하였으며 2009년에는 2005년 기준 16개 광역시 · 도 지역산업연관표를 작성 · 발표하였다. 2013년 기준 지역산업 연관표는 2015년 공표 예정이다.

2. 지역산업연관모형

지역산업연관분석 모형은 작성 대상지역과 투입계수의 산출방법 등에 따라 단일지역 산업연관모형(Single-Regional Input Output Model ; SRIO), 지역 간 산업연관모형(Inter-Regional Input Output Model ; IRIO) 및 다지역 산업연관모형(Multi-Regional Input Output Model ; MRIO)으로 구분할 수 있다.

1) 단일지역 산업연관모형(SRIO)

단일지역 산업연관모형(SRIO)은 산업연관표의 대상 지역을 전국이 아닌 특정 지역으로 한정하여 전국산업연관표와 동일한 방법으로 지역 내 산업연관관계를 파악하고자 제시된 모형이다. 단일지역 산업연관모형은 특정 지역 내 경제구조를 나타낼 뿐 다른 지역과의 교역에 대한 정보를 포함하지 않기 때문에 다른 지역의 생산활동에 의한 해당 지역의 경제적 파급효과를 계량화하지 못하는 한계를 가지고 있다.

2) 지역 간 산업연관모형(IRIO)

지역 간 산업연관모형(IRIO)은 지역 내 기술구조뿐만 아니라 지역 간 상호의존관계를 나타내는 교역구조를 반영하여 경제적 파급효과를 분석하기 위해 제안된 것으로, 아이사드에 의해 처음 고안되어 아이사드 모형이라고도 한다. 지역 간 산업연관모형은 특정 지역에서 생산된 재화 및 서비스는 동일 분류에 속하더라도 다른 지역에서 생산된 재화 및 서비스와는 구별된 독자적인 재화 및 서비스라고 가정하여, 지역 간 교역구조를 기술구조에 반영한 것이다. 예를 들어 지역 1과 지역 2로 구성된 지역 간 산업연관모형을 행렬 형식으로 살펴보면, 지역 1이 생산활동을 위해 투입한 중간재는 지역 1에서 생산된 상품 Z_{11}과 지역 2에서 생산된 상품 Z_{21}으로 구분된다. 최종수요도 특정 지역에서 생산된 상품이 최종수요로 각각 얼마나 사용되었는지를 구분하여 나타내는데 행렬 형식에서 y_1과 y_2는 각각 지역 1과 지역 2에서 생산된 상품에 대한 최종수요벡터를 의미한다.

총산출액 벡터 : $\begin{bmatrix} x_1 \\ x_2 \end{bmatrix}$ 중간거래 행렬 : $\begin{bmatrix} Z_{11} & Z_{12} \\ Z_{21} & Z_{22} \end{bmatrix}$ 최종수요 벡터 : $\begin{bmatrix} y_1 \\ y_2 \end{bmatrix}$

여기서 중간투입액을 산출액으로 나눈 지역투입계수행렬 A_{ij}를 이용하면 〈식 7-12〉과 같이 나타낼 수 있다. 〈식 7-12〉의 내생부문 중 대각에 있는 A_{11}과 A_{22}는 각 지역이 생산활동을 위해 자기지역 내에서 생산된 상품을 중간재로 구입한 비율로 지역 내 투입계수(intra-regional input coefficient)라고 한다. 그리고 비대각에 있는 A_{12}와 A_{21}은 생산활동을 위하여 타 지역에서 생산된 상품을 중간재로 구입한 비율로 지역 간 투입계수(interregional input coefficient)라고 한다.

$$\begin{bmatrix} x_1 \\ x_2 \end{bmatrix} = \begin{bmatrix} A_{11} & A_{12} \\ A_{21} & A_{22} \end{bmatrix} \begin{bmatrix} x_1 \\ x_2 \end{bmatrix} + \begin{bmatrix} y_1 \\ y_2 \end{bmatrix}$$

$$[x] = [\quad A \quad] \, [x] + [y] \qquad \cdots\cdots \langle 식\ 7\text{-}12 \rangle$$

〈식 7-12〉를 산출액(x)에 대해 정리하면 〈식 7-13〉과 같이 최종수요와 생산과의 관계를 나타내는 생산유발계수(레온티에프 역행렬계수)가 도출되는데 이를 이용해 지역 간 파급효과를 계측할 수 있다.

$$x = Ax + y$$

$$(I - A)x = y$$

$$x = (I - A)^{-1} y \qquad \cdots\cdots \langle 식\ 7\text{-}13 \rangle$$

이와 같이 지역 간 산업연관모형은 지역 간 비경쟁이입형표를 기본 모형으로 지역 간 투입계수를 이용한 레온티에프 역행렬을 통해 주어진 최종수요에 대응하는 각 지역의 산출액을 도출하는 모형이다. 이 모형을 통한 분석결과가 유의하려면 지역 내 기술구조뿐만 아니라 지역 간 교역구조 또한 안정적이라는 가정이 필요하다. 또한 지역 간 투입계수를 파악하기 위해 실지조사(직접 현장에 나가서 하는 조사) 등 자료수집과 작성에 많은 시간과 비용이 소요된다.

3) 다지역 산업연관모형(MRIO)

다지역 산업연관모형(MRIO)은 지역 간 산업연관효과를 보다 쉽게 계량화할 수 있는 단순화된 지역 간 산업연관모형으로 미국 하버드경제연구소의 체너리(Chenery)와 모제스에 의해 처음 작성되어 체너리-모제스 모형이라고도 한다.

다지역 산업연관모형은 지역 간 투입계수를 직접 파악하지 않고 지역기술계수(regional technical coefficient)와 교역계수표(trade coefficient table)를 이용한다. 지역기술계수는 지역 간 산업연관모형처럼 생산에 투입된 중간재가 어느 지역에서 생산된 상품인지를 구분하지 않고 이를 지역 내 총투입액으로 나눈 것이다. 즉, 지역 간 산업연관모형에서의 지역 1의 투입계수는 지역 내 투입계수인 A_{11}과 지역 간 투입계수인 A_{21}으로 구분되는 반면, 다지역 산업연관모형에서는 생산활동에 투입된 중간재를 공급지역별로 구분하지 않고 지역기술계수 $A_1(=A_{11}+A_{21})$으로 나타낸다.

$$A=\begin{bmatrix} A_1 & 0 \\ 0 & A_2 \end{bmatrix}$$

한편 다지역 산업연관모형에서의 지역 간 교역관계는 교역계수표 C를 이용하여 파악하는데 이때 지역 간 재화 및 서비스의 교역에는 일정한 흐름이 있다고 가정한다. 교역계수표에서 C_{11}은 각 상품부문에 대해 지역 1에 공급된 상품 중 지역 1에서 생산된 상품의 비율을 대각행렬의 형태로 나타낸 것이고, C_{21}은 지역 1에 공급된 상품 중 지역 2에서 생산된 상품의 비율을 대각행렬의 형태로 나타낸 것이다. 그리고 다른 지역으로부터 공급된 상품이 어느 부문의 중간재로 사용되는지 또는 최종재로 사용되는지에 관계없이 각 부문이나 최종수요에 동일한 비율(교역계수)만큼 사용된다고 가정한다. 다지역 산업연관모형에서는 최종수요도 생산지역별로 구분하지 않기 때문에 y_1은 지역 1의 최종수요, y_2는 지역 2의 최종수요를 각각 나타낸다.

$$C=\begin{bmatrix} C_{11} & C_{12} \\ C_{21} & C_{22} \end{bmatrix},\ y=\begin{bmatrix} y_1 \\ y_2 \end{bmatrix} \quad \cdots\cdots \langle \text{식 } 7\text{-}14 \rangle$$

교역계수 행렬 C와 지역기술계수 행렬 A를 곱한 CA와 교역계수 행렬과 지역별 최종수요를 곱한 Cy는 〈식 3-15〉와 같은데, $C_{11}A_1$은 지역 1의 기술계수 행렬 A_1에 대해 지역 1에서 생산한 상품이 지역 1로 공급된 비율을 적용한 것이고 $C_{21}A_1$은 지역 1의 기술계수 행렬에 대해 지역 2에서 지역 1로 공급한 비율을 적용한 것이다. 따라서 $C_{11}A_1$과 $C_{21}A_1$을 세로 방향으로 결합한 행렬은 지역 1의 기술계수를 각 지역에서 공급한 비율로 분리하여 만든 지역 1의 투입계수이다. 또한, 특정 지역의 최종수요도 교역계수를 이용할 경우 생산지역별로 구분되는데, 지역 1의 최종수요 y_1은 지역 1에서 생산된 상품에 대한 최종수요($C_{11}y_1$)와 지역 2에서 생산된 상품에 대한 최종수요($C_{21}y_1$)로 나누어진다. 즉, 다지역 산업연관모형은 지역 간 산업연관모형과 방법은 다르지만 유사한 형태를 갖게 된다.

$$CA=\begin{bmatrix} C_{11} & C_{12} \\ C_{21} & C_{22} \end{bmatrix}\begin{bmatrix} A_1 & 0 \\ 0 & A \end{bmatrix}=\begin{bmatrix} C_{11}A_1 & C_{12}A_2 \\ C_{21}A_1 & C_{22}A_2 \end{bmatrix}$$

$$Cy=\begin{bmatrix} C_{11} & C_{12} \\ C_{21} & C_{22} \end{bmatrix}\begin{bmatrix} y_1 \\ y_2 \end{bmatrix}=\begin{bmatrix} C_{11}y_1 & C_{12}y_2 \\ C_{21}y_1 & C_{22}y_2 \end{bmatrix} \quad \cdots\cdots \langle \text{식 } 7\text{-}15 \rangle$$

다지역 산업연관모형을 산출액(x)에 대해 정리하면 아래 〈식 7-16〉과 같이 최종수요와 생산과의 관계를 나타내는 생산유발계수(레온티에프 역행렬계수)가 도출되는데, 이를 이용해 지역 간 산업연관모형에서와 동일한 방식으로 지역별 최종수요(y)에 의한 지역 간 파급효과를 계측할 수 있다.

$$x = CAx + Cy$$
$$x = (I - CA)^{-1} Cy \quad \text{〈식 7-16〉}$$

한편, 다지역 산업연관모형에서는 지역별 최종수요가 교역계수에 의해 지역별 생산품에 대한 최종수요로 구분되기 때문에 특정 지역에서 생산된 상품에 대해서만 최종수요가 발생할 경우, 이에 따른 파급효과의 측정은 Cy가 아닌 〈식 7-17〉에서처럼 새로운 최종수요 y^*를 이용해야 한다.

$$x = (I - CA)^{-1} y^* \quad \text{〈식 7-17〉}$$

다지역 산업연관모형은 상품이 어느 지역으로부터 공급되었는지를 구분하지 않는 지역 간 경쟁이입형표를 기본 모형으로 한다. 그리고 지역 간 투입계수를 직접 작성하기 위해 각 지역별 생산품의 교역구조와 배분구조를 모두 파악해야 하는 지역 간 산업연관모형과 달리, 이입된 상품이 어느 부문에 사용되는지 배분내역을 추적하지 않고 지역기술계수에 교역계수를 곱하여 지역 간 투입계수를 산출한다는 점에서 보다 간략화된 방법이다. 지역기술계수와 교역계수는 일반적으로 비조사방법(nonsurvey method)이나 부분조사방법(partial survey method)을 통해 작성된다.

요약

1. 산업연관분석은 일정기간 동안 한 국가에서 생산된 모든 재화와 용역의 각 산업 간 거래, 최종수요부분과 산업 간 거래, 생산부분과 산업 간 거래관계를 분석하는 기법으로 투입-산출분석(input-output analysis)라고도 불린다.
2. 국민경제에서는 재화와 서비스가 생산되고 그 생산과정에서 발생한 소득이 분배되고 처분되는 순환이 끊임없이 이루어지고 있다. 이와 같이 반복적으로 이루어지는 국민경제활동을 경제순환이라고 한다.
3. 산업연관표는 일정기간(보통 1년) 동안 국민경제 내에서 재화와 서비스의 생산 및 처분과정에서 발생하는 모든 거래를 일정한 원칙과 형식에 따라 기록한 종합적인 통계표로 작성형식에 따라 공급사용표와 투입산출표로 구분된다.
4. 우리나라의 경우 최종수요부문은 민간소비지출, 정부소비지출, 민간고정자본형성, 정부고정자본형성, 재고증가 및 수출의 6개 항목으로 구성되고 공제항목으로 수입이 설정되어 있다.
5. 산업연관표와 국민소득통계와의 관계를 살펴보면 행 방향으로는 중간수요계(A) + 최종수요계(F) − 수입계(M) = 총산출계(X). 열 방향으로는 중간투입계(A) + 부가가치계(V) = 총투입계(X). 최종수요계(F) − 수입계(M) = 부가가치계(V)의 관계식이 성립한다.
6. 각 산업부문이 해당 부문의 재화나 서비스 생산에 사용하기 위하여 다른 부문으로부터 구입한 원재료 및 연료 등의 중간투입액을 총투입액으로 나눈 것을 투입계수(input coefficients) 또는 기술계수(technical coefficients)라 한다.
7. 노동 등 본원적 투입물에 대한 대가인 피용자보수, 영업잉여 등 부가가치액을 총투입액으로 나눈 것을 부가가치율(부가가치계수 또는 소득률)이라고 한다.
8. 생산유발계수는 최종수요가 한 단위 발생하였을 때, 이를 충족시키기 위하여 각 부문에서 직·간접적으로 유발되는 생산액 수준을 나타내는

것으로 도출과정에서 역행렬이라는 수학적 방법이 이용되므로 역행렬 계수라고도 한다.

9. 노동계수란 일정기간 동안 생산활동에 투입된 노동량을 총산출액으로 나눈 계수로 한 단위(산출액 10억원) 생산에 직접 필요한 노동량을 의미하므로 노동생산성과는 역수관계에 있다.
10. 영향력계수(index of the power dispersion)는 어느 산업이 타 산업에 미치는 파급효과의 정도를 나타나는 계수로 각 산업의 생산유발계수 열 합계를 전 산업 생산유발계수의 평균으로 나누어서 구한다.
11. 감응도계수(index of the sensitivity dispersion)는 어느 산업이 다른 산업으로부터 받는 생산파급효과의 정도를 나타내는 계수로 각 산업의 생산유발계수 행계를 전 산업 생산유발계수의 평균으로 나누어서 구한다.

연 · 습 · 문 · 제

01 산업연관분석의 정의, 기본적인 원리, 역사적 배경, 그리고 필요성에 대하여 설명하시오.

02 산업연관분석의 특징을 경제순환적 관점에서 설명하시오.

03 산업연관표의 기본구조와 구성항목을 설명하시오.

04 산업연관표의 2가지 유형에 대해 설명하시오.

05 산업연관분석 방법을 위한 기본가정 및 모형을 설명하고, 모형이 가지는 장 · 단점을 설명하시오.

06 생산유발계수의 의의와 도출과정, 그리고 종류별로 설명하시오.

07 부가가치 유발계수와 수입유발계수에 대해 각각 설명하고 생산유발계수와 수입유발계수와의 상호관계에 대해 설명하시오.

08 노동유발계수의 의의 및 도출과정을 설명하시오.

09 영향력계수와 감응도계수의 의의 및 도출과정을 각각 설명하시오.

10 지역산업연관표의 유형 및 모형별로 주요 내용을 설명하시오.

제 8 장

지역경제정책분석

제1절 지역경제정책 개요

1. 지역경제정책 의의와 목표[1)]

1) 의의

세계 2차 대전 이후로 대부분의 선진국가들은 국가적 측면에서 총량 위주의 경제성장과 실업해소 및 완전고용정책 추진으로 괄목할 만한 성장을 달성하였다. 하지만 이러한 총량적 성장위주의 국가정책은 불균형한 성장을 유발하며, 중심도시와 주변도시가 형성되는 등의 지역 간 불균형을 심화시키기도 하였다. 그리하여 지역 간 균형발전 문제가 대두되었으며, 지역경제정책에 대한 관심도가 높아지게 되었다.

지역경제정책은 지역 간 불균형성장과 격차를 해소하고, 물가안정과 완전고용, 경제성장, 지역수지의 균형 등을 실현하여 지역발전이 가능토록 중앙 및 지방정부에 의해 추진되는 여러 가지 정책으로 정의할 수 있다. 즉, 중앙정부와 지방정부의 지역경제발전을 위해 추진하는 일체의 활동과 시책을 의미한다.

지역경제정책은 광의적 측면에서는 지역의 경제, 사회, 문화적 조건을 개선하기 위해 수행하는 정부의 모든 공적자원과 활동을 의미하며, 협의적으로는 지역생산과 고용증가에 직접적인 영향을 주는 활동과 시책만을 지칭하는 경우가 많다. 지역경제정책의 일반적인 목적은 지역격차를 줄이고, 지역 간 균형성장을 달성하여 모든 지역이 안정 속의 번영을 지속하도록 유도하는 것이라 할 수 있다.

1) 이성근 · 이춘근(2014)

지역경제정책은 양적 측면과 질적 측면으로 구분할 수 있으며, 거시적 지역경제정책과 미시적 지역경제정책으로 나누어 분석할 수 있다. 양적인 측면에서 지역경제정책은 정책의 매개변수와 정책수단을 변화시키는 정책을 말하며, 수단으로 이용되는 매개변수로는 세율이나 이자율, 보조금, 정부지출, 환율 등을 들 수 있다. 질적인 측면에서 지역경제정책은 경제구조의 질적 측면을 변화시키는 정책으로 경제의 제도적인 측면이나 독점의 생성이나 해체, 관세동맹의 도입, 산업의 국유화 여부 등이 포함된다.

2) 목표

일반적으로 한 국가의 경제정책목표는 국민들의 사회후생(Social welfare) 극대화에 초점을 맞추고 있다. 보다 구체적인 목표로는 실업해소와 완전고용, 물가안정, 경제성장, 국제수지균형 등으로 설정할 수 있지만, 이들을 거시적 관점에서 살펴보면 완전고용과 물가안정이 달성되면 나머지 경제성장과 국제수지 균형문제 등은 저절로 달성하게 된다. 따라서 한 국가의 경제정책은 결국 완전고용과 물가안정달성에 정책의 초점을 맞추는 경우가 많다. 이러한 국가의 경제정책목표를 바탕으로 지역별 특성을 감안한 지역경제정책목표를 수립하게 된다.

따라서 지역경제정책의 목표는 국가의 경제정책목표와 유사하다고 할 수 있고, 단지 지역경제정책은 공간상의 분배개념이 포함되어 지역 간의 균형성장과 지역격차해소부문이 추가적으로 포함되게 된다.

지역경제정책의 목표를 저자별로 살펴보면 Temple(1994)은 효율적으로 동등한 지역 간 분배를 달성하는 것이 지역경제정책의 목표라고 했다. Robock(1970)은 지역개발정책의 목표를 지역소득불균형의 축소, 지역

균형성장의 달성, 낙후지역의 특별지원 등 크게 세 가지로 제시하였다. 또한 성장과 분배 측면에서 지역경제정책을 볼 수 있는데 Hirschman(1958)은 지역의 발전과정에서 지역 간 불균형이 종종 불가피하게 발생되므로 지역 간 성장불균형은 피할 수 없는 성장의 부산물이자 조건이라고 하였으며, Isard와 Reiner(1961)은 순수한 균등화 지역경제정책은 반드시 빈곤한 정책이 될 수 있다고 주장하였다.

지역경제정책의 목표달성 관련, 한쪽 목표를 달성시키고자 할 때 다른 한쪽 목표도 동시에 달성 가능한 경우 두 목표는 서로 보완적 관계에 있다고 하며, 한쪽 목표달성 시 다른 한쪽의 목표달성이 어렵게 되면 두 목표는 대체적 혹은 상충적 관계에 있다고 한다. 그리고 두 목표가 서로 관계없는 경우에는 서로 독립적인 관계에 있다고 한다. 그리고 목표들을 수행하는 과정에서 효율성과 형평성의 문제가 대립될 수 있는데, 효율성에 중점을 둔 정책은 다소 지역 간 불균형 상태가 발생하더라도 지역성장에 비중을 두는 정책목표를 설정하고, 형평성에 기반을 둔 정책은 지역성장보다는 지역 간 배분과 복지, 균형성장에 비중을 두는 정책을 의미한다. 정책수행자는 두 가지 측면을 경제상황과 가치관에 따라 적절히 조화롭게 사용할 수 있어야 한다.

후진국이나 개발도상국들은 초기에 효율성 위주의 지역경제정책을 취해오다가 어느 정도 경제가 발전되고 성숙되면 형평성 위주의 정책을 실시하는 것이 일반적이다. 우리나라의 경우 1960, 70년대는 공업수출을 중심으로 효율성 위주의 정책을 취해 왔었고, 2000년 이후에는 지역균형개발 측면의 형평성 문제에 비중을 두고 정책을 추진하고 있다.

3) 지역경제정책의 쟁점

지역정책이 개인의 후생수준을 향상하는 것이 목표인가, 아니면 지역의 후생수준을 향상하는 것이 목표인가로부터 시작하여, 환경부문에 대한 고려, 삶의 질, 인플레이션의 통제 등 상당히 복잡한 쟁점들을 다루다 보면 다양한 문제에 직면하게 된다.

(1) 효율성과 공평성에 관한 쟁점

지역정책의 목표는 다양하며, 각 지역이 처한 상황에 따라 다른 목표가 설정되지만 가장 단순하게 압축시켜 보면 크게 효율성과 공평성 두 가지로 나누어 볼 수 있다. 이때 효율성 목표란 자원은 최적으로 분배해서 지역의 경제성장을 극대화하는 것이고, 공평성 목표란 소득이나 복지, 임금, 성장지표들의 지역 간 격차를 줄이는 것이다. 전통적으로 지역정책은 지역 간 균형개발을 추구하는 공평성에 더 많은 중점을 두어 왔다. 이러한 정책 중점의 이면에는 공간적 경제활동의 적절한 지역 간 분배는 시장의 힘을 통해 자동으로 조절된다는 것을 전제로 한 것이었다. 하지만 집적경제와 시장기회, 경제활동의 다양성 및 심리적 선호도 등은 모두 공간적 경제활동을 지역 간에 골고루 포함시키지 않고 좀 더 개발된 지역에 집중하게 한다. 현실적으로도 개인들이 새로운 사업을 구상할 경우 기존에 넓은 도로와 생산에 필요한 여러 사회간접자본들이 잘 정비되어 있고, 소득수준이 높아 구매력이 높은 발전된 지역에 기업을 입지시키기 원하지, 변변한 도로 하나 없고 구매력이 낮은 저개발 지역에 기업을 입지시키려 하지는 않을 것이다. 따라서 정부가 개입하지 않고 모든 것을 시장의 힘에 맡겨 두면, 발전된 지역은 계속 더 발전하게 되고, 저개발지역은 더욱더 낙후될 것이다.

저개발지역이 스스로 성장할 수 있도록 좋은 여건을 갖추기 위해서는 정책결정자의 강력한 의지와 막대한 재원이 필요하다. 하지만 저개발지역을 성장시키기 위해 국가가 가진 재원을 그 지역에 집중 투자한다는 의미는 결국 다른 지역에 투자할 재원이 그만큼 줄어든다는 것이다. 그래서 지역정책에서 효율성과 공평성 간에 적절한 조정을 얻어 내기란 쉬운 일이 아니다. 그리고 둘 중 어느 하나를 선택할 것이냐 하는 문제는 옳고 그른 개념이 아니라 지역정책을 구상하고 추진하는 계획자들의 철학에 달려 있는 문제이다. 따라서 지역정책을 수립할 때는 언제나 이 두 가지 상충된 목표 사이에서 어느 쪽을 택할지 늘 고민하게 된다.

(2) 지역경제정책목표 간의 상충 쟁점

앞에서 살펴본 바와 같이 지역정책의 목표는 여러 가지이며, 이러한 목표들은 정부의 여러 계층에서 결정할 수 있다. 정부의 가장 상위층에서 결정하는 목표들은 일반적으로 국가정책목표로 성장이나 효율성, 공평성, 안정성, 국민들의 삶의 질 같은 목표들이다. 이런 목표들은 지역정책을 기획하는 지침이 되기는 하지만 너무 범위가 넓고 포괄적이다. 따라서 지역경제정책과 좀 더 직접적으로 연관될 수 있는 많은 하부목표들을 재설정하는 것이 바람직하다. 입지적 효율성, 지역 간 1인당 소득수준 수렴, 거주 지역에 관계없이 모든 주민들에게 최저수준의 공공서비스 제공, 쾌적한 환경 보장, 좀 더 균등하게 분포된 노동의 수요와 공급 같은 것들이 이러한 하부 목표(sub-objective)가 될 수 있다. 때론 하부 목표를 '1년간 지역 간 소득 격차를 5% 줄이기' 나 '실업률을 2% 감소시키기' 와 같이 더 명확히 확정 형태의 고정적 목표(fixed target)로 설정할 수도 있고, '고용이나 GNI 극대화하기' 같은 유동적 목표(flexible target)로 설정할 수도 있다.

목표를 어떻게 정의하든지 주요한 문제는 "목표들 간에 상충이 일어났을 경우 어떻게 하는가?" 하는 것이다. 이 문제는 정책계획가들에게 영원한 골칫거리인데, 특히 다른 경제정책영역보다 지역정책분야에서 더 심하다. 예를 들면, 경제성장이나 효율성 같은 국가정책의 목표와 공평성 같은 지역의 정책목표 사이에 상충현상은 자주 발생한다. 각 지역의 최대소득을 모두 합친 것이 국가의 최대 소득과 같게 될 때는 오직 시장이 완전경쟁일 때뿐이다. 그러나 공간상에서 집적경제의 외부성과 운송비용 등이 존재하면서 완전경쟁이라는 조건은 성취하기가 불가능하다. 또한 안정화 정책이나 인플레이션 통제 같은 것도 지역수준에서 다루기 힘들다. 그리고 지역정책 입안자는 지역의 장기적 경제성장과 인구 및 경제활동의 지역 간 분포, 효율성 같은 목표에 우선순위를 두고 있다. 유출 위주의 최소화 같은 지역정책 목표는 국가의 상위 정책목표와 자주 상충된다.

2. 지역경제정책의 수단

지역경제정책의 수단은 앞에서 언급한 것처럼 거시적 지역경제정책과 미시적 지역경제정책으로 나눌 수 있다. 거시적 지역경제정책은 지역경제 전체에 영향을 미치는 지역경제정책을 의미하며, 국가적 측면과 마찬가지로 금융정책과 차별적인 재정정책으로 나눌 수 있다. 미시적 지역경제정책은 노동과 자본 재분배정책으로 크게 구분되며, 노동 재분배정책은 지역 내 노동배분정책과 노동의 공간적 배분정책으로 분류된다. 공간적 배분정책은 다시 노동 이주정책과 이동정책, 노동시장의 효율성 개선정책 등으로 구분할 수 있다. 이러한 구분은 [그림 8-1]과 같이 나타낼 수 있다.

[그림 8-1] 지역경제정책의 수단

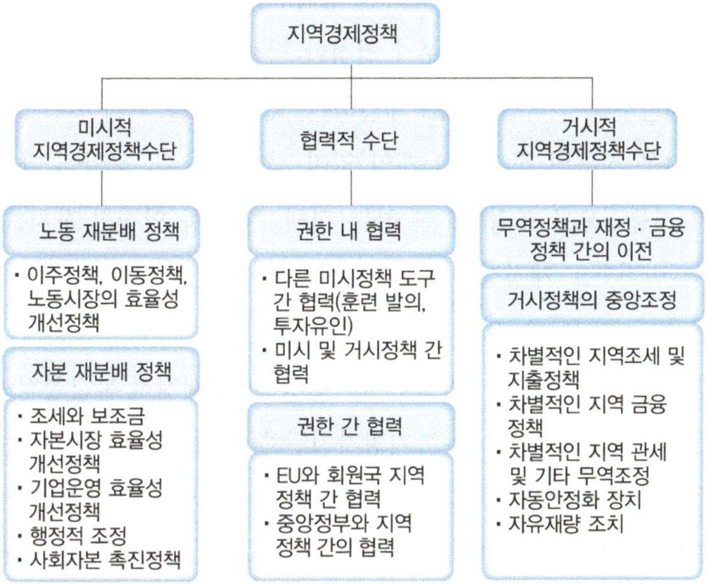

출처 : 이성근 · 이춘근(2014)

1) 거시적 지역경제정책

거시적 지역경제정책 수단은 무역정책과 재정 · 금융정책 간의 이전과 중앙조정으로 이루어져 있다. 그리고 거시정책의 중앙조정으로 차별적인 지역조세 및 지출정책, 차별적인 금융정책, 차별적인 관세 및 기타 무역조정, 자동 안정화 장치, 자유재량조치 등을 들 수 있다.

(1) 차별적인 재정정책

지방 재정정책(local fiscal policy)은 지방정부의 지출이나 조세수입, 조세율 등을 변화시켜 지역 총수요를 조절함으로써 지역경제의 안정적 성장을 도모하려는 경제정책을 의미한다. 우리나라의 경우 현재 지방자치제를 실시하고 있지만, 지역별로 뚜렷한 차이를 나타내지 못하고 있다. 이러한 재정정책수단에는 적극적인 정책수단과 소극적인 정책수단이 있다. 적극적인 정책수단은 정부가 일정한 정책목표를 달성하기 위하여 세입 및 세출부문에 직접적으로 개입하는 정책수단을 의미하며, 소극적인 정책수단은 정부의 직접적인 개입 없이 경기의 호황, 불황에 따라 유효수요가 자동적으로 조정되도록 하는 정책, 즉 자동 안정화 장치를 들 수 있다. 일반적으로 재정정책의 수단은 재정지출정책, 조세정책, 공채정책, 정책금융 등을 들 수 있다.

지방재정은 지역 간의 경제력 차이로 인하여 재정적 불균형적인 측면을 내포하고 있다. 이와 같은 지방자치단체 간의 재정력의 격차를 시정하고 또 한편으로 부족한 재원을 보전하기 위하여 지방재정조정제도가 시행되고 있다. 지방재정조정제도(local finance equalization scheme)란 지방자치단체의 재정력을 보완·확충하고, 자치단체 간의 재정 불균형을 완화시키기 위해서 국가나 상급 지방자치단체가 재정력이 취약한 자치단체로 재원을 이전·지원하는 제도를 말한다. 이 지방재정조정제도는 국가(중앙정부)에서 지방자치단체의 부족한 재원을 보완하고, 또한 각 지방자치단체 간의 재정수준을 균등화시켜 주는 데 의의가 있다. 지방정부는 규모에 따라 재정 자립도에서 큰 차이가 나고, 조세수입도 천차만별이기 때문에 지방재정을 정부가 조정할 필요가 있게 된다.

(2) 차별적인 금융정책

지역 금융정책은 지역의 통화량, 이자율 및 이와 관련된 여러 가지 변수의 조정을 통하여 지역경제가 지향하는 목표를 달성하기 위해 지역 금융당국이 수행하는 정책을 의미한다. 우리나라의 경우 국토면적이 좁고 금융의 지방분권이 실시되지 않아 차별적인 금융정책의 실효성은 거의 기대할 수 없으나, 기업에 대한 특별금융이나 지역 중소기업 특별자금 형태로 부분적인 지원을 하고 있다.

일반적으로 금융정책은 일반적인 정책수단과 선별적인 정책수단으로 구분되는데, 일반적 정책수단은 금융정책의 효과가 국민경제 전체에 영향을 미치는 정책수단을 의미하고, 선별적 정책수단은 어떤 특정부분에 영향을 미칠 목적으로 수행하는 금융정책을 의미한다. 일반적 금융정책에는 공개시장 조작정책[2]과 재할인율정책,[3] 법정지불준비율[4]정책으로 구분되는데 이와 같은 정책효과는 국가 및 지역의 전반적인 부분에 나타나게 된다. 선별적 금융정책은 선진국의 경우 전시나 불경기 등의 특수상황이나 개발도상국의 경우 급속한 경제성장을 이루고자 할 때 실시하며, 지역적 측면에서도 특별금융의 지원, 중소기업 특별지원 자금, 각종 보조금 지원 등의 형태로 시행되고 있다.

2) 미시적 지역경제정책

미시적 지역경제정책은 노동과 자본 재분배정책으로 분류되고, 노동 재분배정책은 지역 내 노동배분정책과 노동의 공간적 배분정책으로 분류된다. 지역 내 노동배분정책은 지역재훈련이나 교육정책, 중간노동 시장제도 등을 들 수 있다. 노동의 공간적 배분정책은 노동 이주정책과 이동정책, 노동시장의 효율성 개선정책 등으로 구분되며, 이주정책은 이주에 따른 금전적 · 정신적 비용을 부담해 주는 보조금 지원이 있으며, 노

---

2) 공개시장조작이란 중앙은행인 한국은행이 공개시장에서 유가증권을 매입 또는 매각함으로써 시중 유동성을 조절하는 정책을 의미함.

3) 재할인율정책은 중앙은행이 통화량을 조절할 목적으로 예금은행을 상대로 재할인율을 변동시킴으로써 시중 유동성을 조절하려는 정책을 의미함.

4) 법정지불준비율정책이란 중앙은행이 예금은행들의 법정지불준비율을 변동시켜 시중 유동성을 조절하려는 정책을 의미함.

동이동정책에는 잠재적 이주자에 대한 개선된 정보제공, 이주자에 대한 주택보조, 주택 판매와 구매를 용이하게 하는 정책 등을 들 수 있다. 노동시장의 효율성을 개선하는 정책에는 지역의 집단적 거래계약을 장려하는 시책들을 의미한다.

노동이동에 대한 정책의 역할은 지리적인 노동이주에 많은 장애요인이 존재하기 때문에 직접적인 정책보다는 실업률이 높은 지역에 자본을 지원하는 정책으로 대체되어 왔다. 자본 재분배정책은 ① 조세와 보조금, ② 자본시장 효율성 개선정책, ③ 기업운영 효율성 개선정책, ④ 행정적 조정, ⑤ 사회자본 촉진정책 등으로 구분된다. 구체적으로 살펴보면 첫째, 조세와 보조금은 자본과 토지, 건물 등에 대한 보조금이나 이자율 경감, 투자에 대한 조세부과, 지방세 및 임대료 경감, 성장지역 기업들에게 조세부과 등과 함께 노동에 대한 임금보조, 주요 노동자 이주지원, 화물운송과 에너지 보조금 등을 들 수 있다. 또한 기업 측면에서 생산물, 수출가격, R&D 등과 관련된 보조금도 포함된다. 둘째, 자본시장 효율성을 개선하는 정책에는 대출협정, 벤처자본 규정, 거래 보증, 신용조합, 사회적 모험자본 등을 들 수 있으며, 셋째, 기업운영 효율성 개선정책은 소기업에 대한 경영자문 서비스나 경영컨설팅에 대한 보조금 등을 들 수 있다. 넷째, 행정적 조정에는 사적 기업과 공적 산업의 입지에 관한 행정적 지원, 규제완화 등을 들 수 있으며, 마지막으로 사회자본 촉진정책으로는 지역경제발전에 관한 자본형성계획 등을 들 수 있다.[5)]

그리고 정부가 직접적인 통제수단을 동원하여 특수한 경제적 목표를 달성하려는 정책수단으로 직접개입 경제정책이 있다. 여기에는 대외적인 통제수단과 대내적인 통제수단으로 나눌 수 있다. 대외적인 통제수단에는 수출이나 수입통제, 외환관리통제, 자본이전의 제한 등이 있으며,

5) Amstrong and Taylor(2000) 참조

대내적인 수단에는 재화와 서비스의 가격통제, 임대료 규제, 배당금이나 임금규제, 지가규제, 투자통제, 선별적인 금융규제, 최고가격제 나 최저가격제 등이 있다. 직접통제 규제정책은 부작용이 발생할 수 있기 때문에 정책수행 시 신중해야 한다. 따라서 대부분의 국가들은 전쟁 등 긴급상황을 제외하고는 실시하지 않으나, 후진국이나 개발도상국의 경우 특별한 부문의 급속한 성장이나 발전촉진을 위해 시행하기도 한다.

3. 지역경제정책의 실행과 평가[6)]

지방정부나 중앙정부가 지역정책을 실행함에 있어 때로는 어려움에 직면하기도 하고, 때로는 긍정적 효과를 거두기도 한다.

1) 지역경제정책 실행에서의 제약

지역정책을 실행하는 동안 다른 분야의 경제정책과 유사하게 여러 가지 어려운 점과 제약을 받게 된다. 이때 주요 제약은 시차 문제와 불확실성 그리고 정치적 여건들이다.

(1) 시차

시차는 여러 경제정책을 실행하면서 나타나지만 예측하기가 어려운 부분인데, 지역정책에서도 마찬가지이다. 이러한 시차가 존재하면 지역정책을 효율적으로 집행하는 데 문제가 발생한다. 시차는 다음과 같이 정책을 실행하는 과정에서 발생한다. 즉, 정책이 다루어야 할 문제, 문제에 대한 적정한 정책을 기획하고 실행하는지 여부, 정책 실행 후 지역경

6) 정홍열(2011) 참조

제에 나타나는 초기 효과, 마지막으로 2차 승수효과가 지역경제에 나타나는 과정에서 발생한다.

지역정책 실행에 나타나는 시차효과의 예를 보자. 먼저 특정 지역에서 필요로 하는 컴퓨터 전문기술 인력이 모자란다고 하자. 이러한 문제가 식별되면, 지역의 정책결정자는 컴퓨터 전문가를 훈련하고 양성시키는 정책을 수립하고 시행할 것이다. 그러나 컴퓨터를 교육시킬 컴퓨터 교사를 채용하고, 교육받을 학생을 선발하는 데에는 시간이 걸린다. 그리고 교육하는 과정도 역시 시간이 걸린다.

그 후 교육의 초기효과는 교육생들이 배출되어 지역경제에 컴퓨터 전문가들이 투입되면서 나타난다. 그리고 더 많은 시간이 흐른 뒤에 2차 승수효과가 나타난다.

이러한 정책결정과정에 대한 비판적 견해는 새로운 컴퓨터 교육생이 훈련을 마쳤을 때, 지역과 국가의 경제 환경이 변하여 지역의 노동시장에서 더 이상 컴퓨터 전문가에 대한 수요가 없을 수 있다는 것이다.

(2) 불확실성

미래에 대한 불확실성이 만들어 내는 어려움은 위의 예에서 이미 보았다. 우리는 3년 뒤에 컴퓨터 전문가에 대한 수요가 어떻게 될지 잘 모른다. 그리고 그러한 불확실성은 공공정책을 수행하는 과정 속에 반영된다. 정책결정자는 미래에 대해 불확실한 지식을 가지고 있으며, 경제의 미래경로에 대해서도 예측능력이 불완전하므로 결국 정책대응도 불완전하게 된다.

그러나 이러한 공공정책에 불확실성이 야기하는 어려움이 있음에도 불구하고, 지역정책을 포함해 적극적인 일부 정책적 대응들은 경제문제에 대해 완전히 자유방임적 접근법을 택하는 것보다 더 선호된다.

(3) 정치적 여건

지역정책의 경우 지역의 정치적 여건에 따라 또 다른 영향을 받는다. 세계 대부분의 민주주의 국가에서는 지역 대표자들을 선거로 선출하는 것이 일반적인 추세이다. 그러나 지역에 따라 뽑힌 대표자가 여당소속일 수도 있고, 야당소속일 수도 있다. 그리고 여당이 아닌 야당의원이 지역 대표자로 뽑힌 경우 집권당이 그 지역에 막대한 재정지원을 해 줄 인센티브가 거의 없다. 따라서 번성된 지역에 오히려 더 많은 지역 보조금을 배정하는 경우도 있다. 이것은 그 지역주민의 여당에 대한 충성도에 대한 보상일수도 있다. 그리고 이러한 선거에 기초한 지역정책의 영향은 생각보다도 자주 발생한다.

2) 지역경제정책의 손익과 평가

지역정책을 실행하면 여러 가지 이익과 손실이 발생하는데, 다음 〈표 8-1〉은 Amstrong과 Taylor가 정리한 지역정책의 손익평가 내용이다.

지역경제정책을 실행하면서 얻을 수 있는 첫 번째 이익은 정책지출의 결과로 생겨나는 지역의 산출물과 소득, 그리고 고용의 증가이다. 정책지출의 결과로 나타나는 즉각적이고 직접적인 효과는 경제활동 수준의 증가이다. 이러한 초기지출은 지역의 경제활동 수준에 2차적이고, 간접적이며, 승수적인 이익효과를 발생시킨다. 여기서 지역경제의 승수크기는 정책 지출의 비용 효율성을 결정하는 결정적 요인이다. 승수의 크기가 클수록, 지역정책 지출의 지역경제에 대한 총 긍정적 효과는 커진다.

〈표 8-1〉 지역경제정책의 주요 이익과 손실

이익	손실
• 경제활동 증가로 인한 추가적인 산출물 증가 • 낮은 이주로 사회 간접 자본 공급에 비용 감소 • 직업을 얻기 위해 지원지역으로 이동하는 이주자 수가 줄어듦으로써 이주비용 감소 • 낮은 실업률 지역의 과도한 성장으로 인한 혼잡비용 감소 • 직업기회의 좀 더 공간상 균등한 분포에 따른 이익 • (정치, 사회, 환경적) 비경제적 이익	• 초기의 생산적 자원의 전환에 따른 산출물 감소 • 새로운 지역으로의 재입지 비용 • 새로운 공장 건설에 따른 자원비용 • 새로운 공장 건설에 따른 환경비용 • 지역정책의 사회간접자본 비용 • 지역경제의 행정적 비용

제2절 지역경제정책분석

1. 거시경제적 효과

지역적 측면에서 경기 과열정도에 따라 수요 측면의 압력이 발생할 경우 이자율에 영향을 줄 수 있다. 완전고용이 이루어진 지역의 명목임금 수준과 명목지가는 높게 설정되므로 지역의 노동 및 토지의 공급 부족은 지역경제의 잠재적인 인플레이션 압력으로 계속 작용하게 된다. 따라서 거시경제적 측면에서 지역경제정책의 초점은 지역적 인플레이션을 피하기 위해서는 지역의 수요가 완전고용수준을 초과하여 확장하는 것을 허용하지 않도록 하는 것이라고 할 수 있다. 이것은 또한 다른 지역에서 수요가 증가할 수 있는 정도를 제한하는 것을 의미한다. 이에 대한 자세한 지역적 정책함의는 [그림 8-2]를 통해 설명할 수 있다.

[그림 8-2]에서 A지역은 완전고용으로 인해 경기가 호황인 지역을 의미하고, B지역은 비자발적 실업으로 인해 불황 상태에 직면한 지역을 나타내고 있다. A지역의 경우 위쪽 우측의 그림에서 지역소득수준은 Y_{A1}이고, 위쪽 좌측 그림을 보면 이 지역의 총수요수준은 지역의 완전고용수준 L_{AF}를 보장하는 노동 투입수준을 의미한다. 경기가 호황인 지역에서 물가수준을 일정한 값 P^*로 유지하는 특정한 이자율 i^*에서, 지역의 완전고용 수요수준인 Y_{A1}은 지역의 투자계획 IS_{A1}에 의해서 그대로 유지된다. 즉, 호황인 지역에서 완전고용은 지역의 인플레이션을 유발하지 않으면서 유지된다.

반면에 B지역의 경우 현재 이자율 i^*에서, 지역의 투자계획 IS_{B1}은 지역의 완전고용수준의 소득 Y_{B3}을 유지하기에는 충분하지 못하며, 지역소득수준은 Y_{B1}이 된다. 이와 같이 낮은 지역 소득수준으로 인해 노동의 투입은 L_{B1}만 요구되므로 지역실업수준은 $(L_{BF}-L_{B1})$이 된다. 현재 이자율수준에서 지역의 투자수준은 지역노동시장을 청산할 만큼 충분한 수요를 발생시키지 못하게 되며, 이자율이 i^*아래로 하락할 수 없다면, 이와 같은 상황은 지속적으로 유지될 것이다.

여기서 이자율은 호황지역(A)의 인플레이션을 막기 위한 i^*수준에서 결정되며, 양 지역의 수급 차이에서 나타나는 불균형은 지역정책을 통해 호황지역 A의 노동수요가 침체지역 B로 옮겨가도록 유도함으로써 균형 이자율 하에서 수급균형이 이루어진다. 즉, 침체지역에 대한 인프라공급 또는 부동산 관련보조금 등으로 지역 A에 대해서는 토지이용계획 등의 제약을 통해 투자흐름이 지역 A로부터 지역 B로 향하도록 유도하는 것이다.

이러한 정책결과는 A에서 B로 투자전환으로 이어지는데, [그림 8-2]을 통해 보면, 현재의 이자율 수준 i^*에서 지역 A의 투자흐름은 IS_{A1}에서 IS_{A2}으로 축소되며, 지역 B의 투자흐름은 IS_{B1}에서 IS_{B2}로 확장된다. 지역 A에서의 투자 감소는 지역소득을 Y_{A1}에서 Y_{A2}로 감소시키며, 그 결과 지역총수요는 AD_{A1}에서 AD_{A2}로 감소됨에 따라 지역의 고용

[그림 8-2] 거시경제적 효과

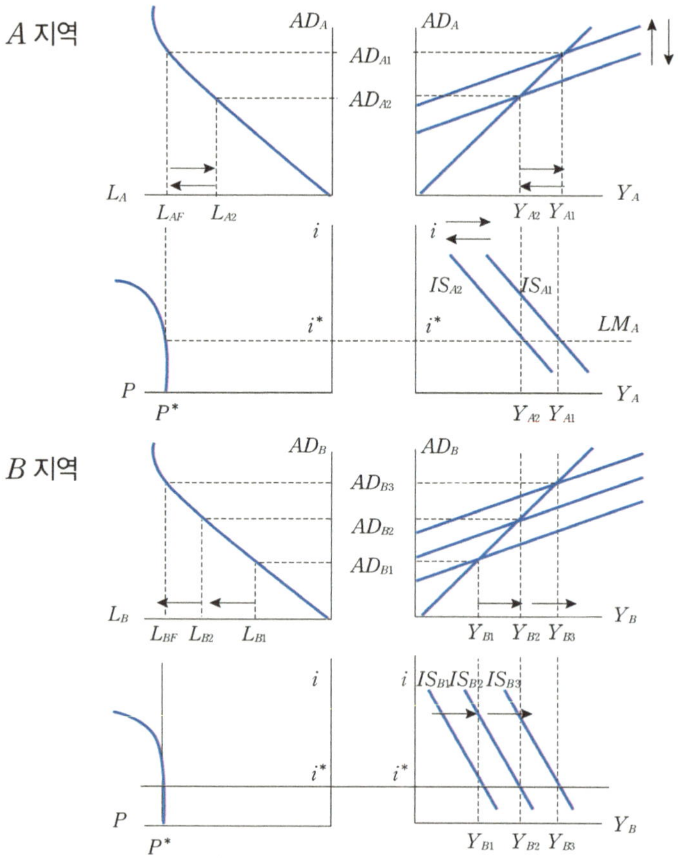

A지역은 안전고용으로 인해 경기가 호황이고, B지역은 비자발적 실업으로 인해 불황상태에 직면한 지역을 나타내고 있다. A지역의 지역소득수준은 Y_{A1}이고 총수요수준은 L_{AF}를 보장하는 노동투입과 IS_{A1}투자계획을 나타내고 있다. B지역 투자계획은 IS_{B1}에서 소득수준은 Y_{B1}으로 완전고용수준인 Y_{B3}보다 적다. 노동투입은 L_{B1}이 요구되므로 B지역 실업수준은 $(L_{BF}-L_{B1})$이 된다. 따라서 A지역에서 B지역으로 노동수요가 이동되도록 유도하여 균형이자율 수준에서 균형을 유도하게 된다.

출처 : 최병호 외 옮김(2006)

은 완전고용수준 L_{AF}로부터 L_{A2}로 감소하게 된다. 따라서 호황 지역에서 투자가 줄어듦에 따라 발생하는 실업규모는 $(L_{AF}-L_{A2})$로 나타난다. 침체지역 B에서는 지역정책의 결과로 발생하는 투자증대로 지역소득은 Y_{B1}에서 Y_{B2}로 증가하며, 그 결과 지역총수요가 AD_{B1}에서 AD_{B2}로 증가됨에 따라 지역의 고용수준은 L_{B1}에서 L_{B2}로 증가하게 된다. 즉, 침체지역 B의 실업수준과 A의 실업수준이 동일하게 되며, A지역의 총수요는 정책초기의 AD_{A1}수준으로 다시 확장되며, B지역의 경우 AD_{B2}에서 AD_{B3}수준으로 확장이 가능하다. 따라서 총지역수요 수준에서 지역 B는 지역 A의 물가수준을 P^*로 안정시키는 현재 이자율 수준 i^*에서 완전고용수준의 소득(Y_{B3}), 투자(IS_{B3}) 및 노동수요 수준(L_{BF})를 각각 달성하게 된다.

양 지역에 걸친 정(+)의 거시경제적 확장효과는 호황지역 A에 대한 부정적인 효과를 보상하며, 침체지역 B에 대해서는 추가적인 정의 분산효과를 가져온다. 이러한 측면에서 지역경제정책은 지역경제에서 수급불균형을 통해 발생하는 지역적애로(bottle neck)문제를 해결하는 데 목적을 두고 있다.

2. 미시경제적 효과

지역경제정책을 미시적 측면에서 살펴볼 때 보편적으로 나타나는 것은 공급 측면의 정책들이다. 공급 측면의 지역경제정책은 지역 경제생산요소 투입물의 질을 향상시킴으로써 투자여건을 개선하는 것에 목적을 두며, 특히 입지특수적(location-specific)인 생산요소(원재료, 토지, 지역인프라 등)에 초점을 맞추고 있다.

지역인프라를 질적, 양적으로 향상시키려는 지역경제정책의 경우에는 지역 교통인프라의 개선에 주안점을 두게 된다.[7] 이 정책의 주요 기대효과는 그 지역에 대한 접근비용을 감소시키는 것이다. 재화나 인적자본의 이동에 있어서 운송은 필수적 투입물이기 때문에 교통인프라의 개선은 지역의 기술수준 향상으로 연결될 수 있다. 이 정책의 효과는 지역생산성을 향상시키고 추가적인 자본유입을 통하여 지역의 산업기반을 확대시키는 것이 가능하다.

운송비 절감은 기업의 입지-생산 대체가능성에 따라 그 결과가 반대로 나타나는데, 만약 어떤 기업이 투입요소 간 대체를 할 수 없거나 혹은 오직 제한된 범위 내에서만 대체가 가능하다면, 고전적인 웨버의 모형에 따라 그 기업은 다른 지역과 상대적으로 높은 운송비용을 절감하기 위하여 운송비용이 적게 드는 다른 지역으로 이동함으로써 이에 대응한다. 이는 지역경제정책의 목적과 반대되는 결과라고 할 수 있다. 반면에, 모제스의 모형에 따르면 기업이 광범위한 대체가능성을 보유할 경우 관심지역의 낮은 운송비용에 편승하여 대체를 통해 지역적 운송비용 감소를 효율적으로 흡수할 수 있다. 이는 또한 기업으로 하여금 운송비용이 보다 낮은 지역으로 이동하도록 유인하여 기업들이 지역으로 유입되는 바람직한 효과를 가져오게 된다. 이 경우 지역경제정책의 결과는 당초 목적과 부합한다고 볼 수 있다.

Krugman(1991)은 이러한 공간적 운송비용은 상대적으로 비효율적인 지역기업을 외부의 경쟁으로부터 보호함으로써, 마치 조세장벽과 같은 역할을 한다고 하였고, Krugman and Venable(1990)은 집적경제가 몇몇 지역에서 작용할 경우 저개발지역의 임금하락을 보상할 수 없다면 저개발지역에 미치는 부정적 효과는 매우 심각할 수 있다고 주장하였다. 따라서 지역 및 지역 간 운송 인프라를 개선시키기 위한 정책의 공간적 효

7) Vickman(1991) 참조

과를 평가하는 작업은 매우 신중하게 접근할 필요성이 있다.

3. 사회후생 효과

지역경제정책이 지역 운송부문에 대한 투자제공에 초점을 맞출 경우, 도로건설 등 사회 인프라시설 계획이 상대적으로 주변부지역에서 실행되어야만 하는지를 사회적인 관점에서 고려해 볼 수 있다. 인구밀도에 따라 도로건설의 한계비용감소효과가 차이가 난다고 가정할 경우 다음 [그림 8-3] 형태로 나타나는 후생-효율성효과를 고려할 수 있다.

인구밀도가 높은 지역 T_H와 인구밀도가 낮은 지역 T_L의 총거래 수로부터 발생하는 전체 후생증진과 개별 거래비용을 비교하여 분석하도록 하자. 분석의 단순화를 위해 지역 내 거래와 관련된 초기 운송비용은 양 지역에서 모두 C로 주어졌다고 가정하자. 만약 새로운 운송 인프라가 인구밀도가 낮은 지역에 도입된다면 운송비용의 하락과 관련된 대폭적인 한계비용의 하락으로 운송비용은 C_L로 낮아지게 되며, 이러한 대폭적인 운반비용의 감소는 공간상에서 일어나는 모든 개별 거래의 한계 비용을 상당히 감소시킴으로써 지역의 총거래 수를 증가시키게 된다. 이와 같은 거래의 증가와 관련된 총사회후생의 증대는 Q에서 Q_L로 증가하게 된다.

반면에 새로운 운송 인프라가 인구밀도가 높은 지역에 도입된다면 개별거래의 한계비용은 C_H로 소폭 하락한다. 하지만 이와 같은 개별사업상 거래에 있어서의 소폭의 효율성 증진은 수많은 수의 거래에서 실현되며, 따라서 운송비용 하락에 의해 발생한 총사회후생의 증가는 커질수록 총사회후생이 Q에서 Q_H로 증가하는 효과를 가지게 된다.

[그림 8-3] 사회 후생적 효과

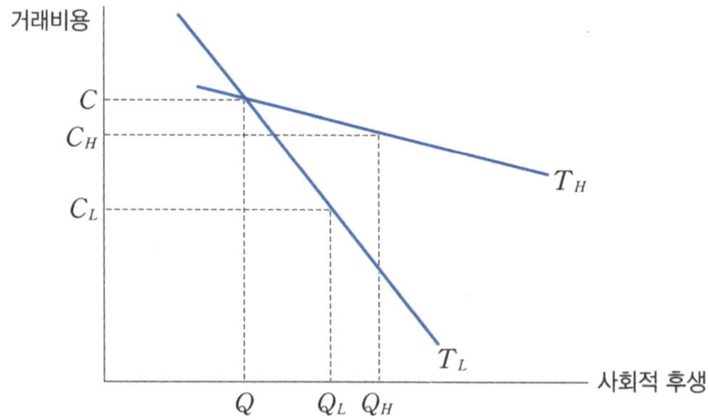

인구밀도가 높은 지역 T_H와 인구밀도가 낮은 지역 T_L의 총거래 수로부터 발생하는 전체후생증진과 개별거래비용을 비교하여 분석하고 있다. 초기운동비용이 양 지역 모두 C라고 할 경우, 운송 인프라가 저인구밀도지역에 도입되면 운송비용은 C_L로 낮아지게 되어 총사회후생은 Q에서 Q_L로 증가한다.

출처 : 최병호 외 옮김(2006)

사회후생의 측면에서 위의 예는 몇몇 지역경제정책의 정당성에 대해 의문을 제기한다. 그것은 비록 교통인프라의 건설이 인구가 드물게 분포된 주변지역 경제의 후생을 상당히 향상시킬지라도, 그러한 공공지출의 순이익은 중심지역에서 더 클 수 있다는 것을 시사한다. 따라서 인프라 공급에 근거한 지역경제정책에 대한 사회적 평가를 위해서는 그 정책으로 인한 모든 잠재적인 경제적 · 환경적인 영향에 대한 사회적 비용-편익 분석뿐만 아니라 그 정책의 공간적 분배효과에 대한 논의도 필요하다는 것을 시사하고 있다.

사/례/연/구 1

▸ 지역 일자리 공시제

'지역 일자리 공시제' 는 자치단체장이 임기 중 추진할 일자리 목표와 대책을 발표하고, 중앙정부는 그 대책이 원활히 수행될 수 있도록 컨설팅, 인센티브 등을 지원하는 중앙과 지방 간 일자리 협력사업이다.

'지역 일자리 공시제' 는 자치단체장이 일자리 목표와 지역고용대책을 공시하도록 유도하고, 추진성과를 연계하여 인센티브를 제공하는 지역고용활성화 방안으로 볼 수 있다. 엄밀한 의미에서 '지역 일자리 공시제 '는 자치단체의 고용 관련 정보를 공시함으로써 안정적인 고용창출을 위한 정책수단 중 하나라고 볼 수 있다.

'지역 일자리 공시제' 의 기본방향은 ① 자치단체의 자발적인 일자리 창출 노력 지원, ② 중앙정부와 자치단체 간의 협력적 네트워크 형성, ③ 자치단체와 지역 고용 관련 주체 간 유기적 네트워크 구축이다.

먼저, 자치단체의 자발적인 일자리 창출 노력지원을 위해 중앙정부의 일률적인 정책이 아닌 자치단체 스스로가 지역의 여건에 맞는 일자리 관련 사업발굴 및 정책을 추진하고 구호수준의 일자리 공약을 넘어서서 지역특성에 맞는 일자리 정책 모델을 구축한다.

다음으로, 중앙정부와 자치단체 간의 협력적 네트워크 형성을 위해 중앙과 지방이 소통하면서 지역특성에 맞는 일자리대책을 추진하고, 특히 자치단체장이 일자리에 깊은 관심을 갖고 일자리 친화적인 지방행정을 펼치도록 유도한다. 그리고 중앙정부와 자치단체가 협력적 네트워크를 형성하여 지역고용활성화에 기여할 수 있도록 제도를 운영한다. 특히, 중앙정부는 컨설팅, 경진대회 등을 통하여 자치단체의 일자리 창출 노력을 지원하고 우수사례 확산을 위해 노력한다.

마지막으로, 자치단체와 지역 고용 관련 주체 간 유기적 네트워크 구축을 위해 자치단체와 지역의 다양한 고용 관련 주체들을 유기적으로 연계하여 지역의 일자리 문제를 대처해 갈 수 있도록 추진하고 지역고용심의회(지역 노사민정 협의체), 지역고용포럼 등과 연계하여 효과성을 제고한다.

사/례/연/구 2

▸ 지역 맞춤형 일자리 창출지원사업

지역 맞춤형 일자리 창출지원사업은 지역의 고용문제 해결을 위하여 자치단체와 지역의 고용 관련 비영리법인·단체가 컨소시엄(공통의 목적을 위한 협회나 조합)으로 참여하여 지역특성에 적합한 사업을 제안하고 수행하는 지방분권형 공모사업을 말한다. 이 사업은 중앙정부 차원에서 기획된 고용·능력개발정책으로는 지역수요에 적합한 사업추진에 어려움이 있고, 지역이 주도하는 지역 분권형 고용·인적자원개발 정책의 필요성이 제기됨에 따라 2006년부터 실시되었다.

지역 맞춤형 일자리 창출지원사업의 집행절차는 아래와 같이 우선 고용노동부가 참여주체로 사업공모를 한다. 지역에서는 고용노동부지방청(고용센터)이 지역별 사업계획을 수립하고 사업공모 등 주도적인 역할을 담당하며, 자치단체가 지역 내 노사단체, 연구기관, 대학교, 비영리법인(단체) 또는 이들 간의 컨소시엄을 구성하고 컨소시엄의 대표기관으로 참여하여 재정자립도에 따라 차등 대응투자를 한다. 사업선정단계에서는 시·도 간 경쟁과 시·도 내 경쟁방식으로 이원화되어 있다. 시·도 간 경쟁방식은 고용노동부 본부에서 사업을 공모·선정하되 광역자치단체 간 경쟁을 통해 선정하고, 시·도 내 경쟁방식은 광역자치단체 관할 지방고용노동청에서 공모·선정하되 광역자치단체 내 기초자치단체 간 경쟁을 통해 선정한다.

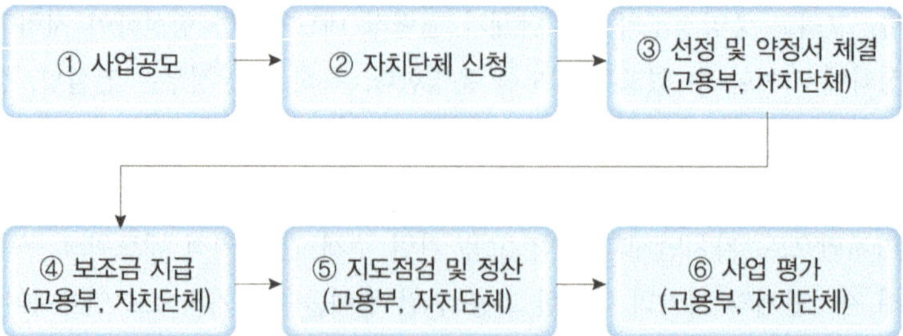

요약

1. 지역경제정책은 지역 간 불균형성장과 격차를 해소하고, 물가안정과 완전고용, 경제성장, 지역수지의 균형 등을 실현하여 지역발전이 가능토록 중앙 및 지방정부에 의해 추진되는 여러 가지 정책으로 정의할 수 있다. 즉, 중앙정부와 지방정부의 지역경제발전을 위해 추진하는 일체의 활동과 시책을 의미한다.
2. 지역경제정책의 목표는 국가의 경제정책목표와 유사하다고 할 수 있고, 공간상의 분배개념이 포함되어 지역 간의 균형성장과 지역격차해소 부문이 추가적으로 포함되게 된다.
3. 지역경제정책의 효율성 목표란 자원은 최적으로 분배해서 지역의 경제성장을 극대화하는 것이고, 공평성 목표란 소득이나 복지, 임금, 성장지표들의 지역 간 격차를 줄이는 것이다.
4. 거시적 지역경제정책은 지역경제 전체에 영향을 미치는 지역경제정책을 의미하며, 금융정책과 차별적인 재정정책으로 나눌 수 있다. 미시적 지역경제정책은 노동과 자본 재분배정책으로 크게 구분되며, 노동 재분배정책은 지역 내 노동배분정책과 노동의 공간적 배분정책으로 분류된다.
5. 거시경제적 측면에서 지역경제정책의 초점은 지역적 인플레이션을 피하기 위해서는 지역의 수요가 완전고용수준을 초과하여 확장하는 것을 허용하지 않도록 하는 것이라고 할 수 있다. 이것은 또한 다른 지역에서 수요가 증가할 수 있는 정도를 제한하는 것을 의미한다.
6. 공급 측면의 지역경제정책은 지역 경제생산요소 투입물의 질을 향상시킴으로써 투자여건을 개선하는 것에 목적을 두며, 특히 입지특수적(location-specific)인 생산요소(원재료, 토지, 지역 인프라 등)에 초점을 맞추고 있다.
7. 지역경제정책이 지역 운송부문에 대한 투자제공에 초점을 맞출 경우, 도로건설 등 사회 인프라 시설 계획이 상대적으로 주변부지역에서 실행되어야만 하는지를 사회적인 관점에서 고려해 볼 수 있다.

연 · 습 · 문 · 제

01 지역경제정책의 실행 이유와 의의, 목표에 대하여 설명하시오.

02 지역경제정체정책의 수단을 분류하고 설명하시오.

03 지역경제정책평가의 필요성, 유형과 기준에 대하여 설명하시오.

04 지역경제정책의 거시경제적 효과에 대하여 설명하시오.

05 지역경제정책의 미시경제적 효과에 대하여 설명하시오.

06 지역경제정책의 사회후생 효과를 설명하시오.

제 9 장

부동산 경제론

제1절 부동산 개요

1. 부동산에 대한 이해[1)]

1) 부동산의 정의와 속성

부동산은 real estate로 가장 보편적으로 사용되는 용어로 토지와 그에 부착되는 정착물을 의미하는 물리적인 측면의 자산의 특성을 강조한다. 우리나라는 민법 제99조 제1항에서 부동산을 토지 및 그 정착물로 규정하고 있다. 그렇지만 부동산이 갖고 있는 경제, 법률, 사회, 물리적인 특성과 이들이 복합적으로 부동산 관련 의사결정 및 활동에 직·간접적으로 영향을 주고 있음을 모두 고려해야 한다.

상품(Commodity)으로서의 부동산의 성격은 매우 복잡하다. 물론 부동산이 위치한 사회와 문화에 따라 특별한 제도적·경제적 요인들이 작용하기는 하나, 일반적으로 상품으로서의 부동산은 그 하나하나가 뚜렷한 물리적 특성을 지니고 있다.

부동산은 오랜 기간 사용될 목적으로 인공적으로 만들어진 건축물이다. 인공 건축물의 창조부터 사용, 처분에 이르는 전 과정에서 여러 주체들이 참여하게 된다. 건축업자와 개발업자는 부동산의 공급과 개량을 담당하고, 투자자들은 지분이나 필요한 자금을 대출해 주는 과정 중에 담보설정을 통해 부동산의 소유권을 확보하게 된다.

한편 부동산이라는 인공 건축물 사용은 소유자뿐만 아니라 임대료를 지불하고 일정한 책임을 준수하면 누구나 가능하다. 또한 정부의 담당부

---

1) 김지현·정성훈(2016) 참조 및 부분 인용

처에서는 부동산의 개발·이용·거래과정 중 정부의 계획이나 법령에 따라 이루어지는지를 감독하고 그렇지 못한 경우는 여러 가지 수단을 동원하여 제재를 가한다.

따라서 부동산 시장은 다양한 주체들이 시간과 공간에 대한 다양한 효용함수를 가지므로 제각기 다른 부동산의 가치를 결정하는 의사결정을 하게 된다. 결국 공간과 시간이라는 변수는 부동산 시장을 다른 시장과 구분하는 중요 변수가 된다.

2) 부동산 시장의 기능 및 역할

부동산은 두 가지 다른 시장에서 각기 다른 기능 내지는 역할을 한다. 하나는 공간 사용이라는 서비스를 제공하는 역할이며, 다른 하나는 자산으로서의 역할이다. 우리는 부동산을 생산재나 소비재로 사용할 때, 실제로 사용하는 것은 부동산 그 자체가 아니라 부동산이 제공하는 공간 사용이다. 부동산이 제공하는 공간 사용을 통하여 생산 활동 또는 소비 활동을 하게 된다.

다른 한편, 부동산은 가치를 갖고 있는 자산의 일종으로, 부의 축적수단이기도 하고 투자의 대상이기도 하다. 부동산이 가치를 가지는 것은 부동산의 제공 또는 사용으로 인한 이익창출 때문이다. 건축물은 생산재나 소비재로 사용되기 때문에, 부동산 소유자는 건축물을 사용하는 사람으로부터 일정한 보수(소득)를 받을 수 있다. 부동산이 갖고 있는 영속성 내지는 내구성 때문에 부동산은 지속적으로 공간을 제공하고, 이에 따라 부동산 소유자는 부동산으로부터 지속적인 소득을 얻을 수 있다. 바로 이런 소득이 부동산으로 하여금 가치를 창출하도록 만드는 것이다.

자산으로서의 부동산은 저량의 개념인 반면 부동산이 제공하는 공간은 유량의 개념이다. 즉, 댐에서 물이 흘러나오듯이 부동산이라는 자산에서 공간이라는 서비스가 흘러나오는 것이다. 부동산 시장이 가지고 있는 이러한 두 가지 기능에 따라 부동산 시장은 공간 사용시장과 자산시장으로 나누어지게 된다.

(1) 공간 사용시장

공간 사용시장이란 공간 서비스 수요와 공급을 통하여 공간 서비스의 보수인 임대료가 결정되는 시장을 말한다. 공간 사용시장에서 공간 사용 서비스의 수요는 공간 사용 서비스를 생산재나 소비재로 사용하고자 하는 경제주체들의 욕구에 의해 결정된다. 반면, 공간 사용 서비스의 공급은 부동산의 재고량에 의해 결정된다.

공간 사용시장에서 수요자는 임차인일 수도 있고 해당 부동산의 소유주일수도 있다. 공간을 필요로 하는 사람은 임차를 통해 공간을 확보하기도 하지만 소유를 통해 공간을 확보하기도 한다. 임차를 통해 공간을 확보하는 경우, 임대인이 부동산 공간의 공급자가 되고 임차인이 부동산 공간의 수요자가 된다. 이런 시장을 흔히 임대차시장이라고 부른다. 소유를 통해 공간 사용을 확보하는 경우, 부동산의 소유주가 해당 부동산의 공간을 사용하기 때문에 부동산 소유주는 공간 사용의 공급자이자 공간 사용의 수요자가 된다. 이런 시장을 흔히 소유주 점유시장이라고 부른다.

공간 사용시장은 임대차 시장뿐 아니라 소유주 점유시장을 포함하는 개념이다. 소유주 점유시장에서는 실제 임대료가 관찰되지는 않지만 소유주는 자신에게 시장 임대료에 해당되는 귀속임대료를 지불하고 있다고 보아야 한다. 소유주가 직접 자신의 부동산 공간을 사용하는 경우, 그는 시장 임대료에 해당하는 기회비용을 지불하고 있기 때문이다.

(2) 자산시장

자산시장이란 부동산 자체에 대한 수요와 공급에 의해 부동산 가격이 결정되는 시장을 말한다.

부동산은 금융자산이나 실물자산과 마찬가지로 투자의 대상이 되는 자산의 일종이다. 여기에다가 부동산을 보유하고 있으면 부동산이 제공하는 건축물을 이용할 수 있다. 즉, 자산시장에서 수요자는 자본이득이나 임대료 수익을 위해 부동산을 매입하고자 한다. 또 경우에 따라서는 부동산 건축물이 필요하기 때문에 부동산을 매입하고자 한다.

반면 자산시장에서 공급자는 대체적으로 다른 자산을 매입하거나 다른 투자대상에 투자하기 위해 부동산을 매각하고자 한다. 부동산 매각자는 매각 대금을 수취하는 대신 임대료 수입을 포기해야 한다.

즉, 부동산에 대한 수요와 공급은 대체로 해당 부동산으로부터 얻을 수 있는 현재와 미래의 임대료, 그리고 다른 대체자산으로부터 얻을 수 있는 수익의 정도인 수익률 등에 의해 영향을 받게 된다.

3) 공간 사용 시장과 자산시장의 관계

이러한 공간 사용 시장과 자산시장은 직·간접적으로 영향을 주고받는다. 공간 사용시장에서 공간 사용에 대한 수요와 공급에 의해 임대료가 결정되면, 자산시장에서 가격이 결정된다. 자산시장에서 가격이 결정되면 부동산 개발시장에서 신규 부동산 개발규모가 결정된다. 개발이 완료되면, 공간 사용시장에서 공간의 공급량이 바뀌게 되고, 이것은 다시금 임대료를 변화시킨다. 결국 공간 사용 시장은 직접적으로 자산시장에 영향을 미치고, 자산시장은 부동산개발시장을 통해 간접적으로 공간 사용 시장에 영향을 미친다.

공간 사용 시장과 자산시장은 상호 영향을 주고받으면서 동시적 균형에 도달하게 된다. 부동산 개발시장에서 신규로 개발된 공간규모와 재고 부동산 중에서 멸실되어 사라질 공간규모가 일치하게 되면, 공간 사용시장에서 임대료는 더 이상 변하지 않게 되고, 이에 따라 자산시장에서도 부동산 가격이 더 이상 변하지 않게 된다. 이런 상황을 부동산 시장의 동시적 균형이라고 부른다.

2. 부동산의 특성

상품으로서의 부동산은 다른 일방상품과는 구별되는 독특한 특성이 있다. 여기에서는 부동산의 특성을 물리적 · 경제적 · 제도적 특성에 따라 구분하여 살펴보기로 한다.

1) 물리적 특성

부동산의 물리적 특성으로 비이동성 또는 고정성을 생각할 수 있다. 토지는 물리적 또는 지리적으로 이동이 불가능하다. 물론 토지를 구성하는 흙, 광물 등은 이동시킬 수 있지만, 어떤 지점의 지리적인 위치는 절대로 이동시킬 수 없다. 따라서 토지의 이동이 불가능 하다는 것은 위치가 고정되어 있다는 것을 의미하며, 이는 곧 각 지점의 토지가 다른 지점의 토지와는 최소한 위치가 다르다는 것을 뜻한다. 이와 같은 위치의 고정성은 토지시장에서 입지지대를 발생시킨다.

부동산의 비이동성은 부동산 시장이 지역시장을 형성하도록 해준다. 부동산이 대체적으로 거래되는 지역적인 범위를 동일 수급권 또는 지역시장이라고 한다. 비이동성은 위치에 따라 부동산의 가치를 차별화시키며 주변 환경에 민감하게 반응하게 하는 원인을 제공하기 때문이다. 예를 들어 똑같은 30평 아파트라고 해도 그것이 어디에 위치하느냐에 따라 아파트의 가격은 엄청난 차이를 보인다. 이처럼 부동산주변의 환경이 부동산 가격에 영향을 주는 것을 외부효과라고 한다.

비이동성은 또한 정부에서 부동산이 어느 곳에 입지하였느냐에 따라 세금을 차별화하여 부과 또는 감면하는 근거를 제시하기도 한다. 부동산의 위치고정성은 이질성과 함께 부동산 시장이 불완전경쟁시장이 될 가능성을 높이며, 이를 시정하기 위하여 정부의 개입이 요구된다.

두 번째로, 토지의 영속성이다. 공간으로서의 토지는 계속 이용한다고 하더라도 소모나 마멸되지 않으며, 파괴도 불가능하기에 물리적으로 영속성 또는 내구성을 갖는다. 보통 자본재도 내구성을 갖지만, 이들은 사용에 따른 감가상각이 발생하고 설령 이용하지 않고 내버려 두어도 자연적으로 손상되기에 시한부적으로 내구성을 갖는다는 점에서 토지와 대비된다. 즉, 토지는 시간이 경과한다고 해서 마모되고 손상되지 않는다.

즉, 물리적으로 토지는 영구적이지만, 그 가치는 상황의 변화에 의하여 변할 수도 있다. 예를 들어 폐광지역의 경우 토지의 가치는 폭락하기도 한다. 토지와 공간의 영속성은 그 위에 있는 건물들을 받쳐주고 있다는 것을 의미한다. 이에 비하여 건물 자체는 물리적 의미로나 경제적 의미로나 내구성을 갖고 있지 않다는 것은 잘 알고 있는 사실이다. 즉, 부동산의 공급 측면에서 보면 기존의 건물은 시장에 다시 공급될 수 있으므로 재고시장의 역할이 대단히 중요하다. 또한 일단 한 번 지어 놓으면 상당기간 존재하므로 이를 다시 건축할 경우 철거비용과 기회비용으로써의 임대료를 고려해야 할 것이다. 따라서 재건축이나 재개발은 이러한 비용을 상쇄하고도 남을 만큼의 이익이 기대될 때 이루어지게 되는 것이다.

세 번째 물리적 특성으로 이질성이 있다. 우선 이 세상에 똑같은 토지란 존재하지 않는다. 토지가 규모, 모양, 지형적으로 다르다는 것은 일반적으로 모든 사람들이 수긍하는 사실이다. 이에 전문가들은 부동산의 위치에 특성화된 이질성을 갖는 상품이라고 한다. 이질성은 토지사용이나 판매를 둘러싼 계약에 있어 법적으로 대체가능성이 없게 하는 원인이 되기도 한다.

이질성은 토지뿐만 아니라 건축물에도 발견된다. 즉, 이 세상에 똑 같은 건물이라는 것이 없다는 것이다. 보통 건물은 건축규모, 외관, 구조가 모두 다르며 똑같은 건축도면에 의하여 건물을 짓는다 하더라도 인부와 자재에 따라 차이가 나게 마련이다. 또한 입지와 방향에서도 차이가 난다. 게다가 소유자와 점유자의 취향과 사용 그리고 관리하는 방식의 차이가 건물을 토지처럼 이질적인 재화로 만든다.

부동산의 이질성은 유사하면서도 다른 속성을 함께 갖고 있는 토지나 자산을 동시에 비교하는 것을 대단히 복잡하게 만들어 부동산 가치 또는 가격결정을 어렵게 하는 원인이기도 하다. 따라서 부동산 가치의 추계는 보다 전문적인 지식을 가진 감정평가사가 하게 되는 것이다. 즉, 일반적인 수요 · 공급곡선은 상품 간의 완전 대체 관계에 기초하고 있음에 비하여 부동산 시장은 이질성으로 인하여 완전한 대체관계가 제약되므로 수요 · 공급의 틀 속에 억지로 맞추어 가격을 설명한다는 것이 어렵다. 이는 또다시 가격이 수급조절의 기능을 제대로 할 수 없음을 의미하기 때문에 정부의 개입이 필요하게 된다.

2) 제도적 특성

부동산의 제도적인 특성은 부동산을 이용하는 사회에서 받아들여지고 정착된 속성을 말하는 것으로 조직, 신념, 법 또는 관습을 일컬을 때 흔히 사용되는 용어이다. 물론 우리가 생각하고 행동하는 방식이 제도를 만들기도 하지만 이렇게 결정된 제도는 역으로 부동산의 가치에 심오한 영향을 주기도 한다.

우선 부동산은 단일재화로서는 드물게 소유 · 이용 · 판매 및 취득 등 거의 모든 부동산 관련활동에 대하여 법규가 있다는 특성이 있다. 부동산의 소유와 이용에 관한 법은 크게 사법과 공법으로 구분된다. 부동산 사법은 개인의 이익을 위한 소유권 등에 중점을 두며 사적 자치를 인정하고 당사자의 자율에 의한 자유로운 결정을 널리 인정하는 것을 주된 내용으로 하고 있으며, 민법에 의해서 규율된다. 부동산공법은 공익을 위한 재산권을 제약을 중심으로 국가나 지방자치단체가 공익을 위하여 부동산의 소유 · 이용 · 개발 · 보전 · 거래 등에 관하여 규제를 하는 법규의 총체를 말하며 부동산과 관련된 모든 행정법을 총칭한다.

정부규제 역시 부동산 관련법처럼 재화 또는 상품으로서의 부동산에 영향을 준다. 지구단위계획, 지역 · 지구제(zoning), 임대료 규제, 자산유동화 및 자산관리 관련법, 건축물에 대한 규제 등과 같은 정부의 규제는 부동산의 개발과 이용에 커다란 영향을 주고 있다. 우리나라에서는 각종 법률에 의한 공적계획들이 있으며, 이러한 계획은 개인의 부동산 활용에 직 · 간접적으로 영향을 미친다. "국토의 이용 및 계획에 관한 법률" 등의 공법에 근거하여 용도지역을 설정하여 토지이용에 대한 제한을 가하는 것은 대표적인 예라 할 것이다. 또한 사회간접자본시설의 입지나 도시계획시설과 같은 공공사업들도 부동산의 소유와 이용에 많은 영향을 주게 된다.

3) 경제적 특성

부동산의 물리적 특성으로 언급된 이동성과 밀접히 관련된 부동산의 경제적 특성으로 위치성이 있다. 위치성은 토지이용과 관련된 외부효과의 문제가 입지와 연관되어 있는 경우를 뜻한다. 여기에는 물리적, 경제적 입지에서의 개념이 모두 작동하지만 특히 주목해야 하는 것은 경제적 위치성이다.

위치성은 개인이나 단체의 특정 부지에 대한 선택이자 선호의 결과이다. 위치성의 차이는 다른 유사한 부동산의 이용과 가치에도 영향을 준다. 위치선택에 영향을 주는 주요한 요소로 우리는 그 자산에 접근하는데 필요한 시간, 돈, 노력 등을 뜻하는 접근성을 뜻하는 접근성을 꼽을 수 있다. 특정 자산이 있는 곳 또는 있는 곳으로부터의 이동에 대한 상대적 비용이 낮을 때, 그 자산은 높은 접근성을 갖고 있다고 한다. 이것은 그 자산의 가치가 높을 가능성이 있다는 것을 의미한다. 반대로 접근성이 상대적으로 좋지 않거나 어려운 자산은 그 가치도 낮을 가능성이 높다.

두 번째 경제적 특성으로 부동산의 희소성 또는 공급의 한정성 내지 부증성이 있다. 토지의 경우 실질적인 목적으로 이용되는 모든 토지의 물리적 공급은 언제나 고정되어 있다. 건축물도 수요가 있다고 해서 시장에서 즉각적으로 공급될 수 없는 매우 비탄력적인 공급곡선을 가지고 있다. 그러나 토지가 여러 가지 용도로 이용될 수 있음을 고려한다면 현실적으로 완전한 부증성이란 없다. 건축물의 경우는 더욱 적절치 못하다. 즉, 시간, 돈, 그리고 노력만 있다면 건물과 같은 인공공간의 공급은 장기적으로 수요에 따라 계속 증가시킬 수 있기 때문이다. 그럼에도 불구하고 토지이용에 있어 물리적 한계를 느끼는 이유는 용도지역 규제가 수요에 대응하는 충분한 토지 공급을 억제하고 있기 때문이다. 요컨대, 우리나라에서 토지 공급의 한정성은 물리적 측면보다는 인위적으로 이용 가능한 토지를 적게 지정함에서 비롯된 측면이 많다.

세 번째, 토지이용, 건물의 건축, 필지의 가치는 상호 영향을 주고받으며 상호작용을 하는데 이를 상호의존성이라 한다. 예를 들어 길 건너 쇼핑센터의 개발은 내 소유의 토지를 어떻게 이용하느냐에 크게 영향을 주기도 하지만 또한 역으로 내 토지 이용에 따라 영향을 받기도 한다. 즉, 주어진 부동산자산의 이용과 가치는 다른 관련요인의 의사결정 및 변화에 민감하게 반응할 수 있다는 것이다.

마지막으로 토지나 부동산 개발 사업에 투입된 비용을 회수하기까지 상당한 시간이 걸리는 특성이 있다. 이런 특성을 투자의 고정성 또는 내구적 투자성이라고 한다. 다시 말해 어떤 구조물을 건설하기 위하여 일단 토지를 매입하고 노동력과 자금이 투입되면 그 지역사회 입장에서 볼 때 투자가 오랜 기간 묶여 있게 됨을 의미한다. 일단 건축물과 시설물이 착공되면 되돌리기 어렵고 수요가 더 많은 지역으로 옮겨 갈 수도 없다. 이와 같은 투자의 고정성 때문에 부동산의 가치는 장래의 현금흐름에 영향을 미치는 각종 개발계획이나 조세정책에 영향을 받게 된다.

〈표 9-1〉 부동산의 특징

물리적 특성	경제적 특성	제도적 특성
비이동성	위치성, 장소성	부동산 관련법
	희소성	정부규제
내구성	상호의존성	지역적 관습
이질성	투자의 고정성	기관, 단체

출처 : 김지연 · 정성훈(2016)

제2절 부동산 시장의 이해

경제학적 관점에서 시장이란 특정한 재화나 서비스를 사고 파는 사람들의 모임을 말한다. 시장의 논리가 완벽하게 작동할 수 있는 완전경쟁시장을 가정할 경우 가격은 희소한 자원을 가장 효율적으로 배분하는 기구가 된다. 시장에서 거래되는 재화 또는 서비스를 부동산으로만 한정짓는다면, 부동산 시장은 부동산을 사고, 팔고, 교환하고, 사용하고 또한 개발하는 모든 활동에 참여하는 사람들 간의 활동과 상호작용이라고 정의할 수 있을 것이다. 따라서 부동산 시장을 '부동산 권리의 교환, 가격결정, 경쟁적 이용에 따른 공간분배, 토지와 공간이용의 유형결정 및 수요공급의 조절을 돕기 위하여 의도된 상업 활동을 하는 곳' 이라 정의할 수 있다. 부동산 시장을 이해하기 위해서는 부동산 수요와 공급모형을 통해 부동산 시장의 작동원리를 이해하는 것이 중요하다.

1. 부동산 시장의 수요와 공급

1) 시장경제에서 수요와 공급

수요와 공급은 시장경제 체계를 움직이는 원동력이 된다는 것은 경제학의 기본원리이다. 그로 인해 수요 · 공급 모형은 시장현상을 분석하는 강력한 도구가 되며 이는 부동산 경제에도 동일하게 적용된다. 수요와 공급은 각 재화와 서비스의 생산량과 가격을 결정하는데, 이는 시장 전체의 소비자와 전체 판매자들의 상호작용에 의해서 결정된다. 이렇게 결정된 가격이 경제의 희소한 자원을 배분해 준다. 특히, 완전경쟁시장에서는 모든 시장 참여자들이 주어진 가격을 수용하는 입장이기에 수요와 공급을 분석하는 것이 중요해진다. 독점, 과점 및 독점적 경쟁시장과 같이 가격 설정자(Price setter)가 존재하는 불완전경쟁시장보다는 완전경쟁시장이라는 시장환경 설정이 부동산 시장을 이해하는 데 많은 도움이 된다.

자본주의 경제는 자유경쟁의 원칙에 의해 시장에서 가격이 형성되는 시장경제라고 볼 수 있다. 이때 시장은 특정 재화나 서비스를 사고파는 사람들의 모임 혹은 장소로 자원배분이 이루어지는 곳이다. 자원배분은 가격이라고 하는 메커니즘이 시장에서의 상품매매를 성사시키고, 또 이것을 근거로 생산과 소비를 조정하는 것이다. 택지 배분문제에서 택지의 양은 제한되어 있으므로, 누구든지 더 높은 가격을 지불하려는 사람이 이 자원을 사용하게 된다. 즉, 택지 가격은 이 택지에 대한 수요와 공급이 일치할 때까지 조종된다. 그중 경제의 희소한 자원을 가장 최적으로 배분하여, 그 결과로 소비자잉여와 생산자잉여의 합인 사회적 총잉여가 극대화되어 사회 구성원의 후생을 극대화하는 상태를 효율적 자원배분이라 하고 이는 완전경쟁시장에서 달성된다.

2) 수요와 공급의 개념

수요란 구입할 능력이 있는 수요자들에 의해 사전(事前)에 의도된 사려고 하는 수량으로 정의된다. 이때 유효수요는 실제 구매력이 있는 수요이며, 시장수요량은 모든 개별 수요자의 수요량을 합한 수량으로 정의된다. 이와 대비되는 공급은 판매할 능력이 있는 공급자들이 사전(事前)에 의도한 팔려고 하는 수량으로 정의된다. 시장공급량 또한 모든 개별 공급자의 공급량을 합한 수량으로 정의된다.

유량(flow)은 일정기간 동안 측정 가능한 수량으로 새롭게 들어온, 새롭게 생긴 수량을 의미한다. 반면 저량(stock)은 시간개념이 없이 일정시점에서 측정가능 수량을 의미한다. 부동산 경제에서 임대료 수입이나 신규주택공급량, 주택거래량, 아파트 건축량, 부동산회사의 당기순이익 등은 특정기간 동안의 생산량이므로 유량이며 주택재고량, 부동산투자회사의 순자산 가치, 도시인구 등은 특정기간이 아닌 일정 시점의 변수이기에 저량으로 볼 수 있다.

3) 수요와 공급의 결정요인

수요나 공급에 영향을 주는 요인을 수요와 공급의 결정요인이라고 한다. 수요와 공급을 결정요인은 언제나 해당 재화의 가격과 해당 재화의 가격이 아닌 다른 요인으로 나누어서 분석해야 한다. 이렇게 하는 이유는 한꺼번에 여러 변수를 동시에 분석하는 것이 어렵기 때문에, 다른 변수를 묶어 놓고 관심 있는 변수만 한 번에 하나씩 분석하는 것이 합리적이기 때문이다.

분석대상 재화를 아파트라고 가정해 보면, 아파트의 가격이 내리면 살려는 욕구가 증가하게 되는 것을 수요의 법칙이라고 한다. 그런데 아파트의 가격이 아닌 다른 요인의 변화도 살려는 욕구에 자극을 준다. 만일 시장금리가 크게 떨어지고 있다면 대출을 받아 집을 살 때 이자의 부담이 많이 줄어들게 되어, 소비자들이 아파트를 사려는 욕구가 증대된다. 이를 수요의 증가라고 한다. 이렇게 수요에 영향을 주는 요인으로는 대체재 및 보완재의 가격변화, 소비자의 소득, 향후 가격변화에 대한 소비자들의 예상, 금리, 세금, 소비자의 선호도 등이 있다.

대체재란 효용이 같아서 바꿀 수 있는 재화를 의미한다. 아파트의 대체재가 빌라라면 대체재인 빌라의 가격상승은 아파트의 수요를 증가시킨다. 빌라를 사려는 사람들 중의 일부가 빌라가격이 상승하자 빌라를 사려는 마음을 바꾸어 아파트를 사려고 하기 때문이다. 보완재란 해당 재화와 언제나 같이 사용하게 되는 재화를 의미한다. 예를 들어 자동차를 운전하기 위해서는 언제나 휘발유가 있어야 한다. 휘발유를 자동차의 보완재라고 한다면, 휘발유의 가격상승은 휘발유의 수요뿐만 아니라 자동차의 수요도 감소시킬 것이다. 왜냐하면 휘발유가격의 상승으로 자동차를 운행할 때 비용이 그만큼 더 들어가기 때문에 자동차를 사려는 욕구가 감소하기 때문이다. 소득이 증가할 때, 정상적인 재화라면 그 재화를 사려는 욕구가 커진다. 금리하락, 세금의 감면, 소비자의 선호도 증가도 수요를 증가시키는 요인이 된다. 만일 소비자들이 아파트의 가격이 향후 오를 것으로 예상하게 되면, 아파트의 가격이 오르기 전에 미리 사두려는 욕구가 증가할 것이다. 이처럼 소비자들의 가격에 대한 전망도 수요에 영향을 미친다.

공급도 마찬가지 방법으로 분석할 수 있다. 아파트의 가격이 오르면 공급자들은 이윤을 극대화하기 위해 공급량을 늘리려 할 것이다. 이를 공급의 법칙이라고 한다. 아파트의 가격이 아닌 다른 요인의 변화도 공급에 영향을 준다. 공급 측면에서 대체재란 공급자가 해당 재화 대신 바꾸어 공급할 수 있는 재화를 의미한다. 어떤 건축업자가 아파트와 빌라를 생산하고 있다고 가정해 보자. 이 건축업자 입장에서는 아파트와 빌라가 대체재이다. 만일 빌라의 가격이 크게 오른다면 아파트를 건설하려던 부지에 대신 빌라를 더 지으려 할 것이다. 따라서 대체재 가격의 상승은 해당 재화의 공급을 감소시킨다. 공급자에게 보완재란 해당 재화를 판매하기 위해 같이 판매해야 하는 재화를 의미한다. 공급 측면에서 보완재를 생각해 보자. 동영상 학습물과 교재를 동시에 판매하는 A사를 예로 들어보자. 동영상과 교재는 서로 보완재이다. 만일 동영상 학습물의 가격이 상승하면 공급자는 동영상 판매를 늘리려고 할 것이고 동시에 교재의 공급도 증가시켜야 할 것이다. 보완재 가격의 상승은 해당 재화의 공급도 늘리는 효과가 발생한다. 공급에 있어서는 생산요소의 가격이 가장 중요한 결정요인이 된다. 생산요소란 토지, 노동, 자본 등 생산에 없어서는 안 될 요소라는 뜻이다. 건설업자 입장에서 토지의 가격인 지대, 노동의 가격인 임금, 자본재의 가격인 원자재가격의 상승은 공급을 줄이려는 요인이 된다. 금리하락이나 기술력의 진보는 공급을 증가시키는 요인이 된다.

함수란 두 변수 사이에 인과관계를 보여주는 관계식을 의미한다. 원인이 있다면 그 결과가 정확히 산출되는 관계를 함수관계라고 한다. 수요와 공급의 복잡한 결정요인을 간단한 함수관계로 표현할 수 있다. 수요와 공급에 영향을 주는 결정요인이 원인이 되고 그 결과인 수요량과 공급량은 결과가 된다. 이러한 수요함수와 공급함수는 시장경제를 이해하는 분석도구로서 매우 활용도가 높다.

4) 수요와 공급의 개념

어느 지역의 아파트 수요곡선이 $Q_d = 100 - 2P$, 공급곡선은 $Q_s = 10 + 4P$로 조사되었을 때, 각 가격 수준 하에서 사려는 수량의 궤적인 수요곡선과 각 가격 수준 하에서 팔려는 수량의 궤적인 공급곡선을 그려보면 아래 [그림 9-1]과 같다. 먼저 가격이 20원일 때 수요량은 60이지만 가격이 10원일 때 수요량은 80으로 늘어난다. 따라서 수요곡선은 우하향한다. 반면 가격이 10원일 때 공급량은 50이지만 가격이 20원일 때 공급량은 90으로 늘어난다. 따라서 공급곡선은 우상향한다. 이처럼 해당 재화의 가격이 변할 때 수요량(공급량)이 변하는 것을 '수요량(공급량)의 변화' 라고 하며 곡선상에서 점의 이동으로 표현된다.

[그림 9-1] 수요공급곡선의 이동

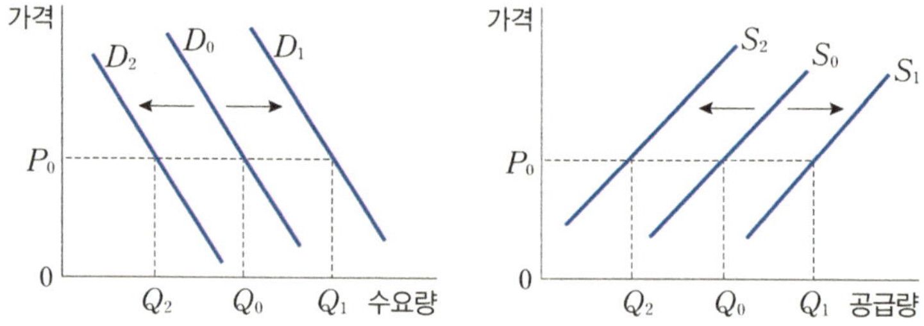

해당 재화의 가격이 변할 때 수요량(공급량)이 변하는 것을 '수요량(공급량)의 변화' 라고 하며 곡선상에서 점의 이동으로 표현된다. 기타 결정요인이 변할 때 수요 및 공급곡선이 이동하는 것을 수요 및 공급의 변화라고 한다.

그런데 해당 재화의 가격이 아닌 다른 요인이 변할 때 수요곡선이나 공급곡선은 어떻게 변할까? 예컨대 주민소득의 증가로 아파트에 대한 수요가 증가하면, 아파트의 수요곡선은 오른쪽으로 이동한다. 아래 그림에서 가격이 P_0일 때 소득이 증가하면 가격이 하락하지 않아도 사려는 사람이 증가($D_0 \rightarrow D_1$, $Q_0 \rightarrow Q_1$)한다. 이를 수요의 증가하고 한다. 만일 금리가 상승하면, 아파트의 수요곡선은 왼쪽으로 이동($D_0 \rightarrow D_2$, $Q_0 \rightarrow Q_2$)한다. 아파트의 가격이 변하지 않아도 금리가 오르면 아파트를 사려는 사람은 줄어든다. 이를 수요의 감소라고 한다. 공급곡선의 이동도 같은 방법으로 설명할 수 있다. 가령 기술의 진보로 아파트의 공급이 증가하면, 아파트의 공급곡선은 오른쪽으로 이동($S_0 \rightarrow S_1$, $Q_0 \rightarrow Q_1$)한다. 이를 공급의 증가라고 한다. 반면 건설원자재의 가격이 상승하면, 아파트의 공급곡선은 왼쪽으로 이동($S_0 \rightarrow S_2$, $Q_0 \rightarrow Q_2$)한다. 이를 공급의 감소라고 한다. 수요와 공급이 일치된 상태로, 시장수요곡선과 시장공급곡선이 만나는 점(E)을 균형이라고 하고, 두 곡선이 만나는 점의 가격을 균형가격, 그 때 거래량을 균형수량이라고 한다.

[그림 9-2] 초과공급과 초과수요

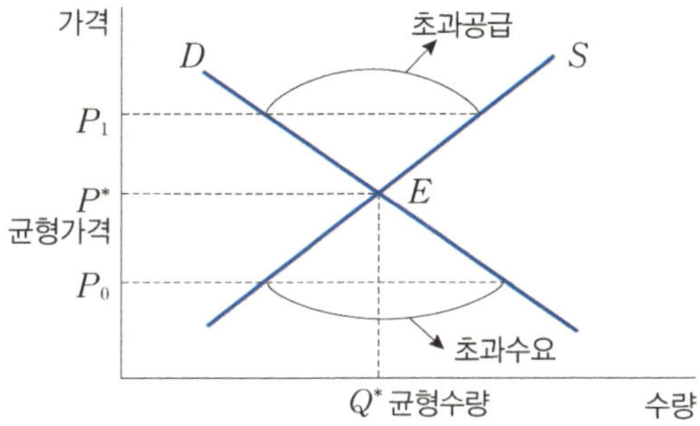

초과수요 상태에선 가격이 상승하여 공급량이 늘고 수요량이 감소하는데, 수요량과 공급량이 일치할 때까지 가격이 상승한다. 초과공급 상태에선 가격이 하락하여 공급량이 줄고 수요량이 증가하는데, 수요량과 공급량이 일치할 때까지 가격이 하락한다.

균형상태는 자원이 가장 효율적으로 배분된 상태를 의미하며, 이때 사회적 후생은 가장 극대화된다. 그런데 어떤 이유로 균형상태가 깨지면, 즉 수요가 공급보다 많은 초과수요나 공급이 수요보다 많은 초과공급 상태에 있게 되면 가격이 움직여 다시 균형으로 가게 만든다. 이를 가격의 자동조절기능이라고 한다. 초과수요 상태에선 가격이 상승하여 공급량이 늘고 수요량이 감소하는데, 수요량과 공급량이 일치할 때까지 가격이 상승한다. 초과공급 상태에선 가격이 하락하여 공급량이 줄고 수요량이 증가하는데, 수요량과 공급량이 일치할 때까지 가격이 하락한다. 시장이 완벽하다면 정부의 개입이 없어도 가격이 늘 최적의 상태에 있게 만들어 준다. 이것이 자본주의 시장경제의 논리이다.

[그림 9-3] 시장 균형의 이동

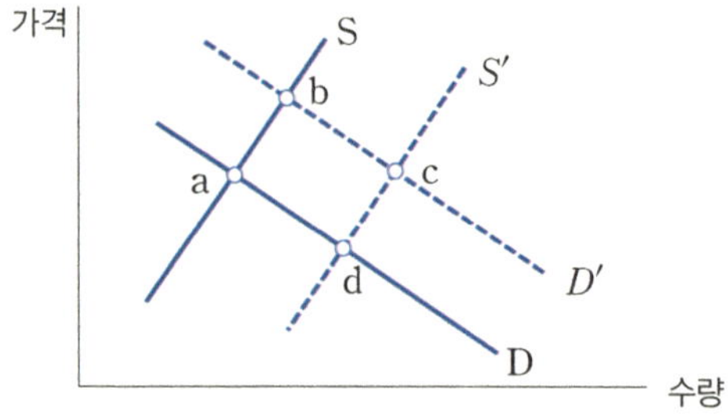

수요곡선이나 공급곡선이 이동하는 원인은 해당 재화의 가격 이외의 요인이 변하기 때문이다.

그런데 그러한 균형상태가 늘 고정되어 있는 것은 아니다. 수요곡선이나 공급곡선이 이동하면 시장균형도 변하게 된다. 수요곡선이나 공급곡선이 이동하는 원인은 해당 재화의 가격 이외의 요인이 변하기 때문이다. 금리의 변화, 소비자 소득의 변화, 원자재가격의 변화 혹은 정부정책의 변화는 수요곡선이나 공급곡선을 이동시켜 균형가격과 균형수량의 변화를 초래한다. [그림 9-3]에서 원래의 수요곡선과 공급곡선이 실선인 D와 S라고 할 때, 수요곡선이 오른쪽으로 이동하면($D \rightarrow D'$) 새로운 균형은 b점으로 이동하고, 공급곡선이 오른쪽으로 이동하면($S \rightarrow S'$) 균형은 d점으로 변한다. 수요곡선과 공급곡선이 동시에 오른쪽으로 이동하여 새로운 균형점은 c가 된다.

탄력성이란 수요나 공급에 영향을 주는 변수가 변하였을 때 수요량이나 공급량이 그 변수의 변화에 얼마나 민감하게 반응하는가의 정도를 의미한다. 탄력성에는 수요의 가격탄력성, 공급의 가격탄력성, 수요의 소득탄력성, 수요의 교차탄력성 등이 있다. 가격탄력성이란 수요량의 %변화율을 가격의 %변화율로 나눈 것이다. 가령 어떤 재화의 가격이 10% 올랐는데 수요량이 20%나 줄었다면, 수요량이 가격의 2배만큼 변한 것이고 수요의 가격탄력성은 2가 된다. 그렇다면 이 재화는 수요량의 변화가 가격변화에 아주 민감한 것이어서 가격 탄력적이라고 한다. 여기서 분수의 경제학적 의미를 생각해 보자. 분수는 분모 1단위당 분자 몇 단위가 변하는지를 보여주는 것이다. $b/a = 2$를 해석할 때는 a 1단위당 b가 2단위 변했다는 것을 의미한다. 따라서 수요의 가격탄력성이 2라는 뜻은 가격이 1% 변할 때, 수요량은 2% 변한다는 의미이다. 수요의 가격탄력성이 1일 경우 단위탄력적이라고 하고, 1보다 크면 탄력적, 1보다 작으면 비탄력적이라고 한다. 가격탄력성은 변화의 크기를 보기 위해 절대값으로 측정한다.

그런데 가격이 아무리 변해도 수요량이 변하지 않은 경우를 완전 비탄력적이라고 하고, 수요량이 전혀 변하지 않기 때문에 그 값은 0이 된다. 가격변화에 수요량이 전혀 변하지 않기 때문에 수요곡선은 수직선이 된다. 가격이 조금만 변해도 수요량이 무한대까지 변하여 가격을 움직이지 못하게 하는 경우를 완전 탄력적이라고 한다. 예컨대 어떤 재화의 가격이 조금만 올라도 수요가 아주 많이 줄어든다면 가격은 원래 수준으로 돌아올 것이고, 가격이 조금만 내려도 수요가 아주 많이 늘어난다면 가격은 즉시 상승하여 원래 수준으로 회귀할 것이다. 가격이 전혀 변하지 않기 때문에 수요곡선은 수평선이 된다. 이러한 논리는 공급의 가격탄력성에도 똑같이 적용된다.

수요의 소득탄력성은 소득이 1% 변할 때 수요는 몇 %나 변하는지를 측정해 보는 지표이다. 그 수치가 1보다 크면 소득 탄력적이라고 하고 1보다 작으면 소득 비탄력적이라고 한다. 한편 소득탄력성은 정상재인가 열등재인가를 측정하는 기준이 되기도 한다. 소득이 증가할 때 수요가 증가한다면 정상적인 재화이고 그 수치는 0보다 크며, 소득이 증가할 때 수요가 감소한다면 열등한 재화이고 그 수치는 0보다 작게 된다. 수요의 교차탄력성은 어느 한 재화의 가격이 변할 때, 다른 재화의 수요의 변화를 보고 두 재화의 관련성을 보는 지표이다. 가령 아파트의 가격이 상승할 때 볼펜의 수요는 전혀 변하지 않을 것이므로 교차탄력성은 0이 되고, 두 재화는 독립재 관계에 있다고 한다. 그러나 아파트의 가격이 상승할 때 빌라의 수요가 증가한다면 교차탄력성은 0보다 크고, 두 재화는 대체관계에 있다고 한다. 아파트의 가격이 올라서 아파트의 수요를 줄이고 대체재인 빌라로 수요가 이동한 것이다. 반대로 교차탄력성이 0보다 작을 경우 두 재화는 보완재 관계에 있다고 한다. 휘발유가격이 오를 때 휘발유의 수요만 주는 것이 아니고, 자동차의 수요마저도 함께 주는 이유는 두 재화는 함께 보완해서 사용해야 하는 재화이기 때문이다.

제3절 지대이론

1. 지대개념

1) 절대지대와 차액지대

지대의 개념에는 여러 가지가 있다. 전통적으로 지대결정이론에는 절대지대설과 차액지대설, 수요공급설 등이 있다. 절대지대란 토지의 생산력에 관계없이 토지 소유에 의해 발생하는 지대를 말한다. K. Marx는 자본주의 사회에서 토지 소유자인 지주는 토지를 무상으로 빌려주지 않는다고 보고, 토지소유자는 우등지뿐만 아니라 열등지에 대해서도 지대를 요구하게 된다고 하였다.

차액지대란 D.Ricardo가 주장한 이론으로 토지의 비옥도와 위치 등에 따라 생산력의 차이가 발생하고, 이러한 생산력의 차이에 의하여 발생하는 지대를 말한다. 차액지대는 토지가 고정되어 있고 비옥도가 다르며 비옥도가 높은 토지가 한정되어 있기 때문에 발생한다. 리카도와 맬서스 등의 고전학파 경제학자들은 지대의 발생원인을 토지의 비옥도와 위치 등에 따라 토지의 생산성이 차이가 난다는 점에서 찾고 있다. 예를 들면 비옥한 토지는 비옥도가 낮은 토지에 비해서 상대적으로 생산량이 높기 때문에 지대가 높고, 도시에서도 중심상업지구에 인접한 토지는 상권이 형성되어 있지 않은 외곽지역에 비해 지대가 훨씬 높다. 왜냐하면 도시의 중심상업지구에 위치한 토지는 도시 외곽에 위치한 토지보다 여러 가지 혜택을 볼 수 있기 때문이다.

2) 경제지대

지대는 토지를 이용한 대가로 계약지대와 경제지대로 구분된다. 계약지대(contract rent)는 부동산을 이용하는 사람이 그것을 빌려준 사람에게 부동산을 이용하는 대가로 지불하는 금액을 말하며, 앞에서 설명한 임대료와 동일한 개념이다. 임대료는 일반적으로 차주와 대주 간 계약에 의하여 발생하는 것으로 임대료율 결정 부동산의 현재가격, 이윤, 부동산 수명, 자본비용 등이 고려된다. 이런 계약지대는 부동산 소유자의 최소공급가격[2] 및 그 이외 잉여분을 포함한다고 볼 때, 경제지대보다 광의의 개념이라 할 수 있다. 따라서 이런 초과지불금은 재산으로부터 획득한 경제지대 이하일 수도 있고 이상일 수도 있다.

어떤 생산요소의 전용수입 또는 이전수입은 어떤 생산요소가 다른 용도로 사용되지 않고 현재의 용도에 그대로 사용되도록 하기 위하여 지불

2) 최소공급가격은 어떤 생산요소가 다른 용도로 전용되지 않고 현재의 용도에 그대로 사용되도록 하기 위하여 지급되어야 할 최소한의 지급액, 즉 전용수입을 말한다.

되어야 할 최소한의 보수를 말한다. 따라서 전용수입은 생산요소의 기회비용과 같은 개념이다.

한편, 경제지대(economic rent)는 생산요소를 생산과정에 끌어들이기 위해 지불되는 최소공급가격을 초과하는 소득의 잉여분을 말한다. 경제지대의 개념은 토지자원으로부터 획득되는 총수입과 관련 있고 자본, 노동, 경영 등에서 얻을 수 있는 요소수입을 동시에 포함하고 있다. 즉, 경제지대는 생산요소가 실제로 얻게 되는 총수입과 전용수입의 차이, 즉 현재 용도에서 실제로 받는 지급액에서 전용수입을 차감한 나머지로 정의할 수 있다.

생산요소의 전용수입과 경제적 지대는 그 생산요소의 공급 탄력성에 따라 크게 영향을 받는다. 어떤 생산요소의 공급이 탄력적일수록 그 요소의 총소득 중에서 경제지대가 차지하는 비중은 줄어들고 이전수입은 확대된다. 반대로 요소의 공급이 비탄력적일수록 경제지대는 커지고 이전수입의 비중은 줄어들게 된다.

3) 준지대

마샬(A. Marshall)에 의하면 지대는 인위적으로 공급량을 증대할 수 없는 토지의 특수성 때문에 발생한다고 하였다. 마샬은 지대의 설명원리를 확장하여 고정된 생산설비의 잉여적 수입을 준지대 개념으로 설명하였다. 이와 관련하여 기계나 생산설비 등 단기적으로 공급이 제한되어 있는 생산요소들의 임대료 상승에 따른 수입도 지대적 성격을 갖는데, 이를 준지대라고 하였다. 이와 같이 지대이론은 토지 이외에도 그 공급량이 제한되어 있는 모든 생산요소에 적용될 수 있다는 것이다. 준지대란 단기에 고정된 생산요소에 귀속되는 보수를 말하는데, 기업의 총수입에서 총가변비용을 공제한 나머지가 준지대가 된다.

2. 지대모형

토지위치와 토지가격 간 관계가 어떻게 결정되는지에 사용되는 분석 모형인 튀넨(Thunen)모형을 설명하고, 이를 이용하여 확장된 지불용의지대모형(bid-rent model)을 통해 설명하고자 한다. 즉, 튀넨 분석에 기초하여 입지와 지대관계에 대해 살펴보고, 지불용의지대모형을 통해 도시 내 토지배분, 경제활동과 개인들의 입지, 그리고 도시 내 각 입지에서의 토지가격 결정 등에 관해 다양한 측면에서 살펴보고자 한다.

1) 튀넨 모형

튀넨 모형을 설명하기 위해 우선 농산물이 거래되는 시장은 M점에 위치하며, 모든 토지는 부재지주(absentee landlords)들이 소유한다고 가정한다. 또한, 모든 농부들은 동일한 고정생산계수 값을 가진 생산기술을 이용하여 한 품목의 농산물을 생산한다고 가정한다. 그리고 토지는 위치에 관계없이 동질적이며, 농산물 시장에 자유로운 진입이 허용된다고 가정한다. 따라서 수익성이 있다고 판단되면 모든 토지는 농산물을 생산하기 위한 농지로 이용된다.

이제 쌀을 경작하는 어떤 농부가 1ha 농지 1단위 토지 외 생산요소를 결합하여 1톤의 쌀을 생산가능하다고 가정하자. 이때 토지 외 생산요소는 인간이나 가축의 노동력과 농기계와 같은 생산된 자본재 투입물 등의 결합을 의미한다고 할 때, 생산요소 간의 결합관계가 고정되어 있다면 서로 다른 위치에 놓인 1ha 농지에 대하여 농부가 지불할 용의가 있는 지대는 쉽게 파악할 수 있다.

이를 설명하기 위해 시장 M점에서 쌀 1톤이 100,000원에 거래되고 있으며, 시장으로 쌀 1톤을 운송하는 데 드는 비용 t는 1km당 1,000원이라고 하자. [그림 9-4]에서 보면 *M* 지점에서 농부가 쌀농사를 짓는다면 생산지로부터 시장까지의 거리는 0이 된다. 따라서 운송비용은 전혀 발생하지 않으며, 쌀 1톤을 판매하여 얻어지는 100,000원의 수입은 전액 토지와 토지 외 생산요소에 대한 비용으로 사용될 수 있다. 토지 외 생산요소에 대한 비용이 50,000원이라고 하면, 토지에 대한 지불액은 최대한 50,000원이 될 것이다. 같은 방법으로 시장으로부터 20km 떨어진 곳에 위치한 토지 1ha에 대하여 지불할 수 있는 최대액은 30,000원이 되며, 시장에서 50km 떨어진 곳에 위치한 토지 1ha에 지불할 수 있는 최대한의 금액은 0원이 된다.

[그림 9-4] 초기 지대곡선

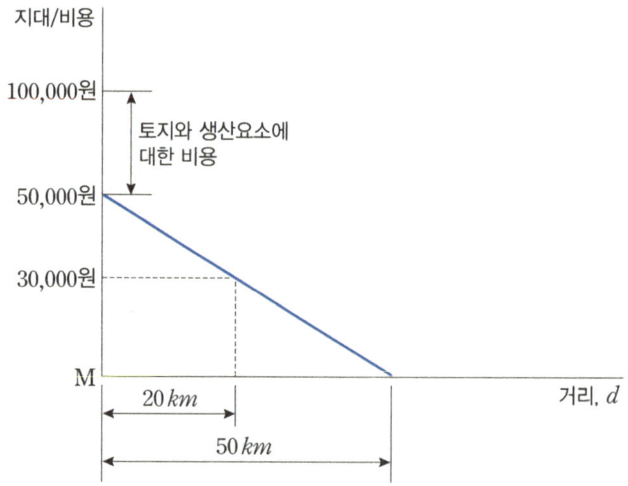

*M*지점에서 농부가 쌀농사를 짓는다면 생산지로부터 시장까지의 거리는 0이 된다. 따라서 운송비용은 없으며 쌀 1톤을 판매하여 얻어지는 수입은 전액 토지와 토지의 생산요소에 대한 비용으로 사용될 수 있다.

이런 과정을 통해 알 수 있듯이 운송비용은 운송거리에 따라 증가하기 때문에 지대는 운송거리와 직접적으로 비례하여 감소한다. 이런 사실을 통해 튀넨 모형에서는 부(−)의 지대경사도(negative land-rent gradient)를 나타낼 수 있다. 나아가 이 모형에 따르면 시장판매를 위하여 쌀이 경작되는 공간적 범위에는 한계가 존재함을 알 수 있다.

이와 같은 기본적인 논의는 재화의 가격변화나 생산요소에 대한 지불액의 변화 등을 고려하여 확장될 수 있다. [그림 9-5]를 보면 쌀의 시장가격이 1톤당 100,000원에서 150,000원으로 상승한 경우 시장 M의 바로 인근에 위치한 농지 1ha에 지불 가능한 최대금액은 100,000원으로 상승한다. 따라서 지대곡선의 절편은 50,000원에서 100,000원으로 높아지게 된다. 그리고 시장 M으로부터 20km 떨어진 지점의 토지 1ha에 대한 지불 가능한 최대금액은 80,000원으로 상승하며, 50km 떨어진 지점의 토지 1ha에 대한 지불 최대금액은 50,000원으로 증가한다. 나아가

[그림 9-5] 시장가격 상승에 따른 지대곡선의 변화

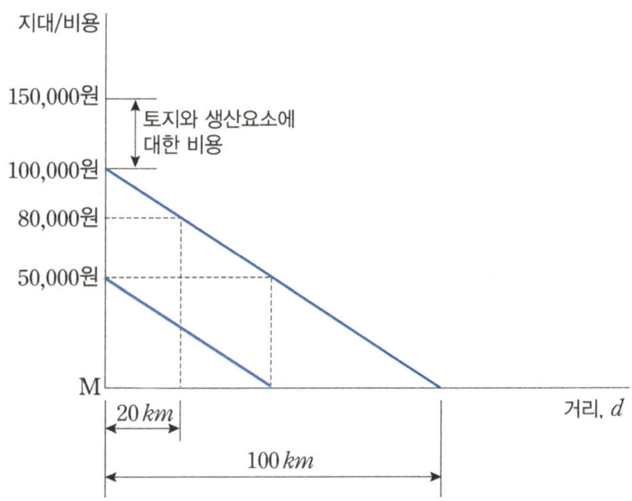

쌀의 시장가격이 상승한 경우 시장 M의 바로 인근에 위치한 농지에 지불 가능한 최대금액은 상승한다. 또한 지대곡선의 절편은 100,000으로 높아지고 지불용의지대가 0이 되는 토지는 시장으로부터 100km 떨어진 곳에 위치하게 된다. 따라서 판매되는 산출량은 증대되고 지대곡선은 우측으로 평행이동한다.

지불용의지대가 0이 되는 토지는 이제 시장으로부터 100km 떨어진 곳에 위치함을 알 수 있다. 따라서 시장판매를 위해 쌀 생산에 사용되는 토지경계는 시장에서 50km 떨어진 곳에서 100km 떨어진 곳으로 확장된다. 그리고 이 경계 내 모든 토지에 대하여 지불 가능한 최대금액인 지대는 상승함을 알 수 있다. 즉, 생산물 가격의 상승에 따른 토지수요의 증가와 달리 토지 공급은 비탄력적이기 때문에 수요증가가 곧 지대상승으로 귀결됨을 직관적으로 알 수 있다. 그리고 시장가격의 상승은 경작되는 토지의 양을 증대시키며, 그 결과 생산되고 판매되는 산출물의 양은 증대함과 동시에 지대곡선은 우측으로 평행이동하게 된다.

[그림 9-6] 수송요율 변화에 따른 지대곡선의 변화

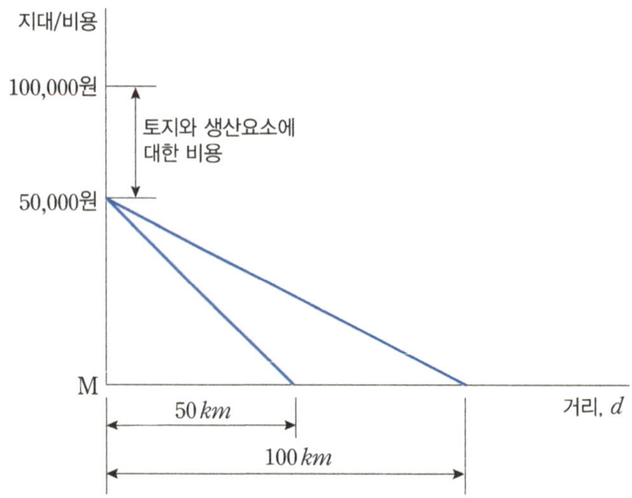

M 점에 위치한 토지에 대한 농부의 최대지불가능금액은 수송요율과 관계없이 50,000원이 된다. 또한 지대곡선의 절편 역시 변하지 않으나, 지불용의지대는 증가하게 된다.

만약 수송비가 변화하는 경우 생산물 가격의 변화와 같은 모양을 나타낼 지에 대한 답은 결론적으로 수송요율(transport rate)의 변화는 생산물의 시장가격 및 생산요소가격의 변화와는 다른 영향을 미친다고 할 수 있다. 이제 도로확장 혹은 운송수단의 발달로 인해 생산물 1톤당 수송요율 t가 1km당 1,000원에서 500원으로 인하된 경우를 가정해 보자. [그림 9-6]에서 보면 쌀의 시장가격이 100,000원이고 토지 외 생산요소에 대한 지불액이 50,000원이라면 시장 M지점에 위치한 토지에 대해 농부가 지불 가능한 최대금액은 수송요율과 관계없이 50,000원이 된다.[3)] 즉, 지대곡선의 절편은 수송요율과 관계없이 50,000원에서 변화하지 않는다. 반면에 시장 M점에서 20km 떨어진 토지에 대한 농부의 지불용의지대는 40,000원으로 증가하게 된다. 또한 시장으로부터 50km 떨어진 토지에 대해 농부는 최대 20,000원까지 지불할 수 있으며, 시장에서 100km 떨어진 토지에 대한 지불용의지대는 0이 된다. 이 경우에도 생산물 가격이 상승한 것과 같이 시장 M에서 판매하기 위해 쌀을 생산하는 토지경계는 시장으로부터 50km에서 100km로 확장된다. 따라서 수송요율이 변화할 때 지대와 토시사용량 간의 관계는 생산물의 시장가격 또는 토지 외 생산요소에 대한 지불액이 변화되는 경우와 비교하여 달라진다.

한편, 기업의 총이윤은 총수입에서 타 생산요소지불액과 수송비, 그리고 지대를 차감한 것과 같게 된다. 그리고 지금까지 설명된 튀넨 모형에서 토지는 생산과정에서 다른 생산요소와 같은 역할을 하는 것으로 취급되었지만 토지에 대한 지불액은 잔여분으로 간주되었다. 이런 가정은 Ricardo(1921)의 접근에 따른 것인데, 토지에 대한 지대지불액은 다른 모든 생산요소에 대한 비용 및 운송비용이 지불된 이후에 결정된다는 것이다. 따라서 튀넨 모형에서 1ha당 지불될 수 있는 최대 지대는 다음과 같이 나타낼 수 있다.

---

3) 왜냐하면 시장 M지점에서 생산할 경우 운송거리가 0이 되기 때문이다.

$$\frac{\text{지대}}{ha} = \frac{\text{수입}}{ha} = \frac{\text{타 생산요소 지불액}}{ha} - \frac{\text{수송비용}}{ha}$$

위와 같은 관계를 정리하면 아래 ⟨식 9-1⟩과 같이 나타낼 수 있다.

$$R(\mu) = P_i Q_i - C_i - t_i Q_i \mu \quad \cdots\cdots \text{⟨식 9-1⟩}$$

⟨식 9-1⟩에서 R은 거리에 따른 지대, μ는 거리, P는 생산물 단위당 가격, Q는 생산량, C는 타 생산비용, t는 수송요율이고, $tQ\mu$는 거리에 따른 단위당 수송비용과 같다. 이때 절편은 $P_i Q_i - C_i$가 되며, 지대가 0이 되게 하는 지점을 구하기 위해 ⟨식 9-1⟩을 0으로 두고, μ에 대해 정리를 하면 다음과 같이 정리할 수 있다.

$$\mu = \frac{1}{t_i Q_i}(P_i Q_i - C_i) \quad \cdots\cdots \text{⟨식 9-2⟩}$$

따라서 우리는 ⟨식 9-2⟩를 통해 지대곡선의 기울기가 $t_i Q_i$임을 알 수 있다. 지금까지 쌀의 생산을 위해 1ha의 토지만 사용하는 것으로 가정하였는데, 이를 일반화하면 토지 사용량을 달리함에 따라 타 생산요소도 고정투입비율에 따라 변화하게 될 것이다. 이러한 점을 적용해 일반적인 튀넨 모형에서 지대지불액은 다음과 같이 나타낼 수 있다.

토지 단위당 지대 × 토지 사용량
 = 총수입 − 타 생산요소 지불액 − 총수송비

토지 단위당 지대에 토지사용량을 곱한 값은 단순히 생산물의 시장판매를 통해서 얻어진 총수입에서 총수송비와 토지 외 모든 생산요소에 대한 지불액을 제외한 잔여분이 된다. 그리고 토지 단위당 지대는 총수입에서 운송비용과 타 생산요소에 대한 지불액을 차감한 것에 대해 사용된 토지의 양(S)을 나눈 값과 같음을 알 수 있다.

한편, 거리에 대한 음의 지대곡선의 기울기는 토지 단위당 지대의 변화로 $-t/S$가 된다. 이는 거리가 $\triangle d$만큼 증가하면 총운송비용의 증가분 $t\triangle d$는 토지의 총사용량 S에 대해 지불되는 지대의 감소를 통해 보상되어야 함을 의미한다. 이는 위의 기울기를 도출하는 과정에 $1/S$를 추가하면 될 것이다.

2) 튀넨 모형의 적용

(1) 토지에 대한 경쟁(I)

이제 튀넨 모형 내에서 토지에 대한 경쟁이 발생한 경우를 적용해 보고자 한다. 즉, 2명의 농부가 존재하며, 서로 다른 농작물(쌀과 밀)을 경작한다고 가정한다. 두 작물을 생산하는 데 사용되는 타 생산비용은 50,000원으로 같으며, 1톤의 산출량을 생산하기 위해서는 각각 1ha씩의 토지가 필요하다고 가정한다. 또한, 앞에서와 마찬가지로 시장 M에서 거래되는 쌀의 1톤 가격은 100,000원이며, 쌀 1톤을 시장까지 운송하는 데 1km당 t의 수송비용이 소요된다고 가정하자.

반면, 또 다른 농작물인 밀은 시장 M에서 판매되는 금액이 150,000원이며, 밀 1톤을 시장까지 운송하기 위해서는 1km당 2,500원의 수송비용이 발생한다고 가정하자. 이런 조건 하에서 밀의 생산에 사용되는 토지의 최대 지대는 시장 M에서 100,000원이며, 시장에서 40km 떨어진 토지에서 0이 된다. 만약 쌀을 생산하는 농부와 밀을 생산하는 농부가 특정 토지를 사용하기 위하여 서로 경쟁한다고 하면, 토지는 보다 높은 지대를 지불할 수 있는 용도에 배분되는 것으로 볼 수 있다.

[그림 9-7] 쌀과 밀의 토지배분

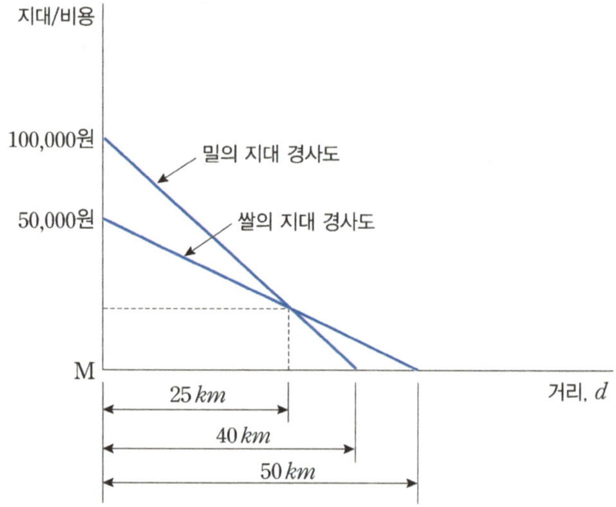

시장으로부터 인접한 곳에 위치한 토지는 밀을 경작하는 농부에게 임대되며, 쌀을 생산하는 농부는 시장에서 멀리 떨어진 곳에 위치한 토지를 임대한다. 토지이용의 변화가 발생하는 지점은 시장에서 25km 떨어진 곳이 되고, 이점은 작물에 대한 토지의 임대가격이 동일해지는 지점이다.

[그림 9-7]을 보면 시장으로부터 인접한 곳에 위치한 토지는 밀을 경작하는 농부에게 임대되며, 시장에서 멀리 떨어진 곳에 위치한 토지는 쌀을 생산하는 농부에게 임대된다. 경작되는 토지경계는 시장으로부터 50km 떨어진 곳이 되며, 토지이용의 변화가 일어나는 점은 시장에서 25km 떨어진 곳이 된다. 이 점은 작물에 대한 토지의 임대가격이 동일해지는 지점이다. 토지에 대해 두 가지 이상의 경쟁적인 용도가 있을 경우 토지용도의 변화가 일어나는 거리를 계산하기 위해서 각 생산활동에서의 임대가격을 같은 값으로 두면 된다. 거리에 따른 쌀의 지대곡선 식은 〈식 9-3〉과 같고, 밀의 지대곡선 식은 〈식 9-4〉와 같다.

$R(\mu) = 100 - 50 - 1\mu$ ································ 〈식 9-3〉

$R(\mu) = 150 - 50 - 3\mu$ ································ 〈식 9-4〉

〈식 9-3〉과 〈식 9-4〉에서 지대를 동일하게 만드는 거리 μ를 구하기 위해 〈식 9-3〉과 〈식 9-4〉를 같다고 두면 〈식 9-5〉와 같이 정리된다.

$100 - 50 - 1\mu = 150 - 50 - 3\mu$ ································ 〈식 9-5〉

〈식 9-5〉를 정리하면 쌀과 밀의 지대가 동일하게 되는 거리 μ는 25km가 된다.

이상과 같은 1차원적 모형의 결과를 2차원 공간에서 고려하게 되면 튀넨 모형에서 토지는 시장을 나타내는 점 M을 중심으로 그려지는 동심원에 의해 상호 경쟁적인 용도 간에 배분된다는 것을 확인할 수 있다.

[그림 9-8] 쌀과 밀의 지불용의지대

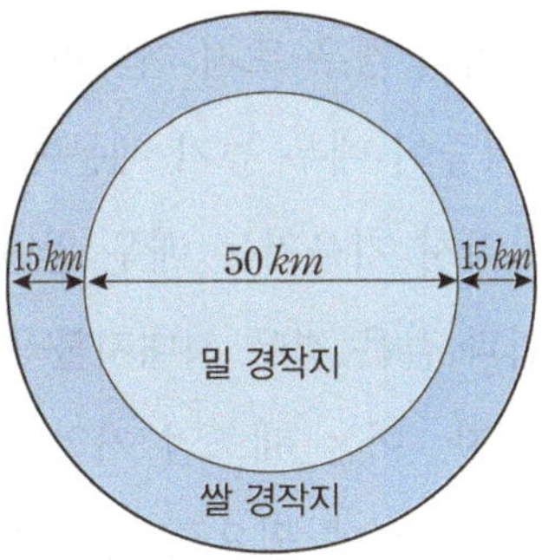

1차원적 모형의 결과를 2차원 공간에서 고려하게 되면 튀넨 모형에서 토지는 시장을 나타내는 점 M을 중심으로 그려지는 동심원에 의해 상호 경쟁적인 용도 간에 배분된다는 것을 확인할 수 있다.

[그림 9-8]을 보면 두 개의 동심원이 그려지게 되고, 시장을 나타내는

중심점 M에 가깝게 위치한 것은 밀 농사가 되고, 25km를 기점으로 밖에 위치하고 있는 것은 쌀 농사가 되게 된다. 또한, 이와 같은 설명은 토지가 세 가지 이상의 경쟁적인 용도에 대해 배분되는 경우로 확장할 수 있는데, 이 경우에 토지는 세 가지 또는 그 이상의 동심원에 따라 배분되게 된다.

(2) 토지에 대한 경쟁(II)

앞에서 분석한 내용을 기초로 우선 기본적 가정은 튀넨 모형을 그대로 따른다. 그리고 분석대상은 농업부문이 아닌 산업부문으로 적용한다. 여기에서 산업은 크게 1차 산업, 2차 산업, 3차 산업으로 구분한다.[4] 그리고 각 산업별 지대지불곡선은 서로 상이한데, 3차 산업이 시장 M에서 토지에 대한 최대지불가능금액이 가장 높으며 그 다음으로 2차 산업, 1차 산업의 순으로 결정된다. 왜냐하면 3차 산업인 서비스업의 경우 다른 산업에 비해 시장에 대한 접근성을 매우 선호하기 때문이다. 따라서 서비스업의 경우 이윤수준이 0이 되는 지대지불곡선은 기울기가 매우 급할 것이다. 반면, 1차 산업의 경우 토지 이외의 타 생산요소에 비해 지대가 차지하는 생산비용 비중이 매우 높기 때문에 시장 M에서 보다 멀어지는 것을 선호하며, 따라서 기울기는 매우 완만할 것이다. 그리고 2차 산업에 종사하는 제조업과 같은 경우 지대지불곡선은 앞의 두 산업의 중간정도의 수준이라고 보자. 이는 제조업 기업은 도시 내 시장 및 도시 외 시장에 대한 접근성을 동시에 필요로 하기 때문이다. 이러한 점들을

---

4) 기본적으로 튀넨 모형에서 산업의 적용은 불가능하다. 왜냐하면 기업은 총비용에서 차지하는 토지와 기타 생산요소에 대한 비용의 비율을 바꿀 수 있기 때문이다. 자세한 내용은 McCann, P.(2001), "Urban and Regional Economics," English, Oxford University Press.를 참조하기 바람.

감안한다면 지불지대곡선의 기울기는 3차 산업이 중심지에 대해 제일 가파르며 그 다음으로 2차 산업, 그리고 1차 산업의 순으로 점점 완만한 형태를 가지게 된다. 한편, 자유로운 시장진입이 허용된다면 모든 산업 부문에서 경제적 이윤은 0이 된다.

[그림 9-9] 산업 간 지대지불곡선

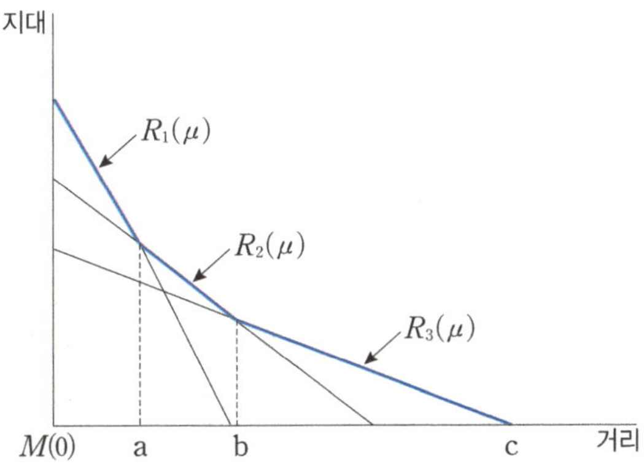

지대지불곡선의 기울기는 3차 산업이 중심지에 대해 가장 가파르며 영역은 (0~a)가 되고, 다음으로 2차 산업은 (a~b)의 영역을, 3차 산업은 (b~c)의 영역에 입지하게 된다.

[그림 9-9]를 보면 첫 번째 영역(0~a)에서는 지대지불능력이 높은 3차 산업이 토지를 차지하게 되며, 두 번째 영역(a~b)에서는 2차 산업이, 그리고 세 번째 영역(b~c)에서는 1차 산업이 입지하게 된다. 따라서 굵게 표시된 선은 그 영역에서 가장 높은 총지대지불곡선이 된다.

3) 튀넨 모형의 확장[5)]

튀넨(Thunen) 모형은 Alonso(1964)의 연구에서 시작되어 Mills(1969,

5) 최병호 외 옮김(2006) 참조

1970), Muth(1968) 및 Evans(1973) 등에 의해 기업의 지불용의지대모형으로 발전되었다. 이 지불용의지대모형은 튀넨이 사용했던 분석틀을 미시경제학의 다른 영역과 용이하게 연결시킬 수 있는 보다 일반적인 형태로 전개하고 있다. 이 지불용의지대모형의 기본적인 접근방법은 튀넨 모형과 같으나 한 가지 중요한 차이를 갖는데 이는 토지와 토지 외 생산요소는 산출물의 유형과는 관계없이 상호대체가 가능하다는 가정이다. 이것이 고정투입계수를 가정하는 튀넨 모형과 차이점이라 할 수 있다. 따라서 지불용의지대모형은 튀넨 모형에 비해 보다 일반적이라 할 수 있으며, 광범위한 함의를 제공한다.

지불용의지대모형을 이해하기 위해 모든 재화가 거래되는 시장은 M점에 위치하고 있다고 다시 가정하자. 비록 토지는 그 위치와는 관계없이 모두 동질적이지만 토지와 타 생산요소는 상호대체가 가능하다고 가정한다. 이런 조건 하에서 어떤 재화를 생산하는 기업이 일정한 수준의 이윤을 유지하면서 시장 M으로부터 일정한 거리에 위치한 토지 한 단위에 대하여 지불할 용의가 있는 금액이 얼마인지 파악해 보자. 재화를 시장 M지점까지 운반하기 위해서는 수송비를 지불해야 하므로 기업이 지불할 수 있는 지대는 시장으로부터 거리가 멀어질수록 감소하게 된다. 이때 기업이 지불할 수 있는 지대는 거리에 비례하여 감소하지만 그 감소율은 체감한다. 왜냐하면 생산요소 간의 상호대체가 존재하기 때문이다. 즉, [그림 9-10]에서 보면 원점에 볼록한 형태의 음(−)의 기울기를 가지는 지불용의지대곡선을 볼 수 있다.

먼저 노동과 자본 등 두 가지 생산요소를 투입물로 사용하는 기업은 비용을 최소화시키기 위하여 등비용선과 등량곡선의 기울기가 일치되도록 생산요소 결합방법을 선택한다. 이때 한 생산요소의 가격이 하락하여 다른 생산요소에 비해 상대적으로 저렴해지면 기업은 상대적으로 비싸진 생산요소를 상대적으로 저렴한 생산요소로 대체하여 생산요소의 결합 방식을 변화시킨다. 그리고 기업은 등비용선의 기울기가 다시 등량곡선의 기울기와 같아질 때까지 계속적으로 생산요소 간의 대체를 시도한다.

[그림 9-10] 기업의 지불용의지대곡선

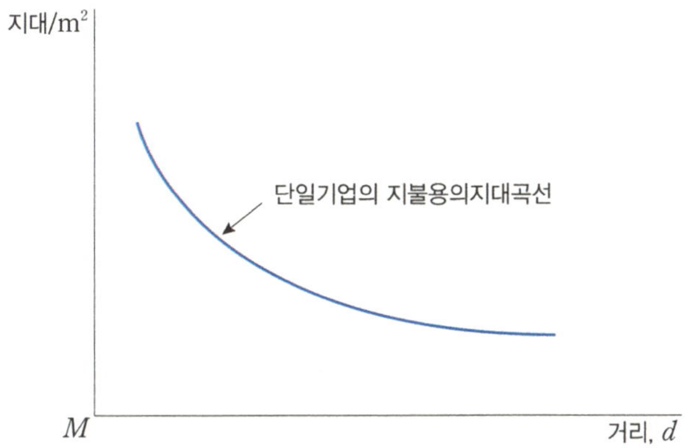

원점에 볼록한 형태의 음(-)의 기울기를 가지는 지분용의지대곡선을 나타내고 있다.

이를 적용해 보면 기업은 시장 M으로부터 거리와 관계없이 동일한 수준의 이윤을 유지하는 생산활동을 하면서 지불 가능한 지대를 파악한다. 그리고 시장 M으로부터 먼 곳에 위치한 토지일수록 임대가격이 하락한다는 것을 알고 있다. 만약 타 생산요소의 가격이 시장으로부터의 거리와 관계없이 일정하다면 시장에서 먼 곳에 위치한 토지일수록 그 가격은 다른 생산요소의 가격에 비해 상대적으로 저렴해진다. 이는 기업이 시장 M지점으로부터 멀어질수록 상대적으로 가격이 싸지는 토지의 사용량을 늘어나는 반면, 상대적으로 가격이 비싸지는 타 생산요소의 사용량은 줄어들게 될 것이다. 나아가 시장 M에서 가까울수록 토지가격은 높아지므로 상대적으로 저렴한 타 생산요소의 투입비율이 높아진다. 이런 사실은 만약 기업이 각 입지에서 생산요소의 소비결합을 최적화시킨다면 기업이 사용하는 토지와 타 생산요소의 상대적 및 절대적 사용량은 각 입지마다 서로 다르게 됨을 의미한다. 즉, 기업이 시장에 가까운 지점에 위치할수록 적은 양의 토지와 많은 타 생산요소의 사용을 하게 되고, 시장에서 멀어질수록 토지의 사용량은 증가하고 타 생산요소의 사용량은 줄어들게 된다. 따라서 시장으로부터 가까울수록 타 생산요소/토지의 비율은 증가하며, 멀어질수록 타 생산요소/토지의 비율은 감소한다.

[그림 9-11] 기업의 지불용의지대곡선 지도

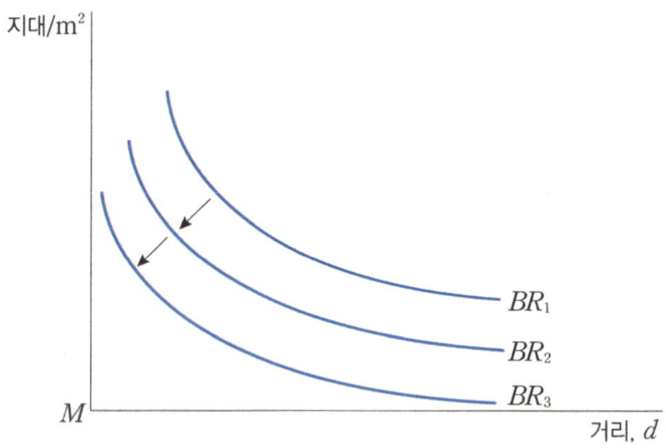

시장 *M*에서 가까울수록 토지가격은 높아지므로 상대적으로 저렴한 타생산요소의 투입지율을 높이게 된다. 또한 지불용의지대곡선이 원점에서 멀어질수록 기업의 수익성은 하락하게 된다.

튀넨 모형에서와 같이 거리에 대한 지불용의지대곡선의 기울기는 토지 단위당 지불 가능한 지대가 거리에 대해 어떻게 변화하는지 살펴봄으로써 알 수 있다. 즉, 지불용의지대곡선의 기울기는 $-t/S$가 되는데, 이 값은 튀넨 모형과 동일해 보이지만 기본적으로 다르다. 왜냐하면 더 이상 토지규모 S가 고정된 값이 아닌 시장거리에 따라 변화하기 때문이다.

수송요율 t가 일정한 값을 가진다면 거리가 멀어질수록 S의 값이 커지므로 지불용의지대곡선은 음(−)의 기울기를 가지며, 또한 완만해진다.

지불용의지대모형의 두 번째 특징은 지불용의지대곡선이 원점에서 멀어질수록 기업의 수익성은 하락하게 된다는 것이다. 왜냐하면 원점에서 멀어진다는 것은 토지사용을 위한 비용이 더욱 높아진다는 것을 의미하고 이는 이윤을 낮추게 하기 때문이다. 그런데 여기서는 기업의 순이익이 0이 되도록 지대를 지불한다고 가정하고 있다. 이는 토지시장에 대한 자유로운 진입을 허용하고 있기 때문에 어떤 부문이 다른 부문에 비해 높은 이윤을 누리게 되면 타 기업 및 잠재기업에 의해 시장진입이 가능함을 시사한다. 또한, 투자증가는 비용으로 귀결되어 장기적으로 정상이윤을 누리는 수익정도에서 진입과 퇴출이 일어나지 않는 상태가 발생할 것이기 때문이다. 결과적으로 기업과 산업의 지불용의지대곡선은 정상이윤 혹은 0의 이윤 조건을 만족하게 된다.

여기에서 만약 고정투입계수의 생산기술을 보유한, 즉 생산요소 간 대체가 없는 기업과 경쟁하게 되는 경우를 가정해 보자. 이 경우 지불용의지대모형에서 볼 수 있듯이 생산요소 간 상호 대체가 가능한 유연한 생산기술을 보유하고 있는 기업에게 토지는 항상 배분되게 된다. 왜냐하면 시장에 가까워질수록 토지사용에 대한 대가가 높아지므로 토지사용량을 줄이고 타 생산요소 투입 비율을 늘림으로써 토지 단위당 높은 지대를 지불할 수 있기 때문이다.

[그림 9-12]에서는 위에서 논의한 내용을 보여주고 있다. 여기서 동일한 산출물을 생산하여 같은 가격으로 시장 M에 판매하는 두 기업의 경우를 비교하고 있다. 시장 M으로부터 D거리에 위치한 점에서 두 기업이 지불 가능한 m^2당 지대 R_D는 각 기업의 이윤수준이 0이 되는 값이다. 만약 경쟁적인 기업의 수가 충분히 많으며, 그 가운데 일부만 유연한

생산기술을 보유하고 있다면, 오직 그 기업만이 토지를 임대하여 사용할 수 있을 것이다.

[그림 9-12] 생산함수의 형태와 지불용의지대곡선

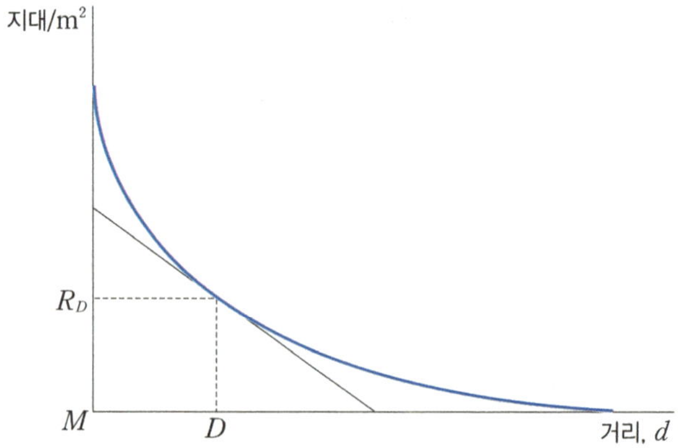

동일한 산출물을 생산하여 같은 가격으로 시장 M에 판매하는 두기업의 경우를 비교하고 있다. 시장 M으로부터 D거리에 위치한 점에서 기업이 지불 가능한 지대는 R_D가 되고, 각 기업의 이윤수준은 0이 된다.

이런 논의에서 알 수 있듯이 주어진 곳에 위치한 토지를 임대하기 위해 고정투입계수의 생산기술을 보유한 기업과 유연한 생산기술을 보유한 기업이 서로 경쟁한다면 토지는 일반적으로 유연한 생산기술을 보유한 기업에게 임대된다.

제4절 부동산 시장 분석

부동산 시장의 유형은 주거용과 비주거용으로 크게 구분할 수 있다. 주거용 부동산의 대표 상품이라고 할 수 있는 주택은 우리 생활에 필수적이며 부동산 시장에서 비중이 가장 높다. 도시의 주택시장을 이해하기 위해서는 개별 부지로 분석하는 미시적 접근뿐 아니라 해당 지역 주택시장의 변화를 이해하는 거시적 분석을 함께할 필요가 있다.

1. 부동산 시장의 특성 및 구조[6)]

주택시장은 신규주택시장과 재고주택시장으로 구분되는데, 신규주택시장은 분양을 목적으로 한 주택이 새로 건설됨으로써 형성된다. 신규주택건설은 주택건설 및 공급에 영향을 미치는 이자율이나 소득수준과 같은 경제적 요인, 중앙정부와 지방정부로부터의 정책적 요인, 주택 생산·기술적 요인, 그리고 인구이동 등으로 인한 주택수요요인 등에 의한 복합적 작용에 의하여 결정되며, 재고주택시장에 비하여 정책적 영향을 많이 받는 경향이 있다. 재고주택은 노후도나 불량도와 같은 물리적 상태에 따라 평가가치가 달라지므로 보통 수리 및 유지기준에 따라 가격이 크게 달라진다.

주택시장은 시간의 흐름에 따라 변화하는 동태적 과정 및 여러 요인들의 상호작용에 의하여 변하게 된다.

첫째, 주택수요의 영향을 주는 내부적 요인을 들 수 있다. 주택수요는 매우 다양한 요인들이 작용하지만 일반적으로 인구성장 및 이동정도, 가구의 소득수준, 주택수요관련 정책의 변화, 해당 지역가구의 생애주기 특성, 현 주택의 불만족과 새로운 주택 및 주거지의 욕구 등으로 설명될 수 있다.

둘째로는 주택공급에 영향을 끼치는 외부적 요인으로 해당 국가의 거

6) 김지현 · 정성훈(2016) 참조

시적 경제정책과 주택정책, 인구구조 및 인구이동, 주택경기변동을 들 수 있다.

2. 주택시장 분석

1) 주택수요

주택수요는 '주택을 원하는 가구 혹은 개인의 소망 · 능력 · 욕구의 집합적 표현' 이라고 할 수 있다. 즉, 주택에 대한 소망은 주택수요 그 자체라기보다는 주택선호로 이해해야 할 것이다. 따라서 주택수요는 그 소망을 수요로 바꾸기 위한 자금 내지 자금획득능력이 반드시 있어야 한다. 즉, 주택을 구입하려면 몇 년 혹은 몇 십 년 이상의 가구소득에 해당하는 목돈이 필요하기 때문에 주택수요를 현실화시키고 자금조달 부담을 주거 서비스 소비기간에 걸쳐 분산시킬 수 있게 하는 주택금융의 역할이 중요하게 부각된다.

주택수요함수는 개별 가구가 일정기간 동안 소비하고자 하는 주거 서비스의 양이 어떤 변수에 의하여 결정되는가를 설명하는 함수이다. 주택수요(D^H)를 결정하는 중요변수로는 가구의 소득(Y), 주택가격(HP), 사용자 비용(πHP), 그리고 가구의 인구 · 사회학적 속성(Z) 등이 있다. 이를 식으로 표현하면 다음과 같다.

$$\text{주택수요}(D^H) = f(Y, HP, \pi HP, Z) \quad \cdots\cdots \langle \text{식 } 9\text{-}6 \rangle$$

주택수요를 결정하는 소득(Y)은 주택이 내구재라는 점을 고려할 때, 통상소득과 임시소득보다는 오랜 기간 기대할 수 있는 항상소득이라고 할 수 있다. 부동산 가격은 이자율과 임대료에 의해 결정(HP = 임대료 /

이자율)된다. 이자율이 똑같다면, 주택 임대료는 주택가격의 이자비용인 iHP가 될 것이다. 사용자 비용(πHP)[7]은 주거 서비스를 한 단위 사용하기 위해 부담해야 하는 비용이므로 거주하는 주택이 임시주택이라면 지불하는 임대료(HR)이고 자가주택이라면 귀속임대료가 된다.

개별가구의 주택수요함수는 가계의 효용극대화 필요조건으로부터 도출되며 시장수요함수는 단순하게 개별수요함수의 합이 된다. 이에 따라 주택에 대한 전체 시장수요곡선은 임대가격에 대하여 마이너스의 기울기를 갖는다[8]. 즉, 주택은 가격이 매우 비싸고 이질적이며 내구재적 성격을 가질 뿐 아니라, 특정 부동산 시장 내에서의 입지적 특성을 갖기 때문에 지역적 차이에 대한 고려가 중요하다.

주택수요가 소득과 가격의 변화에 대해 얼마나 민감하게 반응하는지를 나타내는 탄력성 지표는 주택시장과 주택정책의 효과분석에 널리 쓰인다. 주택수요의 소득탄력성은 한 단위의 소득이 증가(감소)했을 때, 주택수요의 변화 정도를 나타내는 척도를 말한다. 예를 들어 한 가구의 실질소득이 증가하면 더 큰 주택을 원하거나 기존주택의 수준을 높이기 위한 보수·개선을 위한 지출을 늘리게 되는데, 소득탄력성은 이때의 주택에 대한 지출증가율이 소득증가율보다 더 큰가(작은가)의 변화 정도를 나타내 준다. 주택수요의 소득탄력성은 경제발전의 정도 혹은 국민소득수준의 변화에 따른 주택수요의 변화추이를 나타내 주기 때문에 거시적·주택정책적 측면에서 매우 중요하다.

이에 비하여 주택수요의 가격탄력성은 주택가격이 변화할 때 주택수요

---

7) 주택소비의 사용자 비용을 구분해보면 이자비용, 주택취득 관련 조세비용, 건축물의 감가상각, 그리고 수선비, 보험료 등 주택의 유지관리 비용과 주택매각 시 예상 자본이득(양도가격과 취득가격의 차액에서 양도소득세를 차감한 금액)으로 구성된다.

8) 하성규(1991)에 의하면 주택수요는 지역별, 그리고 소득계층별로 차이가 크기 때문에 주택수요의 측정이 용이하지 않다고 한다.

량이 얼마나 변화하였는가를 나타내는 척도이다[9]. 주택수요의 가격탄력성은 주택시장 내부에서 주택가격이 변화할 때, 주택수요자가 얼마나 민감한 반응을 나타내는가를 반영하기에 주택정책의 주요 참고사항이 된다.

2) 주택공급

주택공급은 새로 건설되는 주택뿐만 아니라 판매를 목적으로 시장에 나온 재고주택을 모두 포함한다. 따라서 주택시장의 공급자는 신규주택공급자와 기존주택공급자로 구분되며, 이 두 주체는 주택공급을 결정할 때 생산기술과 요소가격 측면에서 각각 다른 조건을 지니고 있다. 이 같은 주택시장의 이원적 특성으로 각 주체별 공급을 분석할 때 두 주체 간 대체관계 등 밀접한 관련성을 고려하기 때문에 주택시장의 분석이 상당히 복잡하게 된다.

또한 신규주택은 민간기업뿐 아니라 정부나 공공단체에 의해서도 많은 물량이 공급될 수 있기 때문에 정부의 시장개입 정도가 높아져 결과적으로 주택시장은 또 다른 이원적 성격을 가지게 된다. 더구나 주택수요 변화에 따른 신규주택 공급은 비탄력적이기에 시차개념을 도입한 동태적 분석이 요구되기도 한다.

주택공급에 영향을 미치는 요인들을 구분하여 보면 우선 시장요인이 있다. 주택 생산요소인 자재, 노동, 택지 등과 주택가격 및 주택과 경쟁관계에 있는 비 거주용 건물의 가격 등이 주택공급에 영향을 주게 된다. 두 번째 제도적 측면에서 정부가 주택시장에 어느 정도 개입하느냐를 판단할 수 있는 주택금융제도, 주택관련세제, 주택건설에 따른 면허 · 허

9) 예를 들어 주택의 상대적 가격(소비자물가지수 등)이 1% 증가하여 이 1%의 가격상승에 따른 3/4만큼의 주택에 대한 수요의 감소를 가져온다면, 이때의 수요의 가격탄력성은 -0.75가 된다.

가 · 인가 등의 행정적 절차, 주택공급 및 가격규제와 주거지원 프로그램 등이 있다. 마지막으로 토지이용계획과 전반적 거시경제 요인, 사회변화, 정책변수가 주택공급에 영향을 미치게 된다. 주택의 공급곡선은 신규주택과 기존 주택, 그리고 분석기간에 따라 달라진다.

주택을 새로 건설하는 데는 일정한 시간이 소요되므로 단기적으로 주택스톡은 주택의 자산가격에 관계없이 일정하다.

$$\text{단기 주택공급}(SS^{H_0}) = \text{주택스톡}(HS_0) \quad \cdots\cdots \langle \text{식 } 9\text{-}7 \rangle$$

여기서 HS_0는 주택스톡, SS^{H_0}는 단기주택공급을 의미한다. 즉, 시간이 경과함에 따라 신규주택의 건설, 기존 주택의 보수 및 증축 등을 통해 주택스톡은 증가하기도 하지만 기존주택이 노후하여 철거되면 주택스톡은 감소하기도 한다. 이에 주택스톡의 변화는 공급곡선을 오른쪽 또는 왼쪽으로 이동시킨다. 만약 주택공급이 증가한다면 주택공급곡선은 오른쪽으로 이동할 것이다.

이에 반하여 장기적으로 신규주택의 공급곡선은 수평일 수도 있고, 우상향 또는 우하향일 수도 있다. 왜냐하면 장기주택공급곡선은 주택생산의 한계비용을 반영하고 있으므로 주택생산이 증가할 때 한계비용이 증가하느냐, 떨어지느냐 아니면 그대로 유지되느냐에 따라 공급곡선의 모양이 결정되기 때문이다. 그러나 현실적으로 주택건설이 확대되면 생산요소가격을 비롯하여 금융비용이 상승하므로 장기공급곡선은 우상향하는 것이 보편적이다. 따라서 신규주택의 공급함수는 〈식 9-8〉과 같다.

$$\begin{aligned} \text{신규 주택공급}(S^H) &= \text{주택스톡 변동량}(\Delta HS) \\ &= f(HP, HP_L, HP_N) \quad \cdots\cdots \langle \text{식 } 9\text{-}8 \rangle \end{aligned}$$

이 식에서 $\triangle HS$는 주택스톡의 변화량으로 신규주택 공급량에서 멸실된 주택 수를 뺀 것이다. 그리고 HP는 주택의 매매가격이고, HP_L과 HP_N는 각각 주택생산에 투입된 토지와 노동, 건축자재 등 기타 생산요소의 가격이다. 여기서 수요함수와 달리 공급함수에 있는 가격변수는 주택임대료(HR)가 아닌 매매가격(HP)이라는 사실에 주목해야 한다. 주택을 생산·공급하는 건설업자의 입장에서 볼 때 그 주택의 임대료는 중요하지 않다. 토지와 같은 생산요소가격이 일정하다면 매매가격이 높을수록 이윤이 올라가기에 주택의 공급량은 임대료가 아닌 매매가격에 따라 좌우되기 때문이다.

한편 신규주택 생산의 기술여건을 말해주는 주택생산 또는 주택건설함수는 〈식 9-9〉로 표현된다.

$$주택생산(스톡)(HS) = f(H_L, H_N) \quad \cdots\cdots \langle 식\ 9\text{-}9 \rangle$$

여기서 H_L과 H_N은 주택생산에 투입되는 토지와 노동을 비롯한 기타 생산요소의 수량을 나타낸다.

그러나 주택을 자산시장에서 분석하여 보면 투자 및 투기목적의 주택소유가 많은 경우 주택처분의 기민성이 있기에 단기라 하더라도 공급량은 가격변화에 따라 민감한 반응을 보일 수 있다. 특히 주택소유자의 기대수익을 크게 변화시키는 법적·제도적 장치(투기억제정책, 주택보유세 인상 등)가 마련되거나 폐지될 때 주택공급량의 변화는 더욱 커지게 된다.[10)]

---

10) 주택공급에 관한 통계적 모형은 여러 학자들에 의해 개발되어 왔으며 주택수요모형과 마찬가지로 전국을 대상으로 할 뿐만 아니라 지역마다 다른 상황을 반영하여 특정 지역을 대상으로 하기도 한다. 하지만 주택수요에 비하여 실증적 연구는 그 수가 훨씬 적고 수요함수 추정결과에 비하여 차이가 상당히 나는 편이다.

3) 주택시장의 균형

앞서 도출한 주택수요와 공급함수를 이용하여 주택시장의 균형을 분석하여 보기로 하자. 여기서는 논의를 단순하게 하기 위하여 지역별 주택수요는 고려하지 않기로 한다.

주택시장은 신규주택과 기존주택의 두 부문으로 구성되며 이 둘은 완전대체재라고 가정하자. 주택스톡에 대한 시장수요함수는 다음과 같이 나타낼 수 있다.

$$\text{주택시장 수요함수}(TD^H) = f(HP, \pi HP, Y, NH) \cdots \langle \text{식 } 9\text{-}10 \rangle$$

여기서 HP는 주택의 실질자산 가격, 즉 주택스톡 1단위의 매매가격이며, πHP(사용자 비용)는 금융비용, 재산세율, 예상 자본이득 가격상승률 등에 의해 결정된다. Y는 가구의 실질소득을 나타내며, NH는 가구 수이다.

앞에서 주택서비스의 임대가격 HR을 가격변수로 사용했으나, 여기서 매매가격 HP를 사용한 것은 πHP를 구성하는 변수들이 있기 때문이다. 주택스톡에 대한 시장수요량은 주택의 실질매매가격이 낮을수록, 실질소득이 높을수록, 그리고 가구의 수가 많을수록 증가한다.

한편 주택공급 측면에서 기존 주택스톡은 단기에 고정되어 있지만, 생산요소가격 HP_L과 HP_N이 주어졌을 때 신규공급량이 증가하면 주택스톡이 증가하므로 매매가격은 하락한다. 주택공급함수는 〈식 9-7〉과 〈식 9-8〉을 그대로 이용할 수 있다.

$$\text{단기 주택공급}(SS^{H_0}) = \text{주택스톡}(HS_0) \cdots\cdots \langle \text{식 } 9\text{-}7 \rangle$$

$$\text{신규 주택공급}(S^H) = \text{주택스톡 변동량}(\Delta HS)$$
$$= f(HP, HP_L, HP_N) \cdots\cdots \langle \text{식 } 9\text{-}8 \rangle$$

따라서 주택시장의 균형은 단기와 장기에 따라 아래와 같이 나타낼 수 있다.

단기)

D^H(주택수요곡선) = SS^H(단기주택공급곡선) = HS(주택스톡) .... 〈식 9-11〉

장기)

D^H(주택수요곡선) = S^H(주택공급곡선) = LS^H(장기주택공급곡선) .... 〈식 9-12〉

주택수요함수와 공급함수를 이용한 시장균형은 [그림 9-13]으로 나타낼 수 있다.

[그림 9-13] 주택시장의 균형

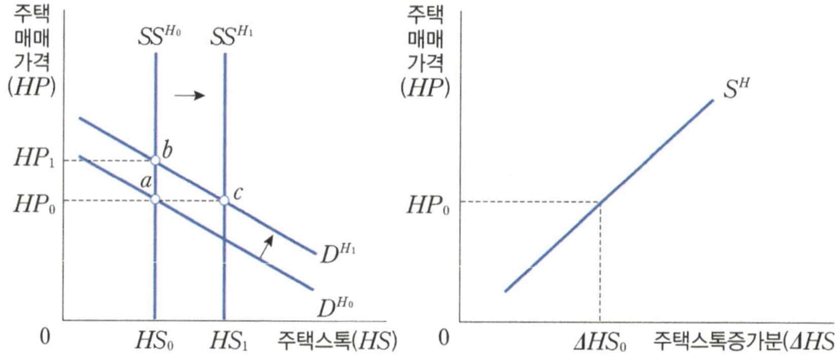

그림에서 최초의 주택스톡은 HS_0이므로 단기균형은 수요곡선 D^{H_0}와 단기 공급곡선 SS^{H_0}가 만나는 점에서 균형가격(HP_0)과 균형거래량(HS_0)이 결정된다. 인구증가나 실질소득의 증가 등으로 인하여 주택수요곡선이 D^{H_0}에서 D^{H_1}으로 이동하게 되면 일시적으로 주택가격은 HP_1으로 상승할 수 있다.

그림에서 최초의 주택스톡은 HS_0이므로 단기균형은 수요곡선 D^{H_0}와 단기 공급곡선 SS^{H_0}가 만나는 점에서 균형가격(HP_0)과 균형거래량(H_0)

이 결정된다. 인구증가나 실질소득의 증가 등으로 인하여 주택수요곡선이 D^{H_0}에서 D^{H_1}으로 이동하게 되면 일시적으로 주택가격은 HP_1으로 상승할 수 있다. 주택매매가격이 HP_1으로 결정된다면 주택건설업자들은 SS^H곡선에 따라 $\triangle HS_0$만큼의 신규주택을 공급한다. 따라서 다음해의 공급곡선은 SS^{H_1}으로 이동하게 되고 주택스톡은 올해 주택스톡 HS_0에 새로 건축된 주택을 더한 $HS_1(= HS_0 + \triangle HS_0)$이 되므로 주택가격은 다시 HP_0가 된다.

이제까지의 분석을 종합하면 주택시장의 공급은 단기적으로 완전 비탄력적이지만 장기적으로는 주택가격이 높을수록 신규공급물량이 증가하므로 장기주택공급곡선(LS^H)은 우상향하게 된다. 이에 [그림 9-14]에서 보이는 바와 같이 주택 스톡의 균형거래량은 HS_0가 되고 주택매매가격은 HP_0가 된다. 그럼 이러한 최초의 균형점에서 주택시장의 변화가

[그림 9-14] 주택수요증가의 장 · 단기효과분석

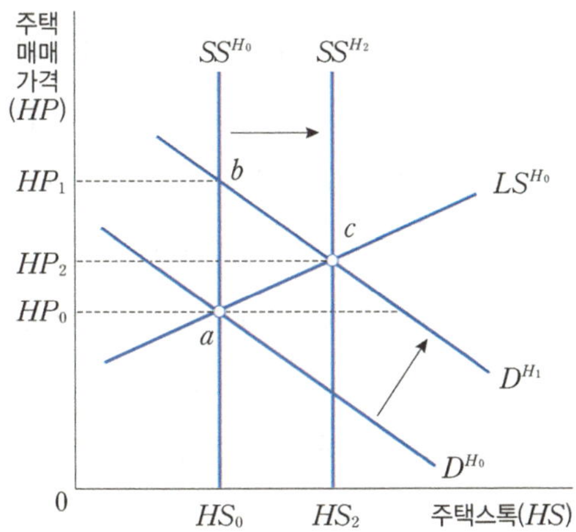

주택수요증가에 따라 주택공급이 주택가격을 최초 균형점(HP_0)과 동일하게 할 만큼 증가하는 것이 아니라 장기 공급곡선 LS^{H_0}과 만나는 점에서 결정된다는 것이다. 이에 새로운 장기균형가격은 HP_2가 되고 균형 주택스톡은 HS_2가 된다.

발생할 때 단기와 장기에 걸쳐 어떻게 변화하는지를 살펴보도록 하자.

앞서 우리는 소득 또는 인구증가로 인하여 주택수요가 증가할 경우 단기적으로 주택스톡이 고정되더라도 주택가격은 상승(HP_1)압력을 받는다는 것을 알았다. 그렇지만 장기적으로는 주택가격은 우상향하는 공급곡선(LS^{H_0})에 따라 주택스톡도 증가하게 된다. 그런데 여기서 주목할 점은 [그림 9-14]에서처럼 주택수요증가에 따라 주택공급이 주택가격을 최초 균형점(HP_0)과 동일하게 할 만큼 증가하는 것이 아니라 장기 공급곡선 LS^{H_0}과 만나는 점에서 결정된다는 것이다. 이에 새로운 장기균형가격은 HP_2가 되고 균형 주택스톡은 HS_2가 된다.

택지가격이 상승하여 신규주택의 생산비용이 상승하였다고 가정하자. 신규주택건설비용의 상승은 단기에는 아무런 영향을 주지 못하므로 단기공급곡선은 변화가 없고, 주택수요도 변화하지 않기에 주택가격과 주택스톡은 일정하다. 그러나 장기적으로는 신규주택공급곡선이 왼쪽으로 이동하게 되므로 주택수요가 변화하지 않는다면 주택가격은 상승하게 된다.

이번에는 주택대출 이자율이 상승하는 경우를 가정해 보자. 이자율이 상승하면 사용자 비용이 증가하므로 주어진 매매가격에서 주택수요는 감소하고 주택수요곡선은 왼쪽으로 이동하게 된다. 단기적으로 주택공급이 고정되어 있으므로 주택수요곡선의 이동은 매매가격을 하락시킨다. 그런데 매매가격의 하락은 이자율의 상승효과를 상쇄시켜 사용자 비용은 일정하게 유지되므로 종전처럼 수요와 공급이 일치한다. 주택매매가격이 하락하면 신규주택건설이 감소하므로 장기적으로 주택공급증가폭이 감소하게 된다. 따라서 장기적으로 주택매매가격이 다소 상승하지만 최초의 균형가격보다는 낮게 된다.

하지만 임대가격은 매매가격에 비해서 최초 균형상태에서 보다 높다. [그림 9-15]에서 종축은 임대가격을 나타내고 있으며 횡축은 주택서비스의 수량을 나타낸다. 이때 주택스톡 1단위에서 1년 동안 1단위의 주택서비스가 창출된다면 주택스톡과 서비스의 단위는 같아진다. 여기서 주택서비스의 수요곡선은 곧 사용자 비용의 함수이므로 임대가격이 올라가면 수요곡선이 이동하는 것이 아니라 주어진 수요곡선 D^{H_0} 위에서 움직이게 된다. 단기적으로 이자율이 높아졌기 때문에 사용자 비용(πHP)가 상승하므로 단기주택공급곡선은 SS^{H_1}이 되고 장기공급곡선이 LS^{H_0}에서 LS^{H_1}으로 이동한다. 결국 주택임대가격은 HR_0에서 HR_1으로 증가하게 되고 주택 서비스 소비량은 HS_0에서 HS_1으로 감소하게 된다.

[그림 9-15] 주택임대가격에 대한 이자율의 장 · 단기효과분석

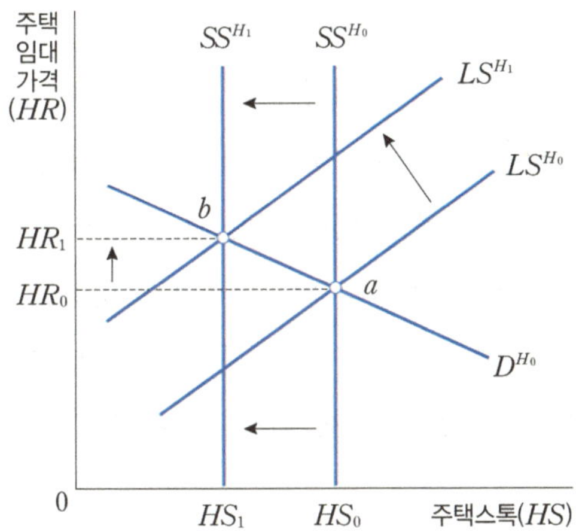

단기적으로 이자율이 높아졌기 때문에 π가 상승하므로 단기주택공급곡선은 SS^{H_1}이 되고 장기공급곡선이 LS^{H_0}에서 LS^{H_1}으로 이동한다. 결국 주택임대가격은 HR_0에서 HR_1으로 증가하게 되고 주택 서비스 소비량은 HS_0에서 HS_1으로 감소하게 된다.

3. 주택가격의 변화요인

주택가격은 앞에서 살펴본 바와 같이 기본적으로 주택수요와 주택공급이라는 두 가지 힘에 의하여 결정되고 변화한다. 하지만 주택수요와

주택공급은 경제적 요인에서부터 경제 외적요인에 이르기까지 무수히 많은 요인에 의하여 결정되므로 주택가격 역시 궁극적으로는 그러한 요인들에 의하여 변화한다. 따라서 주택가격의 변화에 영향을 미치는 모든 요인들을 고찰한다는 것은 쉬운 일이 아니며 어떤 의미에서는 필요하지도 않을 수도 있다. 여기서는 주택가격에 변화를 야기하는 요인을 거시적으로 살펴보도록 하자.

첫째, 주택가격은 관련 정책과 제도에 의하여 크게 변화된다. 주택관련제도와 정책은 주택수요, 주택공급, 주택가격, 주택거래, 주택금융 등에 영향을 주는 각종 법령 · 규칙 · 계획 · 조세 등을 일컫는다. 주택정책과 제도가 주택가격에 미치는 효과는 우리나라와 같이 시장개입 정도가 큰 나라일수록 작다.

둘째, 주택가격의 변화는 거시경제 환경에 의해서 영향을 받는다. 즉, 일반적인 경기상태 · 통화공급 · 인플레이션 등은 개별가계의 주택수요결정이나 개별기업의 주택공급결정에 직접적인 영향을 미칠 뿐만 아니라 주택정책과 제도에 대한 정부의 의사결정에도 영향을 미침으로써 간접적으로 주택가격을 변화시킨다. 이 외에도 주택가격은 정치 · 문화 · 사회 · 심리적 요인 등과 같은 경제 외적요인에 의해서도 변화한다.

4. 토지시장

1) 토지수요의 결정과정

토지수요는 토지 자체에서 발생하는 것이 아니라 토지[11]로부터 생산되는 재화에 대한 수요로 파생수요 또는 유도수요라고 한다. 이런 토지

11) 토지(土地)라는 말은 활동의 목적상 여러 가지 별명(別名)으로 나대지 · 택지 등을 예로 들 수 있음.

수요는 2가지 측면에서 고려될 수 있는데 하나는 토지를 소유하고자 하는 의도에서 수요되는 토지매입을 말하고, 또 다른 하나는 토지를 이용하고자 하는 토지임차이다. 파생수요적 측면에서 토지를 이용하여 그로부터 생산되는 재화에 대한 수요가 중요하기 때문에, 토지의 합리적 배분을 결정하는 것은 토지이용 측면에서 수요라고 볼 수 있다. 즉, 각 경제주체는 토지수요를 결정하는 데 있어서 토지와 다른 생산요소를 어떻게 합리적으로 배분할 것인가를 결정해야 한다.

(1) 효용 관점에서의 합리적 수요 결정

우선 토지의 합리적 배분을 위한 토지의 효용함수(U)는 토지(L)와 토지 외 생산요소인 비토지요소(N)에 의하여 결정된다고 가정하자. 이 경우 효용함수는 아래 〈식 9-13〉과 같이 나타낼 수 있다.

$$U = U(L, N) \quad \text{〈식 9-13〉}$$

한편 가계소득(I)은 제약이 있으므로 γ를 지대, P를 비 토지재화의 가격이라고 한다면 다음과 같이 〈식 9-14〉가 성립된다.

$$I = \gamma L + PN \quad \text{〈식 9-14〉}$$

〈식 9-14〉는 제약된 소득을 토지와 비토지 부문에 대한 결합을 통해 소비하고, 소비는 많아질수록 효용은 증가한다고 가정한다. 이제 식 〈식 9-14〉를 비토지요소 N에 대해 정리하면 〈식 9-15〉와 같이 정리할 수 있고 이를 그래프로 나타내면 [그림 9-16]의 파란색 선과 같다. 이 선은 토지와 비토지의 객관적 교환비율로 상대가격을 의미한다. 이를 〈식 9-15〉와 같이 나타낼 수 있다.

$$N = -\left(\frac{\gamma}{P}\right)L + \frac{I}{P} \quad \cdots\cdots \langle 식\ 9\text{-}15\rangle$$

이제 소비자의 최적화 문제는 〈식 9-13〉의 주관적 교환비율과 〈식 9-15〉의 객관적 교환비율이 일치하는 점에서 소비자의 선택은 최적화될 수 있으며, 이는 [그림 9-16]에서 보는 것과 같다.

[그림 9-16]은 효용함수인 〈식 9-13〉에서 토지요소와 비토지요소의 주관적 교환비율을 나타내는 효용무차별곡선(U_1)과 〈식 9-14〉과 〈식 9-15〉이 의미하는 예산선을 나타낸 것이다. 이때 〈식 9-14〉과 〈식 9-15〉의 제약조건 하에서 효용극대화점은 예산선과 무차별곡선이 접하는 E_1이 될 것이며, 이때 토지수요량은 L_1이 된다. 그리고 기울기는 $-\gamma/P$가 된다. 만약 비토지요소의 가격이 고정되어 있고 지대가 [그림 9-16]의 (b)와 같이 γ에서 γ'로 하락한다면 동일 예산으로 토지사용량은 L_1에서 L_2로 증가한다. 이 같은 현상은 (a)에서 예선선이 우상향으로 이동하여 또 다른 무차별곡선(U_2)와 접하는 점인 E_2에서 균형을 이루게 된다. 따라서 토지의 적정수요량은 L_1에서 L_2로 증대된다. 일반적으로

[그림 9-16] 토지수요에 대한 최적화, 그리고 토지수요곡선

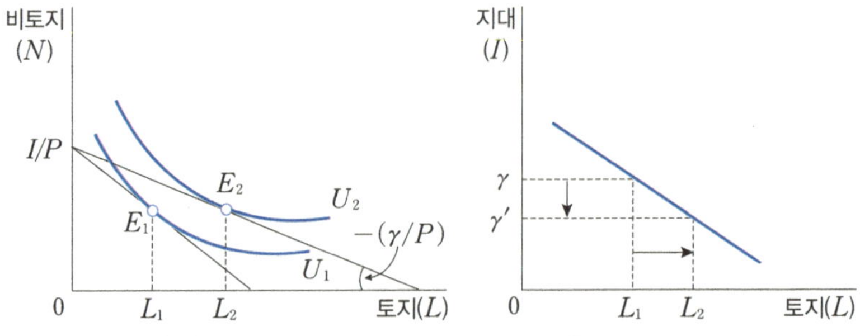

(a) 토지수요의 최적화 (b) 토지수요곡선

(a) 토지와 비토지요소 간 주관적 교환비율을 나타내는 무차별곡선과 예산선이 접하는 E_1이 효용극대화점이 되고, 이때 토지수요량은 L_1이 된다. (b) 지대가 하락할 경우 토지사용량은 증가한다.

토지수요량은 완전경쟁 하의 생산요소 수요원리에 의해 결정된다.

(2) 생산 관점에서 토지수요의 합리적 결정[12)]

이제 기업 입장에서 생산요소인 토지에 대한 수요곡선은 한계수입생산물(marginal revenue product ; *MRP*) 또는 한계생산물가치(value of marginal product ; *VMP*)를 나타낸다. 기업의 토지수요에 대한 합리적결정과정을 살펴보기 위해 우선 완전경쟁기업의 총수입은 〈식 9-16〉과 같다고 하자.

$$TR = P \cdot Y = P \cdot f(k, l) \quad \cdots\cdots \langle 식\ 9\text{-}16 \rangle$$

〈식 9-16〉에서 TR은 총수입, P는 생산물 가격, Y를 생산량이라고 할 때, 기업의 생산량은 그 기업의 생산함수에 의존하게 된다. 즉, 기업은 생산요소인 k과 l를 이용하여 산출량 Y를 생산한다고 가정하자(여기서, k는 비토지생산요소, l은 토지생산요소를 의미함). 생산요소의 투입은 생산요소를 사용하기 위해 지불해야 하는 비용을 의미하고, 이는 가변비용의 특성을 나타낸다고 할 때, 기업의 고정비용 b를 더하면 총비용을 나타내는 함수를 아래 〈식 9-17〉과 같이 도출할 수 있다.

$$TC = \gamma_1 k + \gamma_2 l + b \quad \cdots\cdots \langle 식\ 9\text{-}17 \rangle$$

이제 〈식 9-16〉과 〈식 9-17〉을 이용하여 〈식 9-18〉처럼 이윤을 구할 수 있다.

$$\Pi = P \cdot f(k, l) - \gamma_1 k - \gamma_2 l - b \quad \cdots\cdots \langle 식\ 9\text{-}18 \rangle$$

12) 최병호 외 옮김(2006) 참조

〈식 9-18〉에서 이윤극대화의 일계조건을 구하기 위하여 각각 k, l에 대해 편미분한 후 그 값을 0으로 두면 아래 〈식 9-19〉와 같다.

$$\frac{d\Pi}{dk} = P \cdot f_1 - \gamma_1 = 0, \quad \frac{d\Pi}{dl} = P \cdot f_2 - \gamma_2 = 0 \quad \cdots\cdots\cdots\cdots \text{〈식 9-19〉}$$

〈식 9-19〉에서 각각 f_1, f_2는 생산요소 k, l의 한계생산물이다. 이제 〈식 9-19〉를 다시 정리하면 아래 〈식 9-20〉과 같이 나타낼 수 있다.

$$P \cdot f_1 = \gamma_1, \quad P \cdot f_2 = \gamma_2 \quad \cdots\cdots\cdots\cdots\cdots\cdots\cdots\cdots \text{〈식 9-20〉}$$

〈식 9-20〉은 이윤극대화를 위해서는 각 생산요소의 한계생산물에 산출물의 가격을 곱한 것이 각 생산요소의 가격과 동일해야 한다는 것을 시사한다. 여기서 한계생산물과 산출물의 가격을 곱한 것을 한계생산물가치라고 한다. 그런데 완전경쟁시장에서 가격은 한계수입과 같기 때문에 〈식 9-20〉을 변형하면 $MR_1 \cdot f_1 = \gamma_1$과 $MR_2 \cdot f_2 = \gamma_2$으로 나타낼 수 있다. 여기서 $MR_1 \cdot f_1$과 $MR_2 \cdot f_2$는 각각 한계생산물에다 한계수입을 곱한 것으로 한계수입생산물과 같다. 따라서 완전경쟁시장 하에서 토지수요는 한계생산물가치 또는 한계수입생산물이 각 생산요소의 가격과 동일해야 한다.

토지수요는 생산요소로서의 수요, 재산으로서의 수요, 소비재로서의 수요를 합한 것이기에 지가의 성격 및 그 결정이 대단히 복잡하다. 이 중 생산요소로서의 토지에 대한 수요를 가장 기본으로 파악하는 경향이 있는데, 이는 토지가 각종 재화와 서비스를 생산하는 데 가장 중요한 생산요소로 인식되기 때문이다. 따라서 이윤을 극대화하기 위한 토지의 투입량은 마지막 단위의 한계 생산가치가 토지의 가격과 같아지는 지점까지 이루어진다. 즉, 토지수요의 합리적 결정을 위한 토지의 투입량은 마지막 단위의 한계 생산가치가 토지의 가격과 같아질 때까지 이루어진다. 즉, 합리적인 토지수요자는 토지 이외의 다른 생산요소의 투입량을 변하지 않는다고 전제 했을 때, 지가가 떨어지면 토지 구입량을 증가시키고, 지가가 올라가면 토지 구입량을 감소시킨다. 이와 같이 지가의 변화에 따라 토지의 한계생산가치와 지가를 일치시키는 토지투입량의 값들을 연결하면 지가와 토지수요량 사이의 관계를 보여주는 우하향하는 토지수요곡선을 유도할 수 있다.

2) 토지수요의 특성

토지는 일반재화와 달리 가격비중이 높기 때문에 구매자금을 축적하는 데 오랜 시간이 걸린다. 그리고 토지구매를 결정함에 있어서 고려되는 사항들이 일반재화에 비해 전문적이고 복잡하다고 할 수 있다. 또한, 일반재화의 경우 가격상승은 수요량의 하락으로 이어지지만, 토지의 경우 오히려 수요량이 증가하는 경우가 있다. 이는 양도차익을 목적으로 한 가수요[13)]에 의해 나타나는 투기적 현상으로 볼 수 있다.

3) 토지 공급

토지 공급은 일정기간 동안 공급자들이 토지를 팔려는 욕구를 말하며, 일반적으로 일정시점, 일정 지역에서 토지 공급량은 고정되어 있다. 특히 도시의 토지는 용도규제 때문에 일정시점에서 토지 공급곡선이 고정되어 있다고 볼 수 있다. 이는 국가 전체의 토지 공급을 논의 하였을 때

---

13) 물가가 계속 오르거나 물자가 부족(초과수요)할 것으로 예측되는 경우 지금 당장 필요가 없으면서도 일어나는 예상수요를 의미함.

와 마찬가지로 공급곡선은 수직선의 형태를 보이게 된다. 그러나 장기적으로 보면 한 시점, 그리고 한 지역에 대해서 지대가 높아지면 토지소유자들이 민감하게 반응하여 토지 공급은 탄력적으로 변화하게 된다. 그리하여 토지 공급곡선은 우상향하는 모습을 보이게 된다.

한편 토지 공급은 물리적 공급과 경제적 공급으로 구분할 수 있는데, 물리적 측면에서 토지는 광대한 지표의 공간으로 평야, 계곡, 산맥, 하천 등의 자연으로 구성되며, 인위적으로 인간이 사용할 수 있도록 공급된 토지물량을 의미한다. 이런 물리적 공급은 토지의 특성상 그 양이 한정되어 있기 때문에 공급량을 증가시키는 것은 불가능하다. 한편 경제적 공급은 물리적으로 한정되어 있는 토지이용을 능률화하기 위하여 경제적 이용도를 증대시키는 것을 말한다. 토지의 경제적 공급이란 결국 토지수요를 충족시켜주는 것으로 예를 들면, 일정한 면적의 토지를 여러 필지로 분할하여 많은 수요량을 충족시켜 주었을 때 물리적으로 토지증감은 없지만 경제적인 면에서 공급량 증가로 보는 것이다. 이러한 경제적 공급이 가능한 것은 용도의 다양성과 병합 및 분할이 있기 때문이다.

5. 토지시장의 균형

토지시장의 균형은 수요와 공급에 의해 결정되며, 단기와 장기가 서로 상이한 모습을 보인다. 이는 앞서 토지 공급 부문에서 설명하였듯이 단기에는 공급량이 고정되어 있다고 보기 때문에 오로지 수요에 의해서 균형을 이루게 된다. 반면, 장기에는 공급량이 변동하기 때문에 토지 공급은 탄력적으로 변화하고 토지시장의 균형은 수요와 공급곡선에 의해서 변화하게 된다.

[그림 9-17] 토지시장의 균형

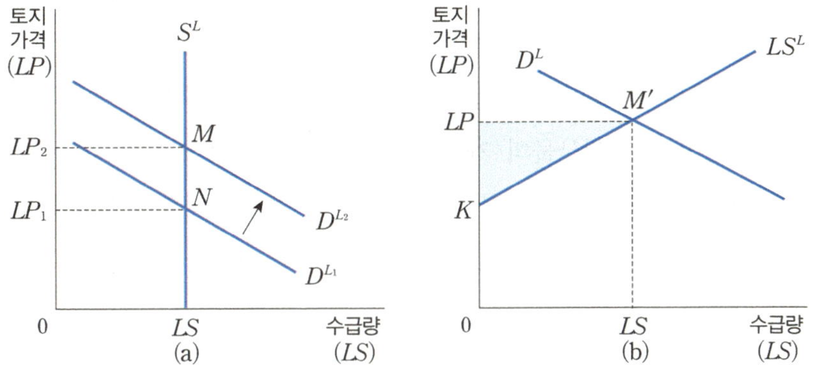

(a)는 단기적 차원의 토지 공급곡선을 나타내고 있으며, (b)는 장기적 측면에서 토지 공급과 수요 간의 관계를 보여주고 있다.

[그림 9-17]에서 보면 (a)는 단기적 차원의 토지 공급곡선을 나타내고 있으며, (b)는 장기적 측면에서 토지 공급과 수요 간의 관계를 보여주고 있다. 우선 (a)에서 단기적 차원에서 토지 공급은 그 탄력성이 0이기 때문에 지대는 오로지 수요곡선에 의하여 결정된다. 즉, 수요곡선이 D^{L_1}일 때, 지대의 크기는 □OLP_1NLS의 넓이에 해당되며 수요곡선이 D^{L_2}일 때, 지대의 크기는 □OLP_2MLS가 된다. 그러나 (b)의 경우와 같이 생산요소로 토지 공급이 탄력적인 경우에는 가격(Land Price ; LP)과 수요량(Land Stock ; LS)이 결정될 때 경제지대는 실제로 받을 수 있는 토지가액인 □$OLPM'LS$에서 전용수입인 □$OKM'LS$를 제외한 파란색 음영 부분인 △$KLPM'$가 된다.

6. 지가변동 요인

지가변동의 요인을 수요와 공급으로 구분하여 살펴보도록 하자.

우선 토지의 수요곡선을 이동시키는 요인들을 생각해 볼 수 있다. 토지에서 생산되는 생산물의 가격이 변화하면 토지수요곡선이 이동한다. [그림 9-18]에 보이는 바처럼 토지 생산물의 가격이 오르면 토지의 한계 생산가치가 증가한다. 이는 그만큼 토지의 수익성이 높아진다는 것을 의미하므로 토지에 대한 수요가 증가하기 때문이다. 거의 모든 상품은 토지를 이용하여 생산되므로 토지생산물 가격의 상승은 곧 물가상승을 의미한다. 물가상승은 토지수요곡선을 오른쪽으로 이동시킴으로써 지가 상승을 유발할 가능성이 높다. 임금상승, 이자율 등과 같은 토지이외의 다른 생산요소의 가격변동도 토지수요를 이동시킨다. 이와 같은 직접적 요인들을 유발하는 배경적 원인으로 인구 증가 및 인구밀도, 도시화 경제성장 내지는 전반적 소득수준 향상이 있다.

[그림 9-18] 토지수요곡선의 이동과 지가상승효과

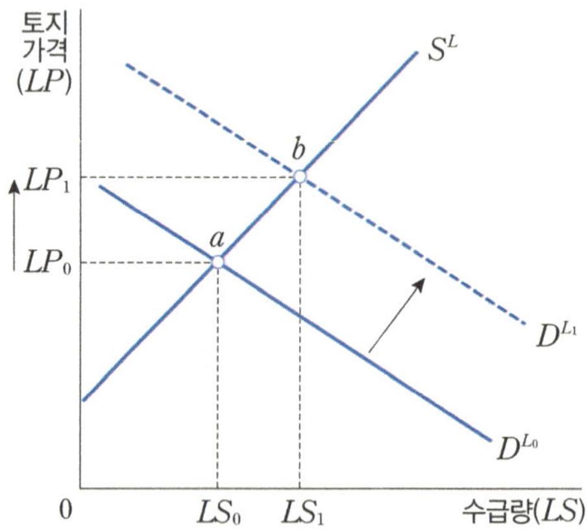

토지 생산물의 가격이 오르면 토지의 한계 생산가치가 증가한다. 이는 그만큼 토지의 수익성이 높아진다는 것을 의미하므로 토지에 대한 수요가 증가하기 때문이다.

공급곡선을 이동시키는 요인으로 토지 공급에 필요한 노동력, 원자재, 자본과 같은 생산요소들의 가격변화가 있다. 또한 도로, 지하철, 운하 등의 교통시설 건설은 교통비 및 운송비를 절감시킴으로써 교통이 불편해서 이용할 수 없었던 토지의 경제적 이용을 가능하게 하므로 토지 공급자의 수를 증가시키고, 토지 공급비용을 절감시켜 토지 공급곡선을 이동시키며 이에 따라 지가를 하락시키는 효과가 있다. 각종 토지정책도 토지 공급에 영향을 준다. 대표적인 예로 토지세는 토지개발비용을 증가시키므로 토지 공급곡선을 왼쪽 위로 이동시키게 된다.

[그림 9-19] 토지 공급곡선의 이동과 지가하락효과

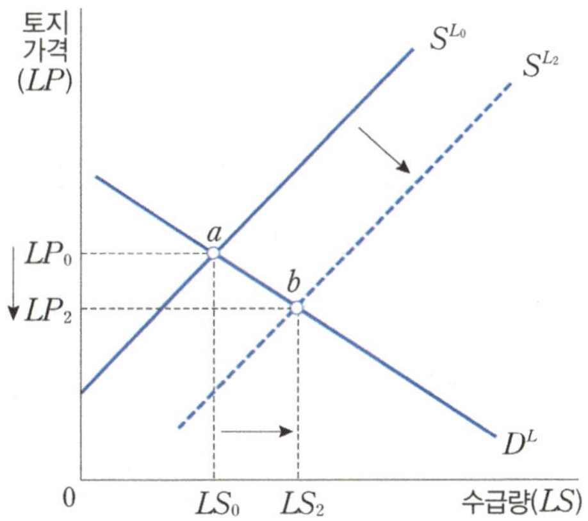

공급곡선을 이동시키는 요인은 토지 공급에 필요한 노동력, 원자재, 자본과 같은 생산요소들의 가격변화가 있다.

제5절 지역과 부동산 경제

1. 부동산과 국민경제[14)]

1) 거시경제변수와 부동산

주택, 토지와 같은 부동산 가격의 상승은 가계의 소비와 저축, 기업의 투자, 생산 원자재 등 총수요와 총공급에 영향을 미치고 반대로 거시경제변수들은 부동산경기와 부동산 가격에 중요한 영향을 미친다. 여기에서는 부동산과 거시경제와의 관계에 대하여 살펴보자.

(1) 부동산과 총수요

우선 부동산 가격의 변화가 소비에 미치는 영향을 생각하여 보자. 소비자는 실질 가처분 소득이 증가하거나 보유하고 있는 자산의 실질가치가 상승할 때 소비를 늘리는 경향이 있다. 이에 소비는 실질가처분소득과 자산의 실질가치의 함수라고 한다. 부동사가격이 상승하면 가처분소득이 일정하더라도 소비자들은 더 부자가 된 것으로 생각하여 소비를 늘리므로 소비재에 대한 수요가 증가하는 이른바 자산효과가 나타나 소비가 늘고 저축이 감소하게 된다. 이때 자산효과는 부동산의 매각을 통해 얻어진 일시적 소득으로 인한 소비증가와는 달리 부동산의 처분여부와 관계없이 작용한다는 차이가 있다. 자산을 매각하지 않더라도 증가한 부동산 가치를 담보로 대출을 받아 소비를 늘릴 수 있기 때문이다.

다음으로 부동산 가격의 변화가 저축에 미치는 영향을 살펴보자. 일반

---

14) 김지현 · 정성훈(2016) 참조

적으로 부동산 가격이 오르면 상대적으로 수익률이 낮은 금융저축이 감소한다. 물론 주택가격의 상승은 주택매입에 필요한 자금규모를 증가시키므로 이에 따라 주택자금마련을 위한 저축이 늘어날 수도 있으나, 이것도 주택가격이 어느 정도 올랐을 때의 이야기이다. 즉, 주택가격 상승이 과도하게 일어나면 사람들은 주택매입의 가능성이 점차 희박해짐에 따라 주택매입 자체를 포기하고 대신 승용차 또는 기타 고가 내구재를 구입하고 저축을 줄일 가능성이 높기 때문이다.[15)]

부동산 가격의 변화가 투자에 미치는 영향은 어떠할까? 일반적으로 기업의 설비투자는 자금의 조달비용 및 조달가능금액, 투자의 기대수익률, 자본재의 상대가격 등에 의해 결정되는데 이러한 기업의 투자는 몇 가지 경로를 통해 부동산 가격의 상승의 영향을 받을 수 있다.

부동산 가격이 상승하게 되면 이에 따른 자본이득에 대한 기대로 인하여 자금이 부동산 시장으로 몰리게 되고 상대적으로 증권시장은 위축되게 된다. 주식과 채권은 기업이 자금을 확보하는 대표적인 수단이기 때문에 증권시장이 위축된다면 기업의 자금조달비용이 높아지고 조달 가능 금액도 감소하여 투자가 위축될 수밖에 없고, 이익잉여금으로 기업이 상대적으로 수익성이 높은 부동산을 구입한다면 설비투자 재원이 감소하여 투자가 줄 수밖에 없을 것이다. 또한 투자와 자본재가 생산에 있어서 보완관계에 있는 경우 지가상승으로 토지의 상대가격이 높아지면 토지의 투입량은 감소하고 따라서 보완적 생산요소인 기계설비의 투입량도 줄게 되어 투자가 감소할 수 있다. 이 외에도 지가상승은 토지취득을 전제로 하는 도로나 기타 사회간접자본에 대한 투자를 위축시켜 장기적인 생산성의 저하를 초래하여 투자가 위축될 가능성도 있다. 이에 반하

15) 실례로 2000년대 초 미국에서 주택가격이 지속적으로 상승하던 시기, 가계 저축률은 0%까지 하락하고 가계부문의 적자문제가 심해지기 시작하였다.

여 부동산 가격이 하락하게 되면 기업은 담보제공능력이 떨어져 금융기관의 부실채권이 증가하여 대출이 감소하게 된다. 이에 따라 자동적으로 기업의 투자도 위축하게 된다.

마지막으로 부동산 가격의 변화가 순수출에 미치는 영향은 다음과 같다. 부동산 가격이 상승하면 일반물가가 상승하여 국산품의 대외경쟁력이 저하되고 실질자산가치의 증가로 수입재화 및 해외여행에 대한 수요가 증가하므로 수출은 줄고 수입은 늘어 순수출은 감소하게 된다.[16)]

이 외에도 대규모 공영택지만을 위한 토지수용대금의 지출은 통화량을 증가시켜 총수요를 팽창시키는 요인으로 작용하기도 한다.

부동산 가격의 상승(또는 하락)은 총수요를 증가시키기도 하지만 감소시키기도 한다. 그런데 대부분의 국가 특히 선진국일수록 총수요에서 소비(*C*)가 차지하는 비율이 높기 때문에 부동산 가격 하락 시 자산효과로 소비가 감소하고 담보제공 능력이 떨어져 금융기관의 부실채권이 증가하여 대출이 감소하면 총수요가 감소할 가능성이 크다. 총수요가 감소하면 국민소득이 줄고 물가가 하락하기 때문에 경기침체를 유발하며 경기침체가 되면 부동산 가격의 추가적인 하락을 가져와서 다시 총수요를 감소시킬 수 있다. 이러한 국민경제의 악순환을 자산디플레이션이라고 한다. 정부는 경기 침체 시 자산디플레이션이 발생하지 않도록 주의를 기울이는 것이 필요하다.

(2) 부동산과 총공급

이번에는 부동산과 총공급과의 관계를 살펴보도록 하자. 우선 부동산 가격의 변화는 근로자에게 영향을 줄 수 있다. 예를 들어 주택가격이 상

---

16) 앤드류(Andrew, C, 2010)는 주요 국가들의 실질 주택가격 상승률과 GDP 대비 경상수지 비율의 단계를 분석한바, 주택가격이 상승하면 경상수지가 악화된다고 하였다.

승하면 근로자들의 생계비가 상승하고 이것이 생산성 증가 없이 임금인상에 반영되면 제품생산비용은 상승하게 된다. 또한 부동산 가격의 상승은 부동산 보유에 따른 자본이득을 누린 근로자들에게 근로소득을 상대적으로 과소평가하게 만들어 여타 근로자들의 근로의욕을 저해하며 전반적인 노동생산성을 저하시킬 수 있다.

주택가격의 상승은 노동가격의 지역 간 이동을 저해하여 인력수급의 괴리를 초래하고 실질임금에 영향을 줄 수 있다. 즉, 노동수요가 많은 지역의 주택가격과 임대료가 크게 상승하면 다른 지역으로부터 근로자들이 이주하기 어렵게 되어 어떤 지역에는 노동의 초과수요가 발생하고 다른 지역에는 노동의 초과공급이 지속되는 등 인력수급에 차질이 생겨 자원배분이 왜곡되고 생산성이 저하 될 수 있다.

한편 부동산 가격의 변화는 생산요소가격에도 영향을 미친다. 상업용 부동산이나 공장 등과 같은 부동산의 가격 또는 임대료가 토지의 생산성 증가보다 큰 폭으로 상승하게 되면 생산비용이 상승한다. 또 지가가 상승하면 일정규모 이상의 건물을 필요로 하는 업종에 대한 신규기업의 참여가 어려워져서 시장규모가 독과점화되어 생산요소가격의 상승이 제품가격에 더 쉽게 전가될 수 있고 자원배분의 왜곡으로 인해 가격이 상승할 수 있다.

(3) 부동산 가격과 거시경제

이상에서 본 바와 같이 부동산 가격의 변화는 총수요와 총공급에 영향을 미쳐 극적으로 실질 GDP와 일반물가에 영향을 미치게 된다. 실질 GDP가 증가하고 경제성장률이 높아지면 주택 및 공장부지에 대한 수요가 증가하여 소비재 또는 생산요소로서의 부동산에 대한 수요가 증가하게 된다. 또한 일반물가가 상승하면 인플레이션 헷지(Inflation Hedge) 역할을 할 수 있는 부동산에 대한 자산수요가 증가하여 부동산 가격과 수익률이 상승하고 주택 및 기타 건물의 생산비가 증가하여 궁극적으로 부동산 가격이 상승하게 된다. 그러나 부동산 가격의 상승은 기업들에게 자금 조달비용과 생산요소비용의 상승을 가져와 투자가 위축되고 생산성이 저하되어 경제침체를 유발할 수도 있다. 물론 경기위축은 부동산 가격을 하락시키는 요인으로 작용할 수도 있다. 이처럼 경제성장과 물가와 같은 거시경제변수와 부동산 가격은 서로에게 상당한 영향을 미치고 받을 수 있는 것이다.

그렇기에 부동산에 대한 과세 강화나 투기억제 주택공급 등의 수단만으로는 부동산 가격의 안정을 모색하는 정부의 정책이나 계획은 실효를 거두기 어렵다. 물론 단기적으로 주택공급이 늘면 주택가격이 다소 진정될 수 있으나, 장기적으로 주택투자의 증가로 인한 실질 국민소득과 일반물가 상승으로 인해 주택 및 토지가격이 오히려 상승하므로 신규주택의 대량 공급만으로는 주택가격의 안정이 불가능할 수도 있다는 것이다.

마찬가지로 거시경제의 안정 없이는 부동산 과세 강화와 같은 수단으로 부동산 가격을 안정시킬 수 없게 된다. 일본의 지가폭등이 진정된 가장 중요한 원인도 금융긴축에 있다는 사실이 이를 입증하고 있다. 따라서 통화관리 등 거시경제의 합리적 운영이 지가 및 주택가격 안정에 필수조건이라는 결론에 도달하게 된다.

요약

1. 부동산은 real estate로 가장 보편적으로 사용되는 용어로 토지와 그에 부착되는 정착물을 의미하는 물리적인 측면의 자산의 특성을 강조한다.
2. 부동산 시장은 다양한 주체들이 시간과 공간에 대한 다양한 효용함수를 가짐에 따라 제각기 다른 부동산의 가치를 결정하는 의사결정을 하게 된다.
3. 부동산 시장은 일반적으로 두 가지 기능 내지는 역할을 한다. 하나는 공간 사용이라는 서비스를 제공하는 역할이며, 다른 하나는 자산으로서의 역할이다.
4. 부동산 시장은 부동산을 사고, 팔고, 교환하고, 사용하고 또한 개발하는 모든 활동에 참여하는 사람들 간의 활동과 상호작용이라고 정의할 수 있을 것이다.
5. 수요곡선이나 공급곡선이 이동하는 원인은 해당 재화의 가격 이외의 요인이 변하기 때문이다. 금리의 변화, 소비자 소득의 변화, 원자재가격의 변화 혹은 정부정책의 변화는 수요곡선이나 공급곡선을 이동시켜 균형가격과 균형수량의 변화를 초래한다.
6. 지대의 개념에는 여러 가지가 있다. 전통적으로 지대결정이론은 절대지대설과 차액지대설, 수요공급설 등이 있다. 절대지대란 토지의 생산력에 관계없이 토지 소유에 의해 발생하는 지대를 말한다. 차액지대란 D.Ricardo가 주장한 이론으로 토지의 비옥도와 위치 등에 따라 생산력의 차이가 발생하고, 이러한 생산력의 차이에 의하여 발생하는 지대를 말한다.
7. 지대는 토지를 이용한 대가로 계약지대와 경제지대로 구분된다. 계약지대(contract rent)는 부동산을 이용하는 사람이 그것을 빌려준 사람에게 부동산을 이용하는 대가로 지불하는 금액을 말하며, 앞에서 설명한 임대료와 동일한 개념이다.
8. 지대모형에서 시장가격의 상승은 경작되는 토지의 양을 증대시키며, 그 결과 생산되고 판매되는 산출물의 양은 증대함과 동시에 지대곡선

은 우측으로 평행이동하게 된다.

9. 주택시장은 신규주택시장과 재고주택시장으로 구분되는데, 신규주택시장은 분양을 목적으로 한 주택이 새로 건설됨으로써 형성된다.
10. 주택시장의 공급은 단기적으로 완전 비탄력적이지만 장기적으로는 주택가격이 높을수록 신규공급물량이 증가하므로 장기주택공급곡선(LS^H)은 우상향하게 된다.
11. 소득 또는 인구증가로 인하여 주택수요가 증가할 경우 단기적으로 주택스톡이 고정되더라도 주택가격은 상승(HP_1)압력을 받는다는 것을 알았다. 그렇지만 장기적으로는 주택가격은 우상향하는 공급곡선(LS^{H_0})에 따라 주택스톡도 증가하게 된다.
12. 신규주택건설비용의 상승은 단기에는 아무런 영향을 주지 못하므로 단기공급곡선은 변화가 없고, 주택수요도 변화하지 않기에 주택가격과 주택스톡은 일정하다. 그러나 장기적으로는 신규주택공급곡선이 왼쪽으로 이동하게 되므로 주택수요가 변화하지 않는다면 주택가격은 상승하게 된다.
13. 이자율이 상승하면 사용자 비용이 증가하므로 주어진 매매가격에서 주택수요는 감소하고 주택수요곡선은 왼쪽으로 이동하게 된다. 단기적으로 주택공급이 고정되어 있으므로 주택수요곡선의 이동은 매매가격을 하락시킨다.

연·습·문·제

01 부동산의 개념, 기능 및 특성에 대해 설명하시오.

02 부동산 시장의 수요와 공급의 결정요인에 대해 설명하시오.

03 지대이론을 통한 토지이용의 개념을 입지와 지대 측면에서 설명하시오.

04 지대모형의 주요 내용을 지대변화 관점에서 설명하시오.

05 부동산 시장의 주택수요 및 주택공급에 대한 작동원리를 설명하시오.

06 토지수요 및 토지 공급의 작동원리를 설명하시오.

07 주택과 토지 시장의 균형에 대해 설명하시오.

08 토지의 지가 변동요인을 설명하시오.

09 부동산이 거시경제에 미치는 효과를 총수요와 총공급 관점에서 설명하시오.

제 10 장

부동산 정책

제1절 부동산 정책 개요

1. 부동산 정책의 의의 및 필요성

1) 부동산 정책의 의의

부동산 정책은 부동산과 관련된 다양한 문제를 해결하는 정부의 정책 행위이자 시장개입을 의미한다. 정부가 추진하기 때문에 공공정책이라고도 하는 부동산 정책은 시장을 조정한다는 측면에서 부동산 경제와 밀접하게 연계되어 있다. 부동산 정책의 사전적 의미는 부동산과 관련된 제반 문제를 해결하거나 특정한 정책목표를 위해 정부에서 추진하는 방침을 의미한다. 따라서 부동산 정책이란 부동산 시장에 존재하는 다양한 형태의 부동산 문제를 해결 또는 개선함으로써 부동산을 사용 또는 이용하는 참여자의 관계를 개선하기 위해 정부기관이나 정부 관료가 개발·집행하는 목적 지향의 시장개입과정이라고 말할 수 있다.

부동산 정책은 공공정책(public policy)으로 국토정책, 토지정책, 주택정책 등으로 구별된다. 국토정책은 국토 계획, 토지 이용과 규제, 산업 입지, 수도권 관리, 지역개발 등의 내용을 포함하며, 토지정책은 택지 개발, 지가 안정, 지가 조사, 토지 투기 억제, 토지거래 질서 확립, 신도시 개발 등의 내용을 포함한다. 마지막으로 주택정책은 주택가격 안정, 주택가격 조사, 주택공급, 주택 금융, 주택 관리, 주거환경, 주거 복지 등의 내용을 포함한다. 더불어 부동산 관련 세제인 보유 관련 과세, 거래 관련 과세, 양도 관련 과세 등 부동산 조세 정책까지를 포괄한다.

2) 부동산 시장에 대한 정부개입 필요성

정부가 부동산 시장에 개입하는 이유는 다음과 같다. 첫째, 시장실패를 보완하기 위해 시장에 개입한다. 둘째는 소득의 재분배 또는 형평성 증진을 위해 시장에 개입한다. 셋째는 시장 안정이나 경제성장을 위해 시장에 개입한다.

먼저, 시장실패의 보완 측면에서 살펴보자. 시장의 가격기구에 의한 자원배분은 지금까지 알려져 있는 경제제도 중에서 상대적으로 가장 효율적인 방법이다. 그러나 만약 시장의 실패가 존재한 다면 자원이 효율적으로 배분되지 않는다. 이때 정부가 시장에 개입하여 자원의 효율적 배분을 추구하게 된다.

시장의 실패를 가져오는 요인은 다양하다. 먼저 불완전경쟁시장이 존재할 경우 자원배분은 효율적으로 이루어지지 않는다. 불완전경쟁시장에서는 공급자가 가격 결정력을 갖고 있기 때문에 시장가격기구에 의한 자원배분은 효율적인 배분이 되지 않는다.

외부효과가 존재할 때에도 자원배분은 효율적으로 이루어지지 않는다. 외부효과가 존재할 때에는 공급자가 사회적으로 바람직한 수준까지 공급량을 늘리지 않거나, 사회적으로 바람직한 수준까지 공급량을 늘리지 않거나, 사회적으로 바람직한 수준 이상으로 공급량을 늘리기 때문에 자원배분이 비효율적으로 이루어지게 된다. 외부효과와 비슷하게 공공재도 자원의 효율적 배분을 방해한다. 공공재를 공급하는 공급자는 비용을 충분히 보상받지 못하기 때문에 사회적으로 바람직한 수준까지는 공공재의 공급량이 늘어나지 않는다. 이 밖에 정보의 비대칭성도 시장실패를 가져오는 요인 중의 하나이다. 정보가 비용 없이 신속하게 유통되지 않으며, 역선택이나 도덕적 해이 등의 문제로 자원배분이 비효율적으로 이루어지게 된다. 이런 시장의 실패가 존재할 때 정부가 시장에 개입하면 자원배분의 효율성을 높일 수 있다.

다음으로 형평성 증진 측면에서 살펴보자. 시장의 가격기구는 자원이 효율적으로 배분하더라도, 소득이나 부의 형평한 분배를 보장하는 것은 아니다. 오히려 시장의 가격기구는 소득이나 부의 편중을 가중시키는 경향이 있다. 시장의 가격기구는 경쟁력이 있는 곳으로 자원을 배분하기 때문에 경쟁력이 떨어지는 곳은 자연히 자원배문이 미흡하여 소득이 감소하고, 부도 감소하게 된다. 소득이나 부의 지나친 편중은 사회의 불안정을 가져 올 수 있으며, 이런 사회적 불안정은 궁극적으로 사회 시스템 자체를 붕괴시킬 수 있다. 이런 이유 때문에 정부는 시장에 개입하여 소득이나 부의 편중을 시정하려고 한다.

마지막으로 시장안정과 경제성장 측면에서 살펴보자. 정부는 종종 시장안정 및 경제성장을 위해 시장에 개입하기도 한다. 시장안정을 위해 정부가 시장에 개입하는 일반적인 상황은 일시적인 수요공급의 불균형이나 인플레이션 등에 의해 시장가격이 불안할 때이다. 또한 대부분의 국가에서는 지속적인 경제성장을 위해 산업보호대책을 내세우거나 산업진흥대책을 내세우는 것이 일반적이다. 정부가 시장에 개입하는 세 가지 이유 중에서 시장실패의 보완과 형평성 증진 목적의 시장개입을 대부분의 경제학자들이 정부의 당연한 역할이라고 보고 있다. 그러나 세 번째 이유인 시장안정 내지는 경제성장을 위한 정부의 시장 개입에 대해서는 경제학자에 따라 입장이 다르다.

케인스 성향의 경제학자들은 시장이란 원래부터 불안정한 성격을 갖고 있으므로 정부가 시장에 개입하는 것은 타당하다고 본다. 또한 경제성장을 위한 정부의 시장개입도 대체로 불가피한 것으로 본다. 그러나 통화주의자들은 이러한 시각에 동의하지 않는다. 경제주체들의 기대가 합리적이기 때문에 시장안정을 위한 정부의 시장개입은 실제로 효과가 없다고 본다. 이런 논란 때문에 1990년대 중반 이후부터 세 번째 이유에 의한 정부의 시장개입은 점차 축소되는 경향이 있다.

〈표 10-1〉 정부의 시장개입 필요성

시장개입필요성	내용
시장실패의 보완	- 외부효과에 대한 보완 - 정보 유통의 불완전에 대한 보완
형평성 증진	- 사회발전의 과실이 부동산 소유자에게 편중되는 것에 대한 보완 - 주거공간과 같은 가치재에 대한 최소한의 소비보장
시장안정	- 수요나 공급 변화에 따른 단기적인 시장 불안정에 대한 교정 - 거시경제의 조절

출처 : 이태교 외(2016)

2. 부동산 정책의 종류

1) 직접개입과 간접개입

정부가 부동산 시장에 개입하는 수단으로 직접개입방식과 간접개입방식이 있다. 직접개입방식은 정부가 가격이나 거래량을 직접 통제하거나, 정부가 직접 수요자나 공급자로 개입하는 방식이다. 정부가 토지의 이용 용도를 결정하는 용도지역 제도가 일종의 직접개입방식이라고 할 수 있다. 직접개입방식은 주로 명령이나 통제를 통해 부동산 시장을 변화시키는 방법이다. 이 때문에 직접개입방식을 흔히 명령-통제형 정책이라고 부르기도 한다.

간접개입방식은 수요나 공급에 영향을 미치는 요인들을 변화시킴으로써 간접적으로 부동산 시장에 개입하는 방식이다. 이 방식은 시장가격기구를 이용한다는 점에서 흔히 시장기반형 정책이라고 부르기도 한다. 간접개입방식은 경제적 동기를 이용하여 수요나 공급을 변화시키는 방법과 부동산 시장이 원활하게 작동되도록 관련 제도를 정비하는 방법으로 구분할 수 있다.

〈표 10-2〉 정부의 부동산 시장 직접개입 수단

종류	주요 내용	비고
수용제도	정부나 공공기관이 공익적인 목적을 위해 개인이 소유한 토지와 기타 권리를 강제로 취득하는 행위	–
선매권 제도	정부나 공공기관이 공익적인 목적을 위해 개인이 소유한 토지와 기타 권리를 우선적으로 매수할 수 있는 권리	토지와 기타 권리 매각 의사
최고 가격제	정부가 부동산의 최고거래가격을 정한 뒤 해당 가격 이하의 가격에서만 부동산이 거래되도록 하는 방법이다. 우리나라의 분양가 상한제라든가 세계 각국에서 시행되고 있는 임대료통제제도가 최고가격제의 대표적인 예이다.	분양가 상한제와 임대료 통제가 대표적
토지 비축제	정부나 공공기관이 사전에 토지를 매입하여 보유하고 있다가, 토지소유가 증가할 때 해당 토지를 매각하여 시장가격을 안정시키는 방법이다.	토지은행제도
부동산거래 허가제	부동산거래를 제한하거나 부동산소유를 제한하는 제도	부동산소유제한제
토지용도 지역 · 지구제	지역이나 지구별로 토지의 용도를 제한하는 제도로 토지가 사회적으로 바람직한 방향으로 이용되도록 토지의 이용을 제한하는 제도	토지 이용 제한

정부가 부동산 시장에 개입하는 수단들 중 직접적으로 시장에 개입하는 방식으로는 수용제도, 선매권 제도, 최고가격제, 토지비축제, 부동산거래허가제, 부동산 수요제한제, 용도지역 · 지구제 등이 있다.

정부의 부동산 정책 수단 중 간접개입수단으로는 조세 및 부담금 제도, 보조금 제도, 금융규제나 지원 등의 방법이 있다. 이러한 방법은 주로 경제적 동기를 통해 수요나 공급을 변화시키는 방법이다. 시장기능을 활성화시키는 방법으로 시장에 간접적으로 개입하는 방법으로는 부동산 거래에 관한 각종 정보를 시장에 제공하거나, 부동산 관련 소유권 제도를 명확하게 설정하는 방법 등이 있다.

조세 및 부담금 제도나 보조금 제도는 시장참가자들의 수요와 공급을 변화시킴으로써 시장가격과 거래량을 변화시킨다. 조세 및 부담금 제도는 수요자나 공급자에게 비용을 부담시킴으로써 시장가격과 거래량을 변화시킨다. 금융규제나 지원 역시 시장참가자들의 수요와 공급을 변화시킴으로써 시장가격과 거래량을 변화시킨다. 금융규제는 수요자나 공급자에게 비용을 부담시키는 방법이고, 금융지원은 수요자나 공급자에게 편익을 제공하는 방법이다.

시장기능 활성화를 목적으로 하는 부동산 정책으로는 실 거래가격 공개, 지적 및 등기제도, 주택성능 표시 등이 있다. 이런 정책수단은 직접 수요나 공급에 영향을 미치지는 않지만, 시장이 효율적으로 작동되도록 지원하는 역할을 한다.

3. 부동산 거래규제의 종류

부동산 거래규제는 정부가 부동산을 거래할 때 투기방지나 부동산 가격을 안정시키기 위해 거래를 일부 제한하는 행위를 말한다. 대표적인 것으로 토지거래 규제가 있다. 국토의 계획 및 이용에 관한 법률에 토지의 투기적인 거래가 성행하거나 지가(地價)가 급격히 상승하는 지역과 그러한 우려가 있는 지역에는 토지거래 허가구역을 지정하여 거래를 제한하도록 정해 놓은 것이 대표적인 토지거래규제 수단이다. 예로 신도시 개발을 발표한 지역의 땅 값이 급등하면 토지보상비가 많아지고 공공사업을 하기 어려워지므로 거래를 제한하여 땅 값 억제를 위해 거래허가지역으로 지정하는 경우를 들 수 있다.

먼저, 토지취득을 제한하는 제도로는 농지취득자격증명제와 토지거래

허가제[1]가 있다. 거래규제제도는 토지의 취득과정에서 소유자격을 제한하거나 소유한도를 제한하는 것이기 때문에 강력한 기능을 발휘한다. 농지취득자격증명제는 소유한도를 제한하고, 토지거래허가제는 취득자격과 이용방법 등을 제한하므로 두 제도는 직접적인 거래규제라고 할 수 있다.

두 번째로, 부동산보유를 제한하는 제도로는 재산세 이외에도 종합부동산세가 있고, 토지처분을 제한하는 제도로는 양도소득세제가 있다. 종합부동산세는 고액의 부동산 보유자에 대하여 부동산 보유에 대한 조세부담의 형평성을 제고하고 부동산의 가격안정을 도모하기 위한 제도이다. 한편 양도소득세는 자본이득에 대한 과세를 통해 투기적 토지소유를 제한하고 개발이익을 환수하는 기능을 갖는다. 이들 제도는 직접적으로 거래규제를 목적으로 제도화한 것이 아니므로 간접적인 거래규제제도로 볼 수 있다.

세 번째로, 거래정보를 관리하는 제도로는 거래정보의 노출을 목적으로 하는 검인 계약서제, 취득한 부동산의 등기를 의무로 하는 부동산등기의무제, 실권리자만의 명의로 부동산을 취득해야 하는 부동산실명제, 이중계약서를 금지하고 실거래가격을 신고하게 하는 부동산거래 신고제가 있다. 이들 제도는 토지취득이나 처분을 제한하는 제도와는 구별된다. 직접적으로 거래규제를 목적으로 하지 않고, 제도운영의 효과로 투기를 억제하고 지가안정을 도모하기 때문이다. 따라서 이들은 간접적으로 규제하는 제도로 분류되고 있다.

1) 토지거래허가제는 토지소유의 편중 및 무절제한 사용의 시정과 투기로 인한 비합리적인 지가형성을 방지하는 토지거래의 공적 규제를 강화하기 위해 시행하는 제도로 1978년 「국토이용관리법」의 개정으로 도입되었으며 현재는 「국토의 계획 및 이용에 관한 법률」에 근거를 두고 있는 제도임.

제2절 토지정책

1. 토지이용 규제[2)]

1) 토지이용 규제의 목적

토지이용규제의 목적은 일반적으로 토지이용을 합리적인 방향으로 유도하여 전체적으로 토지의 이용가치를 극대화 시키는 데 있다. 여기서 토지이용의 합리화란 토지를 적극적으로 이용하는 행위뿐만 아니라 토지의 오용과 남용을 억제하고, 토지를 이용하지 않음으로써 토지가 방치되는 것을 막기 위한 것이며, 토지를 좀 더 생산적인 목적으로 이용할 수 있도록 하는 행위이다. 이러한 토지이용규제는 토지시장에 의한 자율적인 자원배분이 아닌 정부가 인위적으로 개입하는 것을 의미하는데, 이는 시장경제 원리 하에서는 자연스러운 것이 아니다. 왜냐하면 자본주의 경제에서는 시장에 의한 자원배분이 '보이지 않는 손' 에 의해서 효율적으로 이루어진다고 보기 때문이다. 그렇다면 자본주의 경제에서 왜 정부가 시장에 개입하는가?

일반적으로 토지시장에서 정부가 시장개입을 하는 것은 대체로 다음과 같은 두 가지 상황 때문이다. 첫째, 토지의 소유 및 이용이 독·과점화된 상황에서는 시장의 효율적인 작동이 어려워서 제 기능을 다 할 수 없게 된다. 이러한 독·과점 상황을 경쟁적인 시장구조로 전환하기 위한 정부의 개입이 필요하게 된다. 둘째, 토지 이용자 간의 상호 의존성에 의한 외부 불경제 효과를 제거하기 위하여 개입하는 경우이다. 예를 들어

---

2) 이태교 · 이용만 · 백성준(2013) 참조 및 부분 인용

토지용도의 다중성 때문에 인접지역 간 토지이용의 어려움으로 인하여 토지시장의 효율적인 작동을 저해하는 부의 외부효과가 발생할 수 있다.

2) 토지이용 규제제도의 수단 및 종류

토지이용규제는 계획당국이 일정한 목적 하에 토지의 이용을 합리적인 방향으로 유도하기 위하여 특정토지의 이용을 제한하는 행위라고 할 수 있다. 토지이용규제의 수단은 일반적으로 용도지역제를 사용한다. 여기서 용도지역제란 토지의 이용과 건축물의 용도, 건폐율, 용적률, 높이 등을 제한하기 위해 책정해 놓은 구역을 뜻한다. 용도지역은 특정 토지를 도시지역[3], 관리지역, 농림지역, 자연환경보존지역 등 크게 4종류로 구분한다. 따라서 용도지역제는 지역이나 지구로 지정한 후 해당 토지의 이용이 그 지역의 설정 목적에 맞도록 제한하는 제도를 말한다.

그리고 토지이용규제의 설정 기준은 바로 토지이용계획이 된다. 즉, 계획구역 내의 토지를 어떻게 이용할 것인가를 결정하는 계획을 말하며, 도시공간 속에서 이루어지는 제반 활동들의 양적 수요를 예측하고 그것을 합리적으로 배치하기 위한 계획작업이라고 할 수 있다.

토지이용계획은 장래의 경제 · 사회적 변화를 예측하고, 예측에 기초하여 계획대상 지역에서의 적절한 경제 및 사회 활동을 선택한 후, 이러한 선택이 구현될 수 있도록 토지의 용도를 배분하는 계획이다. 토지이용계획은 궁극적으로는 토지이용의 효율화 및 합리화를 도모하고자 하는 것으로 구체적으로 그 목적을 살펴보면 다음과 같다. 첫째, 토지이용

3) 도시지역은 다시 주거지역, 상업지역, 공업지역, 녹지지역 등으로 구분되고, 주거지역은 1~2종 전용주거지역, 1~3종 일반주거지역, 준주거지역으로 분류된다. 상업지역은 중심 · 일반 · 근린 · 유통상업지역 등으로 재분류하는데, 용적률이 높기 때문에 여러 용도지역 중 땅값이 가장 비쌈.

의 균형적 · 체계적 이용체계 확립, 둘째, 토지이용의 여건조성, 셋째, 토지이용을 통한 생활환경 수준의 개선 등이라 할 수 있다.

결국 토지이용규제와 토지이용계획은 상호 보완적이다. 토지이용계획은 용도지역제의 설정기준을 제공하고, 용도지역제는 토지이용계획의 내용을 실현시켜 준다. 그러나 용도지역제와 토지이용계획은 각각 계획수립과 법적 구속력 등에서 상이한 특성을 가진다. 먼저 토지이용계획은 토지이용규제의 근간을 이루지만 법적 구속력을 갖고 있지는 않다. 즉, 토지이용계획은 도시기본계획의 일부를 구성하면서 현행 법규와 무관하게 계획의 의도를 잘 나타낼 수 있도록 개념적 표현방식을 사용한다. 토지이용계획은 법적 구속력을 갖고 있지 않기 때문에 개인의 토지이용을 구속할 수는 없다. 이에 비하여 용도지역제는 토지이용계획의 내용을 실현하는 수단으로, 도시관리계획의 내용을 구성하며 강력한 법적 구속력을 갖기 때문에 개인의 토지이용을 제한할 수 있다.

〈표 10-3〉 토지이용계획과 용도지역제의 비교

구분	토지이용계획	용도지역제
수립단계	- 도시기본계획의 일부 - 지속적이며 장기적인 계획	- 도시관리계획의 내용 - 단기적인 방안
표현방법	- 개념적 · 계획적 표현 사용	- 법적 표현 사용 - 정확하고 구체적인 표현
제한	- 용도지역 지정을 위한 기준이 됨 - 개인의 토지이용제한이 불가능	- 용도 지정 후, 국토의 계획 및 이용에 관한 법률에 의해 – 개인의 토지이용제한

출처 : 이태교 · 이용만 · 백성준(2013)

토지이용규제의 수단으로 최근에는 개발권양도제와 개발허가제가 많이 거론되고 있다. 개발권양도제는 토지소유권으로부터 개발권의 사적 소유를 인정하는 반면 개발허가제는 개발권을 국가가 소유한다는 점에서 두 제도는 근본적인 차이를 보이고 있다.

3) 지역지구제

지역지구제는 부의 외부효과를 제거할 목적으로 실시하는 토지 이용 규제정책이다. 즉, 토지이용효율을 높이거나 무질서한 토지이용을 예방하기 위하여 사회·경제 측면에서 일정한 지리적 범위를 한 지역단위로 묶는 제도로 국토의 계획 및 이용에 관한 법률 등 여러 법에 정해 놓았다. 지역지구제를 사용하는 두 가지 목적 중 첫째는 부정적 외부효과를 차단하여 토지이용의 효율성을 높이기 위함이다. 즉, 도시 내의 용도지역제는 어울리지 않는(nonconforming) 또는 양립 불가능한(incompatible) 토지용도들을 분리함으로써 부정적 외부효과를 차단키 위한 것이다. 둘째는 재산가치를 보호하거나 높이려는 수단으로 도입된다. 토지전용에 대한 경직적인 과도규제가 이루어질 경우 특정 지역은 독점적 위치를 부여받게 되어 용도적 측면에서 이용가능 한 가용토지의 공급 부족이 발생할 경우 토지의 인위적 희소성이 초래된다. 이로 인해 지가 및 주택가격 상승의 원인이 된다. 또한 이런 택지공급의 비탄력성이 주택공급의 비탄력성을 초래하게 된다.

이 경우 단기적으로는 주택수요가 증가할 것이며 부의 외부효과가 제거될 것이다.

4) 토지이용규제의 문제점

그동안 우리나라의 토지이용계획은 기본적으로 도시와 비도시로 구분하여 관리하는 이원화 체계였다. 일차적으로는 용도지역제와 용도전환의 제한 등을 통하여 토지이용을 규제하고 있으며, 지구단위계획 등의 보완 수단을 통하여 규제하고 있다. 이 가운데 용도지역제는 토지이용에 따른 외부불경제를 예방하고 토지이용의 효율화를 향상시키기 위해서 도입된 제도이지만 지역 · 지구의 종류와 용도지역제의 운용상에 있어서 다음과 같은 여러 가지 문제점이 나타나고 있다.

첫째, 지역과 지구를 구분하여 토지의 용도를 분리함에 따라 상이한 기능 간의 상호보완성 존재를 무시하게 되어 나타나는 문제이다. 이러한 용도 분리의 원칙으로 인하여 주거지와 근무지 간의 거리가 멀어져 교통 체증이 유발되는 문제가 발생되었다.

둘째, 경직적으로 운용되는 용도지역제는 시간에 따른 토지이용 패턴의 변화에 대해 유연하게 대처할 수가 없다. 즉, 용도지역제는 계획수립 시기와 집행 사이의 시간 차이로 인하여 환경이나 여건에 변동이 발생할 경우 토지수급에 적절한 대응을 하지 못해 이용할 수 없을 때가 많다.

셋째, 용도지역에 따라 전국의 토지에 획일적인 행위 제한의 기준을 적용하기 때문에 지역의 실정이나 특성을 반영한 토지이용을 기대할 수가 없는 문제가 있다. 물론 최근에는 기존의 「건축법」의 도시설계와 「도시계획법」의 상세계획구역을 일종의 도시계획인 지구단위계획으로 통합하여 지구단위의 특성을 반영하려는 노력이 있긴 하지만 전국에 동일한 기준으로 용도지역제를 적용함으로 인해 생기는 문제는 여전히 있을 것이다.

넷째, 지역과 지구의 지정은 개인의 자산가치에 직접적인 영향을 미치기 때문에 부당한 외부압력과 같은 특수상황에 대처하는 기준의 미비로 부정과 부패의 위험이 수반되는 문제가 있다[4].

---

4) 1999년 7월 22일 헌법재판소 전원재판부에 의해 결정된 구 「도시계획법」의 헌법 불합치

다섯째, 제도운영 상의 문제로 토지이용규제가 지나치게 복잡하여 국토계획법상 용도지역 지정 · 변경이나 각종 공공개발사업 인허가 절차에 장기간이 소요되는 문제가 있다. 각종 규제내용과 지정절차 등을 일원화하고 토지이용규제평가를 내실 있게 운용하여 중복규제를 해제하는 등 토지이용규제를 단순화 · 합리화할 필요가 있다.

토지이용과 관련된 정부의 규제는 국민생활에 엄청난 영향을 미칠 뿐만 아니라 이러한 제도의 시행이나 번복에 따른 결과는 정부나 국민 모두에게 큰 부담으로 되돌아오게 된다. 결국 규제를 위한 규제는 헌법에서 보장한 기본권을 해치고, 비합리적인 규제는 국민생활에는 불편을 정부에게는 재정적 부담을 주게 된다.

제3절 주택정책

1. 주택문제

주택문제는 양적 · 질적 문제의 두 가지로 구분할 수 있다. 먼저 주택문제 중 양적인 문제는 과도한 지가상승과 건축비용 증가가 주택공급을 감소키는 것이다. 이러한 양적 문제는 주택의 절대적 수가 부족하여 발생하는 문제이다. 주택의 질적 문제란 주택을 보유(거주)한 상태에서 발생하는 주거환경의 문제로, 저소득계층의 열악한 주거환경 문제를 의미한다. 이렇게 주택의 질적 문제는 주택에 대한 낮은 구매력의 문제라고도 할 수 있다.

판정은 경직적인 토지이용규제가 낳는 부작용을 잘 보여주고 있다.

결국 주택문제들은 주택의 가용성 문제와 주택의 구입능력 또는 임대료 부담능력의 문제로 귀착된다. 이를 해결하기 위해 정부에서는 저소득층의 임대주택 거주자들을 위한 다양한 정책을 수행하고 있다.

2. 주택가격 규제

1) 주택가격 규제의 효과

정부가 주택가격을 통제하는 방법에는 두 가지가 있다. 하나는 최고가격제이고, 다른 하나는 최저가격제이다. 최고가격제란 재화나 서비스의 판매가격에 최고한도를 두는 제도인데, 균형가격보다 낮은 수준에 최고가격을 설정하는 것이 일반적이다. 최저가격제는 재화나 서비스의 판매가격에 최저한도를 두는 제도로, 균형가격보다 높은 수준에 최저가격을 설정한다.

부동산 시장에서 정부가 주로 사용하는 가격규제는 최고가격제이다. 정부는 대개 저소득층의 주거비 부담완화 또는 부동산 가격을 안정시키겠다는 생각에서 최고가격제를 도입한다. 최고가격제는 임대차 시장에서 임대료를 대상으로, 자산시장에서는 부동산 가격을 대상으로 적용할 수도 있다.

2) 임대료 규제정책

임대료 규제는 주로 주택시장에서 저소득 임차인의 주거비 부담을 덜어주기 위해 사용한다. 주거공간 서비스는 인간다운 삶을 위해 정부가 일정한 수준의 소비를 보장해야 하는 가치재 중 하나이다. 만약 임대료가 지나치게 높을 경우, 저소득층에게 일정한 수준의 주거공간 서비스 소비를 보장할 수 없게 된다. 이때 정부가 임대료를 통제함으로써 저소득층에게 일정한 주거공간 서비스의 소비를 보장하는 것이다.

임대료 규제의 효과는 단기와 장기에 따라 달라진다. 단기에는 임대주택의 공간 공급량이 변하지 않기 때문에 임대료 규제의 효과가 충분히 발휘되지만, 장기에는 공간의 공급량이 변하기 때문에 여러 가지 부작용이 나타난다.

(1) 임대료 규제의 단기효과

먼저 임대료 상한이 시장균형 임대료인 HR_0보다 낮은 HR_c에서 이루어져 있다고 해보자. 이 경우, 단기에는 임대주택을 다른 용도로 바꾸기가 어렵기 때문에 임대 주택의 공급량이 감소하는 문제가 발생하지 않는다. 그 대신 정부가 정한 낮은 임대료 때문에 수요량이 HS_0에서 HS_1으로 증가하게 된다. 그 결과 임대차 시장에서는 $HS_1 - HS_0$ 만큼의 초과수요량이 존재하기 때문에 임차인을 선별해야 하는 문제가 생긴다.

임대료 규제로 인해 초과수요가 존재하기 때문에 임대차 시장에는 임대료 상승압력이 존재하게 된다. 이로 인해 임대인과 임차인 사이에 다양한 형태의 부정적 거래 또는 압력 등이 발생할 수 있다. 그래서 정부의 임대료 규제에도 불구하고 실제 임대료는 시장균형임대료 수준인 HR_0에서 이루어지게 된다.

[그림 10-1] 임대료 규제의 단기효과

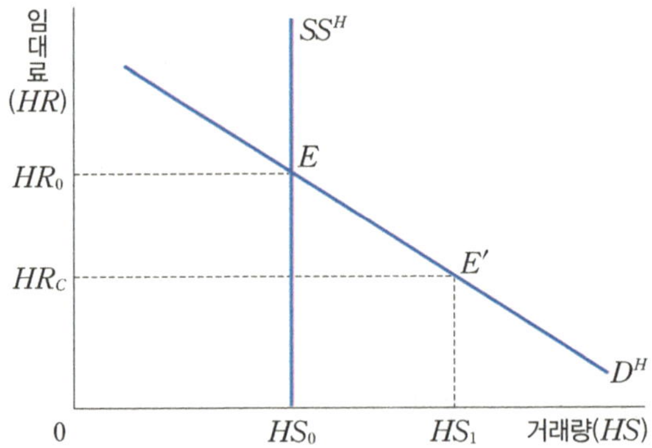

임대료 상한이 시장균형 임대료인 HR_0보다 낮은 HR_c에서 이루어져 있을 경우, 단기에는 임대주택을 다른 용도로 바꾸기가 어렵기 때문에 임대 주택의 공급량이 감소하는 문제가 발생하지 않는다. 그 대신 정부가 정한 낮은 임대료 때문에 수요량이 HS_0에서 HS_1으로 증가하게 된다. 그 결과 임대차 시장에서는 $HS_1 - HS_0$ 만큼의 초과수요량이 존재하기 때문에 임차인을 선별해야 하는 문제가 생긴다.

(2) 임대료 규제의 장기효과

장기에는 임대료 규제의 효과가 달라진다. 임대료를 규제하게 되면, 기존의 임대주택이 자가나 상업용 등의 다른 용도로 바뀌면서 장기적으로 임대주택의 공급량이 감소하게 된다. [그림 10-2]에서 보듯이, 장기 공급곡선은 단기공급곡선과는 다르게 우상향하는 모습을 보인다. 이 상태에서 임대료 규제가 균형임대료 HR_0보다 낮은 수준인 HR_c에서 이루어질 경우, 임대주택의 공급량이 임대료 규제 이전보다 적은 HS_2 수준으로 감소하게 된다. 그 결과 초과수요량은 $HS_1 - HS_2$으로, 단기 때보다 늘어나서 임차인 선별에 더 큰 어려움을 겪게 된다.

그리고 임대인은 정부가 정해준 임대료 HR_c이상을 받을 수가 없기 때문에 임대주택의 공급량이 HS_2 이상으로 늘어나지 않는다. 그래서 임대료 규제가 있을 경우, 실질적인 임대주택의 공급곡선은 $abcd$가 된다. 시장의 실질적인 임대료는 실질적인 공급곡선 $abcd$와 수요곡선 D^H가 마주치는 HR_m 이 된다. 실질적인 임대료는 규제 이전의 시장 임대료 HR_0 보다 높은 수준에 있다. 정부가 임대료를 HR_c 이상으로 받지 못하도록 규제하고 있기 때문에 임대인과 임차인 사이에 다양한 형태의 부작용이 초래될 수 있다.

예를 들어 임대인이 임대주택을 유지 · 관리하지 않을 경우 결국 HR_c 수준에 맞는 질 낮은 임대주택들은 슬럼화되어 임차인이 거주할 수 없는 수준으로까지 질이 떨어지게 되고, 더 나아가 주변지역까지 슬럼화된다.

[그림 10-2] 임대료 규제의 장기효과

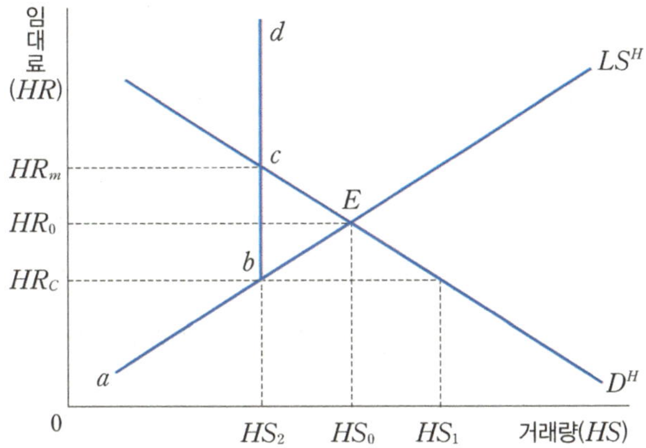

임대료 규제가 균형임대료 HR_0보다 낮은 수준인 HR_c에서 이루어질 경우, 임대주택의 공급량이 임대료 규제 이전보다 적은 HS_2 수준으로 감소하게 된다. 그 결과 초과수요량은 $HS_1 - HS_2$으로, 단기 때보다 늘어나서 임차인 선별에 더 큰 어려움을 겪게 된다.

임대료 규제는 일단 한번 도입되면 폐지가 어려운 반면에 그에 따른 부작용은 심각하다 보니, 최근에는 여러 가지 완화된 형태로 진화하고 있다. 예를 들자면, 임대주택의 공급을 늘리기 위해 신규로 건설되는 임대주택에 대해서는 임대료 규제를 하지 않는 것이다. 임대료 수준이 아니라 임대료 상승률을 규제하는 경우도 있다. 임대차 계약시점의 임대료는 시장임대료 수준으로 하되, 매년의 임대료 상승률을 일정 수준 이하로 제한하는 것이다. 그리고 대개는 임대료를 규제하는 대신 정부에서 임대인에게 여러 가지 세제상의 혜택이나 사회 정책적으로 정부, 금융기관 따위가 기업이나 개인에게 일반 금리 수준보다 낮은 이자로 빌려주는 자금 융자와 같은 지원을 제공하고 있다.

3) 임대료 보조금

보조금 제도는 정부가 특정한 목적을 위해 가계나 기업에 무상으로 자금을 지급해 주는 제도이다. 부동산 시장에서는 임차인에 대해 주거보조금을 지원해 주는 제도가 가장 일반적으로 사용되는 보조금 제도이다. 임차인에게 주어지는 주거보조금을 흔히 임대료 보조금이라고 부른다. 일반적으로 임대료 보조금은 저소득 임차인의 주거비 부담을 덜어줌으로써 이들이 인간다운 삶을 살기 위해 필요한 최소한의 주거 서비스를 소비할 수 있도록 하기 위함이다. 해외 주요 국가들의 경우 임대료 보조금 제도는 임대료 규제의 대안으로 많이 사용되고 있다.

(1) 임대료 보조의 효과

임대료 보조금을 지급하면, 주거 서비스에 대한 수요곡선이 해당 보조금만큼 상향으로 이동하게 된다. 예를 들어 임차인에게 s원의 보조금이 지급될 경우, 임차인이 지불하고자 하는 최대 임대료 수준은 s원만큼 증가하게 된다. 이 때문에 임대료 보조금을 지급하면, 수요곡선이 해당 보조금만큼 상향 이동하는 것이다. 임대료 보조금 제도에 의해 주거 서비스에 대한 수요곡선이 상향으로 이동하였을 때, 이 제도가 주거 서비스 시장에 미치는 영향은 단기와 장기에 따라 다르다.

먼저 단기에는 임대주택의 공급량이 변하지 않기 때문에 수요의 상향 이동은 임대료를 s만큼 인상시킨다. 즉, 임대료 보조금 지급 이후 시장 임대료 HR_1은 이전의 임대료에서 보조금을 더한 수준(HR_0+s)과 같다. 따라서 단기에는 시장 임대료가 상승하게 된다. 따라서 임대료 보조금이 주어지면 단기에는 시장 임대료가 상승하게 된다. 그러나 임차인의 주거비 부담이 늘어나는 것은 아니다. 임차인은 임대료 보조금 제도가 도입되기 이전과 마찬가지로 HR_0를 임대료로 지불한다. 정부의 보조금 s는 임대주택 공급자에게 귀속된다.

그러나 장기적으로 임대료 보조금 제도는 임대주택의 공급량을 증가시키고, 시장임대료를 낮추게 된다. 그 결과 임차인의 임대료 부담은 줄어들게 된다. [그림 10-3]에서 임대료 보조금 제도에 의해 단기적으로 임대료가 HR_1까지 올라가면, 임대주택 개발이 일어나 신규주택 공급량이 장기적으로 증가 하게 된다. 임대주택 공급량의 증가에 따라 시장 임대료는 장기적으로 HR_2에서 결정된다. 시장 임대료가 HR_2에서 결정되었다면, 임차인이 실제로 지불하는 임대료는 HR_2-s인 HR_3가 된다.

결국 보조금 제도는 단기적으로는 임대주택 공급량도 늘어나지 않고 임차인의 임대료 부담도 줄어들지 않지만, 장기적으로는 임대주택의 공급량이 늘어나면서 임차인의 임대료 부담이 줄어들게 된다.

[그림 10-3] 임대료 보조금의 단기효과

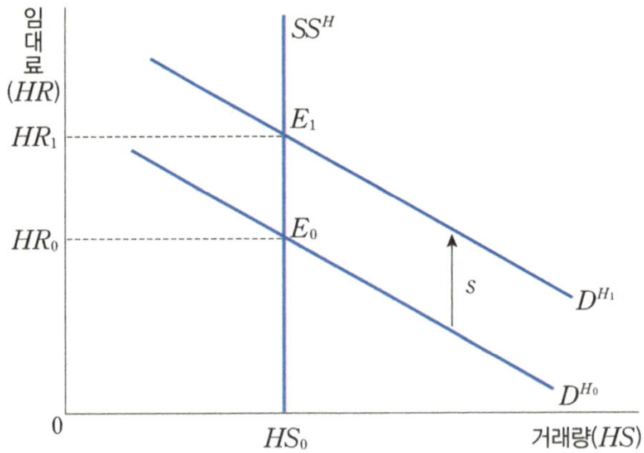

[그림 10-4] 임대료 보조금의 장기효과

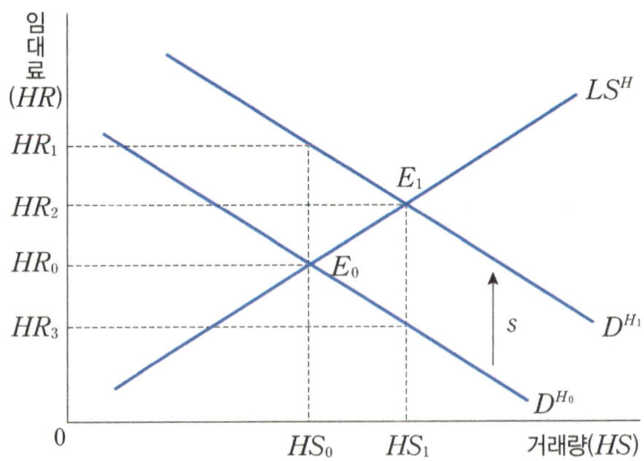

임대료 보조금 제도에 의해 단기적으로 임대료가 HR_1까지 올라가면, 임대주택 개발이 일어나 신규주택 공급량이 장기적으로 증가 하게 된다. 임대주택 공급량의 증가에 따라 시장 임대료는 장기적으로 HR_2에서 결정된다. 시장 임대료가 HR_2에서 결정되었다면, 임차인이 실제로 지불하는 임대료는 $HR_2 - s$인 HR_3가 된다.

이때 임대주택의 공급량이 장기적으로 얼마나 늘어날 것인지, 그리고 임차인의 임대료 부담이 어느 정도 줄어들 것인지의 여부는 임대주택 공급의 임대료 탄력성에 달려 있다. 공급의 임대료 탄력성이 탄력적이라면, 임대주택의 공급량이 많이 증가하고 임대료의 하락 폭도 커질 것이다. 만약 공급의 임대료 탄력성이 비탄력적이라면, 임대주택의 공급량 증가가 그리 크지 않기 때문에 임대료의 하락 폭은 그다지 크지 않게 된다.

(2) 임대료 보조의 종류

이와 같이 임대료 보조는 저소득 임차인이나 임대주택 공급자에게 보조금을 지급하는 정책이다. 이러한 임대료를 누구에게 지원하느냐에 따라 임차인에 대한 보조인 수요자 보조 및 임대인에 대한 보조인 공급자 보조로 나누어 볼 수 있다. 먼저 수요자 보조는 가격보조와 소득보조로 구분되는데, 가격보조(임대료 보조)는 오직 임대료로만 보조금을 사용할 수 있도록 하는 제도이다. 이는 임차인들의 주택 소비증진에 큰 도움이 되는 정책이다. 반대로 소득보조(현금보조)는 임차인에게 직접 현금을 지급하는 방식으로, 임차인들의 효용증진에 큰 도움이 된다. 그러나 이와 같은 소득 보조는 일부 저소득층의 부정적인 소비를 권장하는 방법으로 이용될 수도 있다. 예를 들어 해외 국가들의 경우 임대료 보조금을 받는 저소득층이 해당 보조금으로 마약을 구입하거나 알코올을 구입하는 경우가 있다. 이 때문에 임대료 보조금 제도가 저소득층의 마약중독이나 알코올 중독을 부추긴다는 비판도 있다. 그렇기에 일부 국가에서는 임대료 보조금을 가격보조의 형태로 지급한다. 예를 들어 상품권과 같은 방식으로 제공하는 것이다. 이러한 상품권을 바우처라고 부른다. 해당 바우처는 임대료 지급에만 사용할 수 있다. 임대료 보조금을 바우처로 지급하는 제도를 흔히 주택바우처 제도라고 부른다. 주택바우처 제도는 정부가 임차인에게 바우처를 지급하면, 임차인이 임차인에게 해당 바우처로 임대료를 지급하는 제도이다. 바우처로 임대료를 받은 임대인은 해당 바우처를 정부에 제시하여 현금을 받게 된다. 그러나 가격보조의 경우에도 아무런 문제가 없는 것은 아니다. 바우처를 사고파는 암시장이 형성되기도 하고, 임대인과 임차인이 상호 담합을 하는 경우도 있는 것이다.

4) 분양가 상한제

자산시장에서 부동산 가격을 통제하는 대표적인 사례가 분양가 규제이다. 분양가 규제는 신규분양 주택의 분양가격을 정부가 정한 가격 이상으로 받지 못하도록 통제하는 제도이다. 분양가 규제를 실시하는 목적은 주택가격 안정 및 무주택자들의 신규주택 구입 부담완화에 있다. 우리나라의 분양가 상한제는 분양가 규제의 대표적인 사례라고 할 수 있다.

(1) 분양가 규제의 효과

분양가 규제는 보통 자산시장에서 신규분양 주택에 적용된다. 신규 분양시장에서는 공급곡선이 장·단기에 관계없이 우상향하는 형태를 취한다. 규제가 없을 때에는 공급곡선과 수요곡선이 마주치는 E지점에서 균형을 이루고, 이때의 균형 분양가는 HP_0이다. 이 상태에서 정부가 분양가를 HP_c로 제한할 경우, 신규주택 개발량은 HS_1으로 제한된다. 따라서 신규분양 주택의 공급량은 규제가 없을 때에 비해 $HS_0 - HS_1$만큼 줄어들어 신규분양 주택의 품귀현상을 가져올 수 있다.

한편, 낮은 분양가 때문에 수요량은 HS_2로 증가하게 된다. 이에 따라 $HS_2 - HS_1$만큼의 초과수요가 존재하게 된다. 이 경우, '누구에게 분양주택을 배분할 것인가' 하는 문제가 발생하게 된다.

분양가 규제 하에서는 공급자가 신규분양 주택을 HS_1 이상 공급하지 않으려고 하기 때문에 실제적인 공급곡선은 $abcd$가 된다. 이 경우 신규분양 주택의 실질적인 시장가격은 $abcd$와 수요곡선 D^H가 만나는 c점에서의 가격인 HP_m이 된다. 실질적인 시장가격 HP_m과 분양가격 HP_c의 차액을 분양 프리미엄이라고 부른다. 공급자가 HS_1만큼 공급하였을 때, 총 분양 프리미엄은 $bcHP_mHP_c$가 된다. 이 분양 프리미엄은 신규주택 분양을 받은 사람에게 돌아간다. 이들은 분양 프리미엄을 조기에 실현하기 위해 분양권을 매각하기도 한다.

[그림 10-5] 분양가 규제의 효과

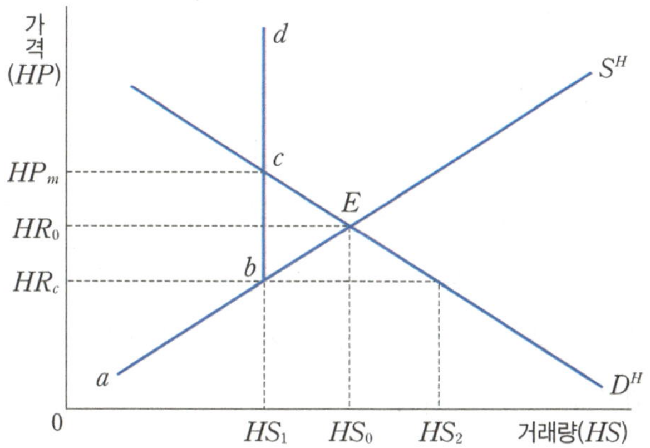

규제가 없을 때에는 공급곡선과 수요곡선이 마주치는 E지점에서 균형을 이루고, 이때의 균형 분양가는 HP_0이다. 이 상태에서 정부가 분양가를 HP_c로 제한할 경우, 신규주택 개발량은 HS_1으로 제한된다. 따라서 신규분양 주택의 공급량은 규제가 없을 때에 비해 $HS_0 - HS_1$만큼 줄어들어 신규분양 주택의 품귀현상을 가져 올 수 있다.

분양가 규제가 실시되면, 분양가격이 시장가격보다 낮기 때문에 분양을 받은 사람은 신규분양 주택의 질이 다소 떨어지더라도 이를 감내할 의사가 있다. 더군다나 시장에는 신규분양 주택을 분양받겠다고 사람들이 줄을 서고 있는 상황이라, 공급자는 주택의 질을 떨어뜨리더라도 주택을 분양하는 데 별다른 어려움이 없다. 이런 이유에서 분양가 규제가 실시되면, 신규분양 주택의 질은 하락하게 된다.

(2) 분양가 규제의 문제점

분양가 규제는 여러 가지 부작용을 잉태하기 때문에, 정부는 분양가 규제를 유지하기 위해 추가적인 규제나 지원책을 도입해야 한다. 예를 들어 우리나라에서는 분양가 상한제로 신규분양 주택의 공급량이 감소하는 것에 대응하여 공기업을 통해 신규주택의 공급을 확대하고 시행사에 조세 및 금융상의 지원을 함으로써 공급량 감소가 최소화되도록 노력하고 있다. 초과수요에 대해서는 보통 무주택 기간, 주택청약예금이나 청약저축 가입기간 등을 고려하여 청약 대상자를 선정하고, 최종적으로는 추첨을 통해 수분양자를 선정한다. 그리고 분양 프리미엄이 발생하여 실질적으로 분양주택의 가격이 상승하는 문제에 대해서는 일정기간 동안 전매를 제한함으로써 프리미엄의 실현 시기를 늦추기도 한다. 신규분양 주택의 질이 하락하는 문제의 경우, 주택의 질을 분양가격 산정에 반영하는 방식을 취하고 있다. 즉, 분양주택의 질이 일정 수준 이상인 사업장에 대해서는 분양가격을 높여줌으로써 주택의 질을 높이고자 하는 인센티브를 제공해 주는 것이다.

〈표 10-4〉 분양가 상한제의 문제점과 보완책

문제점	보완책
신규주택 공급량 감소	– 공기업(주택토지공사)의 주택공급 확대 – 신규주택건설에 대한 조세 및 금융지원
초과수요	– 주택청약제도에 의한 분양주택 배분
분양 프리미엄	– 분양주택의 전매 제한
신규주택의 질 하락	– 분양가격 산정 시 우수 건설사에 대한 분양가 상향 조정
분양프리미엄이 높은 주택만 청약	– 대책 없음

출처 : 이태교 · 이용만 · 백성준(2013)

이런 보완책에도 불구하고 분양가 규제는 그 본래 정책 목적을 충분히 달성하지 못한다. 분양가 규제를 실시하더라도 신규주택 공급량이 감소함으로써 시장가격은 규제 이전보다 올라갈 수 있다. 또한 신규주택의 질이 하락함으로써 시장의 다양한 수요를 충족시켜주지 못할 수 있다. 다만 분양가 상한제로 인해 무주택자들의 신규분양주택 구입부담이 줄어드는 효과는 있다. 그러나 이는 운 좋게 당첨된 상황에서만 해당되는 효과이다.

(3) 공공주택의 분양 및 불하

분양가 규제가 가지고 있는 부작용 때문에 대개 공공부문에서 공급하는 분양주택에 한정하거나 정부로부터 저렴하게 토지를 제공받아 공급되는 주택에 한정하는 것이 일반적이다. 그리고 이런 주택을 분양 받을 수 있는 사람은 무주택자 등으로 제한되며, 이런 기회를 생애 한번만 주기도 한다.

우리나라의 분양가 상한제와 비슷하게 싱가포르에서도 주택을 저렴하게 분양하는 정책을 쓰고 있다. 영국을 비롯한 유럽의 여러 나라에서는 공공임대주택을 임차인에게 불하하는 공공임대주택 정책을 사용해 왔는데, 이때 불하가격을 시장가격보다 저렴하게 하여 저소득 임차가구의 자가 소유를 촉진하고 있다.

5) 분양가 자율화

분양가 자율화는 앞서 살펴 본 분양가 상한제에 대한 규제를 철폐하고 시장가를 자율화하는 제도이다. 이는 분양가 상한제의 부작용으로 인한 초과수요를 없애고 시장 왜곡을 피하기 위한 조치이다. 분양가 자율화가 시행되면 시장 참가자들이 분양가격의 상승을 예측하게 된다. 이로 인해 신규분양 주택에 대한 수요가 줄고 이전에 존재했던 가수요가 사라지게 된다. 가격의 상승으로 인해 건설사의 수익성이 향상되면 공급량이 늘어나게 되며 거래량 또한 늘어나 시장이 활성화된다. 장기적으로는 신규분양 주택시장에서 수요와 공급의 균형이 이루어져 시장이 정상화된다.

6) 주택대출금리 변동

주택대출금리가 변동되는 경우 주택의 수요공급에 많은 영향을 미치게 된다. 우선 금리가 인상하는 경우를 가정해 보자. 아래 [그림 10-6]에서 보듯이, 금리가 상승하면 주택의 매매가격이 일정하더라도 사용자비용이 상승하므로 주어진 매매가격에서 주택수요는 감소하게 된다. 따라서 주택수요곡선이 왼쪽으로 이동하고 이에 따라 주택매매가격은 하락하게 된다. 단기적으로 이 주택가격의 하락은 장기에 비해 높은 편이지만 장기로 갈수록 당초 하락에 비해 상대적으로 높은 가격을 유지하게 된다. 왜냐하면 매매가격의 하락에 따른 장기적 주택공급의 증가폭이 감소되고 이는 우상향하는 공급곡선의 좌측이동을 유발하기 때문에 주택가격은 상승하게 된다. 결과적으로 금리상승은 장기적으로 매매가격과 임대가격을 다소 상승시키는 결과를 초래한다. 여기서 건물 소유주가 금융비용을 회수하기 위해 임차인에게 금융비용을 전가하는 경우 임대가격이 높아지게 된다.

[그림 10-6] 주택가격과 금리의 관계

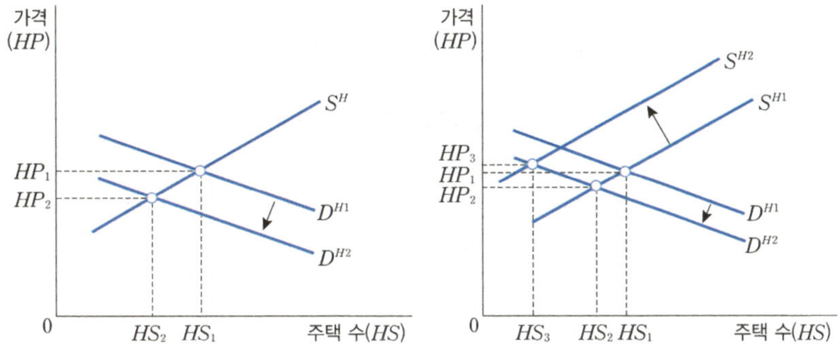

(a) 단기　(b) 장기

금리가 상승하면 주택의 매매가격이 일정하더라도 사용자 비용이 상승하므로 주어진 매매가격에서 주택수요는 감소하게 된다. 매매가격의 하락에 따른 장기적 주택공급의 증가폭이 감소되고 이는 우상향하는 공급곡선의 좌측이동을 유발하기 때문에 주택가격은 상승하게 된다. 결과적으로 금리상승은 장기적으로 매매가격과 임대가격을 다소 상승시키는 결과를 초래한다. 주택수요곡선이 왼쪽으로 이동하고 이에 따라 주택매매가격은 하락하게 된다.

사/례/연/구 1

〈표 10-5〉 노무현 정부의 주요 부동산 및 건설정책 일람

연도	주요 부동산 및 건설정책 일람	
2003	5.23	분양권 전매금지 수도권 충청권 일부 확대 투기지역 내 주상복합 조합아파트 분양권 전매 금지
	9.05	재건축 아파트 중소형 60% 의무화 1가구 1주택 양도세 비과세 요건 강화
	10.29	주택시장안정 종합대책 1가구 3주택 양도세 중가(60% 세율) 투기지역 내 주택담보비율(LTV) 40% 하향조정 종합부동산세 1.11조기 도입
2004	7.01	건설경기 연착륙 방안 : 건설산업에 대한 지원 강화
	11.09	부동산 규제 완화 대책 : 지방에서는 완화 적용
2005	8.31	부동산제도 개혁방안 1가구 2주택 양도세 중과(50% 세율) 종합부동산세 과세기준 강화(9억 원 → 6억 원)
2006	3.30	서민 주거복지 : 영세민 전세자금 수혜가구 확대 재건축 부담금 등 개발이익 환수제 도입 투기지역 총부채상환비율(DTI) 40% 규제
	11.15	주택담보대출 규제 강화 수도권 3기 신도시 발표
2007	1.11	분양가상한제 강화 민간택지까지 적용, 전매제한기간 확대
	1.31	장기임대주택 공급확대 공공부문 분양주택 공급확대

노무현 정부의 부동산 정책은 가격안정에 초점을 맞춘 수요억제형 부동산 정책이 주요 정책기조였다. 외환위기 당시 공급부족으로 인해 2000년 대 이후 주택가격이 급격히 상승하는 양상을 보였다. 특히 서울시 5개 저밀도 지구의 재건축 사업이 진행되면서 2001년과 2002년에는 매우 가파르게 상승세를 보였다. 이러한 배경에서 2003년 출범한 노무현 정부의 부동산 정책은 급등기에 있는 주택가격을 안정시키는 데 중점을 둘 수밖에 없었다. 단편적인 규제강화

로는 막기 어렵다는 판단을 하여 2003년 10월 29일 부동산 종합대책 이후 10여 차례의 종합대책을 발표하며 주택가격 안정 및 주거복지 실현을 위한 범정부 차원의 부동산 정책을 구사하였다. 결론적으로 노무현 정부의 수차례의 부동산종합대책은 부동산투기 차단 시스템 구축, 부동산 시장 투명화, 공공역할 확대를 통한 주택공급 확대, 서민 주거 안정 실현으로 정리할 수 있으며, 부동산 문제를 완화시키는 토대를 마련하고 국민의 주거복지 향상을 도모하는 데 목적이 있었다.

사/례/연/구 2

〈표 10-6〉 이명박 정부의 주요 부동산 및 건설정책 일람

연도	주요 부동산 및 건설정책의 내용	
2008	1.30	비수도권 투기지역 및 투기과열지구 전면 해제
	6.11	지방 미분양 LTV 60% → 70% 완화, 1년간 취득세 50% 감면
	8.21	수도권 전매 제한 기간 완화 재건축 절차 규제 개선, 재건축 의무 후분양 폐지
	9.19	주거안정을 위한 도심공급 활성화 및 보금자리 주택 건설방안
	11.3	강남 3구 제외한 투기지역 · 투기과열지구 해제 재건축 의무 후분양 폐지
2009	2.12	주택청약종합저축 신설
	7.06	수도권 지역의 주택담보비율(LTV) 50%까지 하향 총부채 상환비율(DTI) 수도권 제 2금융권까지 확대
	8.27	수도권 입주 예정 단지 조기 입주 및 분양 물량 조기 공급, 보금자리 주택 공급확대
2010	4.23	주택보증환매 조건부 매입 확대
	8.29	무주택 및 1가구 주택자 대출에 한해 DTI 한시적 자율화, 생애 최초 주택 구입 자금 재도입
2011	3.22	주택 거래시 취득세 연말까지 50% 감면
	8.18	민간 임대사업 활성화 및 주거비 부담 완화

	12.7	지방청약 가능지역 확대, 투기과열지구 해제
2012	5.10	강남 3구 투기지역 해제, 분양권 전매 기간 완화
	9.10	취득세 감면, 미분양 주택 양도세 면제

이명박 정부의 부동산 정책은 고소득층과 고가주택 소유자, 다주택 소유자들에게 상대적으로 유리한 정책을 지향하고 있다. 1가구 1주택인 경우 양도소득세는 사실상 부담이 없어졌으며, 종합부동산세마저 완화되는 경우 고가주택보유자가 주택보유로 인한 부담을 거의 지지 않게 된다. 지방의 미분양 주택을 해소하기 위한 정책으로 기존 주택보유자라도 주택공시가격 3억 원 이하의 지방주택에 대해서는 양도소득세 중과를 없앴기 때문에 사실상 다주택자들의 부담도 없어지게 되었다. 또한 규제완화와 세제 부담, 주택공급 확대 정책 등 그동안 건설업계나 주택건설사업자들이 요구해 온 대책들을 대부분 수용함으로써, 재계의 지지를 확보함과 동시에 주택공급 확대를 통해 경기하락과 고용불안정으로 인한 정치적인 부담도 줄일 수 있게 되었다.

사/례/연/구 3

〈표 10-7〉 박근혜 정부의 주요 부동산 및 건설정책 일람

연도	주요 부동산 및 건설정책의 내용	
2013	4.01	미분양 및 신축주택 외에 기존주택 양도세 5년 면제, 분양가 상한제 신축운영, 리모델링 수직증축 운영
	7.24	건설사 대상 모기지 보증 및 전세보증금 반환보증 시행, 민간부분 주택공급조절 본격 시행
	8.28	취득세율 영구인하, 연1%대 초저리 수익 및 손익 공유형 모기지 지원
	12.3	목돈 안드는 전세 보완, 행복주택 축소, 공유형 모기지 본사업 실시
2014	2.26	임대주택의 지속가능한 공급체계 구축, 민간 임대공급 활성화, 거주유형별 주거비 균형 도모, 주택 임대차시장 인프라 구축
	7.24	LTV, DTI 70% 일괄 완화

	9.01	재건축 연한 완화 및 청약 1순위 자격 완화
	12.23	민간택지 분양가 상한제 탄력 적용, 재건축 초과이익 환수제 3년간 유예기간 연장
2015	1.13	중산층을 위한 기업형 임대 '뉴스테이' 도입
	4.06	임차보증금 반환보증 지원 강화 월세대출 지원요건 완화
	9.02	집주인 리모델링 제도 도입, 1인 가구에 공급 뉴스테이 활성화
2016	4.28	행복주택 및 뉴스테이 공급 확대
	8.25	공공택지 공급 축서, 중도금 대출 보증개선
	11.3	강남 4구 등 투기과열지구의 분양권 전매금지 및 1순위 청약조건 강화
	12.24	잔금대출 규제 강화

박근혜 정부의 주택정책 방향은 주택시장 정상화를 통한 수요자 중심의 보편적 주거복지 구현이라고 할 수 있는데 주요 정책을 살펴보면 다음과 같다. 첫째, 주택시장 정상화를 위한 지원정책이다. 시장여건에 맞게 공공 분양주택 공급물량을 조절하여 시장 안정을 유도하고, 노후 아파트 수직증축 리모델링 허용, 준공공임대주택, 토지임대부 임대주택 도입 등을 통한 민간임대시장 활성화, 생애최초 주택구입자에 대한 취득세 한시면제 · 구입자금 지원확대 · 금리 인하 등 서민주거비 완화 등을 추진하였다. 둘째, 하우스푸어 및 렌트푸어를 위한 맞춤형 정책이다. 무리한 대출로 주택을 구입하여 원리금 상환부담이 어려운 가구(하우스 푸어)에 대한 채무조정 활성화, 보유 주택을 매각하고 임차생활을 보장하는 임대주택 리츠 도입, 주택연금 사전가입제도 도입, '목돈 안 드는 전세제도' 를 도입하여 세입자의 대출이자를 낮추고, 집주인의 세제 혜택을 강화하는 등의 정책을 추진하였다. 셋째, 보편적 주거복지 실현을 위한 주택정책이다. 임대주택과 분양주택 등 공공 주택 13만 호 공급, 철도부지, 유휴 국 · 공유지를 활용한 도심 임대주택인 행복주택 공급, 저소득층 주택바우처 도입 및 생애주기별 주거지원 강화로 맞춤형 주거비 지원 강화 등을 추진하였다. 박근혜 정부의 토지정책은 규제완화를 통한 토지이용 활성화가 주요 방향으로써 토지이용의 고도화로 토지거래의 활성화를 유도하였다는 평가

가 있는 반면 한편에서는 지나친 규제완화로 난개발의 부작용이 우려된다는 평가도 제기되고 있다.

사/례/연/구 4

〈표 10-8〉 문재인 정부의 부동산 대책 개요

연도	주요 부동산 및 건설 정책의 내용	
2017	6.19	DTI, LTV 10%씩 강화 강남 4구외에도 서울 전역에서 민간택지 분양권 전매 금지, 재건축 조합원 주택공급 수 제한, 다운계약서 신고제도 활성화
	8.02	DTI, LTV 40%로 축소, 양도소득세율 50%로 증가, 민간택지 분양가 상한제 재시행, 청약 1순위 조건 강화, 투기과열지구 내 재건축, 재개발 조합원 지위 양도 및 입주권 전매 금지 실수요 보호와 단기 투기 수요 억제를 통한 주택 시장 안정화 방안
	9.05	투기과열기구 추가지정, 집중 모니터링 지역 설정, 민간택지 분양가 상한제 적용요건 개선
	10.24	DTI, LTV 산정방식 변경, DSR도입 예정(2018년)

문재인 정부는 노무현 정부와 비슷한 부동산 대책을 내어 놓고 있다. 박근혜정부에서 풀었던 규제를 강화하고 수요 억제를 통한 부동산 시장 안정화를 꾀하고 있다.

요약

1. 정부가 부동산 시장에 개입하는 것은 크게 세 가지 이유 때문이다. 첫째는 시장실패를 보완하기 위해 시장에 개입한다. 둘째는 소득의 재분배 또는 형평성 증진을 위해 시장에 개입한다. 셋째는 시장안정이나 경제성장을 위해 시장에 개입한다.
2. 정부가 부동산 시장에 개입하는 수단으로 직접개입방식과 간접개입방식이 있다. 직접개입방식은 정부가 가격이나 거래량을 직접 통제하거나, 정부가 직접수요자나 공급자로 나서는 방식을 말한다. 간접개입방식은 수요나 공급에 영향을 미치는 요인들을 변화시킴으로써 간접적으로 부동산 시장에 개입하는 방식이다.
3. 직접적으로 시장에 개입하는 방식으로는 수용제도, 선매권제도, 최고가격제, 토지비축제, 부동산거래허가제, 부동산수요 제한제, 용도지역·지구제 등이 있다.
4. 간접개입수단으로는 조세 및 부담금제도, 보조금제도, 금융규제나 지원 등의 방법이 있다. 이러한 방법은 주로 경제적 동기를 통해 수요나 공급을 변화시키는 방법이다.
5. 토지취득을 제한하는 제도로는 농지취득자격증명제와 토지거래 허가제가 있다. 부동산보유를 제한하는 제도로는 재산세 이외에도 종합부동산세가 있고, 토지처분을 제한하는 제도로는 양도소득세제가 있다. 거래정보를 관리하는 제도로는 거래정보의 노출을 목적으로 하는 검인계약서제, 취득한 부동산의 등기를 의무로 하는 부동산등기의무제, 실권리자만의 명의로 부동산을 취득해야 하는 부동산실명제, 이중계약서를 금지하고 실거래가격을 신고하게 하는 부동산거래 신고제가 있다.
6. 토지이용규제는 계획당국이 일정한 목적 하에 토지의 이용을 합리적인 방향으로 유도하기 위하여 특정토지의 이용을 제한하는 행위라고 할 수 있다. 토지이용규제의 수단은 일반적으로 용도지역제를 사용한다.
7. 지역지구제의 가장 중요한 두 가지 목적은 부정적 외부효과를 차단하여 토지이용의 효율성을 높이기 위함이다. 즉, 도시 내의 용도지역제는

어울리지 않는(nonconforming) 또는 양립 불가능한(incompatible) 토지용도들을 분리함으로써 부정적 외부효과를 차단키 위한 것이다.

8. 주택문제는 양적, 질적 문제의 두 가지로 구분할 수 있다. 먼저 양적인 문제로 과도한 지가상승과 건축비용의 증가는 주택공급을 감소시킨다. 주택의 질적 문제는 주택에 대한 낮은 구매력의 문제라고도 할 수 있다.
9. 최고가격제란 재화나 서비스의 판매가격에 최고한도를 두는 제도인데, 균형가격보다 낮은 수준에 최고가격을 설정하는 것이 일반적이다. 최저가격제는 재화나 서비스의 판매가격에 최저한도를 두는 제도로, 균형가격보다 높은 수준에 최저가격을 설정한다.
10. 임대료 규제의 효과는 단기와 장기에 따라 달라진다. 단기에는 임대주택의 공간 공급량이 변하지 않기 때문에 임대료 규제의 효과가 충분히 발휘되지만, 장기에는 공간의 공급량이 변하기 때문에 여러 가지 부작용이 나타난다.
11. 임대료 보조금을 지급하면, 주거 서비스에 대한 수요곡선이 해당 보조금만큼 상향으로 이동하게 된다.
12. 분양가 규제는 신규분양 주택의 분양가격을 정부가 정한 가격 이상으로 받지 못하도록 통제하는 제도이다. 분양가 규제를 실시하는 이유는 주택가격을 안정시키고, 무주택자들의 신규주택 구입 부담을 덜어주기 위해서이다.
13. 금리가 상승하면 주택의 매매가격이 일정하더라도 사용자 비용이 상승하므로 주어진 매매가격에서 주택수요는 감소하게 된다. 따라서 주택수요곡선이 왼쪽으로 이동하고 이에 따라 주택매매가격은 하락하게 된다.

연 · 습 · 문 · 제

01 부동산 정책의 개념, 필요성, 수단 및 효과 그리고 한계점을 설명하시오.

02 부동산 정책의 2가지 종류를 주요 내용과 효과적 측면에서 설명하시오.

03 부동산 거래규제를 종류별로 설명하시오.

04 토지이용규제 제도의 수단 및 종류별 주요 내용을 설명하시오.

05 임대료 규제정책의 주요 내용 및 장 · 단기별로 효과를 설명하시오.

06 임대료 보조금 정책의 효과와 한계를 각각 설명하시오.

07 분양가 상한제의 주요 내용 및 효과와 한계점을 설명하시오.

08 분양과 자율화 및 주택대출금리 변동으로 인한 주택가격 변화를 장 · 단기 관점에서 설명하시오.

찾아보기

[ㄱ]

[영문]

일러두기

지역경제론 교재를 집필하면서 많은 교재의 도움을 받았다. 지역에 대한 기본적인 이해를 포함하여 입지이론, 집적경제 및 산업 클러스터, 지역노동시장분석, 지역성장이론 및 경제분석, 산업연관분석, 부동산경제, 부동산 정책, 그리고 지역정책분석에 이르기까지 논문을 비롯한 여러 교재를 통하여 본 교재가 깊이 있는 내용과 이론적 체계를 구성하게 되었음을 일러둔다. 참고에 많은 도움을 준 해당 참고 교재는 아래와 같다.

참고 교재

1. 이성근 · 이춘근, 『최신 지역경제론』, 법문사, 2014
2. 최병호 · 권오혁 · 김병수 옮김(Philip McCann), 『공간적 접근을 통한 지역 및 도시경제학』, 시스마프레스, 2006
3. 허재완 · 고영구, 『현대 지역경제론』, 커뮤니케이션북스, 2015
4. 김지현 · 정성훈, 『부동산경제학』, 이프레스, 2016
5. 이태교 · 이용만 · 백성준, 『부동산 정책론 제3판』, 법문사, 2013
6. 정홍열, 『지역경제학』, 시그마프레스, 2011

박추환

Western Illinoiss University, M.A(1995)

Pennsylvania State University, Ph.D(1999)

현) 영남대학교 경제금융학부 교수

전) 국회예산정책처 경제사업평가팀장, 한국전자통신연구원 선임연구원

한국경제학회 영남지회 부회장, 국제지역학회 부회장

〈주요 저서〉『신 경제정책론』, 율곡출판사(2015)

『경제학이해』, 최광 외 공역, 생능출판사(2013) 외 국내외 우수논문 다수 게재

지역경제론

초판 1쇄 발행 2018년 8월 31일

초판 2쇄 발행 2019년 8월 30일

지은이 박추환

펴낸이 박기남

기획 · 영업 박정헌

펴낸곳 **율곡출판사**

08590 서울시 금천구 가산디지털1로 84(에이스하이엔드 8차), 803호

전화 (代) 02) 718-9872/3

팩스 02) 718-9874

홈페이지 http://www.yulgokbooks.co.kr

이메일 yulgokbook@naver.com

등록 1989.11.10. 제2014-000031호

ISBN 979-11-87897-45-3 93320

정가 27,000원